SIMPLE Xi story 수학은 다릅니다

● 쉽게 이해되는 꼼꼼한 개념 정리

수학은 수많은 개념의 총체적인 모임입니다. 그래서 수학을 쉽게 하려면 개념 사이의 관계와 흐름을 제대로 잡고 있어야 합니다. 심플 자이스토리는 개념을 심플하게 구성해 개념 사이의 흐름을 알 수 있도록 하였습니다. 또, 이런 개념 사이의 관계와 흐름을 잘 잡을 수 있도록 독특한 어드바이스들이 있습니다.

● 개념을 적용시키는 연산 훈련 강화

수학의 기본기는 연산입니다. 연산이 쉽다고 소홀히 하면 쉬운 문제를 틀리는 경우가 있습니다. 심플 자이스토리는 개념을 배운 후 바로 적용하도록 연산 문제를 배치하여 연산근육을 강화시키도록 하였습니다. 연산 실력이 탄탄하면 어떤 문제도 실수로 틀리지 않습니다.

● 쉬운 기출 유형 총정리

수학은 학교 시험이나 수능에 자주 출제되는 패턴이 있습니다. 그 패턴을 익숙해지도록 공부하면 점수를 얻기 쉬워집니다. 이런 패턴을 유형이라고 합니다. 학교 시험과 수능에서 나오는 쉬운 기출 유형을 분석하여 쉽게 풀어갈 수 있도록 문제를 구성하였습니다.

수학 1등급을 위한 단계별 교재 (고등)

STEP 01
바른개념

개념이 한눈에 보이는 수학기본서

- 핵심 내용을 깔끔하게 한눈에 볼 수 있도록 정리한 개념 정리
- 개념과 연계된 최적의 유형과 문항을 선별한 유형 문제
- 개념을 바르게 적용하는 가장 적절한 방법을 알려 주는 바른 개념
- 배운 개념을 순서대로, 확장되는 순서로 구성된 연습 문제

> 수학(상)
> 수학(하)
> 수학 I
> 수학 II
> 확률과 통계
> 미적분

STEP 02
수력충전

기초 개념을 잡는 최적의 시스템

- 기초 연산에 약한 학생들을 위한 적절한 문제
- 기본 개념을 확실히 잡아주는 최적의 시스템
- 유형별로 구성되어 체계화시키기 좋은 구성

> 고등 수학(상)
> 고등 수학(하)
> 수학 I
> 수학 II
> 미적분
> 확률과 통계

STEP 03
심플 자이스토리

개념 + 연산 + 유형으로 심플하게 구성

- 기초가 없어도, 수학을 못해도 풀 수 있는 쉬운 문제 수록
- 심플한 개념 정리와 유형 연습으로 수능의 기본 확립
- 개념 + 연산 + 유형을 동시에 잡을 수 있는 유일한 교재
- 중요한 기출 문제와 기출변형 문제로 구성된 최고의 수학 교재

> 고등 수학(상)
> 고등 수학(하)
> 수학 I
> 수학 II
> 미적분
> 확률과 통계

STEP 04
자이스토리

대한민국 수능 교재 완결판!!

- 새 수능에 맞춘 유형 분류 및 문항 구성
- 학교시험과 수능 대비를 한 번에 완성 – 고2 자이스토리
- 출제 0순위 개념 정리, 기출 분석에 따른 문항 배치
- 다시는 안 틀리게 하는 입체 첨삭 해설

> 고등 수학(상), (하)
> 고2 수학 I / 고2 수학 II
> 고2 미적분 / 고2 확률과 통계
> 기하 / 고3 수학 I
> 고3 수학 II / 고3 미적분
> 고3 확률과 통계 / 전국연합 고1 수학

STEP 05
자이스토리 고난도 1등급

수능 1등급을 위한 최고난도 집중 훈련 문제집

- 고난도 문제로 자주 출제되는 유형을 분류하고 그 특징을 분석
- 고난도 문제에 자주 적용되는 개념과 공식 정리
- 최신 수능, 평가원, 교육청 등의 우수 문항으로 고난도 유형 적용 연습
- 최고난도 킬러 문제를 빠르고 정확히 해결하도록 하는 최고난도 4점 문제

> 인문
> 자연

STEP 06
일등급 수학

학교 시험 + 수능 일등급을 위한 고품격 유형서

- 깔끔하고 순도 높은 명품 문제
- 학교 시험 + 수능 빈출 유형에 대한 완벽한 해법 제시
- 고난도 수능 문제 유형에 대한 가장 효율적인 대비책

> 고등 수학(상)
> 고등 수학(하)
> 수학 I
> 수학 II
> 미적분
> 확률과 통계
> 기하

STEP 07
형상기억 수학 공식집

수학 공식집의 스테디셀러

- 공식을 형상화한 독특한 암기법으로 구성
- 공식만이 아닌 핵심 문제 풀이로 되짚는 개념 확인
- 수능 생생 강의로 공식을 사용하는 효과적인 요령 터득

> [고1] 수학
> [인문계] 수학 I + 수학 II
> + 확률과 통계
> [자연계] 수학 I + 수학 II
> + 확률과 통계
> + 미적분 + 기하

확률과 통계

- 개념 이해와 연산 능력을 함께 향상시켜 자신감을 회복시켜줍니다.
- 수학의 흥미를 잃은 학생에게 문제를 푸는 재미를 드립니다.
- 빠르게 점수를 올릴 수 있는 성적 향상 방법을 터득합니다.

① 개념 정리 – 꼼꼼한 개념 정리와 사용 방법 및 tip 제공

가장 중요하고 꼭 알아야 하는 개념을 빠짐없이 수록하였습니다. 또한 개념을 잘 이해할 수 있는 tip을 제공하여 이해를 돕고 실전 문제에서 적절하게 개념을 사용할 수 있는 방법을 제시하였습니다.

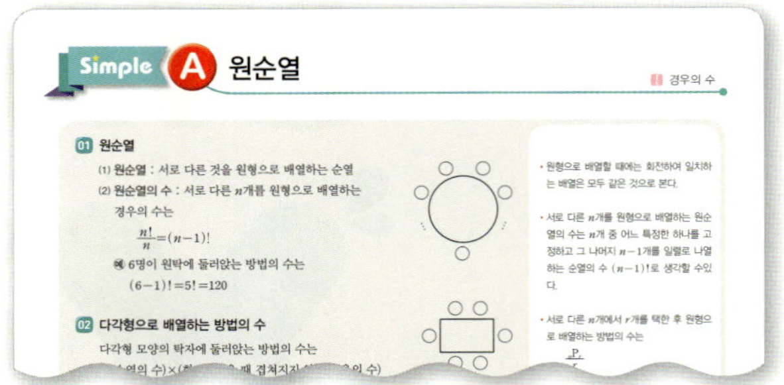

② 개념 CHECK – 개념의 이해와 암기를 위한 심플 개념 문제

중요한 개념은 빈칸에 알맞은 것을 넣으면서 다시 기억하고 헷갈리기 쉬운 개념은 O, X 문제에 답함으로써 정확하게 익힐 수 있도록 하였습니다. 가장 기초적인 문제이지만 바른 개념 이해를 위한 필수적인 문제입니다.

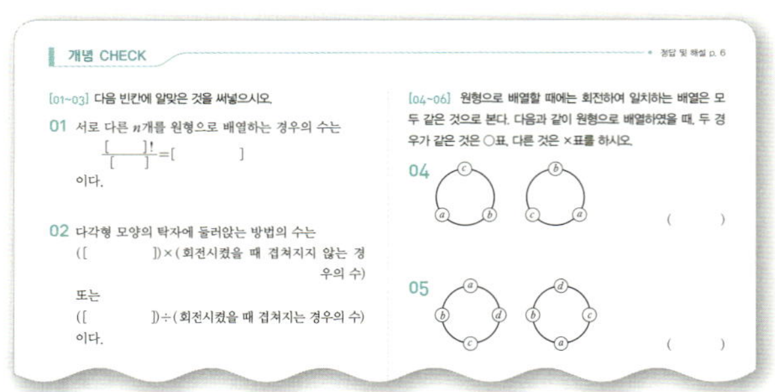

③ 연산 연습 – 기초 개념과 연산 능력 강화 문제

연산 연습은 개념 이해를 강화하고 응용 문제를 풀 수 있는 기초적인 훈련 과정입니다. 연산 연습을 충분히 해야 기본적인 실력도 든든해집니다.

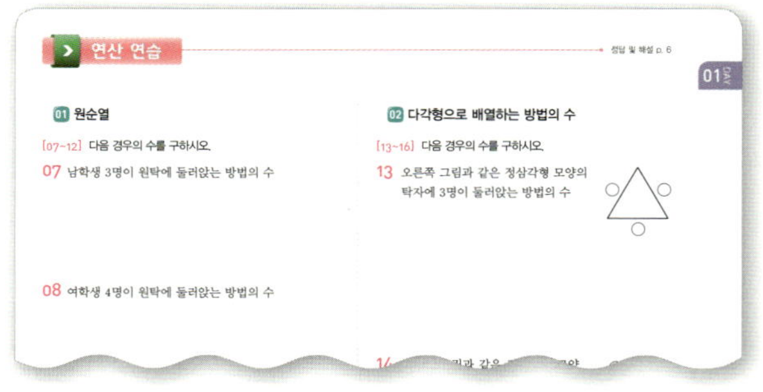

④ 유형 연습 — 내신 필수 유형 연습과 실력 향상 유형 연습

문제 해결에 필요한 개념, 발문 형태, 해결 방법 등
에 따라 유형을 나누고 시험에 많이 출제되는 유형은
★, ★★로 구별하여 학습에 도움을 주도록 하였습니다.
또한 유형별 해결 전략을 제시하여 문제 적용력 및 해
결 능력을 스스로 향상시킬 수 있도록 하였습니다.

그 유형에서 한 단계 더 생각해야 풀 수 있는
실력 Up 문제입니다.

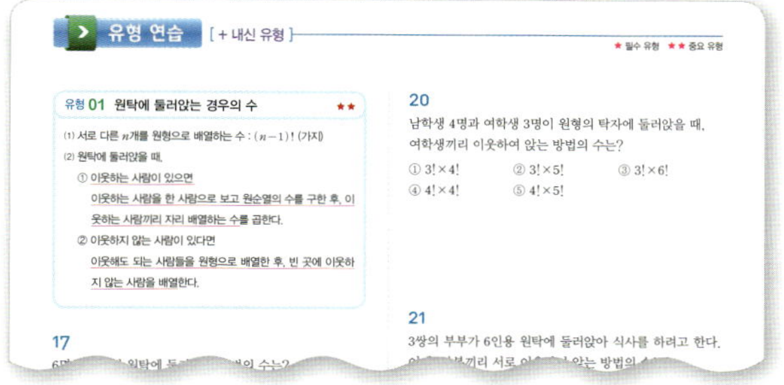

⑤ 연습 문제 + 대단원 TEST — 단원 실력 점검 및 학평·기출+기출 변형 연습 문제

☆, ☆☆, ☆☆☆ 내신, 학평 기출 및 예상 문제의 난
이도 표시입니다.

| 단답형 | 단답형 문제 풀이의 정확성을 높이고 답 작성
에 주의를 기울일 수 있도록 하였습니다.

| 서술형 | 서술형 문제에 대한 자신감을 키우고, 학교 시
험에 대비할 수 있도록 서술형 문제를 수록하였습니다.

[첨삭 해설] 좀 더 자세한 해설이나 보충이 필요한 문제에
대하여 첨삭이 들어간 문제입니다.

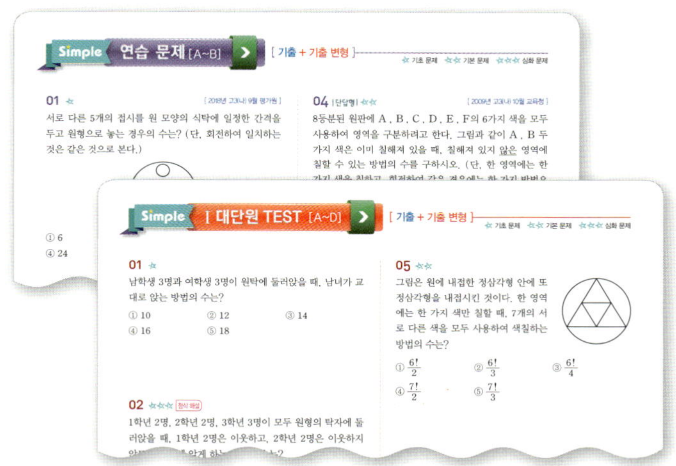

⑥ 해설편 — 쉽게 이해되고 개념을 보충해주는 입체 첨삭 해설

[다른 풀이] 문제를 풀 때는 다각적으로 사고하는 연습
이 필요합니다. 이에 다른 방법으로도 문제 풀이가 가
능함을 알려줍니다.

[첨삭 해설] 문제를 푸는 데 핵심이 되는 단서를 문제풀이
에 적용하는 방법과 더욱 정확하고 완벽하게 해설을
이해할 수 있도록 해설에 내재된 내용을 설명하였습니
다.

TIP 문제 속에 숨겨진 조건이나 더 쉽고 빠르게
풀 수 있는 스킬 등을 자세히 설명하였습니다.

[심플 정리] 문제를 풀기 위해 요구되는 주요 개념과
공식을 정리하였습니다.

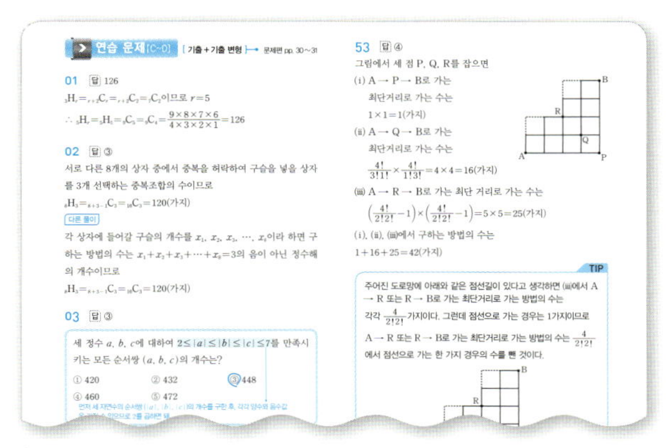

Ⅲ 통계

 학습계획표

※ 하루하루 계획표대로 공부하다 보면 어느덧 수학이 쉬워지게 되고 성적이 오를 것입니다. [하루 90분, 17일 완성]

Day	단원	페이지	틀린 문제 / 헷갈리는 문제 번호 적기	날짜		복습 날짜	
01	A단원	8~13		월	일	월	일
02	B단원/ 연습문제	14~21		월	일	월	일
03	C단원	22~25		월	일	월	일
04	D단원/ 연습문제	26~31		월	일	월	일
05	Ⅰ 대단원 TEST(A~D)	32~35		월	일	월	일
06	E단원	38~45		월	일	월	일
07	F단원/ 연습문제	46~55		월	일	월	일
08	G단원	56~61		월	일	월	일
09	H단원/ 연습문제	62~71		월	일	월	일
10	Ⅱ 대단원 TEST(E~H)	72~75		월	일	월	일
11	I단원	78~83		월	일	월	일
12	J단원	84~87		월	일	월	일
13	K단원/ 연습문제	88~95		월	일	월	일
14	L단원	96~99		월	일	월	일
15	M단원/ 연습문제	100~107		월	일	월	일
16	N단원/ 연습문제	108~115		월	일	월	일
17	Ⅲ 대단원 TEST(I~N)	116~119		월	일	월	일

I 경우의 수

01 원순열

(1) **원순열** : 서로 다른 것을 원형으로 배열하는 순열

(2) **원순열의 수** : 서로 다른 n개를 원형으로 배열하는 경우의 수는

$$\frac{n!}{n}=(n-1)!$$

예 6명이 원탁에 둘러앉는 방법의 수는

$$(6-1)!=5!=120$$

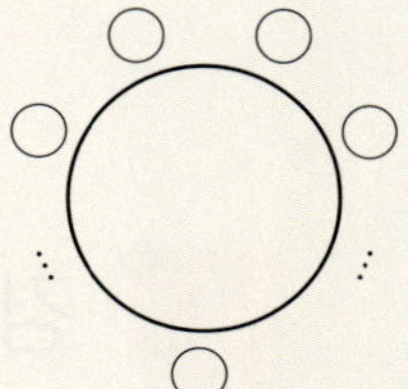

02 다각형으로 배열하는 방법의 수

다각형 모양의 탁자에 둘러앉는 방법의 수는

(원순열의 수)×(회전시켰을 때 겹쳐지지 않는 경우의 수)

또는

(순열의 수)÷(회전시켰을 때 겹쳐지는 경우의 수)

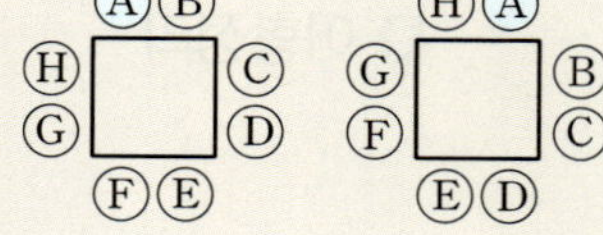

참고 다각형의 모양에 따라 회전시켰을 때 겹쳐지지 않는 경우의 수가 결정된다. 특정한 A가 그림과 같이 위치할 때 회전하며 배치하는 순서는 같아도 모서리에 위치하는 것이 다르기 때문에 다른 것으로 본다. 즉,

$$2\times(8-1)!=10080$$

- 원형으로 배열할 때에는 회전하여 일치하는 배열은 모두 같은 것으로 본다.

- 서로 다른 n개를 원형으로 배열하는 원순열의 수는 n개 중 어느 특정한 하나를 고정하고 그 나머지 $n-1$개를 일렬로 나열하는 순열의 수 $(n-1)!$로 생각할 수 있다.

- 서로 다른 n개에서 r개를 택한 후 원형으로 배열하는 방법의 수는

$$\frac{_n\mathrm{P}_r}{r}$$

개념 CHECK

정답 및 해설 p. 06

[01~03] 다음 빈칸에 알맞은 것을 써넣으시오.

01 서로 다른 n개를 원형으로 배열하는 경우의 수는

$$\frac{[\qquad]!}{[\qquad]}=[\qquad]$$

이다.

02 다각형 모양의 탁자에 둘러앉는 방법의 수는

([　　　　])×(회전시켰을 때 겹쳐지지 않는 경우의 수)

또는

([　　　　])÷(회전시켰을 때 겹쳐지는 경우의 수)

이다.

03 학생 5명이 원형으로 둘러앉는 방법의 수는

[　　　　]!이다.

학생 5명 중 3명이 대표로 나와서 원형으로 둘러앉는

방법의 수는 $\dfrac{[\ ]\mathrm{P}[\ ]}{[\ ]}=[\quad]$이다.

[04~06] 원형으로 배열할 때에는 회전하여 일치하는 배열은 모두 같은 것으로 본다. 다음과 같이 원형으로 배열하였을 때, 두 경우가 같은 것은 ○표, 다른 것은 ×표를 하시오.

04

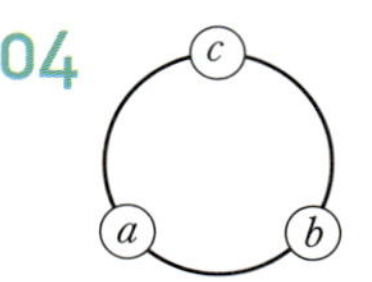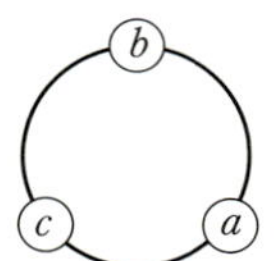

(　　　　)

05

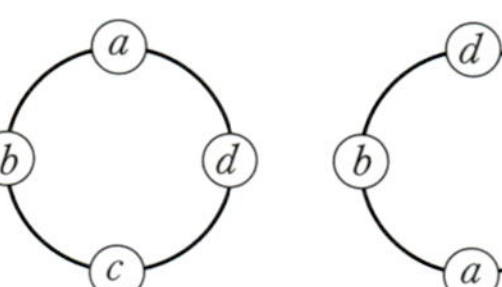

(　　　　)

06

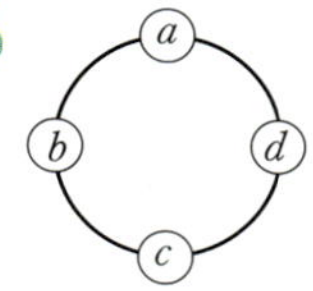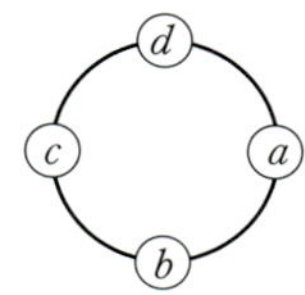

(　　　　)

01 원순열

[07~12] 다음 경우의 수를 구하시오.

07 남학생 3명이 원탁에 둘러앉는 방법의 수

08 여학생 4명이 원탁에 둘러앉는 방법의 수

09 남학생 2명과 여학생 3명이 원탁에 둘러앉는 방법의 수

10 2쌍의 커플이 원탁에 둘러앉는 방법의 수

11 6명의 가족 중 4명을 택하여 원탁에 둘러앉는 방법의 수

12 남학생 3명과 여학생 2명이 원탁에 둘러앉을 때, 여학생끼리 이웃하여 앉는 방법의 수

02 다각형으로 배열하는 방법의 수

[13~16] 다음 경우의 수를 구하시오.

13 오른쪽 그림과 같은 정삼각형 모양의 탁자에 3명이 둘러앉는 방법의 수 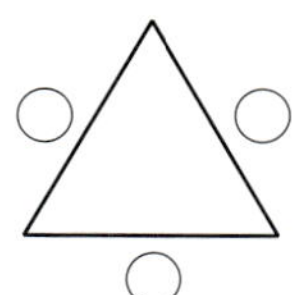

14 오른쪽 그림과 같은 정삼각형 모양의 탁자에 6명이 둘러앉는 방법의 수 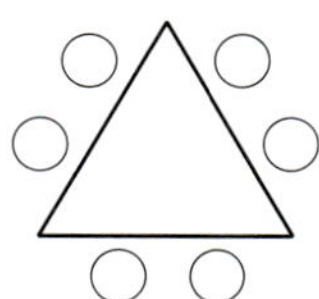

15 오른쪽 그림과 같은 정사각형 모양의 탁자에 4명이 둘러앉는 방법의 수 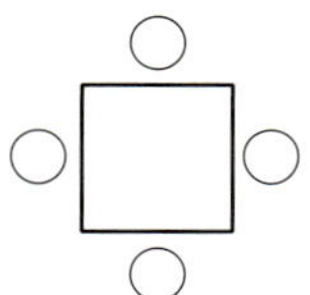

16 오른쪽 그림과 같은 직사각형 모양의 탁자에 4명이 둘러앉는 방법의 수 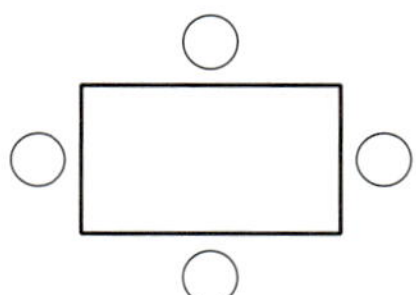

유형 01 원탁에 둘러앉는 경우의 수 ★★

(1) 서로 다른 n개를 원형으로 배열하는 수 : $(n-1)!$ (가지)

(2) 원탁에 둘러앉을 때,

① 이웃하는 사람이 있으면

이웃하는 사람을 한 사람으로 보고 원순열의 수를 구한 후, 이웃하는 사람끼리 자리 배열하는 수를 곱한다.

② 이웃하지 않는 사람이 있다면

이웃해도 되는 사람들을 원형으로 배열한 후, 빈 곳에 이웃하지 않는 사람을 배열한다.

17

6명의 회원이 원탁에 둘러앉는 방법의 수는?

① 100　　　② 120　　　③ 140

④ 160　　　⑤ 180

18

부모와 자녀 3명이 원형의 식탁에 둘러앉는 방법의 수는?

① 18　　　② 20　　　③ 22

④ 24　　　⑤ 26

19

부모를 포함한 6명의 가족이 원형의 식탁에 둘러앉아 식사를 하려고 한다. 6명의 가족이 원형의 식탁에 둘러앉는 방법의 수를 a, 부모가 마주 보고 앉는 방법의 수를 b라고 할 때, $a+b$의 값은?

① 100　　　② 124　　　③ 144

④ 168　　　⑤ 196

20

남학생 4명과 여학생 3명이 원형의 탁자에 둘러앉을 때, 여학생끼리 이웃하여 앉는 방법의 수는?

① $3!\times4!$　　　② $3!\times5!$　　　③ $3!\times6!$

④ $4!\times4!$　　　⑤ $4!\times5!$

21

3쌍의 부부가 6인용 원탁에 둘러앉아 식사를 하려고 한다. 이때, 부부끼리 서로 이웃하여 앉는 방법의 수는?

① 8　　　② 12　　　③ 16

④ 20　　　⑤ 24

22

학생 4명, 선생님 4명이 원 모양으로 둘러앉을 때, 학생과 선생님이 교대로 앉는 방법의 수는?

① 28　　　② 36　　　③ 64

④ 144　　　⑤ 200

23

남학생 4명, 여학생 2명이 원탁에 둘러앉을 때, 여학생 사이에 적어도 한 명의 남학생이 앉는 방법의 수는?

① 24　　　② 48　　　③ 64

④ 72　　　⑤ 120

24

그림과 같은 정사각형 모양의 탁자에 8명의 사람이 둘러앉는 방법의 수는?

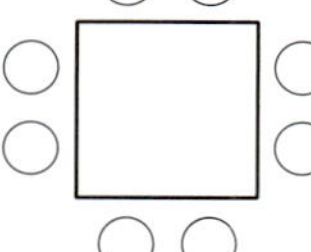

① 7! ② 7!×2

③ 7!×3 ④ 8!

⑤ 8!×2

25

그림과 같은 정사각형 모양의 놀이기구가 있다. 12명의 사람이 놀이기구에 탑승하여 앉는 방법의 수는?

① 11! ② 11!×2

③ 11!×3 ④ 12!×2

⑤ 12!×3

26

그림과 같이 정삼각형 모양의 탁자 둘레에 2인용 의자가 3개 놓여 있다. 3쌍의 부부가 이 의자에 앉을 때, 부부끼리 같은 의자에 앉는 방법의 수는?

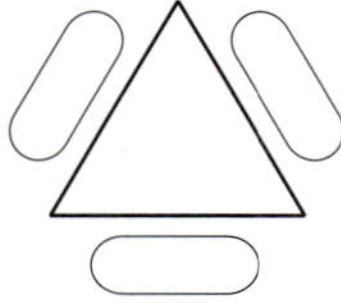

① 12 ② 16 ③ 24

④ 32 ⑤ 48

27

그림과 같이 직사각형 모양의 탁자 둘레에 6개의 의자가 놓여 있다. 이때, 6명의 가족이 의자에 앉는 방법의 수는?

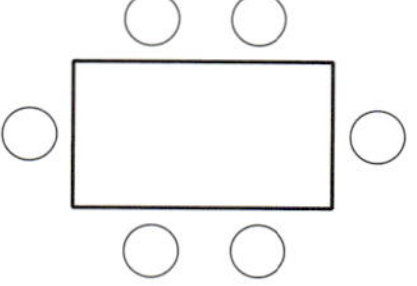

① 180 ② 240 ③ 300

④ 360 ⑤ 420

28

8명의 학생이 그림과 같은 직사각형 모양의 탁자에 둘러앉아 회의를 하려고 한다. 모든 학생이 탁자에 둘러앉는 방법의 수를 $a!×b$라 할 때, $a+b$의 값은?

（단, a와 b는 1이 아닌 한 자리의 자연수）

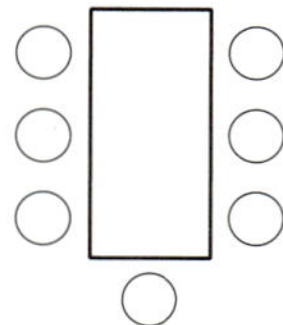

① 9 ② 10

③ 11 ④ 12

⑤ 13

29

그림과 같이 직사각형 모양의 탁자에 10개의 의자가 놓여 있다. 10명의 학생들이 의자에 앉는 방법의 수를 $m!×n$라 할 때, mn의 값을 구하시오.

（단, m과 n은 1이 아닌 한 자리의 자연수）

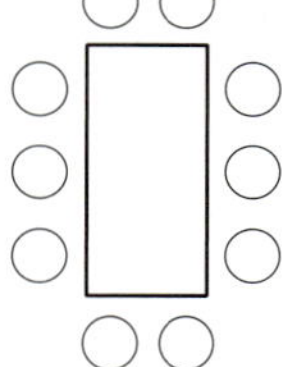

30

그림과 같이 의자가 배열되어 있는 정팔각형 모양의 탁자에 16명이 둘러앉아 차를 마시려고 한다. 16명이 탁자에 앉는 방법의 수를 $x!×y$라 할 때, $x−y$의 값을 구하시오. (단, x는 자연수, y는 1이 아닌 한 자리의 자연수)

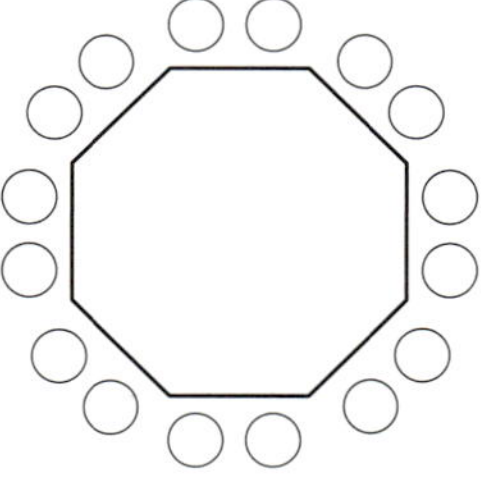

유형 03 평면도형에 색칠하는 경우의 수

(i) 기준이 되는 영역을 색칠하는 방법의 수를 구한다.

(ii) 원순열을 이용하여 나머지 영역을 색칠하는 방법의 수를 구한다.

(iii) 위에서 구한 방법의 수를 곱한다.

31

그림과 같이 정사각형 내부를 4등분한 판이 있다. 한 영역에는 한 가지색만 칠하려고 할 때, 빨강, 파랑, 노랑, 초록의 4가지 색을 모두 사용하여 칠하는 방법의 수는? (단, 회전하여 겹치는 것들은 같은 것으로 한다.)

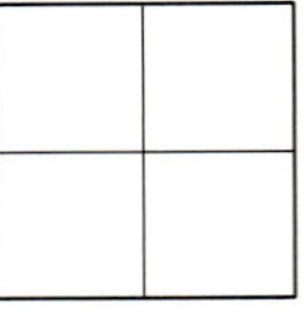

① 6 　　　　② 12 　　　　③ 18
④ 24 　　　　⑤ 30

32

그림과 같이 7개의 영역으로 구분된 정육각형 모양의 판이 있다. 한 영역에는 한 가지 색만 칠하려고 할 때, 서로 다른 7개의 색을 모두 사용하여 칠하는 방법의 수는? (단, 정육각형 내부의 사다리꼴은 모두 합동이며, 회전하여 겹치는 것들은 같은 것으로 한다.)

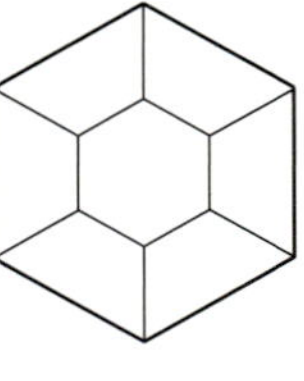

① 720 　　　　② 840 　　　　③ 960
④ 1080 　　　　⑤ 1200

33

그림과 같이 정사각형 내부를 9등분한 판이 있다. 한 영역에는 한 가지 색만 칠하려고 할 때, 서로 다른 9개의 색을 모두 사용하여 칠하는 방법의 수는?
(단, 회전하여 겹치는 것들은 같은 것으로 한다.)

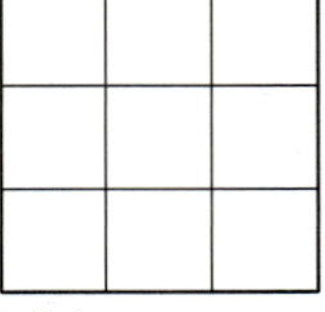

① $\dfrac{9!}{8}$ 　　　　② $\dfrac{9!}{6}$ 　　　　③ $\dfrac{9!}{4}$
④ $\dfrac{9!}{3}$ 　　　　⑤ $\dfrac{9!}{2}$

34

서로 다른 색의 타일 5장을 그림과 같이 이어 붙이는 방법의 수는? (단, 회전하여 겹치는 것들은 같은 것으로 한다.)

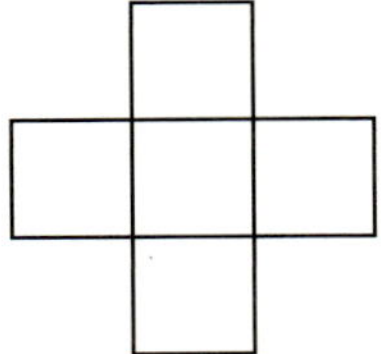

① 18 　　　　② 24
③ 30 　　　　④ 36
⑤ 42

35

그림과 같이 원의 내부를 6등분한 판이 있다. 한 영역에는 한 가지 색만 칠하고, 이웃하는 영역에는 다른 색을 칠하려고 할 때, 서로 다른 5가지의 색을 모두 사용하여 칠하는 방법의 수는?
(단, 회전하여 겹치는 것들은 같은 것으로 한다.)

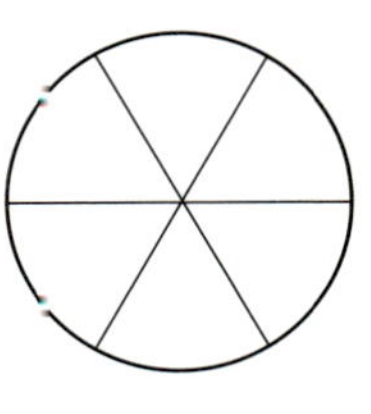

① 150 　　　　② 180 　　　　③ 210
④ 240 　　　　⑤ 270

36

그림과 같이 원의 내부를 4등분한 판이 있다. 한 영역에는 한 가지 색만 칠하고, 이웃하는 영역에는 다른 색을 칠하려고 할 때, 최대 4가지의 색을 사용하여 칠하는 방법의 수는? (단, 회전하여 겹치는 것들은 같은 것으로 한다.)

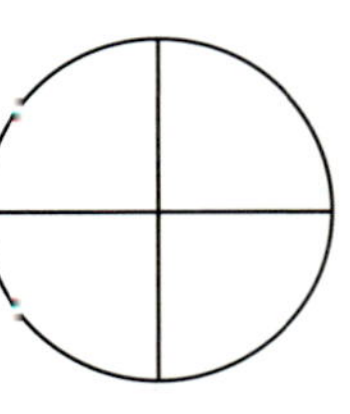

① 12 　　　　② 15 　　　　③ 13
④ 21 　　　　⑤ 24

(i) 입체도형의 밑면을 색칠하는 방법의 수를 구한다.
　만일, 밑면과 평행한 윗면이 있는 경우, 밑면과 윗면을 색칠하는 방법의 수를 구한다.

(ii) 원순열을 이용하여 옆면을 색칠하는 방법의 수를 구한다.

(iii) 위에서 구한 방법의 수를 곱한다.

37

서로 다른 5가지 색을 모두 사용하여 정사각뿔의 면을 칠하는 방법의 수는? (단, 회전하여 겹치는 것들은 같은 것으로 한다.)

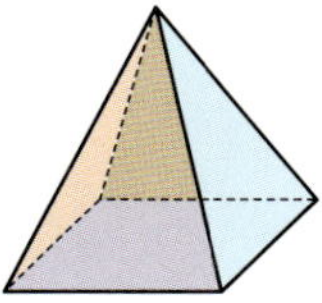

① 18　　　② 24　　　③ 30
④ 36　　　⑤ 46

38

빨강, 노랑, 초록, 파랑의 4가지 색을 모두 사용하여 정사면체의 면을 각각 다른 색으로 칠하는 방법의 수는? (단, 굴리거나 회전하여 겹치는 것들은 같은 것으로 한다.)

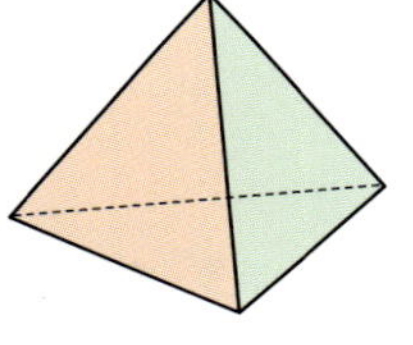

① 2　　　② 4　　　③ 6
④ 8　　　⑤ 10

39

정육면체의 각 면에 스티커 ⚀, ⚁, ⚂, ⚃, ⚄, ⚅을 한 장씩 붙여서 주사위를 만들려고 한다. 만들 수 있는 서로 다른 주사위의 개수는? (단, 굴리거나 회전하여 겹치는 것들은 같은 것으로 한다.)

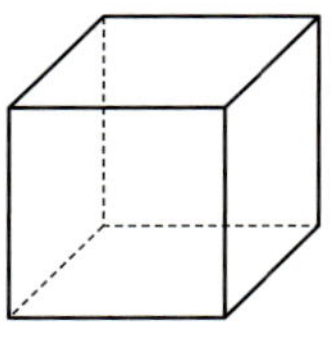

① 24　　　② 30　　　③ 36
④ 42　　　⑤ 48

40

빨강, 노랑, 초록, 파랑, 보라의 5가지 색을 모두 사용하여 그림과 같은 정삼각뿔대의 면을 각각 다른 색으로 칠하는 방법의 수는? (단, 회전하여 겹치는 것들은 같은 것으로 한다.)

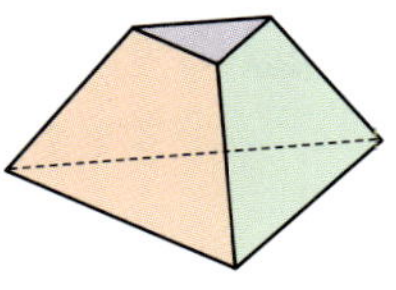

① 30　　　② 35　　　③ 40
④ 45　　　⑤ 50

41

서로 다른 6가지 색을 모두 사용하여 각각 그림과 같은 정사각뿔대의 면을 각각 다른 색으로 칠하는 방법의 수는? (단, 회전하여 겹치는 것들은 같은 것으로 한다.)

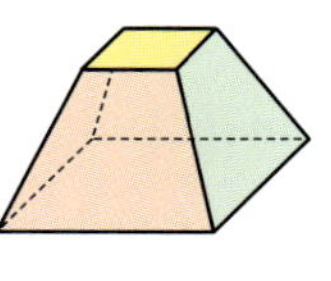

① 120　　　② 140　　　③ 160
④ 180　　　⑤ 200

42

정오각뿔의 여섯 면에 색을 칠하는데, 이웃하는 영역끼리는 서로 다른 색을 칠하려고 한다. 서로 다른 5가지의 색을 모두 사용하여 칠하는 방법의 수는? (단, 회전하여 겹치는 것들은 같은 것으로 한다.)

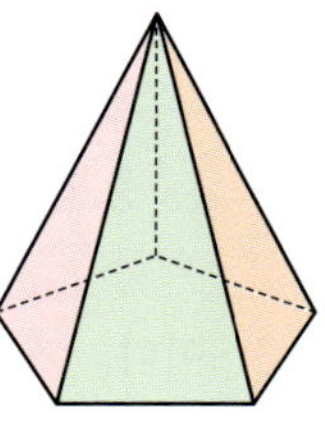

① 80　　　② 90　　　③ 100
④ 110　　　⑤ 120

Simple B 중복순열과 같은 것이 있는 순열

03 중복순열

(1) **중복순열** : 서로 다른 n개에서 중복을 허락하여 r개를 택하는 순열을 **중복순열**이라고 하며, 기호로 $_n\Pi_r$와 같이 나타낸다.

(2) **중복순열의 수** : 서로 다른 n개에서 r개를 택하는 중복순열의 수는

$$_n\Pi_r = n^r$$

04 같은 것이 있는 순열

n개 중에서 서로 같은 것이 각각 p개, q개, $\cdots$, r개씩 있을 때, n개를 모두 일렬로 나열하는 순열의 수는

$$\frac{n!}{p!q!\cdots r!} \ (단, \ p+q+\cdots+r=n)$$

- $_n\Pi_r$의 Π는 곱을 뜻하는 product의 첫 글자 p에 해당하는 그리스 문자로, '파이'라고 읽는다.

- $_n\Pi_r$에서 n은 서로 다른 것의 개수, r는 택하는 것의 개수를 나타낸다.

- 순열의 수 $_n\mathrm{P}_r$에서는 $0 \le r \le n$이어야 하지만, 중복순열의 수 $_n\Pi_r$에서는 중복하여 택할 수 있기 때문에 $n < r$일 수도 있다.

개념 CHECK

정답 및 해설 p. 10

[01~04] 다음 빈칸에 알맞은 것을 써넣으시오.

01 서로 다른 n개에서 중복을 허락하여 r개를 택하는 순열을 [   ]이라고 하며, 기호로 [   ]와 같이 나타낸다.

02 서로 다른 n개에서 중복을 허락하여 r개를 택하는 중복순열의 수는
$$_{[\ ]}\Pi_{[\ ]} = [\quad]$$
이다.

03 두 개의 문자 A, B에서 중복을 허락하여 4개를 택하는 중복순열의 수는
$$_{[\ ]}\Pi_{[\ ]} = [\quad]^{[\ ]} = [\quad]$$
이다.

04 5개의 숫자 1, 1, 1, 2, 2 중에는 1이 3개, 2가 2개 있으므로 이 숫자들을 한 줄로 나열하는 경우의 수는
$$\frac{[\quad]!}{[\quad]![\quad]!} = [\quad]$$
이다.

[05~08] 옳은 것에 ○표, 옳지 <u>않은</u> 것에 ×표를 하시오.

05 중복순열의 수 $_n\Pi_r$에서 $0 \le r \le n$인 경우만 성립한다. (   )

06 부호 ●와 ─을 이용하여 신호를 만들 때, 3개의 부호로 이루어진 신호의 개수는 $_2\Pi_3$이다. (   )

07 ○×퀴즈 5문제에 대하여 순서대로 답을 하는 방법의 수는 $_2\Pi_5$이다. (   )

08 n개 중에서 서로 같은 것이 각각 r개, $(n-r)$개씩 있을 때, n개를 모두 일렬로 나열하는 순열의 수 $\frac{n!}{r!(n-r)!}$는 조합의 수 $_n\mathrm{C}_r$와 같다. (   )

03 중복순열

[09~15] 다음을 구하시오.

09 $_3\Pi_5$

10 $_5\Pi_3$

11 $_4\Pi_0$

12 $_6\Pi_1$

13 중복을 허락하여 1, 2, 3의 세 숫자로 만들 수 있는 세 자리의 자연수의 개수

14 중복을 허락하여 0, 1, 2의 세 숫자로 만들 수 있는 세 자리의 자연수의 개수

15 4명의 학생이 방과 후에 배울 악기로 드럼, 기타, 피아노 중 하나를 선택하는 경우 수

04 같은 것이 있는 순열

[16~22] 다음을 구하시오.

16 a, a, b를 일렬로 나열하는 방법의 수

17 1, 2, 2, 2를 일렬로 나열하는 방법의 수

18 a, b, b, c, d를 일렬로 나열하는 방법의 수

19 1, 1, 2, 2를 일렬로 나열하는 방법의 수

20 a, a, b, b, b를 일렬로 나열하는 방법의 수

21 1, 2, 2, 3, 3을 모두 사용하여 만들 수 있는 다섯 자리의 자연수의 개수

22 0, 1, 2, 2를 모두 사용하여 만들 수 있는 네 자리의 자연수의 개수

★ 필수 유형 ★★ 중요 유형

유형 05 중복순열의 수의 계산 ★

서로 다른 n개에서 중복을 허락하여 r개를 택하는 중복순열의 수
$$_n\Pi_r = n^r$$

23

$_2\Pi_5$의 값은?

① 10 　　② 20 　　③ 25

④ 32 　　⑤ 64

24

$_n\Pi_3 = 125$를 만족시키는 자연수 n의 값은?

① 7 　　② 6 　　③ 5

④ 4 　　⑤ 3

25

$_4\Pi_r = 64$를 만족시키는 자연수 r의 값은?

① 3 　　② 4 　　③ 5

④ 6 　　⑤ 7

26

$_1\Pi_2 + {}_2\Pi_2 + {}_3\Pi_2 + {}_4\Pi_2 + {}_5\Pi_2$의 값은?

① 45 　　② 55 　　③ 65

④ 75 　　⑤ 85

유형 06 중복순열을 이용한 여러 가지 경우의 수 ★

① 서로 다른 n개에서 r개를 택하는 중복순열의 수
$$_n\Pi_r = n^r$$

② 서로 다른 n개에서 최대 r개까지 택할 수 있는 중복순열의 수
$$_n\Pi_1 + {}_n\Pi_2 + {}_n\Pi_3 + \cdots + {}_n\Pi_r$$

27

세 명의 학생이 가위바위보를 할 때, 나올 수 있는 경우의 수는?

① 9 　　② 12 　　③ 21

④ 27 　　⑤ 36

28

서로 다른 편지 두 통을 A, B, C 세 우체통에 넣는 방법의 수는? (단, 편지를 넣지 않은 우체통이 있을 수도 있다.)

① 8 　　② 9 　　③ 10

④ 11 　　⑤ 12

29

5명의 유권자가 3명의 입후보자 중에서 어느 한 명을 공개 투표하는 방법의 수는? (단, 무효표와 기권은 없다.)

① 125 　　② 196 　　③ 243

④ 256 　　⑤ 300

30

파란색 깃발과 하얀색 깃발을 1번 이상 4번 이하로 들어 올려서 만들 수 있는 신호의 개수는? (단, 두 개의 깃발을 동시에 들어 올리지 않는다.)

① 28 　　② 30 　　③ 32

④ 34 　　⑤ 36

유형 07 중복순열을 이용한 정수의 개수 ★

음수가 아닌 n개의 서로 다른 정수로 중복을 허락하여 만들 수 있는 r자리 자연수의 개수는

① n개의 숫자 중 0이 포함되지 않는 경우 : $_n\Pi_r$

② n개의 숫자 중 0이 포함된 경우 : $(n-1)\times_n\Pi_{r-1}$

31

세 개의 숫자 1, 2, 3을 중복을 허락하여 만들 수 있는 네 자리의 자연수의 개수는?

① 27   ② 64   ③ 81

④ 128   ⑤ 243

32

네 개의 숫자 0, 2, 4, 6을 중복을 허락하여 만들 수 있는 세 자리의 자연수의 개수는?

① 24   ② 36   ③ 48

④ 60   ⑤ 72

33

네 개의 숫자 1, 2, 3, 4를 중복을 허락하여 만든 네 자리의 자연수 중에서 2200보다 큰 자연수의 개수는?

① 160   ② 168   ③ 176

④ 184   ⑤ 192

34

세 개의 숫자 1, 3, 5를 중복을 허락하여 네 자리의 자연수를 만들 때, 1과 3이 모두 포함되어 있는 자연수의 개수는?

① 50   ② 54   ③ 58

④ 62   ⑤ 66

유형 08 중복순열을 이용한 함수의 개수

두 집합 X, Y의 원소의 개수가 각각 m, n일 때, X에서 Y로의 함수의 개수

$$_n\Pi_m=n^m$$

35

두 집합 $X=\{1,\ 2\}$, $Y=\{6,\ 7,\ 8\}$에 대하여 X에서 Y로의 함수의 개수는?

① 8   ② 9   ③ 10

④ 11   ⑤ 12

36

두 집합 $X=\{1,\ 2,\ 3,\ 4\}$, $Y=\{5,\ 6,\ 7\}$에 대하여 함수 $f:X\longrightarrow Y$ 중에서 $f(3)=5$ 또는 $f(3)=7$인 함수 f의 개수는?

① 54   ② 56   ③ 58

④ 60   ⑤ 62

37

집합 $X=\{1,\ 2,\ 3,\ 4\}$에 대하여 함수 $f:X\longrightarrow X$ 중에서 $f(1)+f(2)=3$을 만족하는 함수 f의 개수는?

① 16   ② 24   ③ 32

④ 40   ⑤ 48

38

두 집합 $X=\{a,\ b,\ c,\ d\}$, $Y=\{1,\ 2\}$에 대하여 X에서 Y로의 함수 중 치역과 공역이 같은 함수의 개수는?

① 12   ② 13   ③ 14

④ 15   ⑤ 16

유형 09 같은 것이 있는 순열 − 문자의 나열 ★

n개 중에서 서로 같은 것이 각각 p개, q개, $\cdots$, r개씩 있을 때, n개
를 모두 일렬로 나열하는 순열의 수는

$$\frac{n!}{p!\,q!\cdots r!} \ (\text{단},\ p+q+\cdots+r=n)$$

* n개 중에서 1개인 것은 생략해도 된다.

예를 들어 a, a, b, c, d, d를 일렬로 나열하는 순열의 수를
$\dfrac{6!}{2!1!1!2!}$ 보다는 $\dfrac{6!}{2!2!}$ 로 계산하는 게 더 편리하다.

39

success에 있는 7개의 문자를 일렬로 나열하는 방법의 수
는?

① 400 　　　 ② 410 　　　 ③ 420
④ 430 　　　 ⑤ 440

40

MESSAGE에 있는 7개의 문자를 일렬로 나열할 때, 양
끝에 S가 놓이도록 나열하는 방법의 수는?

① 60 　　　 ② 70 　　　 ③ 80
④ 90 　　　 ⑤ 100

41

settle에 있는 6개의 문자를 일렬로 나열할 때, 같은 문자
끼리는 이웃하지 않게 나열하는 방법의 수는?

① 72 　　　 ② 76 　　　 ③ 80
④ 84 　　　 ⑤ 88

42

6개의 문자 BALLAD를 모두 사용하여 'AABDLL,
AABLDL, AABLLD, $\cdots$'와 같이 사전식으로 배열할
때, BALLAD는 몇 번째에 나오는가?

① 70 　　　 ② 71 　　　 ③ 72
④ 73 　　　 ⑤ 74

유형 10 같은 것이 있는 순열 − 자연수의 개수 찾기 ★

주어진 조건에 따라 기준이 되는 자리부터 정한 후, 나머지 자리에
남은 숫자들을 나열하는 수를 구한다.

43

다섯 개의 숫자 1, 3, 3, 3, 5를 모두 사용하여 만들 수 있
는 다섯 자리의 자연수의 개수는?

① 18 　　　 ② 20 　　　 ③ 22
④ 24 　　　 ⑤ 26

44

다섯 장의 숫자 카드 4, 4, 4, 6, 6을 사용하여 만들
수 있는 네 자리의 자연수의 개수는?

① 10 　　　 ② 16 　　　 ③ 22
④ 28 　　　 ⑤ 34

45

다섯 개의 숫자 1, 1, 4, 4, 5를 모두 사용하여 다섯 자리의
자연수를 만들 때, 20000보다 큰 자연수의 개수는?

① 16 　　　 ② 18 　　　 ③ 20
④ 22 　　　 ⑤ 24

46

여섯 개의 숫자 0, 2, 2, 2, 5, 5를 모두 사용하여 만들 수
있는 여섯 자리의 자연수 중 짝수의 개수는?

① 34 　　　 ② 35 　　　 ③ 36
④ 37 　　　 ⑤ 38

유형 11 순서가 정해진 순열 ★

서로 다른 n개 중에서 특정한 r개의 순서가 정해졌을 때, 특정한 r개를 같은 것으로 생각하여 계산한다.

47

5개의 숫자 3, 4, 5, 9, 9를 일렬로 나열할 때, 5는 4의 왼쪽에 4는 3의 왼쪽에 있도록 나열하는 방법의 수는?

① 10 ② 12 ③ 14
④ 16 ⑤ 18

48

6개의 문자 a, b, c, d, e, f를 일렬로 나열하려고 한다. c가 b보다 앞에 오고, f는 e보다 앞에 오도록 나열하는 방법의 수를 구하시오.

유형 12 최단거리로 가는 방법의 수 (1) ★★

그림과 같은 도로망에서 A에서 출발하여 B까지 최단거리로 가는 방법의 수

$$\frac{(m+n)!}{m!\,n!}$$

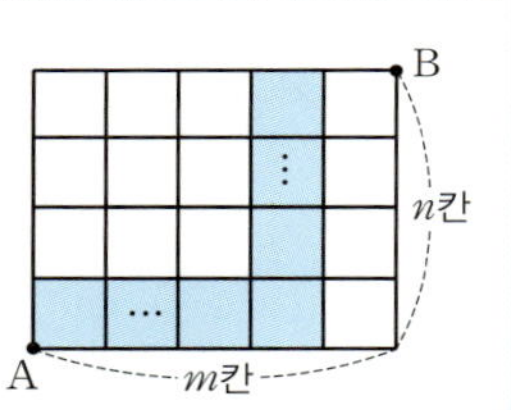

49

그림과 같은 도로망이 있다. A지점에서 출발하여 B지점까지 최단거리로 가는 방법의 수는?

① 25 ② 30
③ 35 ④ 40
⑤ 45

50

그림과 같은 도로망이 있다. A지점에서 출발하여 C지점을 지나 B지점까지 최단거리로 가는 방법의 수를 구하시오.

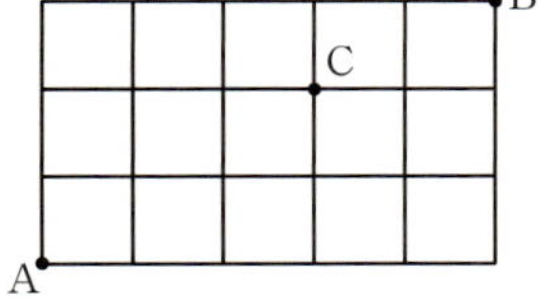

51

그림과 같은 바둑판 모양의 도로망이 있다. A지점에서 B지점으로 갈 때, 도로 PQ를 반드시 거쳐 최단거리로 가는 방법의 수는?

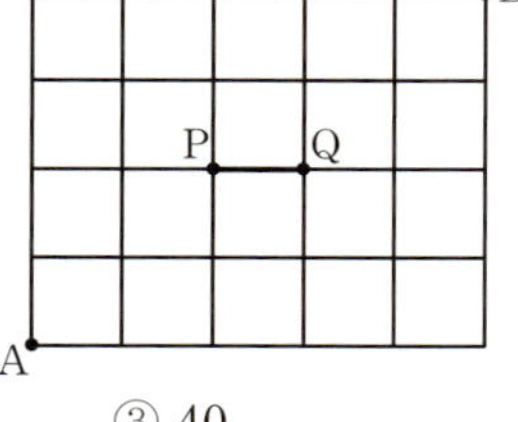

① 48 ② 44 ③ 40
④ 36 ⑤ 32

유형 13 최단거리로 가는 방법의 수 (2) ★

A지점에서 B지점으로 갈 때 장애물이 있는 경우, 반드시 거쳐야 하는 점을 잡아 최단거리로 가는 방법의 수를 구한다.

52

그림과 같은 도로망이 있다. A지점에서 P지점을 거치지 않고 B지점까지 최단거리로 가는 방법의 수는?

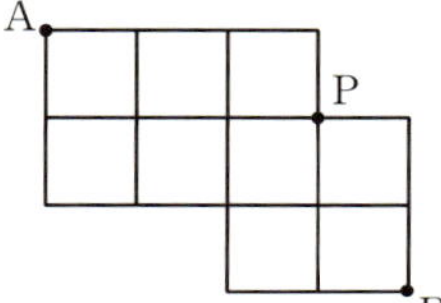

① 18 ② 20
③ 22 ④ 24
⑤ 26

53

그림과 같은 도로망이 있다. A지점에서 B지점까지 최단거리로 가는 방법의 수는?

① 36 ② 38
③ 40 ④ 42
⑤ 44

54

그림과 같이 A지점에서 B지점으로 가는 도로망이 있다. 색칠한 부분에 호수가 있어 통행할 수 없다고 할 때, 직선 도로들을 따라 A지점에서 B지점까지 최단거리로 가는 방법의 수를 구하시오.

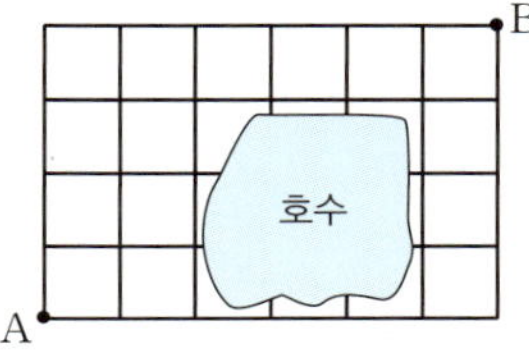

01 ☆
[2018년 고3(나) 9월 평가원]

서로 다른 5개의 접시를 원 모양의 식탁에 일정한 간격을 두고 원형으로 놓는 경우의 수는? (단, 회전하여 일치하는 것은 같은 것으로 본다.)

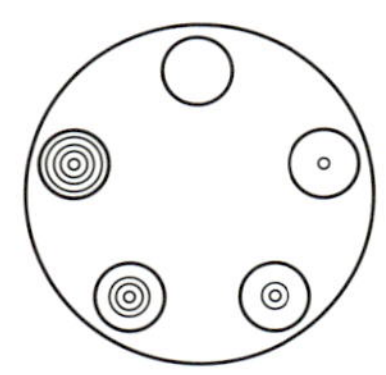

① 6　　　　② 12　　　　③ 18

④ 24　　　　⑤ 30

02 ☆☆

다섯 쌍의 부부가 원탁에 둘러앉을 때, 부부끼리 이웃하여 앉는 방법의 수는?

① $4! \times 2^4$　　② $5! \times 2^4$　　③ $4! \times 5!$

④ $4! \times 2^5$　　⑤ $5! \times 2^5$

03 ☆☆☆ 첨삭 해설

어느 대학교 수시 모집에 지원한 남학생 3명과 여학생 3명을 토론식 면접을 하기 위하여 그림과 같은 정삼각형 모양의 탁자에 앉히려고 한다. 붙어있는 의자에는 반드시 남녀가 1명씩 앉도록 할 때, 이들 6명이 앉을 수 있는 방법의 수는?

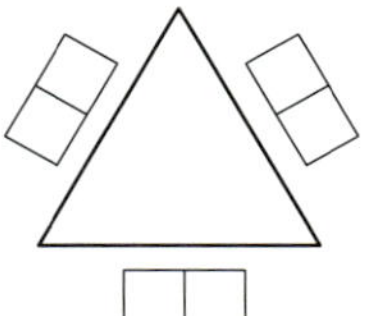

① 72　　　　② 80　　　　③ 88

④ 96　　　　⑤ 108

04 |단답형| ☆☆
[2009년 고3(나) 10월 교육청]

8등분된 원판에 A, B, C, D, E, F의 6가지 색을 모두 사용하여 영역을 구분하려고 한다. 그림과 같이 A, B 두 가지 색은 이미 칠해져 있을 때, 칠해져 있지 않은 영역에 칠할 수 있는 방법의 수를 구하시오. (단, 한 영역에는 한 가지 색을 칠하고, 회전하여 같은 경우에는 한 가지 방법으로 한다.)

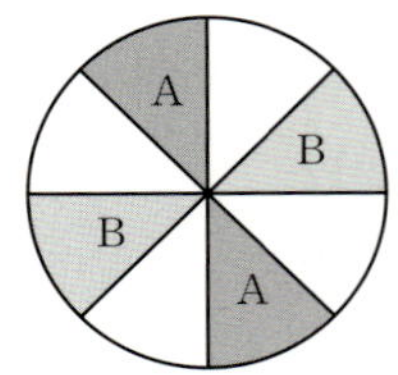

05 ☆☆

그림과 같이 정삼각형 4개로 이루어진 도형의 각 영역에 서로 다른 4가지의 색을 칠하여 구별하는 방법의 수는? (단, 회전하여 겹쳐지는 것들은 같은 것으로 한다.)

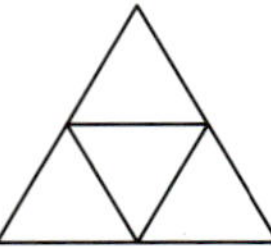

① 6　　　　② 8　　　　③ 10

④ 12　　　　⑤ 16

06 ☆☆☆ 첨삭 해설

그림과 같이 크기가 같은 8개의 정육면체를 붙여서 만든 큰 정육면체가 있다. 이때, 서로 다른 8가지 색을 모두 사용하여 정육면체의 면에 색을 칠하는 방법의 수는? (단, 하나의 정육면체에는 한 가지 색깔만 사용할 수 있고, 굴리거나 회전하여 겹쳐지는 것들은 같은 것으로 한다.)

① 1610　　　② 1680　　　③ 1750

④ 1820　　　⑤ 1890

07 ☆

세 종류의 과일 딸기, 오렌지, 키위를 4개의 접시 A, B, C, D에 한 개씩 담는 방법의 수는? (단, 각각의 과일의 개수는 4개 이상 있고, 접시에 담지 않은 과일이 있어도 된다.)

① 27   ② 36   ③ 48
④ 72   ⑤ 81

08 ☆☆ 첨삭 해설

두 가지 부호 ─, •를 나열하여 신호를 만들려고 한다. 50가지의 신호를 만들려면 이 두 가지 부호를 최소한 몇 개 사용해야 하는가? (단, 신호에는 반드시 한 개 이상의 부호가 포함되어 있다.)

① 4   ② 5   ③ 6
④ 7   ⑤ 8

09 ☆☆   [2017년 고3(가) 7월 교육청]

숫자 1, 2, 3, 4, 5 중에서 중복을 허락하여 세 개를 택해 일렬로 나열하여 만든 세 자리의 자연수가 홀수인 경우의 수는?

① 45   ② 55   ③ 65
④ 75   ⑤ 85

10 ☆☆

집합 $X=\{1, 2, 3\}$에서 집합 $Y=\{1, 2, 3, 4, 5\}$로의 함수 f 중에서 등식 $\{f(1)-f(2)\}\times\{f(2)-f(3)\}=0$을 만족시키는 함수의 개수는?

① 30   ② 35   ③ 40
④ 45   ⑤ 50

11 |단답형| ☆☆ 첨삭 해설   [2004년 고3(나) 10월 교육청]

7개의 문자 a, b, b, c, c, c, d를 일렬로 나열할 때, 양쪽 끝에는 서로 다른 문자가 오는 경우의 수를 구하시오.

12 ☆☆

투명한 원기둥 모양의 관에 크기와 모양이 같은 구슬을 넣어 쌓아 올리는 장난감이 있다. 빨간색 구슬이 2개, 초록색 구슬이 3개, 파란색 구슬이 5개 있을 때, 이 구슬 10개를 모두 사용하여 일렬로 쌓아 올릴 수 있는 모든 경우의 수는?

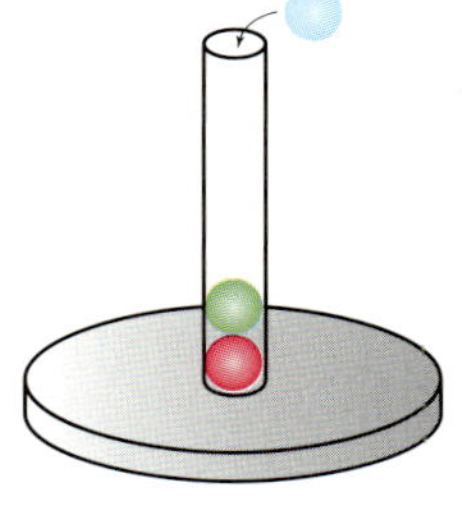

① 2420   ② 2460   ③ 2520
④ 2560   ⑤ 2620

13 ☆☆

ORANGE의 6개의 문자를 일렬로 나열할 때, 자음의 순서가 알파벳의 순서와 같게 되는 경우의 수는?

① 104   ② 108   ③ 112
④ 116   ⑤ 120

14 ☆☆

한 걸음에 1계단 또는 2계단씩 올라가서 총 7개의 계단을 오르는 방법의 수는?

① 21   ② 22   ③ 23
④ 24   ⑤ 25

15 ☆☆

그림과 같은 도로망이 있다. A에서 출발하여 C는 반드시 지나지만, D는 지나지 않고 B까지 최단거리로 가는 방법의 수는?

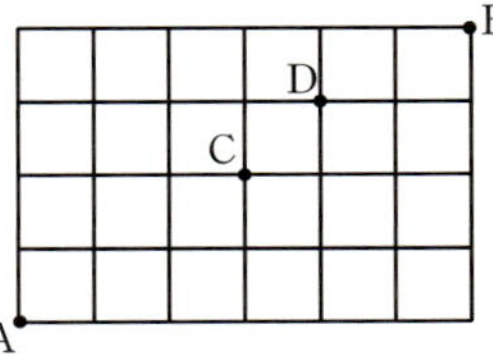

① 36   ② 40   ③ 44
④ 48   ⑤ 52

16 |서술형| ☆☆☆

0부터 9까지의 정수를 이용하여 3233, 0110, 0090과 같은 두 종류의 숫자로만 된 네 자리 비밀번호를 설정하려고 한다. 만들 수 있는 모든 비밀번호의 개수를 구하시오.

05 중복조합

(1) **중복조합** : 서로 다른 n개에서 중복을 허락하여 r개를 택하는 조합을 **중복조합**이라고 하며, 이 중복조합의 수를 기호로 $_nH_r$와 같이 나타낸다.

(2) **중복조합의 수** : 서로 다른 n개에서 r개를 택하는 중복조합의 수는

$$_nH_r = _{n+r-1}C_r$$

06 중복조합의 활용

(1) 방정식 $x_1 + x_2 + \cdots + x_m = n$ (단, m, n은 자연수)에서

① 음이 아닌 정수해의 개수 : $_mH_n$

② 양의 정수해의 개수 : $_mH_{n-m}$ ($n \geq m$)

(2) $(a+b+c)^n$의 전개식의 서로 다른 항의 개수

$$_3H_n = _{n+2}C_n = _{n+2}C_2$$

(3) 두 집합 X, Y의 원소의 개수가 각각 m, n일 때, 함수 $f : X \longrightarrow Y$ 중에서 임의의 원소 $x_1 \in X$, $x_2 \in X$에 대하여 $x_1 < x_2$이면 $f(x_1) \leq f(x_2)$를 만족시키는 함수 f의 개수는 $_nH_m$이다.

- $_nH_r$의 H는 같음을 뜻하는 homogeneous의 첫 글자이다.

- 조합의 수 $_nC_r$에서는 $0 \leq r \leq n$이어야 하지만, 중복조합의 수 $_nH_r$에서는 중복하여 택할 수 있기 때문에 $n < r$일 수도 있다.

- 임의의 자연수 n에 대하여 $_nH_0 = 1$

- (1) ②에서 $x_i' = x_i + 1$(단, $1 \leq i \leq m$)이라고 하면 주어진 방정식의 해는
$$x_1' + x_2' + \cdots + x_m' = n - m$$
의 음이 아닌 정수해의 개수를 구하는 것과 같다.

- (3)에서 $x_1 < x_2$이면 $f(x_1) < f(x_2)$를 만족시키는 함수 f의 개수는 $_nC_m$이다. (단, $n \geq m$)

개념 CHECK

정답 및 해설 p. 19

[01~04] 다음 빈칸에 알맞은 것을 써넣으시오.

01 서로 다른 n개에서 중복을 허락하여 r개를 택하는 조합을 [ ]이라고 하며, 기호로 [ ]와 같이 나타낸다.

02 서로 다른 n개에서 중복을 허락하여 r개를 택하는 수는
$$_{[\ ]}H_{[\ ]} = _{[\ ]}C_{[\ ]}$$
이다.

03 방정식 $x+y+z=n$ (단, n은 자연수)에서 음이 아닌 정수인 해의 개수는
$$_{[\ ]}H_{[\ ]} = _{[\ ]}C_{[\ ]}$$
이다.

04 두 집합 X, Y의 원소의 개수가 각각 m, n일 때, 함수 $f : X \longrightarrow Y$ 중에서 임의의 원소 $x_1 \in X$, $x_2 \in X$에 대하여 $x_1 < x_2$이면 $f(x_1) \leq f(x_2)$를 만족시키는 함수 f의 개수는 [ ]이다.

[05~08] 옳은 것에 ○표, 옳지 않은 것에 ×표를 하시오.

05 중복조합의 수 $_nH_r$에서는 중복하여 택할 수 있기 때문에 $n < r$일 수도 있다. ( )

06 방정식 $x+y+z=4$에서 x, y, z가 모두 자연수인 해의 개수는 $_3H_4$이다. ( )

07 두 집합 $X=\{1, 2\}$, $Y=\{1, 2, 3\}$에 대하여 원소 $x_1 \in X$, $x_2 \in X$에 대하여 $x_1 < x_2$이면 $f(x_1) < f(x_2)$를 만족시키는 함수 $f : X \longrightarrow Y$의 개수는 $_3H_2$이다. ( )

08 다항식 $(x+y+z)^2$의 전개식에서 서로 다른 항의 개수는 $_3H_2$이다. ( )

05 중복조합

[09~12] 다음을 계산하시오.

09 $_2\mathrm{H}_3$

10 $_3\mathrm{H}_2$

11 $_5\mathrm{H}_0$

12 $_4\mathrm{H}_4$

[13~15] 다음을 구하시오.

13 중복을 허락하여 1, 2, 3의 세 숫자 중에서 2개를 뽑는 방법의 수

14 중복을 허락하여 a, b, c 중에서 3개를 뽑는 방법의 수

15 학생 3명에게 같은 종류의 음료수 4개를 남김없이 나누어 주는 방법의 수

06 중복조합의 활용

[16~21] 다음을 구하시오.

16 방정식 $x+y=4$를 만족시키는 음이 아닌 정수해 $(x,\ y)$의 개수

17 방정식 $x+y=5$를 만족시키는 양의 정수해 $(x,\ y)$의 개수

18 방정식 $x+y+z=4$를 만족시키는 음이 아닌 정수해 $(x,\ y,\ z)$의 개수

19 방정식 $x+y+z=5$를 만족시키는 양의 정수해 $(x,\ y,\ z)$의 개수

20 $(a+b)^2$을 전개할 때 생기는 서로 다른 항의 개수

21 $(a+b+c)^2$을 전개할 때 생기는 서로 다른 항의 개수

유형 14 중복조합의 수의 계산 ★

서로 다른 n개에서 중복을 허락하여 r개를 택하는 중복조합의 수

$$_n\mathrm{H}_r = {}_{n+r-1}\mathrm{C}_r$$

22

$_n\mathrm{H}_2 = 36$을 만족시키는 자연수 n의 값은?

① 6　　　　② 7　　　　③ 8
④ 9　　　　⑤ 10

23

[2017년 고3(가) 7월 교육청]

$_3\mathrm{H}_n = 21$일 때, 자연수 n의 값을 구하시오.

24

$_5\mathrm{H}_3 = {}_n\mathrm{C}_4$를 만족시키는 자연수 n의 값은?

① 6　　　　② 7　　　　③ 8
④ 9　　　　⑤ 10

25

$_{11-r}\mathrm{H}_r = {}_{15-r}\mathrm{H}_{r-4}$를 만족시키는 자연수 r의 값은?

① 6　　　　② 7　　　　③ 8
④ 9　　　　⑤ 10

유형 15 중복조합을 이용한 여러 가지 경우의 수 ★

중복조합을 계산할 때, 어떤 종류를 적어도 m개 이상 가져야 하는 경우에는 먼저 m개씩 나누어 준 후에 나머지는 중복조합의 수를 이용한다.

26

똑같은 편지 7개를 서로 다른 4개의 우체통에 넣으려고 할 때, 그 방법의 수는?

① 84　　　　② 96　　　　③ 108
④ 120　　　　⑤ 132

27

3명의 학생에게 동일한 사과 8개를 나누어 주려고 한다. 학생이 적어도 한 개 이상의 사과를 받게 되는 경우의 수는?

① 15　　　　② 18　　　　③ 21
④ 24　　　　⑤ 27

28

딸기 맛, 초콜릿 맛, 바나나 맛 우유 중에서 10개를 선택하려고 한다. 이 세 가지 맛의 우유를 각각 적어도 2개 이상씩 선택하는 경우의 수는?

(단, 각 종류의 우유는 10개 이상씩 있다.)

① 12　　　　② 15　　　　③ 18
④ 21　　　　⑤ 24

29

서로 구별되지 않는 인형 15개를 4개의 상자 A, B, C, D에 넣으려고 한다. 상자 A에는 3개 이상, 상자 B에는 2개 이상의 인형이 들어가게 할 때, 인형을 넣는 방법의 수는?

① 280　　　　② 282　　　　③ 284
④ 286　　　　⑤ 288

유형 16 방정식, 부등식의 해의 개수 ★★

방정식 $x_1+x_2+\cdots+x_n=r$ (단, n, r는 자연수)에서

① 음이 아닌 정수해의 개수 : $_n\mathrm{H}_r={}_{n+r-1}\mathrm{C}_r$

② 양의 정수해의 개수 : $_n\mathrm{H}_{r-n}$ (단, $r\geq n$)

30

방정식 $x+y+z+w=8$을 만족시키는 음이 아닌 정수 x, y, z, w의 순서쌍 (x, y, z, w)의 개수는?

① 160　　　② 165　　　③ 170

④ 175　　　⑤ 180

31

방정식 $x+y+z=k$를 만족시키는 음이 아닌 정수 x, y, z의 순서쌍 (x, y, z)의 개수가 105일 때, 자연수 k의 값은?

① 9　　　② 10　　　③ 11

④ 12　　　⑤ 13

32

방정식 $x+y+z=7$을 만족시키는 음이 아닌 정수해의 개수를 a, 양의 정수해의 개수를 b라 할 때, $a-b$의 값은?

① 18　　　② 19　　　③ 20

④ 21　　　⑤ 22

33

부등식 $x+y+z\leq 5$를 만족시키는 양의 정수 x, y, z의 순서쌍 (x, y, z)의 개수는?

① 6　　　② 7　　　③ 8

④ 9　　　⑤ 10

유형 17 함수의 개수 ★★

두 집합 X, Y의 원소의 개수가 각각 m, n일 때,

(i) 함수 $f : X \longrightarrow Y$의 개수는 $_n\Pi_m=n^m$

(ii) 일대일함수 $f : X \longrightarrow Y$의 개수는 $_n\mathrm{P}_m$ (단, $n\geq m$)

(iii) X의 임의의 두 원소 x_1, x_2에 대하여

　① $x_1<x_2$이면 $f(x_1)<f(x_2)$를 만족하는 함수 $f : X \longrightarrow Y$의 개수는 $_n\mathrm{C}_m$ (단, $n\geq m$)

　② $x_1<x_2$이면 $f(x_2)\leq f(x_2)$를 만족하는 함수 $f : X \longrightarrow Y$의 개수는 $_n\mathrm{H}_m$

34

두 집합 $X=\{1, 2, 3, 4, 5\}$, $Y=\{1, 2, 3\}$에 대하여 함수 $f : X \longrightarrow Y$가 다음 조건을 만족시킬 때, 함수 f의 개수는?

> 집합 X의 임의의 두 원소 x_1, x_2에 대하여 $x_1<x_2$이면 $f(x_1)\leq f(x_2)$이다.

① 15　　　② 18　　　③ 21

④ 24　　　⑤ 27

35

집합 $X=\{1, 2, 3\}$에 대하여 $f(1)\leq f(3)\leq f(2)$를 만족시키는 함수 $f : X \longrightarrow X$의 개수는?

① 8　　　② 9　　　③ 10

④ 11　　　⑤ 12

36

[2006 고3(가) 6월 평가원]

$\{1, 2, 3, 4\}$에서 $\{1, 2, 3, 4, 5, 6, 7\}$로의 함수 중에서 $x_1<x_2$일 때, $f(x_1)\geq f(x_2)$를 만족시키는 함수 f의 개수를 구하시오.

07 이항정리

(1) **이항정리** : n이 자연수일 때,

$$(a+b)^n = {}_nC_0 a^n + {}_nC_1 a^{n-1}b + {}_nC_2 a^{n-2}b^2 + \cdots + {}_nC_r a^{n-r}b^r + \cdots + {}_nC_n b^n$$

(2) **이항계수와 일반항** : $(a+b)^n$의 전개식에서

① 각 항의 계수 ${}_nC_0,\ {}_nC_1,\ \cdots,\ {}_nC_r,\ \cdots,\ {}_nC_n$을 **이항계수**라 한다.

② ${}_nC_r\, a^{n-r}b^r$을 $(a+b)^n$의 **전개식의 일반항**이라 한다.

(3) **파스칼의 삼각형**

다음과 같이 이항계수를 배열한 것을 **파스칼의 삼각형**이라 한다.

$(a+b)^0$	1	$\Leftrightarrow \quad 1$
$(a+b)^1$	${}_1C_0 \quad {}_1C_1$	$\Leftrightarrow \quad 1 \quad 1$
$(a+b)^2$	${}_2C_0 \quad {}_2C_1 \quad {}_2C_2$	$\Leftrightarrow \quad 1 \quad 2 \quad 1$
$(a+b)^3$	${}_3C_0 \quad {}_3C_1 \quad {}_3C_2 \quad {}_3C_3$	$\Leftrightarrow \quad 1 \quad 3 \quad 3 \quad 1$
$(a+b)^4$	${}_4C_0 \quad {}_4C_1 \quad {}_4C_2 \quad {}_4C_3 \quad {}_4C_4$	$\Leftrightarrow \quad 1 \quad 4 \quad 6 \quad 4 \quad 1$
$\vdots$	$\vdots$	$\vdots$

08 이항계수의 성질

(1) ${}_nC_0 + {}_nC_1 + {}_nC_2 + \cdots + {}_nC_n = 2^n$

(2) ${}_nC_0 - {}_nC_1 + {}_nC_2 - \cdots + (-1)^n\, {}_nC_n = 0$

(3) ${}_nC_0 + {}_nC_2 + {}_nC_4 + \cdots = {}_nC_1 + {}_nC_3 + {}_nC_5 + \cdots = 2^{n-1}$

- $(a+b)^n$의 전개식에서 $a^{n-r}b^r$ 항은 n개의 인수 $(a+b)$ 중 $n-r$개에서 a를 택하고, r개에서 b를 택하여 곱하는 것이므로, $a^{n-r}b^r$ 항의 개수는 n개에서 r개를 택하는 조합의 수와 같다.

- ${}_nC_r = {}_nC_{n-r}$이므로 $(a+b)^n$의 전개식에서 $a^{n-r}b^r$항과 $a^r b^{n-r}$항의 계수는 같다.

- 파스칼의 삼각형에서
$${}_{n-1}C_{r-1} + {}_{n-1}C_r = {}_nC_r$$
인 것을 알 수 있다.

- 이항계수의 성질은 $(1+x)^n$의 전개식에서 $x=1$을 대입하면 (1)이 유도되고, $x=-1$을 대입하면 (2)가 유도된다.

개념 CHECK

정답 및 해설 p. 21

[01~03] 다음 빈칸에 알맞은 것을 써넣으시오.

01 $(a+b)^3$
$$= {}_3C_0 a^3 + [\quad]a^2 b + {}_3C_2 ab^{[\ ]} + {}_3C_3 b^{[\ ]}$$
$$= a^3 + [\quad]a^2 b + [\quad]ab^{[\ ]} + b^{[\ ]}$$

02 $(a-b)^3$
$$= {}_3C_0 a^3 - [\quad]a^{[\ ]}b + {}_3C_2 ab^2 - [\quad]b^{[\ ]}$$
$$= a^3 - [\quad]a^{[\ ]}b + [\quad]ab^2 - b^{[\ ]}$$

03

$$
\begin{array}{ccccccccc}
 & & & 1 & & 1 & & & \\
 & & 1 & & [\ ] & & 1 & & \\
 & 1 & & [\ ] & & 3 & & [\ ] & \\
1 & & [\ ] & & [\ ] & & [\ ] & & 1
\end{array}
$$

$$(a+b)^4 = [\qquad\qquad]$$

[04~07] 옳은 것에 ○표, 옳지 않은 것에 ×표를 하시오.

04 $(a+b)^n$의 전개식의 각 항에서 a의 지수와 b의 지수의 합은 $n+1$이다. (　　　)

05 $(a+b)^n$의 전개식에서 항의 개수는 $n+1$이다. (　　　)

06 $(a+b)^n$의 전개식에서 $a^2 b^{n-2}$ 항의 계수는 ${}_nC_2$이다. (　　　)

07 파스칼의 삼각형에서
$${}_{n-1}C_{r-1} + {}_{n-1}C_r = {}_nC_r$$
이 성립한다. (　　　)

연산 연습

07 이항정리

[08~15] 이항정리를 이용하여 다음 식을 전개하시오.

08 $(a+b)^2$

09 $(2a+b)^3$

10 $(x-y)^4$

11 $(3x-y)^4$

12 $\left(x+\dfrac{1}{x}\right)^2$

13 $\left(x-\dfrac{1}{x}\right)^3$

14 $\left(2x+\dfrac{1}{x}\right)^4$

15 $\left(x-\dfrac{1}{3x}\right)^4$

[16~18] 다음을 구하시오.

16 $(x+2)^5$의 전개식에서 x^4의 계수

17 $(a-3)^6$의 전개식에서 a^4의 계수

18 $(2x+3y)^4$의 전개식에서 x^2y^2의 계수

[19~20] 다음을 $_n\mathrm{C}_r$의 꼴로 나타내시오.

19 $_5\mathrm{C}_3+{_5}\mathrm{C}_4$

20 $_4\mathrm{C}_0+{_4}\mathrm{C}_1+{_5}\mathrm{C}_2$

08 이항계수의 성질

[21~24] 다음 식의 값을 구하시오.

21 $_3\mathrm{C}_0+{_3}\mathrm{C}_1+{_3}\mathrm{C}_2+{_3}\mathrm{C}_3$

22 $_4\mathrm{C}_1+{_4}\mathrm{C}_2+{_4}\mathrm{C}_3+{_4}\mathrm{C}_4$

23 $_5\mathrm{C}_0-{_5}\mathrm{C}_1+{_5}\mathrm{C}_2-{_5}\mathrm{C}_3+{_5}\mathrm{C}_4-{_5}\mathrm{C}_5$

24 $_6\mathrm{C}_1+{_6}\mathrm{C}_3+{_6}\mathrm{C}_5$

유형 18 이항정리를 이용한 식의 전개 ★

(1) 이항정리

$$(a+b)^n = {}_nC_0 a^n + {}_nC_1 a^{n-1}b + {}_nC_2 a^{n-2}b^2 + \cdots + {}_nC_r a^{n-r}b^r + \cdots + {}_nC_n b^n$$

(2) $(a+b)^n$의 전개식의 일반항 : ${}_nC_r a^{n-r}b^r$

(3) $\left(ax+\dfrac{b}{x}\right)^n$ 꼴에서 x^k의 계수 $\left(ax+\dfrac{b}{x}\right)^n$의 전개식의 일반항을 구한 후 x^k이기 위한 계수를 구한다.

25

$(x+a)^6$의 전개식에서 x^4의 계수가 60일 때, 양수 a의 값은?

① 1   ② 2   ③ 3
④ 4   ⑤ 5

26

$(x-a)^5$의 전개식에서 x의 계수와 상수항의 합이 0일 때, 양수 a의 값은?

① 1   ② 2   ③ 3
④ 4   ⑤ 5

27

$\left(x-\dfrac{1}{x^2}\right)^7$의 전개식에서 $\dfrac{1}{x^5}$의 계수는?

① -35 ② -20 ③ 20
④ 35   ⑤ 50

28

$\left(ax-\dfrac{1}{x}\right)^5$의 전개식에서 x의 계수가 -80일 때, 정수 a의 값은?

① -3 ② -2 ③ 2
④ 3   ⑤ 4

유형 19 이항정리의 일반항과 계수 ★

$(ax+b)^m(cx+d)^n$ 꼴에서 x^k의 계수
$(ax+b)^m$, $(cx+d)^n$ 각각의 전개식의 일반항을 구하여 곱한 식에서 x^k이기 위한 모든 계수를 구하여 더한다.

29

$(x+1)^3(x+2)^4$의 전개식에서 x의 계수는?

① 64   ② 72   ③ 80
④ 88   ⑤ 96

30

$(1+2x)^4(1-x)^5$의 전개식에서 x^2의 계수는?

① -9 ② -6 ③ -3
④ 3   ⑤ 6

31

$(3x+4)\left(x-\dfrac{2}{x}\right)^5$의 전개식에서 상수항은?

① -360 ② -240 ③ -120
④ 120   ⑤ 240

유형 20 파스칼의 삼각형의 성질 ★★

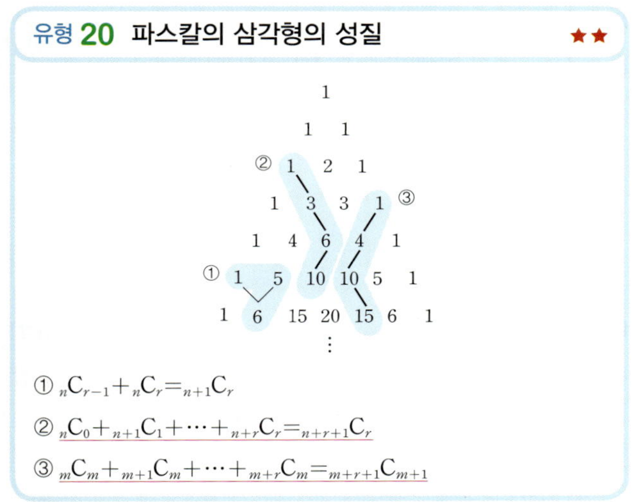

① $_nC_{r-1}+_nC_r=_{n+1}C_r$

② $_nC_0+_{n+1}C_1+\cdots+_{n+r}C_r=_{n+r+1}C_r$

③ $_mC_m+_{m+1}C_m+\cdots+_{m+r}C_m=_{m+r+1}C_{m+1}$

32

$_nC_4=_{n-1}C_5+_{n-1}C_6$을 만족시키는 n의 값은?

① 7 ② 8 ③ 9

④ 10 ⑤ 11

33

다음 중 오른쪽 파스칼의 삼각형에서 색칠한 부분에 있는 수의 합과 같은 것은?

$$\begin{array}{c}
_1C_0 \quad _1C_1 \\
_2C_0 \quad _2C_1 \quad _2C_2 \\
_3C_0 \quad _3C_1 \quad _3C_2 \quad _3C_3 \\
_4C_0 \quad _4C_1 \quad _4C_2 \quad _4C_3 \quad _4C_4 \\
\vdots
\end{array}$$

① $_4C_3$ ② $_4C_4$

③ $_5C_3$ ④ $_5C_4$

⑤ $_6C_2$

34

$_4C_1+_5C_2+_6C_3+_7C_4+_8C_5$의 값은?

① 124 ② 125 ③ 126

④ 127 ⑤ 128

유형 21 이항계수의 성질 ★

(1) $_nC_0+_nC_1+_nC_2+\cdots+_nC_n=2^n$

(2) $_nC_0-_nC_1+_nC_2-\cdots+(-1)^n\,_nC_n=0$

(3) $_nC_0+_nC_2+_nC_4+\cdots=2^{n-1}$

  $_nC_1+_nC_3+_nC_5+\cdots=2^{n-1}$

35

$_nC_0+_nC_1+_nC_2+\cdots+_nC_n=32$를 만족시키는 자연수 n의 값은?

① 2 ② 3 ③ 4

④ 5 ⑤ 6

36

다음 부등식을 만족하는 양의 정수 n의 값을 구하면?

$$4000<_nC_1+_nC_2+\cdots+_nC_n<5000$$

① 8 ② 9 ③ 10

④ 11 ⑤ 12

37

$_{19}C_{10}+_{19}C_{11}+_{19}C_{12}+\cdots+_{19}C_{19}=2^n$일 때, 자연수 n의 값은?

① 15 ② 16 ③ 17

④ 18 ⑤ 19

38

$_{10}C_0+_{10}C_2+_{10}C_4+_{10}C_6+_{10}C_8+_{10}C_{10}$의 값은?

① 64 ② 128 ③ 256

④ 512 ⑤ 1024

01 |단답형| ☆ [2012년 수능(가)]

자연수 r에 대하여 $_3H_r = _7C_2$일 때, $_5H_r$의 값을 구하시오.

02 ☆☆

1부터 8까지의 숫자가 하나씩 적힌 8개의 상자가 있다. 똑같은 구슬 3개를 상자에 넣는 방법의 수는?

(단, 각 상자에 들어가는 구슬의 개수에는 제한이 없다.)

① 108　　② 114　　③ 120
④ 126　　⑤ 132

03 ☆☆ 첨삭 해설

세 정수 a, b, c에 대하여 $2 \le |a| \le |b| \le |c| \le 7$을 만족시키는 모든 순서쌍 (a, b, c)의 개수는?

① 420　　② 432　　③ 448
④ 460　　⑤ 472

04 ☆☆

방정식 $x^2 + y + z = 7$에 대하여 음이 아닌 정수의 순서쌍 (x, y, z)의 개수는?

① 18　　② 19　　③ 20
④ 21　　⑤ 22

05 ☆☆

$(a+b+c)^{10}$의 전개식에서 서로 다른 항의 개수는?

① 60　　② 62　　③ 64
④ 66　　⑤ 68

06 |단답형| ☆☆ 첨삭 해설 [2011년 고3(가) 7월 교육청]

집합 $X = \{1, 2, 3, 4\}$에서 집합 $Y = \{4, 5, 6, 7\}$로의 함수 f 중 다음 조건을 만족하는 함수의 개수를 구하시오.

(가) $f(2) = 5$
(나) 집합 X의 임의의 두 원소 i, j에 대하여
　　$i < j$이면 $f(i) \le f(j)$

07 ☆☆

집합 $X = \{1, 2, 3, 4, 5\}$에 대하여 함수 $f : X \longrightarrow X$ 중에서 다음 조건을 만족시키는 함수 f의 개수는?

(가) 서로 다른 짝수 a, b에 대하여 $a < b$이면
　　$f(a) < f(b)$이다.
(나) 서로 다른 홀수 a, b에 대하여 $a < b$이면
　　$f(a) \le f(b)$이다.

① 345　　② 350　　③ 355
④ 360　　⑤ 365

08 ☆☆☆

한 개의 주사위를 4번 던질 때, k번째에 나타나는 눈의 수를 a_k $(k=1, 2, 3, 4)$이라고 할 때, $a_1 < a_2 \le a_3 \le a_4$를 만족시키는 경우의 수는?

① 68　　② 70　　③ 72
④ 74　　⑤ 76

09 ☆☆☆ [2015년 수능(A)]

$(x+y)^{10}$의 전개식에서 $x^6 y^4$의 계수를 a,
$\left(3x^2 - \dfrac{1}{x}\right)^4$의 전개식에서 x^2의 계수를 b라 할 때,
두 상수 a, b에 대하여 $a+b$의 값은?

① 260　　　② 264　　　③ 268
④ 272　　　⑤ 276

10 ☆☆☆

$\left(x^2 + \dfrac{1}{x^5}\right)^n$을 전개할 때 상수항이 생기도록 하는 가장 작은 자연수 n의 값과 또 그때의 상수항 a에 대하여 $n+a$의 값은? (단, a는 상수)

① 24　　　② 26　　　③ 28
④ 30　　　⑤ 32

11 ☆☆☆ 첨삭 해설

$(x^2+3)^4(x+a)^2$의 전개식에서 x^3의 계수가 36일 때, 상수 a의 값은?

① $\dfrac{1}{3}$　　　② $\dfrac{1}{4}$　　　③ $\dfrac{1}{6}$
④ $\dfrac{1}{8}$　　　⑤ $\dfrac{1}{9}$

12 ☆

다음 중 $_3C_0 + {}_4C_1 + {}_5C_2 + \cdots + {}_{20}C_{17}$의 값과 같은 것은?

① $_{21}C_3$　　　② $_{21}C_4$　　　③ $_{21}C_5$
④ $_{22}C_3$　　　⑤ $_{22}C_3$

13 ☆☆☆

다음 파스칼의 삼각형에 그려진 평행사변형의 내부에 있는 모든 수의 합은?

$$
\begin{array}{c}
_1C_0 \; _1C_1 \\
_2C_0 \; _2C_1 \; _2C_2 \\
_3C_0 \; _3C_1 \; _3C_2 \; _3C_3 \\
_4C_0 \; _4C_1 \; _4C_2 \; _4C_3 \; _4C_4 \\
\vdots \qquad \vdots \qquad\qquad \vdots \\
_{10}C_0 \; _{10}C_1 \; _{10}C_2 \quad \cdots \quad _{10}C_{10}
\end{array}
$$

① 216　　　② 218　　　③ 220
④ 222　　　⑤ 224

14 ☆☆☆

다음 〈보기〉의 등식 중에서 옳은 것만을 있는 대로 고른 것은?

> ─[보기]─
> ㄱ. $_9C_0 + {}_9C_1 + {}_9C_2 + \cdots + {}_9C_9 = 2^9$
> ㄴ. $_5C_0 + {}_5C_2 + {}_5C_4 = {}_5C_1 + {}_5C_3 + {}_5C_5$
> ㄷ. $_7C_0 - {}_7C_1 + {}_7C_2 - {}_7C_3 + {}_7C_4 - {}_7C_5 + {}_7C_6 - {}_7C_7 = 0$

① ㄱ　　　② ㄴ　　　③ ㄱ, ㄴ
④ ㄱ, ㄷ　　　⑤ ㄱ, ㄴ, ㄷ

15 ☆☆☆ [2010년 고3(가) 4월 교육청]

집합 $X = \{a, b, c, d, e, f, g\}$의 부분집합 중에서 원소의 개수가 짝수인 부분집합의 개수는?

① 32　　　② 48　　　③ 64
④ 80　　　⑤ 96

16 |서술형| ☆☆☆

$(1+x)^n = {}_nC_0 + {}_nC_1 x + {}_nC_2 x^2 + \cdots + {}_nC_n x^n$임을 이용하여 11^n을 100으로 나누었을 때, 나머지가 21이 되는 두 자리의 정수 n의 개수를 구하시오.

01 ☆

남학생 3명과 여학생 3명이 원탁에 둘러앉을 때, 남녀가 교대로 앉는 방법의 수는?

① 10   ② 12   ③ 14
④ 16   ⑤ 18

02 ☆☆☆ 첨삭 해설

1학년 2명, 2학년 2명, 3학년 3명이 모두 원형의 탁자에 둘러앉을 때, 1학년 2명은 이웃하고, 2학년 2명은 이웃하지 않도록 의자에 앉게 하는 방법의 수는?

① 108   ② 120   ③ 132
④ 144   ⑤ 156

03 ☆☆

정오각형 모양의 식탁에 오른쪽 그림과 같이 10명이 둘러앉는 방법의 수는?

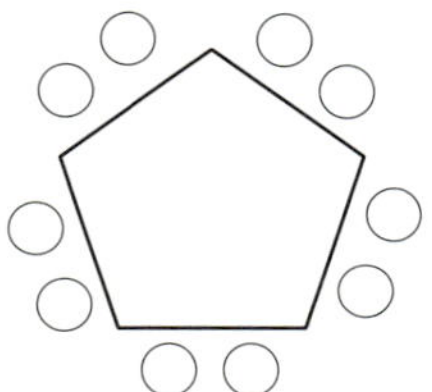

① $9!$ ② $9! \times 2$
③ $9! \times 3$ ④ $10! \times 2$
⑤ $10! \times 3$

04 ☆☆

오른쪽 그림과 같이 10명의 회원이 직사각형 모양의 탁자에 둘러앉을 수 있는 방법의 수는?

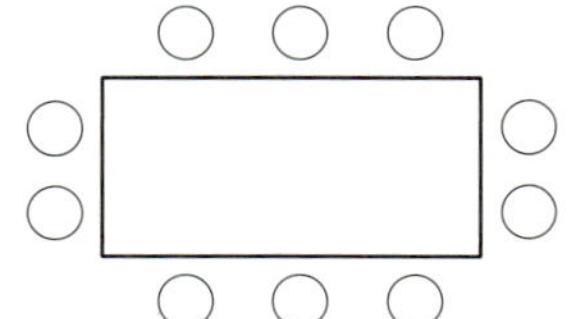

① $9!$ ② $9! \times 5$
③ $10!$ ④ $10! \times 5$
⑤ $11!$

05 ☆☆

그림은 원에 내접한 정삼각형 안에 또 정삼각형을 내접시킨 것이다. 한 영역에는 한 가지 색만 칠할 때, 7개의 서로 다른 색을 모두 사용하여 색칠하는 방법의 수는? (단, 회전하여 일치하는 것은 같은 것으로 본다.)

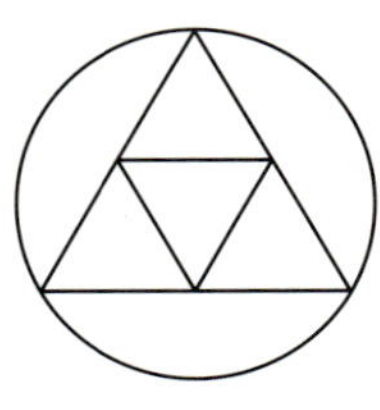

① $\dfrac{6!}{2}$ ② $\dfrac{6!}{3}$ ③ $\dfrac{6!}{4}$
④ $\dfrac{7!}{2}$ ⑤ $\dfrac{7!}{3}$

06 ☆☆

[2013년 고3(B) 5월 교육청]

빨간색과 파란색을 포함한 서로 다른 6가지의 색을 모두 사용하여, 날개가 6개인 바람개비의 각 날개에 색칠하려고 한다. 빨간색과 파란색을 서로 맞은편의 날개에 칠하는 경우의 수는? (단, 각 날개에는 한 가지 색만 칠하고, 회전하여 일치하는 것은 같은 것으로 본다.)

① 12   ② 18   ③ 24
④ 30   ⑤ 36

07 ☆☆

그림과 같이 표면을 n등분한 반구가 있다. 서로 다른 n가지의 색을 모두 사용하여 한 영역에는 한 가지의 색만 칠하는 방법의 수가 120가지일 때, n의 값은? (단, 밑면은 색을 칠하지 않는다.)

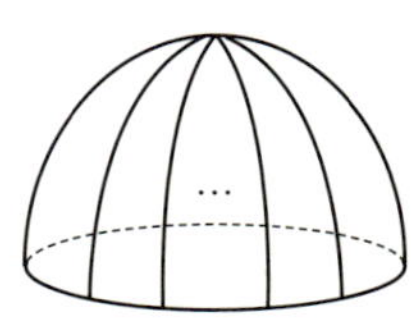

① 4   ② 5   ③ 6
④ 7   ⑤ 8

08 ☆☆

어느 버스에 승객이 3명 타고 있다. 이 버스는 종점까지 4개의 정거장이 남았으며, 가는 동안 중간에 타는 사람은 없다고 한다. 이 버스가 종점에 도착할 때까지 정거장에서 승객이 내리는 모든 경우의 수는? (단, 승객은 종점을 포함한 4개의 정거장 중 한 곳에서 반드시 내려야 한다.)

① 16 ② 27 ③ 64
④ 81 ⑤ 243

09 ☆☆

오른쪽 그림과 같이 5개의 전구를 일렬로 정렬하여, 전구의 켜짐과 꺼짐으로 어떤 신호를 만들려고 한다. 최대 몇 가지의 신호를 만들 수 있는가? (단, 모두 꺼진 것은 신호에서 제외한다.)

① 24 ② 25 ③ 31
④ 32 ⑤ 36

10 ☆☆ [2017년 수능(가)]

숫자 1, 2, 3, 4, 5 중에서 중복을 허락하여 네 개를 택해 일렬로 나열하여 만든 네 자리의 자연수가 5의 배수인 경우의 수는?

① 115 ② 120 ③ 125
④ 130 ⑤ 135

11 ☆☆☆ 첨삭 해설

다섯 개의 숫자 0, 1, 2, 3, 4를 이용하여 중복을 허락하여 만들 수 있는 모든 자연수를 크기가 작은 것부터 나열할 때, 2300은 몇 번째 수인가?

① 322 ② 323 ③ 324
④ 325 ⑤ 326

12 |단답형| ☆☆ [2010년 고3(가) 3월 교육청]

집합 $X=\{1,\ 2,\ 3,\ 4,\ 5,\ 6\}$에 대하여 함수 $f : X \longrightarrow X$는 다음 조건을 만족시킨다.

> (가) $f(3)$은 짝수이다.
> (나) $x<3$이면 $f(x)<f(3)$이다.
> (다) $x>3$이면 $f(x)>f(3)$이다.

함수 f의 개수를 구하시오.

13 ☆☆ 첨삭 해설

parallel에 있는 8개의 문자를 일렬로 나열할 때, 모음끼리 이웃하도록 나열하는 방법의 수는?

① 352 ② 360 ③ 368
④ 376 ⑤ 382

14 ☆☆

노란색 깃발 4개, 빨간색 깃발 5개를 일렬로 모두 나열할 때, 양 끝에 노란색 깃발을 놓는 방법의 수는?
(단, 같은 색 깃발끼리는 서로 구별되지 않는다.)

① 19 ② 21 ③ 23
④ 25 ⑤ 27

15 |단답형| ☆☆☆ 첨삭 해설 [2017년 고3(가) 3월 교육청]

다음 조건을 만족시키는 네 자연수 $a,\ b,\ c,\ d$로 이루어진 모든 순서쌍 $(a,\ b,\ c,\ d)$의 개수를 구하시오.

> (가) $a+b+c+d=6$
> (나) $a\times b\times c\times d$는 4의 배수이다.

16 ☆☆

student에 있는 알파벳 7개를 일렬로 나열한 문자 중 s 오른쪽에 u가 있는 문자의 개수는?

① 1140 ② 1200 ③ 1260
④ 1320 ⑤ 1380

17 ☆☆

[2017년 고3(나) 6월 평가원]

그림과 같이 직사각형 모양으로 연결된 도로망이 있다. 이 도로망을 따라 A 지점에서 출발하여 P 지점을 지나 B 지점까지 최단거리로 가는 경우의 수는?

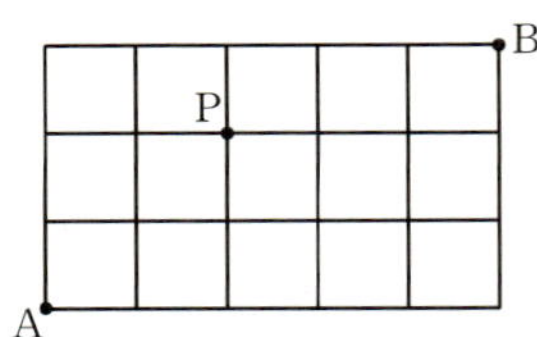

① 16 ② 18 ③ 20
④ 22 ⑤ 24

18 ☆☆

그림은 두 개의 정육면체를 붙여 놓은 도형이다. 이 도형의 모서리를 따라 꼭짓점 A에서 꼭짓점 L까지 최단거리로 가는 방법 중 꼭짓점 B를 지나지 <u>않는</u> 방법의 수는?

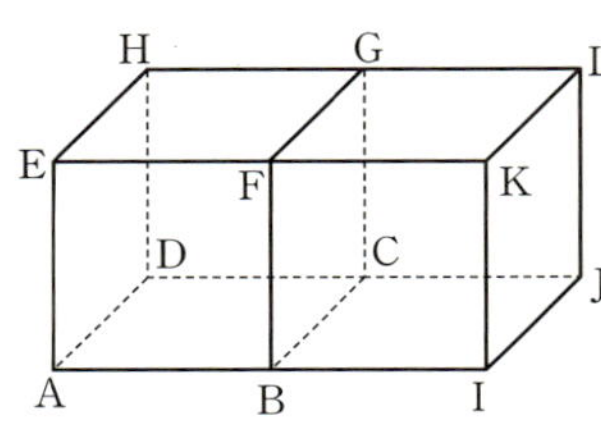

① 5 ② 6 ③ 7
④ 8 ⑤ 9

19 ☆☆☆ 첨삭 해설

오른쪽 그림과 같은 도로망이 있다. A 지점에서 B 지점까지 최단거리로 가는 방법의 수는?

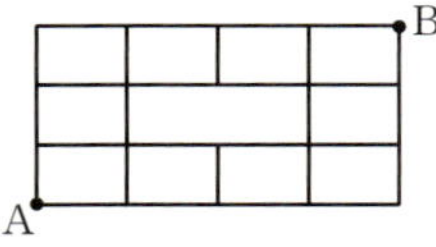

① 23 ② 26 ③ 29
④ 32 ⑤ 35

20 ☆

$_3H_6 + _4H_2$의 값은?

① 28 ② 31 ③ 35
④ 38 ⑤ 42

21 ☆☆

세 명의 후보가 출마한 회장 선거에서 12명의 유권자가 한 명의 후보에게 각각 무기명투표를 할 때, 투표 결과의 모든 경우의 수는? (단, 무효나 기권은 없다.)

① 87 ② 91 ③ 95
④ 99 ⑤ 103

22 ☆☆☆ 첨삭 해설

바구니에 빨간 장미 2송이, 분홍 장미 3송이, 흰 장미 4송이가 들어 있다. 이때, 9송이의 장미를 세 명에게 나누어 주는 방법의 수는? (단, 같은 색의 장미꽃은 구별되지 않으며, 장미꽃을 받지 못한 학생이 있어도 된다.)

① 810 ② 840 ③ 900
④ 980 ⑤ 1080

23 |단답형| ☆☆

[2012년 고3(나) 7월 교육청]

방정식 $x+y+z=20$을 만족시키는 양의 정수 중 짝수인 x, y, z에 대하여 순서쌍 (x, y, z)의 개수를 구하시오.

24 ☆☆

-4보다 큰 정수 x, y, z에 대하여 방정식 $x+y+z=1$을 만족시키는 정수해의 개수는?

① 62 ② 66 ③ 70
④ 74 ⑤ 78

25 ☆☆☆ 첨삭 해설

집합 $X=\{1,\ 2,\ 3,\ 4\}$와 집합 $Y=\{1,\ 2,\ 3,\ 4,\ 5,\ 6\}$에 대하여 다음 조건을 만족시키는 함수 $f:X \longrightarrow Y$의 개수는?

> (가) $f(1)+f(2)=6$
> (나) 집합 X의 임의의 두 원소 a, b에 대하여
> $a<b$이면 $f(a)\leq f(b)$

① 4 ② 9 ③ 14
④ 19 ⑤ 24

26 ☆☆

$\left(x+\dfrac{1}{x^n}\right)^{10}$의 전개식에서 상수항이 존재하도록 하는 모든 자연수 n의 값의 합은?

① 10 ② 11 ③ 12
④ 13 ⑤ 14

27 ☆☆☆ 첨삭 해설

$(1+x)+(1+x)^2+(1+x)^3+\cdots+(1+x)^{10}$의 전개식에서 x^2의 계수는?

① 150 ② 165 ③ 180
④ 195 ⑤ 210

28 |단답형| ☆☆

다항식 $(1-x)^4(2-x)^3$의 전개식에서 x^2의 계수를 구하시오.

29 ☆☆

$_{n-1}\mathrm{C}_{r-1}+{}_{n-1}\mathrm{C}_r={}_n\mathrm{C}_r$임을 이용하여 다음 중 $_4\mathrm{H}_0+{}_4\mathrm{H}_1+{}_4\mathrm{H}_2+{}_4\mathrm{H}_3+\cdots+{}_4\mathrm{H}_{10}$의 값과 같은 것은?

① $_{13}\mathrm{C}_3$ ② $_{13}\mathrm{C}_4$ ③ $_{14}\mathrm{C}_2$
④ $_{14}\mathrm{C}_3$ ⑤ $_{14}\mathrm{C}_4$

30 ☆☆

$_6\mathrm{C}_0+2\cdot{}_6\mathrm{C}_1+2^2\cdot{}_6\mathrm{C}_2+\cdots+2^6\cdot{}_6\mathrm{C}_6=3^n$일 때, 자연수 n의 값은?

① 3 ② 4 ③ 5
④ 6 ⑤ 7

31 |서술형| ☆☆☆

다섯 개의 숫자 카드 $\boxed{1}$, $\boxed{2}$, $\boxed{2}$, $\boxed{3}$, $\boxed{3}$으로 만들 수 있는 네 자리의 자연수의 개수를 구하시오.

32 |서술형| ☆☆

$(x+y+z)^5(a+b)^3$의 전개식에서 서로 다른 항의 개수를 구하시오.

삶을 생각하게 하는 명언

❋
내가 헛되이 보낸 오늘은 어제 죽어간 이들이
그토록 바라던 하루이다. 단 하루면 인간적인 모든 것을
멸망시킬 수도 다시 소생시킬 수도 있다.   —소포클레스

성공으로 가는 엘리베이터는 고장입니다.
당신은 계단을 이용해야만 합니다.
한계단 한계단씩   – 조 지라드

눈물과 더불어 빵을 먹어 보지 않은 자는 인생의 참다운 맛을 모른다.   —괴테

만족할 줄 아는 사람은 진정한 부자이고,
탐욕스러운 사람은 진실로 가난한 사람이다.   —솔론

행복의 한 쪽 문이 닫히면 다른 쪽 문이 열린다. 그러나 흔히 우리는 닫혀진 문을
오랫동안 보기 때문에 우리를 위해 열려 있는 문을 보지 못한다.   —헬렌 켈러

실패는 잊어라. 그러나 그것이 준 교훈은
절대 잊으면 안 된다.   —하버트 개서

[출처 : http://369story.blogspot.com/2015/01/100.html]

Ⅱ 확률

09 시행과 사건

(1) **시행** : 같은 조건 아래에서 반복할 수 있고, 그 결과가 우연에 의하여 결정되는 실험이나 관찰

(2) **사건** : 표본공간의 부분집합

(3) **합사건과 곱사건**

① **합사건** : 사건 A 또는 사건 B가 일어나는 사건 ⇨ $A \cup B$

② **곱사건** : 사건 A와 사건 B가 동시에 일어나는 사건 ⇨ $A \cap B$

(4) **배반사건과 여사건**

① **배반사건** : 사건 A와 사건 B가 동시에 일어나지 않을 때, 사건 A와 사건 B는 서로 **배반사건**이라고 한다. ⇨ $A \cap B = \varnothing$

② **여사건** : 사건 A가 일어나지 않는 사건 ⇨ A^c

- 어떤 시행에서 절대 일어나지 않는 사건을 기호 $\varnothing$로 나타낸다.
- **표본공간** : 어떤 시행에서 일어날 수 있는 모든 결과의 집합
  단, 표본공간은 공집합이 아닌 경우만 생각한다.
- **근원사건** : 표본공간의 부분집합 중에서 한 개의 원소로만 이루어진 사건

10 수학적 확률과 통계적 확률

(1) **수학적 확률** : 표본공간 S의 각각의 근원사건이 일어날 가능성이 모두 같은 정도로 기대될 때, 사건 A가 일어날 확률 $P(A)$는

$$P(A) = \frac{n(A)}{n(S)} = \frac{(\text{사건 } A \text{가 일어나는 경우의 수})}{(\text{일어날 수 있는 모든 경우의 수})}$$

(2) **통계적 확률** : 일반적으로 같은 시행을 n번 반복하여 사건 A가 일어난 횟수를 r_n이라고 하면 시행 횟수 n이 한없이 커짐에 따라 그 상대도수 $\dfrac{r_n}{n}$이 일정한 값 p에 가까워진다. 이때, p를 사건 A의 **통계적 확률**이라고 한다.

[참고] 어떤 근원사건들이 일어날 가능성이 서로 같지 않은 경우, 예를 들어 비가 올 가능성, 불량품이 나올 가능성 등과 같이 수학적 확률로 정의할 수 없는 경우에 통계적 확률이 필요하다.

- 수학적 확률은 어떤 시행에서 일어날 수 있는 모든 근원사건이 각각 같은 정도로 일어날 것이라는 가정에서 정의한다.

- **기하학적 확률**
  연속적인 변량을 크기로 갖는 표본공간의 영역 S 안에서 각각을 택할 가능성이 같을 때, 영역 S에 포함되어 있는 영역 A에 대하여 영역 S에서 임의로 택한 것이 영역 A에 속할 확률은
  $$P(A) = \frac{(\text{영역 } A \text{의 크기})}{(\text{영역 } S \text{의 크기})}$$

개념 CHECK

정답 및 해설 p. 32

[01~04] 다음 빈칸에 알맞은 것을 써넣으시오.

01 같은 조건 아래에서 반복할 수 있고, 그 결과가 우연에 의하여 결정되는 실험이나 관찰을 [　　　]이라 한다.

02 사건 A 또는 사건 B가 일어나는 사건을 [　　　]이라 하고 기호로 [　　　]로 나타낸다.

03 사건 A와 사건 B가 동시에 일어나는 사건을 [　　　]이라 하고 기호로 [　　　]로 나타낸다.

04 사건 A가 일어나지 않는 사건을 사건 A의 [　　　]이라 하고 기호로는 [　　　]로 나타낸다.

[05~08] 옳은 것에 ○표, 옳지 <u>않은</u> 것에 ×표를 하시오.

05 사건 A와 사건 B가 서로 배반사건이면, $A \cap B \neq \varnothing$이다. (　　　)

06 두 사건 A, A^c은 서로 배반사건이다. (　　　)

07 임의의 사건 A에 대하여 확률 $P(A)$는 1보다 작은 양수이다. (　　　)

08 어떤 주사위를 100번 반복하여 던져서 1의 눈이 15번 나왔을 때, 이 주사위를 한 번 던져서 1의 눈이 나올 확률은 $\dfrac{3}{20}$이다. (　　　)

연산 연습

09 시행과 사건

[09~11] 한 개의 주사위를 던지는 시행에서 다음을 구하시오.

09 표본공간

10 홀수의 눈이 나올 사건

11 짝수의 눈이 나올 사건

[12~13] 1부터 10까지의 자연수가 각각 하나씩 적힌 10장의 카드 중에서 한 장의 카드를 꺼낼 때, 짝수가 적힌 카드가 나오는 사건을 A, 10의 약수가 적힌 카드가 나오는 사건을 B라 할 때, 다음을 구하시오.

12 $A \cup B$

13 $A \cap B$

[14~16] 한 개의 주사위를 던지는 시행에서 6의 약수의 눈이 나오는 사건을 A, 소수의 눈이 나오는 사건을 B라 할 때, 다음을 구하시오.

14 $A \cap B$를 구하고, 배반사건인지 판단하시오.

15 A^C

16 B^C

10 수학적 확률과 통계적 확률

[17~19] 한 개의 주사위를 던지는 시행에서 다음을 구하시오.

17 4 이하의 눈의 수가 나올 확률

18 2 또는 3의 배수의 눈의 수가 나올 확률

19 6의 약수이면서 3 이상의 눈의 수가 나올 확률

[20~21] 서로 다른 2개의 동전을 동시에 던지는 시행에서 다음을 구하시오.

20 모두 앞면이 나올 확률

21 서로 다른 면이 나올 확률

[22~23] 다음 표는 어느 회사에서 휴대폰을 사용하고 있는 600명을 대상으로 사용하는 제품을 조사한 것이다. 다음 물음에 답하시오.

업체명	A사	B사	C사	D사	합계
사용자 수(명)	280	140	84	96	600

22 임의로 한 사람을 택했을 때, 그 사람이 A사 휴대폰을 사용할 확률

23 임의로 한 사람을 택했을 때, 그 사람이 B사 휴대폰을 사용하지 않을 확률

유형 22 합사건과 곱사건

두 사건 A, B에 대하여

① A 또는 B가 일어나는 사건 ⇨ 합사건 $A \cup B$

② A와 B가 동시에 일어나는 사건 ⇨ 곱사건 $A \cap B$

24

한 개의 주사위를 던지는 시행에서 2의 배수 또는 3의 배수가 적힌 눈이 나오는 근원사건의 개수는?

① 1   ② 2   ③ 3

④ 4   ⑤ 5

25

1부터 8까지의 자연수가 하나씩 적혀 있는 8개의 공에서 한 개를 뽑을 때, 짝수이면서 8의 약수가 적혀 있는 공이 나오는 근원사건의 개수는?

① 2   ② 3   ③ 4

④ 5   ⑤ 6

유형 23 배반사건과 여사건

두 사건 A, B에 대하여

① $A \cap B = \varnothing$이면 사건 A와 사건 B는 서로 배반사건이다.

② A가 일어나지 않을 사건을 A^c이라 하고,

  $n(A) + n(A^c) = n(S)$이다.

26

서로 다른 세 개의 동전을 한 번 던지는 시행에서 적어도 하나의 동전에서 앞면이 나오는 근원사건의 개수는?

① 1   ② 2   ③ 4

④ 5   ⑤ 7

27

서로 다른 두 개의 주사위를 던지는 시행에서 두 눈의 수의 합이 10 이하인 근원사건의 개수는?

① 31   ② 32   ③ 33

④ 34   ⑤ 35

28

한 개의 주사위를 던지는 시행에서 홀수의 눈이 나오는 사건을 A, 3의 배수의 눈이 나오는 사건을 B, 제곱수의 눈이 나오는 사건을 C라 할 때, 다음 〈보기〉 중에서 서로 배반사건으로 짝지어진 것을 있는 대로 고른 것은?

[보기]

ㄱ. A와 B ㄴ. B와 C ㄷ. A와 C

① ㄱ   ② ㄴ   ③ ㄷ

④ ㄱ, ㄴ   ⑤ ㄱ, ㄷ

유형 24 수학적 확률

사건 A가 일어날 수학적 확률 $\mathrm{P}(A)$는

$$\mathrm{P}(A) = \frac{(\text{사건 } A \text{가 일어나는 경우의 수})}{(\text{일어날 수 있는 모든 경우의 수})}$$

29

흰 공이 n개, 검은 공이 12개 들어 있는 주머니에서 한 개의 공을 꺼낼 때, 흰 공이 나올 확률이 $\dfrac{2}{5}$이다. n의 값은?

① 3   ② 5   ③ 6

④ 8   ⑤ 10

30

집합 $A=\{a,\ b,\ c\}$의 부분집합 중에서 임의로 하나의 부분집합을 택할 때, 원소 a가 포함되어 있을 확률은?

① $\dfrac{1}{8}$　　② $\dfrac{1}{4}$　　③ $\dfrac{3}{8}$

④ $\dfrac{1}{2}$　　⑤ $\dfrac{5}{8}$

31

동전 1개와 주사위 1개를 동시에 던지는 시행에서 동전은 앞면이 나오고, 주사위의 눈의 수는 홀수가 나올 확률은?

① $\dfrac{1}{4}$　　② $\dfrac{1}{3}$　　③ $\dfrac{1}{2}$

④ $\dfrac{3}{4}$　　⑤ $\dfrac{3}{4}$

32

한 개의 주사위를 두 번 던질 때, 첫 번째 나온 눈의 수를 a, 두 번째 나온 눈의 수를 b라고 하자. 이때, $a>b$일 확률은?

① $\dfrac{1}{3}$　　② $\dfrac{5}{12}$　　③ $\dfrac{1}{2}$

④ $\dfrac{7}{12}$　　⑤ $\dfrac{2}{3}$

배열 순서에 따라 경우가 달라지는 사건의 확률을 구할 때에는
$_nP_r=n(n-1)(n-2)\times\cdots\times(n-r+1)$을 이용한다.

33

서로 다른 3개의 주사위를 동시에 던질 때, 각각의 주사위에서 나온 눈의 수가 모두 다를 확률은?

① $\dfrac{1}{9}$　　② $\dfrac{2}{9}$　　③ $\dfrac{1}{3}$

④ $\dfrac{4}{9}$　　⑤ $\dfrac{5}{9}$

34

$a,\ b,\ c,\ d,\ e$의 5개의 문자를 일렬로 나열할 때, $a,\ b$가 이웃할 확률은?

① $\dfrac{3}{10}$　　② $\dfrac{2}{5}$　　③ $\dfrac{1}{2}$

④ $\dfrac{3}{5}$　　⑤ $\dfrac{7}{10}$

35

체육대회에서 계주 경기에 참여할 선수로 남학생 3명과 여학생 2명이 뽑혔다. 이 5명의 주자의 순서를 임의로 정할 때, 첫 번째와 마지막 주자가 모두 남학생일 확률을 구하시오.

36

1부터 7까지의 자연수가 하나씩 적혀 있는 7장의 카드를 일렬로 나열할 때, 홀수가 적힌 카드끼리 서로 이웃하지 않을 확률은?

① $\dfrac{1}{35}$　　② $\dfrac{1}{42}$　　③ $\dfrac{1}{49}$

④ $\dfrac{2}{35}$　　⑤ $\dfrac{1}{63}$

유형 **26** 원순열을 이용한 확률

회전하여 겹치는 경우가 있는 사건의 확률을 구할 때에는 원순열을 이용한다.

37

A, B를 포함한 5명이 원탁에 둘러앉을 때, A, B가 이웃하게 앉을 확률은?

① $\dfrac{1}{6}$ ② $\dfrac{1}{4}$ ③ $\dfrac{1}{3}$

④ $\dfrac{1}{2}$ ⑤ $\dfrac{2}{3}$

38

남학생 3명과 여학생 3명이 원탁에 둘러앉을 때, 남학생은 남학생끼리 여학생은 여학생끼리 이웃하여 앉을 확률은?

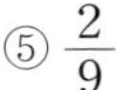

① $\dfrac{3}{10}$ ② $\dfrac{2}{5}$

③ $\dfrac{1}{2}$ ④ $\dfrac{3}{5}$

⑤ $\dfrac{7}{10}$

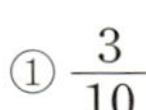
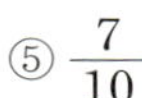

39

다음의 조건을 만족하는 모든 경우의 클로버가 각각 한 장씩 들어 있는 추첨상자가 있다.

- 클로버의 각 잎은 서로 합동이다.
- 클로버의 각 잎에는 빨강, 파랑, 노랑, 초록 중 한 가지의 색이 칠해져있다.
- 클로버에서 이웃하는 잎은 서로 다른 색이다.

이 추첨상자에서 네 가지 색으로 이루어진 잎을 찾으면 당첨된다고 할 때, 추첨상자에서 하나의 종이를 뽑아서 당첨될 확률을 구하시오.

유형 **27** 중복순열을 이용하는 확률

서로 다른 n개에서 중복을 허락하여 r개를 택하여 일렬로 나열하는 사건의 확률은 중복순열의 수 $_n\Pi_r = n^r$을 이용한다.

40

3명의 학생이 식당에서 세 가지 세트 메뉴 A, B, C 중 임의로 한 가지를 시킬 때, 3명 모두 같은 메뉴를 시킬 확률은?

① $\dfrac{1}{27}$ ② $\dfrac{1}{18}$

③ $\dfrac{2}{18}$ ④ $\dfrac{1}{9}$

⑤ $\dfrac{2}{9}$

41

세 개의 숫자 1, 2, 3으로 중복을 허락하여 세 자리의 자연수를 만들 때, 각 자리의 숫자가 서로 다른 수일 확률은?

① $\dfrac{1}{9}$ ② $\dfrac{2}{9}$ ③ $\dfrac{1}{3}$

④ $\dfrac{4}{9}$ ⑤ $\dfrac{5}{9}$

42

두 집합 $X=\{1, 2, 3, 4\}$, $Y=\{1, 2\}$에 대하여 집합 X에서 집합 Y로의 함수 중에서 하나를 선택할 때, 상수함수일 확률은?

① $\dfrac{1}{16}$ ② $\dfrac{1}{12}$ ③ $\dfrac{1}{8}$

④ $\dfrac{1}{6}$ ⑤ $\dfrac{1}{4}$

유형 28 같은 것이 있는 순열을 이용하는 확률

n개 중에서 서로 같은 것이 각각 p, q, $\cdots$, r개 있을 때, 이들 모두를 일렬로 나열하는 사건의 확률은 같은 것이 있는 순열의 수

$$\frac{n!}{p!\,q!\cdots r!}\ (\text{단},\ p+q+\cdots+r=n)$$을 이용한다.

43

여섯 개의 숫자 1, 2, 2, 2, 3, 3을 일렬로 나열할 때, 숫자 2가 모두 이웃할 확률은?

① $\dfrac{1}{20}$ ② $\dfrac{1}{10}$ ③ $\dfrac{3}{20}$

④ $\dfrac{1}{5}$ ⑤ $\dfrac{1}{4}$

44

흰 공 3개와 검은 공 3개를 일렬로 배열할 때, 흰 공 3개가 서로 이웃하게 될 확률은?

(단, 공의 모양과 크기는 모두 같다.)

① $\dfrac{2}{15}$ ② $\dfrac{1}{5}$ ③ $\dfrac{4}{15}$

④ $\dfrac{1}{3}$ ⑤ $\dfrac{2}{5}$

45

그림과 같은 도로망이 있다. A 지점에서 출발하여 B 지점까지 최단 거리로 갈 때, C 지점을 지나게 될 확률은?

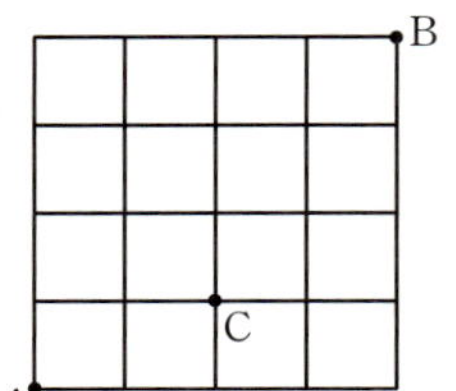

① $\dfrac{3}{14}$ ② $\dfrac{2}{7}$

③ $\dfrac{5}{14}$ ④ $\dfrac{3}{7}$

⑤ $\dfrac{1}{2}$

유형 29 조합을 이용하는 확률

서로 다른 n개에서 $r\,(0<r\leq n)$개를 택하는 사건의 확률은 조합의 수 $_n\mathrm{C}_r=\dfrac{_n\mathrm{P}_r}{r!}=\dfrac{n!}{r!\,(n-r)!}$을 이용한다.

46

흰 바둑돌 2개와 검은 바둑돌 4개가 들어 있는 주머니에서 2개의 바둑돌을 동시에 꺼낼 때, 모두 흰 바둑돌일 확률은?

① $\dfrac{1}{15}$ ② $\dfrac{1}{12}$ ③ $\dfrac{1}{9}$

④ $\dfrac{1}{6}$ ⑤ $\dfrac{1}{3}$

47

노란 구슬 3개와 빨간 구슬 2개가 들어 있는 주머니에서 2개의 구슬을 동시에 꺼낼 때, 꺼낸 구슬의 색깔이 서로 다를 확률은?

① $\dfrac{1}{5}$ ② $\dfrac{1}{3}$ ③ $\dfrac{2}{5}$

④ $\dfrac{2}{3}$ ⑤ $\dfrac{3}{5}$

48

1부터 10까지의 자연수가 하나씩 적혀 있는 10장의 카드 중에서 임의로 두 장을 선택할 때, 두 장의 카드에 적혀 있는 숫자의 합이 홀수일 확률은?

① $\dfrac{1}{9}$ ② $\dfrac{2}{9}$ ③ $\dfrac{1}{3}$

④ $\dfrac{4}{9}$ ⑤ $\dfrac{5}{9}$

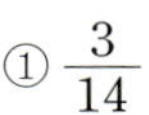

49

주머니 안에 n개의 당첨제비를 포함하여 모두 10개의 제비가 들어 있다. 이 주머니에서 동시에 2개를 뽑을 때, 2개가 모두 당첨제비일 확률이 $\dfrac{2}{15}$라고 한다. 이때, n의 값을 구하시오. (단, $2\leq n\leq 10$)

유형 30 조합을 이용하는 확률 – 도형

(1) 어느 세 점도 한 직선 위에 있지 않은 n개의 점이 주어진 평면에서 서로 다른 두 점을 연결하면 선분이 된다.

⇨ 선분의 개수는 $_n\mathrm{C}_2$

(2) 어느 세 점도 한 직선 위에 있지 않은 n개의 점이 주어진 평면에서 서로 다른 세 점을 연결하면 삼각형이 된다.

⇨ 삼각형의 개수는 $_n\mathrm{C}_3$

* 세 점이 일직선 위에 있으면 삼각형을 이루지 못하므로 전체에서 중복되는 개수만큼 빼주어야 한다.

50

반지름의 길이가 1인 원 위에 같은 간격으로 떨어진 6개의 점이 있다. 임의로 2개의 점을 선택할 때, 두 점 사이의 거리가 2일 확률은?

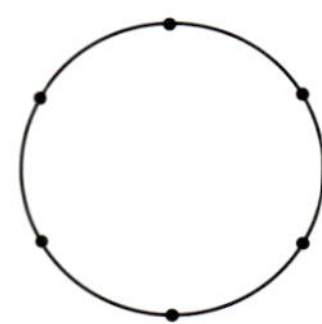

① $\dfrac{2}{15}$ ② $\dfrac{1}{5}$ ③ $\dfrac{4}{15}$

④ $\dfrac{1}{3}$ ⑤ $\dfrac{2}{5}$

51

그림과 같이 일정한 간격으로 떨어져 있는 6개의 점 중에서 임의로 서로 다른 세 점을 선택하여 연결할 때, 삼각형이 만들어질 확률은?

① $\dfrac{7}{10}$ ② $\dfrac{3}{4}$ ③ $\dfrac{4}{5}$

④ $\dfrac{17}{20}$ ⑤ $\dfrac{9}{10}$

52

그림과 같이 한 원 위에 8개의 점이 같은 간격으로 놓여 있다. 이들 중 세 점을 택하여 삼각형을 만들 때, 직각삼각형이 될 확률은?

① $\dfrac{2}{7}$ ② $\dfrac{3}{7}$

③ $\dfrac{4}{7}$ ④ $\dfrac{5}{7}$

⑤ $\dfrac{6}{7}$

유형 31 중복조합을 이용하는 확률

서로 다른 n개에서 중복을 허락하여 $r\,(0<r\le n)$개를 택하는 사건의 확률은 중복조합의 수 $_n\mathrm{H}_r=_{n+r-1}\mathrm{C}_r$을 이용한다.

53

어떤 통 안에 크기와 모양이 같은 여러 개의 주사위를 던지면 각각의 윗면에 나온 눈의 수를 오름차순으로 자동 정렬하여 출력해주는 장치가 있다. 이 통 안에 주사위 4개를 던졌을 때, 출력된 숫자들이 짝수만 있을 확률은?

① $\dfrac{1}{14}$ ② $\dfrac{2}{21}$ ③ $\dfrac{5}{42}$

④ $\dfrac{1}{7}$ ⑤ $\dfrac{1}{6}$

54

방정식 $x+y+z=5$를 만족시키는 음이 아닌 정수 x, y, z의 순서쌍 $(x,\ y,\ z)$를 원소로 가지는 집합 A가 있다. 집합 A의 원소 중 임의로 하나를 선택할 때, 순서쌍의 성분이 모두 자연수일 확률은?

① $\dfrac{5}{21}$ ② $\dfrac{2}{7}$ ③ $\dfrac{1}{3}$

④ $\dfrac{8}{21}$ ⑤ $\dfrac{3}{7}$

55

같은 종류의 연필 7개를 3명의 학생에게 남김없이 나누어 줄 때, 학생 모두가 연필을 1개 이상 받을 확률은?

① $\dfrac{7}{18}$ ② $\dfrac{5}{12}$ ③ $\dfrac{4}{9}$

④ $\dfrac{17}{36}$ ⑤ $\dfrac{1}{2}$

56

집합 $X=\{a,\ b,\ c\}$에서 집합 $Y=\{1,\ 2,\ 3,\ 4,\ 5\}$로의 함수 f 중에서 하나를 선택할 때, $f(a)\le f(b)\le f(c)$인 함수일 확률은?

① $\dfrac{1}{5}$ ② $\dfrac{6}{25}$ ③ $\dfrac{7}{25}$

④ $\dfrac{8}{25}$ ⑤ $\dfrac{9}{25}$

유형 32 통계적 확률

같은 시행을 n번 반복하여 사건 A가 일어난 횟수를 r_n이라고 하면 시행 횟수 n이 한없이 커짐에 따라 그 상대도수 $\dfrac{r_n}{n}$이 일정한 값 p에 가까워짐이 알려져 있다. 이때 p를 사건 A의 **통계적 확률**이라고 한다.

57

어떤 공장에서 생산된 제품 중에서 1000개를 조사하였더니 60개의 불량품이 있었다. 이 공장에서 생산된 제품 중에서 임의로 하나를 택했을 때, 그 제품이 불량품일 확률은?

① $\dfrac{3}{100}$ 　② $\dfrac{1}{20}$ 　③ $\dfrac{1}{50}$

④ $\dfrac{3}{50}$ 　⑤ $\dfrac{3}{25}$

58

어떤 농구선수가 20번의 자유투를 하여 14번을 성공하였고, 이후 n번의 자유투를 모두 성공하였더니 자유투 성공률이 80 %가 되었을 때, n의 값은?

① 6 　② 7 　③ 8

④ 9 　⑤ 10

59

흰 공과 검은 공을 합쳐서 10개의 공이 들어 있는 상자에서 동시에 3개의 공을 꺼내어 공의 색깔을 확인하고 모두 다시 넣는 시행을 반복하였다. 6번에 한 번 꼴로 3개 모두 흰 공이 나왔을 때, 다음 중 이 상자 속에 들어 있는 흰 공의 개수가 될 수 있는 것은?

① 3 　② 4 　③ 5

④ 6 　⑤ 7

유형 33 기하학적 확률

연속적인 변량을 크기로 갖는 표본공간의 영역 S 안에서 각각의 점을 잡을 가능성이 같은 정도로 기대될 때, 영역 S에 포함되어 있는 영역 A에 대하여 영역 S에서 임의로 잡은 점이 영역 A에 포함될 확률 $P(A)$는

$$P(A) = \dfrac{(\text{영역 } A \text{의 크기})}{(\text{영역 } S \text{의 크기})}$$

이다.

60

그림과 같이 $\overline{OA}=10$인 선분 OA가 있다. 두 점 O, A 사이에 $\overline{BC}=2$인 두 점 B, C를 잡을 때, $\overline{OA}$ 위의 임의의 점 P가 $\overline{BC}$ 위에 있을 확률은?

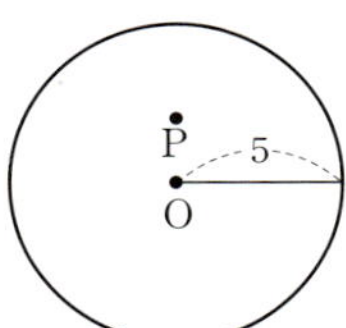

① $\dfrac{1}{10}$ 　② $\dfrac{1}{5}$ 　③ $\dfrac{1}{4}$

④ $\dfrac{1}{3}$ 　⑤ $\dfrac{2}{5}$

61

중심이 O이고 반지름의 길이가 5인 원의 내부 및 경계 위에 임의의 점 P를 잡을 때, $2 \leq \overline{OP} \leq 3$이 될 확률은?

① $\dfrac{1}{8}$ 　② $\dfrac{1}{6}$

③ $\dfrac{1}{5}$ 　④ $\dfrac{1}{4}$

⑤ $\dfrac{1}{3}$

62

한 변의 길이가 2인 정사각형 ABCD의 내부에 점 P를 잡을 때, $\triangle PBC$가 둔각삼각형일 확률은 $k\pi$이다. 상수 k의 값을 구하시오.

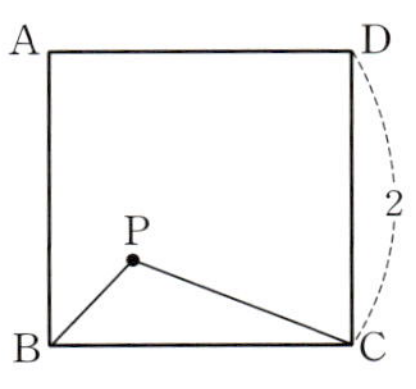

Simple F 확률의 덧셈정리

11 확률의 기본 성질

표본공간이 S인 어떤 시행에서

(1) 임의의 사건 A에 대하여 $0 \leq P(A) \leq 1$

(2) 전사건 S에 대하여 $P(S) = 1$

(3) 공사건 $\varnothing$에 대하여 $P(\varnothing) = 0$

⑩ 검은 공만 들어 있는 주머니에서 검은 공을 꺼낼 확률은 1이다.

이 주머니에서 흰 공을 꺼낼 확률은 0이다.

- 사건 A는 표본공간 S의 부분집합이므로
$$0 \leq n(A) \leq n(S)$$
이 부등식의 각 변을 $n(S)$로 나누면
$$0 \leq \frac{n(A)}{n(S)} \leq 1$$
$$\therefore 0 \leq P(A) \leq 1$$

12 확률의 덧셈정리

표본공간이 S인 임의의 두 사건 A, B에 대하여

(1) $P(A \cup B) = P(A) + P(B) - P(A \cap B)$

(2) 두 사건 A, B가 서로 배반사건이면 $P(A \cup B) = P(A) + P(B)$

- 두 사건 A, B가 서로 배반사건이면 $A \cap B = \varnothing$이므로 $P(A \cap B) = 0$이다.
- 세 사건 A, B, C가 서로 배반사건이면
$$P(A \cup B \cup C)$$
$$= P(A) + P(B) + P(C)$$

13 여사건의 확률

사건 A의 여사건 A^C에 대하여 $P(A^C) = 1 - P(A)$

⑩ 동전 두 개를 던질 때, 적어도 한 번 뒷면이 나올 확률을 구해보자.

동전을 두 개 던질 때 나올 수 있는 모든 경우의 수는 $2 \times 2 = 4$(가지)이다.

적어도 한 번 뒷면이 나오는 사건의 여사건은 (앞, 앞)인 경우이므로 모두 앞면

이 나오는 확률은 $\frac{1}{4}$이다. 즉, (적어도 한 번 뒷면이 나오는 확률)$= 1 - \frac{1}{4} = \frac{3}{4}$

- 표본공간 S의 부분집합 A에 대하여 $A \cap A^C = \varnothing$이므로 어떤 사건 A와 A^C은 서로 배반사건이다. 또한, $A \cup A^C = S$이므로 $P(A) + P(A^C) = 1$이다.

- '적어도'라는 문장이 나오면 여사건을 생각해 보자.

개념 CHECK

정답 및 해설 p. 37

[01~04] 다음 빈칸에 알맞은 것을 써넣으시오.

01 임의의 사건 A가 일어날 확률은 [   ]에서 [   ]까지의 값으로 나타난다.

02 표본공간이 S인 어떤 시행에서 전사건 S의 확률은 [   ]이고, 공사건 $\varnothing$의 확률은 [   ]이다.

03 표본공간의 임의의 두 사건 A, B에 대하여
$$P(A \cup B) = P(A) + P(B) - [\quad\quad]$$

04 사건 A가 일어날 확률을 구할 때 경우의 수가 많은 경우, 사건 A의 [   ]의 확률을 이용하면 편리할 때가 많다.

[05~08] 옳은 것에 ○표, 옳지 않은 것에 ×표를 하시오.

05 사건 A가 절대로 일어나지 않으면 $P(A) = 0$이다.
(   )

06 임의의 두 사건 A, B에 대하여 $P(A \cup B)$의 최댓값은 1보다 크다.
(   )

07 두 사건 A, B가 서로 배반사건이면
$P(A \cup B) = P(A) + P(B)$이다.
(   )

08 사건 A의 여사건 A^C에 대하여 $P(A \cup A^C) = 1$이고, $P(A \cap A^C) = 0$이다.
(   )

11 확률의 기본 성질

[09~12] 주사위 1개를 던져서 나온 눈의 수를 a라 하자. 다음을 구하시오.

09 $a=1$일 확률

10 a가 6 이하일 확률

11 a가 홀수일 확률

12 $a=7$일 확률

12 확률의 덧셈정리

[13~15] 1부터 10까지의 자연수가 하나씩 적힌 10장의 카드에서 임의로 한 장의 카드를 꺼낼 때, 다음을 구하시오.

13 꺼낸 카드가 2의 배수 또는 3의 배수일 확률

14 꺼낸 카드가 6의 약수 또는 10의 약수일 확률

15 꺼낸 카드가 5의 배수 또는 8의 약수일 확률

[16~17] 두 사건 A, B에 대하여 $\mathrm{P}(A)+\mathrm{P}(B)=\dfrac{5}{6}$이다. 다음을 구하시오.

16 $\mathrm{P}(A\cap B)=\dfrac{1}{4}$일 때, $\mathrm{P}(A\cup B)$

17 두 사건 A, B가 배반사건일 때, $\mathrm{P}(A\cup B)$

13 여사건의 확률

[18~19] 한 개의 동전을 4번 던지는 시행에서 다음을 구하시오.

18 앞면이 적어도 한 번 나올 확률

19 뒷면이 2번 이상 나올 확률

[20~22] 두 사건 A, B에 대하여 $\mathrm{P}(A)=0.3$, $\mathrm{P}(B)=0.6$, $\mathrm{P}(A\cap B)=0.2$이다. 다음을 구하시오.

20 $\mathrm{P}(A^c)$

21 $\mathrm{P}(B^c)$

22 $\mathrm{P}(A^c\cup B^c)$

유형 34 확률의 기본 성질

표본공간이 S인 어떤 시행에서

(1) 임의의 사건 A에 대하여 $0 \le \mathrm{P}(A) \le 1$

(2) 전사건 S에 대하여 $\mathrm{P}(S)=1$

(3) 공사건 $\varnothing$에 대하여 $\mathrm{P}(\varnothing)=0$

유형 35 확률의 덧셈정리를 이용한 계산

표본공간 S의 임의의 두 사건 A, B에 대하여

(1) $\mathrm{P}(A \cup B)=\mathrm{P}(A)+\mathrm{P}(B)-\mathrm{P}(A \cap B)$

(2) 두 사건 A, B가 서로 배반사건이면 $\mathrm{P}(A \cap B)=0$이므로

$\mathrm{P}(A \cup B)=\mathrm{P}(A)+\mathrm{P}(B)$

23

빨간색 공 4개와 파란색 공 3개가 들어 있는 주머니에서 임의로 한 개의 공을 꺼낼 때, 꺼낸 공이 빨간색 공 또는 파란색 공일 확률은 a이고, 꺼낸 공이 노란 공일 확률은 b이다. $a+b$의 값은?

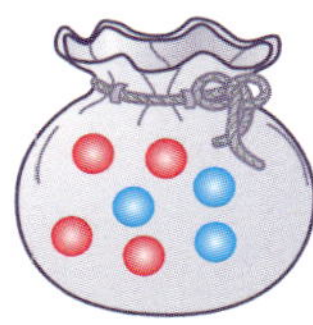

① $\dfrac{1}{5}$　　② $\dfrac{1}{4}$　　③ $\dfrac{1}{3}$

④ $\dfrac{1}{2}$　　⑤ 1

24

주사위를 2개를 동시에 던질 때, 나온 두 눈의 수의 합이 2 이상일 확률은 a이고, 두 눈의 수의 합이 1일 확률은 b이다. $a-b$의 값은?

① $\dfrac{1}{6}$　　② $\dfrac{1}{3}$　　③ $\dfrac{1}{2}$

④ $\dfrac{2}{3}$　　⑤ 1

25

표본공간이 S인 사건 A에 대하여 다음 〈보기〉의 설명 중에서 옳은 것만을 있는 대로 고른 것은?

[보기]

ㄱ. 임의의 사건 A에 대하여 $0 < \mathrm{P}(A) < 1$

ㄴ. $A=S$이면 $\mathrm{P}(A)=1$

ㄷ. $\mathrm{P}(A) \ne 0$이면 $A \ne \varnothing$

① ㄴ　　② ㄱ, ㄴ　　③ ㄱ, ㄷ

④ ㄴ, ㄷ　　⑤ ㄱ, ㄴ, ㄷ

26

두 사건 A, B에 대하여

$$\mathrm{P}(A \cup B)=\frac{1}{2}, \ \mathrm{P}(B)=2\mathrm{P}(A), \ \mathrm{P}(A \cap B)=\frac{1}{4}$$

일 때, $\mathrm{P}(A)$의 값은?

① $\dfrac{1}{4}$　　② $\dfrac{1}{3}$　　③ $\dfrac{1}{2}$

④ $\dfrac{2}{3}$　　⑤ $\dfrac{3}{4}$

27

두 사건 A, B에 대하여

$$\mathrm{P}(A)=0.5, \ \mathrm{P}(B)=0.4, \ \mathrm{P}(A \cup B)=0.7$$

일 때, $\mathrm{P}(A \cap B)$의 값은?

① 0.1　　② 0.2　　③ 0.3

④ 0.4　　⑤ 0.5

28

두 사건 A, B에 대하여

$$\mathrm{P}(A)=0.3, \ \mathrm{P}(A \cap B)=0.2, \ \mathrm{P}(A \cup B)=0.8$$

일 때, $\mathrm{P}(B^{c})$의 값은?

① 0.1　　② 0.2　　③ 0.3

④ 0.4　　⑤ 0.5

29

두 사건 A, B가 서로 배반사건이고

$$P(A)=\frac{1}{5},\ P(A\cup B)=\frac{1}{2}$$

일 때, $P(B)$의 값은?

① $\frac{1}{10}$ ② $\frac{1}{5}$ ③ $\frac{3}{10}$

④ $\frac{2}{5}$ ⑤ $\frac{1}{3}$

30

표본공간 S의 두 사건 A, B가 서로 배반사건이고 $A\cup B=S$이다.

$$P(A\cup B)=4P(A)-2P(B)$$

일 때, $P(A)$의 값은?

① $\frac{1}{5}$ ② $\frac{1}{4}$ ③ $\frac{1}{3}$

④ $\frac{1}{2}$ ⑤ $\frac{2}{5}$

31

두 사건 A, B에 대하여

$$P(A)=\frac{2}{5},\ P(B)=\frac{2}{3},$$

일 때, $P(A\cap B)$의 최솟값은?

① $\frac{1}{15}$ ② $\frac{2}{15}$ ③ $\frac{1}{5}$

④ $\frac{4}{15}$ ⑤ $\frac{1}{3}$

32

두 사건 A, B에 대하여

$$P(A\cap B)=\frac{1}{5}P(A)=\frac{1}{3}P(B)$$

일 때, $P(A)$의 최댓값은?

① $\frac{1}{3}$ ② $\frac{1}{2}$ ③ $\frac{2}{3}$

④ $\frac{5}{7}$ ⑤ $\frac{3}{4}$

33

두 사건 A, B에 대하여

$$P(A)=\frac{1}{6},\ P(B)=\frac{2}{3}$$

일 때, $a\leq P(A\cup B)\leq b$이다. $a+b$의 값은?

① $\frac{5}{6}$ ② 1 ③ $\frac{7}{6}$

④ $\frac{4}{3}$ ⑤ $\frac{3}{2}$

유형 36 확률의 덧셈정리 ⑴ – 배반사건이 아닌 경우

임의의 두 사건 A, B에 대하여
$P(A\cup B)=P(A)+P(B)-P(A\cap B)$로 계산한다.

34

동전 한 개와 주사위 한 개를 동시에 던질 때, 동전의 앞면 또는 주사위의 짝수의 눈이 나올 확률은?

① $\frac{1}{6}$ ② $\frac{1}{4}$ ③ $\frac{1}{3}$

④ $\frac{1}{2}$ ⑤ $\frac{3}{4}$

35

1부터 100까지의 자연수가 하나씩 적혀 있는 100장의 카드 중에서 한 장을 뽑을 때, 카드에 적혀 있는 수가 4 또는 5로 나누어떨어질 확률은?

① $\frac{3}{10}$ ② $\frac{7}{20}$ ③ $\frac{2}{5}$

④ $\frac{9}{20}$ ⑤ $\frac{1}{2}$

36

1부터 10까지의 자연수가 하나씩 적혀 있는 10장의 카드 중에서 임의로 2장의 카드를 동시에 뽑을 때, 카드에 적혀 있는 수가 모두 짝수이거나 모두 6의 약수일 확률은?

① $\dfrac{11}{45}$　　② $\dfrac{4}{15}$　　③ $\dfrac{13}{45}$

④ $\dfrac{14}{45}$　　⑤ $\dfrac{1}{3}$

37

서로 다른 두 개의 주사위를 동시에 던질 때, 나온 두 눈의 수의 곱이 3의 배수가 될 확률은?

① $\dfrac{1}{9}$　　② $\dfrac{2}{9}$　　③ $\dfrac{1}{2}$

④ $\dfrac{4}{9}$　　⑤ $\dfrac{5}{9}$

38

10 이하의 홀수로 중복을 허락하여 두 자리의 자연수를 만들 때, 3의 배수 또는 5의 배수일 확률은?

① $\dfrac{9}{25}$　　② $\dfrac{2}{5}$　　③ $\dfrac{11}{25}$

④ $\dfrac{12}{25}$　　⑤ $\dfrac{13}{25}$

39

1부터 50까지의 자연수 중에서 임의로 선택한 수를 a라 할 때, x에 대한 이차방정식 $(2x-a)(5x-a)=0$이 적어도 하나의 정수해를 가질 확률은?

① $\dfrac{1}{5}$　　② $\dfrac{3}{10}$　　③ $\dfrac{2}{5}$

④ $\dfrac{1}{2}$　　⑤ $\dfrac{3}{5}$

40

어느 학급의 학생 30명 중에서 야구 경기를 관람한 경험이 있는 학생은 11명이고, 축구 경기를 관람한 경험이 있는 학생은 15명이다. 또한 야구 경기 또는 축구 경기를 관람한 경험이 있는 학생은 20명이다. 이 학급의 학생 중에서 임의로 한 명을 택할 때, 그 학생이 야구 경기와 축구 경기를 모두 관람한 경험이 있는 학생일 확률은?

① $\dfrac{1}{5}$　　② $\dfrac{3}{10}$　　③ $\dfrac{2}{5}$

④ $\dfrac{1}{2}$　　⑤ $\dfrac{3}{5}$

41

어느 회사에 출근하는 사람들 중에서 지하철 또는 버스를 이용해서 오는 사람들은 전체의 81%이다. 이 중 지하철을 이용하는 사람은 전체의 55%이고, 버스를 이용하는 사람은 전체의 40%이다. 이 회사의 사람들 중에서 임의로 한 명을 택할 때, 그 사람이 지하철 또는 버스 중 한 가지의 대중교통만을 이용하여 출근하는 사람일 확률은?

① 0.61　　② 0.63　　③ 0.65

④ 0.67　　⑤ 0.69

유형 37 확률의 덧셈정리 (2) – 배반사건인 경우

임의의 두 사건 A, B에 대하여

두 사건 A, B가 서로 배반사건이면 $P(A \cap B)=0$이므로

$P(A \cup B)=P(A)+P(B)$로 계산한다.

42

서로 다른 두 개의 주사위를 던질 때, 나오는 두 눈의 수의 합이 3 또는 4일 확률은?

① $\dfrac{2}{36}$　　② $\dfrac{1}{12}$　　③ $\dfrac{1}{9}$

④ $\dfrac{5}{36}$　　⑤ $\dfrac{1}{6}$

43

서로 다른 주사위 3개를 동시에 던져서 나온 눈의 수의 합이 5일 확률은?

① $\dfrac{1}{36}$ ② $\dfrac{1}{18}$ ③ $\dfrac{1}{12}$

④ $\dfrac{1}{9}$ ⑤ $\dfrac{1}{6}$

44

원을 10등분하여 0부터 9까지의 숫자를 하나씩 적어놓은 숫자판이 있다. 이 숫자판을 회전시켜서 화살을 쏘아서 맞힌 숫자를 4로 나누었을 때 나머지가 1 또는 3일 확률은? (단, 화살은 반드시 숫자가 있는 칸에 꽂힌다.)

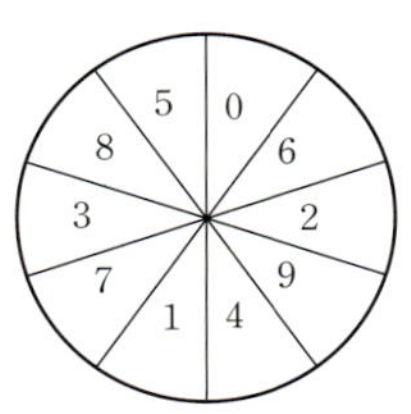

① $\dfrac{1}{5}$ ② $\dfrac{3}{10}$ ③ $\dfrac{2}{5}$

④ $\dfrac{1}{2}$ ⑤ $\dfrac{3}{5}$

45

남학생 4명, 여학생 3명 중에서 임의로 2명의 대표를 뽑을 때, 대표의 성별이 같을 확률은?

① $\dfrac{2}{7}$ ② $\dfrac{8}{21}$ ③ $\dfrac{3}{7}$

④ $\dfrac{10}{21}$ ⑤ $\dfrac{11}{21}$

46

주머니 속에 빨간 공 1개, 파란 공 2개, 노란 공 3개가 들어 있다. 이 주머니에서 2개의 공을 꺼낼 때, 2개의 공이 모두 같은 색일 확률은?

① $\dfrac{4}{15}$ ② $\dfrac{1}{3}$ ③ $\dfrac{2}{5}$

④ $\dfrac{7}{15}$ ⑤ $\dfrac{8}{15}$

47

동아리 회원 2명을 뽑는데 1학년에서 4명, 2학년에서 3명, 3학년에서 2명의 학생이 지원하였다. 뽑힌 동아리 회원 2명이 모두 같은 학년의 학생일 확률은?

① $\dfrac{3}{18}$ ② $\dfrac{5}{18}$ ③ $\dfrac{11}{36}$

④ $\dfrac{1}{3}$ ⑤ $\dfrac{13}{18}$

48

5개의 자연수 1, 2, 3, 4, 5로 중복을 허락하여 만든 두 자리의 자연수가 3의 배수가 될 확률은?

① $\dfrac{1}{5}$ ② $\dfrac{6}{25}$ ③ 7

④ $\dfrac{8}{25}$ ⑤ $\dfrac{9}{25}$

49

6개의 문자 C, O, F, F, E, E를 일렬로 나열할 때, 양 끝에 같은 문자가 올 확률은?

① $\dfrac{1}{30}$ ② $\dfrac{1}{15}$ ③ $\dfrac{2}{15}$

④ $\dfrac{1}{5}$ ⑤ $\dfrac{4}{15}$

50

오른쪽 그림은 한 변의 길이가 1인 정사각형 4개를 겹치지 않게 이어 붙인 도형이다. 이 도형의 9개의 꼭짓점 중 임의로 서로 다른 2개의 점을 택할 때, 두 점 사이의 거리가 2보다 클 확률은?

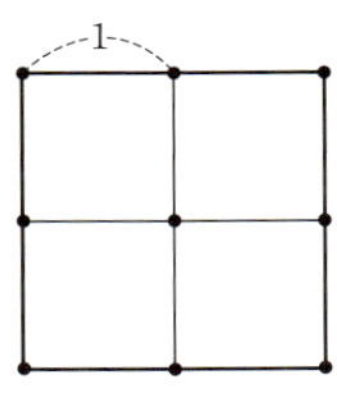

① $\dfrac{1}{6}$ ② $\dfrac{2}{9}$ ③ $\dfrac{5}{18}$

④ $\dfrac{1}{3}$ ⑤ $\dfrac{7}{18}$

51

오른쪽 그림은 한 변의 길이가 1인 정삼각형 7개를 겹치지 않게 이어 붙인 도형이다. 이 도형의 8개의 꼭짓점 중에서 임의로 서로 다른 2개의 점을 택할 때, 두 점 사이의 거리가 2 이상일 확률은?

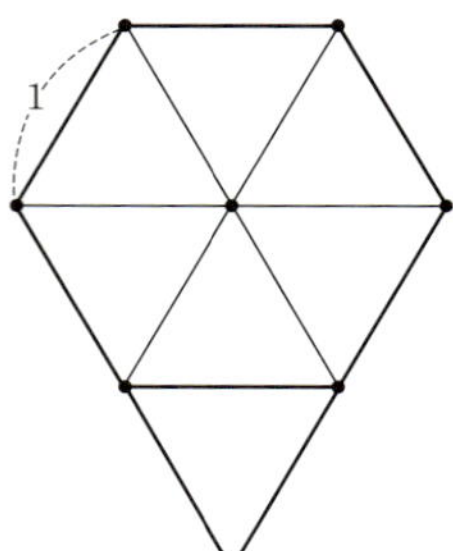

① $\dfrac{1}{7}$

② $\dfrac{5}{28}$

③ $\dfrac{3}{14}$

④ $\dfrac{1}{4}$

⑤ $\dfrac{2}{7}$

유형 38 여사건의 확률 – '적어도'를 포함하는 경우

'적어도'를 포함하는 확률 문제는 여사건의 확률을 구한 후 $P(A)=1-P(A^c)$을 이용하자.

52

10 이하의 자연수 중에서 임의로 서로 다른 두 개의 숫자를 택할 때, 적어도 짝수가 하나 포함될 확률은?

① $\dfrac{2}{9}$

② $\dfrac{4}{9}$

③ $\dfrac{5}{9}$

④ $\dfrac{2}{3}$

⑤ $\dfrac{7}{9}$

53

10개의 제비 중에 당첨제비가 3개 들어 있다. 이 중에서 2개의 제비를 뽑을 때, 적어도 한 개의 당첨제비를 뽑을 확률은?

① $\dfrac{7}{15}$

② $\dfrac{8}{15}$

③ $\dfrac{3}{5}$

④ $\dfrac{2}{3}$

⑤ $\dfrac{1}{15}$

54

남학생 2명과 여학생 3명을 일렬로 세울 때, 적어도 한쪽 끝에는 남학생을 세울 확률은?

① $\dfrac{3}{4}$

② $\dfrac{4}{5}$

③ $\dfrac{7}{10}$

④ $\dfrac{17}{20}$

⑤ $\dfrac{9}{10}$

55

어느 환경단체 회원 10명이 강물의 수질오염을 측정하기 위해 이번 주에 조사할 강을 다음과 같이 하나씩 선택하였다.

(단위: 명)

낙동강	북한강	금강
3	4	3

10명의 회원 중에서 임의로 3명을 선택할 때, 적어도 한 명이 북한강을 선택한 회원일 확률은?

① $\dfrac{1}{6}$

② $\dfrac{1}{3}$

③ $\dfrac{1}{2}$

④ $\dfrac{2}{3}$

⑤ $\dfrac{5}{6}$

56

흰 공이 3개, 검은 공이 n개 들어 있는 주머니에서 2개의 공을 동시에 꺼낼 때, 검은 공이 적어도 하나 나올 확률은 $\dfrac{11}{12}$이다. 이때, n의 값은?

① 3

② 4

③ 5

④ 6

⑤ 7

> **유형 39** 여사건의 확률
> – '적어도'를 포함하지 않는 경우
>
> 구하는 사건의 경우의 수보다 그 여사건의 경우의 수가 적을 경우 여사건의 확률을 구한 후 $\mathrm{P}(A)=1-\mathrm{P}(A^c)$으로 구하는 것이 편리하다.

57

서로 다른 주사위 2개를 동시에 던졌을 때, 서로 다른 눈이 나올 확률은?

① $\dfrac{7}{12}$ ② $\dfrac{2}{3}$ ③ $\dfrac{3}{4}$

④ $\dfrac{5}{6}$ ⑤ $\dfrac{11}{12}$

58

서로 다른 주사위 2개를 동시에 던져서 나온 눈의 수의 합이 5 이상일 확률은?

① $\dfrac{5}{6}$ ② $\dfrac{2}{3}$ ③ $\dfrac{1}{2}$

④ $\dfrac{1}{3}$ ⑤ $\dfrac{1}{6}$

59

1부터 10까지의 자연수가 하나씩 적힌 10개의 공이 들어 있는 주머니에서 임의로 2개의 공을 꺼낼 때, 공에 적힌 수가 연속하는 자연수가 <u>아닐</u> 확률은?

① $\dfrac{6}{7}$ ② $\dfrac{5}{6}$ ③ $\dfrac{4}{5}$

④ $\dfrac{2}{3}$ ⑤ $\dfrac{1}{2}$

60

A, B를 포함한 5명이 원탁에 둘러앉을 때, A, B가 이웃하지 <u>않게</u> 앉을 확률은?

① $\dfrac{1}{2}$ ② $\dfrac{13}{24}$ ③ $\dfrac{7}{12}$

④ $\dfrac{5}{8}$ ⑤ $\dfrac{2}{3}$

61

6개의 숫자 2, 2, 2, 3, 3, 4를 일렬로 나열할 때, 양쪽 끝에 있는 두 수의 곱이 짝수일 확률은?

① $\dfrac{2}{3}$ ② $\dfrac{11}{15}$ ③ $\dfrac{2}{5}$

④ $\dfrac{13}{15}$ ⑤ $\dfrac{14}{15}$

62

주사위를 두 번 던져서 처음 나온 눈의 수를 a, 두 번째 나온 눈의 수를 b라 할 때, $\dfrac{b}{a}$가 자연수가 <u>아닐</u> 확률은?

① $\dfrac{19}{36}$ ② $\dfrac{5}{9}$ ③ $\dfrac{7}{12}$

④ $\dfrac{11}{18}$ ⑤ $\dfrac{23}{36}$

63

집합 $X=\{1, 2, 3, 4\}$에 대하여 함수 $f: X \longrightarrow X$ 중에서 하나를 선택할 때, 그 함수의 역함수가 존재하지 <u>않을</u> 확률은?

① $\dfrac{23}{32}$ ② $\dfrac{25}{32}$ ③ $\dfrac{27}{32}$

④ $\dfrac{29}{32}$ ⑤ $\dfrac{31}{32}$

01 ☆

1부터 10까지의 자연수 중 임의로 택한 수를 n이라 할 때, $\dfrac{12}{n+1}$가 정수가 될 확률은?

① $\dfrac{1}{10}$ ② $\dfrac{1}{5}$ ③ $\dfrac{3}{10}$

④ $\dfrac{2}{5}$ ⑤ $\dfrac{1}{3}$

02 ☆

한 개의 주사위를 두 번 던질 때 나온 눈의 수를 차례로 a, b라 하자. x에 대한 다항식 x^3-ax+b를 $x-1$로 나누었을 때의 나머지가 3일 확률은?

① $\dfrac{1}{18}$ ② $\dfrac{1}{9}$ ③ $\dfrac{2}{9}$

④ $\dfrac{5}{18}$ ⑤ $\dfrac{4}{9}$

03 ☆

A, B, C, D, E의 5개의 문자를 일렬로 나열할 때, A, B 사이에 1개의 문자가 들어가도록 나열할 확률은?

① $\dfrac{1}{10}$ ② $\dfrac{1}{5}$ ③ $\dfrac{3}{10}$

④ $\dfrac{2}{5}$ ⑤ $\dfrac{3}{5}$

04 ☆☆

다섯 개의 숫자 1, 2, 3, 4, 5가 각각 하나씩 적혀 있는 5장의 카드가 있다. 이 카드를 이용하여 네 자리의 자연수를 만들 때, 이 자연수가 짝수일 확률은?

① $\dfrac{1}{5}$ ② $\dfrac{2}{5}$ ③ $\dfrac{3}{5}$

④ $\dfrac{1}{4}$ ⑤ $\dfrac{1}{2}$

05 ☆☆ 첨삭 해설

원 모양의 연못 둘레에 향나무와 단풍나무를 각각 4그루씩 심으려고 한다. 이 8그루의 나무를 임의로 배열하여 같은 간격으로 심을 때, 단풍나무끼리는 어느 것도 서로 이웃하지 <u>않을</u> 확률은?

① $\dfrac{1}{35}$ ② $\dfrac{2}{35}$ ③ $\dfrac{3}{35}$

④ $\dfrac{4}{35}$ ⑤ $\dfrac{1}{7}$

06 ☆

6개의 숫자 1, 1, 2, 2, 2, 3을 일렬로 나열할 때, 짝수끼리는 모두 이웃할 확률은?

① $\dfrac{1}{10}$ ② $\dfrac{1}{8}$ ③ $\dfrac{1}{6}$

④ $\dfrac{1}{5}$ ⑤ $\dfrac{1}{4}$

07 ☆☆

10개의 문자 A, A, A, A, B, B, B, B, B, B를 일렬로 나열할 때, A끼리는 어느 두 개도 서로 이웃하지 <u>않을</u> 확률은?

① $\dfrac{1}{6}$ ② $\dfrac{1}{5}$ ③ $\dfrac{1}{4}$

④ $\dfrac{1}{3}$ ⑤ $\dfrac{1}{2}$

08 ☆☆ 첨삭 해설 [2012년 고3(가) 7월 교육청]

1부터 9까지의 자연수가 하나씩 적혀 있는 9개의 공이 들어 있는 주머니가 있다. 이 주머니에서 임의로 3개의 공을 동시에 꺼낼 때, 꺼낸 공에 적혀 있는 세 수의 합이 짝수일 확률은?

① $\dfrac{5}{14}$ ② $\dfrac{8}{21}$ ③ $\dfrac{3}{7}$

④ $\dfrac{10}{21}$ ⑤ $\dfrac{11}{21}$

09 ⭐⭐☆

3부터 8까지의 자연수가 각각 하나씩 적혀 있는 6장의 카드에서 임의로 3장의 카드를 동시에 뽑을 때 나오는 세 수 중에서 가장 큰 수가 홀수일 확률은?

① $\dfrac{1}{4}$ ② $\dfrac{7}{20}$ ③ $\dfrac{1}{2}$

④ $\dfrac{3}{5}$ ⑤ $\dfrac{3}{4}$

10 ⭐⭐☆　　　　　　　　　[2015년 고3(B) 9월 평가원]

두 사건 A, B에 대하여

$$\mathrm{P}(A\cap B)=\dfrac{2}{3}\mathrm{P}(A)=\dfrac{2}{5}\mathrm{P}(B)$$

일 때, $\dfrac{\mathrm{P}(A\cup B)}{\mathrm{P}(A\cap B)}$의 값은? (단, $\mathrm{P}(A\cap B)\neq 0$이다.)

① 3   ② $\dfrac{7}{2}$ ③ 4

④ $\dfrac{9}{2}$ ⑤ 5

11 ⭐⭐⭐

사건 A가 일어날 확률은 $\dfrac{3}{4}$이고 사건 B가 일어날 확률은 $\dfrac{2}{3}$이다. 두 사건 A, B가 동시에 일어날 확률 $\mathrm{P}(A\cap B)$의 최댓값을 M, 최솟값을 m 이라 할 때, $M-m$의 값은?

① $\dfrac{1}{4}$ ② $\dfrac{1}{3}$ ③ $\dfrac{1}{2}$

④ $\dfrac{2}{3}$ ⑤ 1

12 ⭐⭐☆ 첨삭 해설

서로 다른 두 개의 주사위를 동시에 던질 때, 나온 두 눈의 수의 합이 4 이하이거나 두 눈의 수의 곱이 홀수일 확률은?

① $\dfrac{1}{6}$ ② $\dfrac{1}{4}$ ③ $\dfrac{1}{3}$

④ $\dfrac{5}{12}$ ⑤ $\dfrac{1}{2}$

13 ⭐⭐☆　　　　　　　　　[2016년 고3(가) 7월 교육청]

주머니에는 흰 공 3개, 검은 공 4개가 들어 있다. 이 주머니에서 임의로 2개의 공을 동시에 꺼낼 때, 흰 공을 적어도 1개 이상 꺼낼 확률은?

① $\dfrac{11}{21}$ ② $\dfrac{4}{7}$ ③ $\dfrac{13}{21}$

④ $\dfrac{2}{3}$ ⑤ $\dfrac{5}{7}$

14 ⭐⭐☆　　　　　　　　　[2017년 고3(나) 10월 교육청]

A, B를 포함한 8명의 요리 동아리 회원 중에서 요리 박람회에 참가할 5명의 회원을 임의로 뽑을 때, A 또는 B가 뽑힐 확률은?

① $\dfrac{17}{28}$ ② $\dfrac{19}{28}$ ③ $\dfrac{3}{4}$

④ $\dfrac{23}{28}$ ⑤ $\dfrac{25}{28}$

15 ⭐⭐☆

집합 $A=\{1,\ 2,\ 3,\ 4\}$의 부분집합들 중에서 임의로 2개를 선택할 때, 적어도 한 개의 부분집합에서 1을 포함할 확률은?

① $\dfrac{17}{30}$ ② $\dfrac{19}{30}$ ③ $\dfrac{7}{10}$

④ $\dfrac{23}{30}$ ⑤ $\dfrac{5}{6}$

16 |서술형| ⭐⭐☆

두 개의 주사위를 동시에 던져서 나온 눈의 수를 각각 a, b라 할 때, $|a-b|>1$일 확률이 $\dfrac{q}{p}$이다. $p+q$의 값을 구하시오. (단, p, q는 서로소인 자연수이다.)

14 조건부확률

(1) **조건부확률** : 사건 A가 일어났다고 가정할 때, 사건 B가 일어날 확률을 사건 A가 일어났을 때의 사건 B의 **조건부확률**이라 하고, 기호 $\mathrm{P}(B|A)$로 나타낸다.

$$(단, \mathrm{P}(A)\neq0)$$

(2) 사건 A가 일어났을 때, 사건 B의 조건부확률은

$$\mathrm{P}(B|A)=\frac{\mathrm{P}(A\cap B)}{\mathrm{P}(A)} \ (단, \mathrm{P}(A)>0)$$

15 확률의 곱셈정리

두 사건 A, B에 대하여

(1) $\mathrm{P}(A\cap B)=\mathrm{P}(A)\mathrm{P}(B|A)$ (단, $\mathrm{P}(A)>0$)

(2) $\mathrm{P}(A\cap B)=\mathrm{P}(B)\mathrm{P}(A|B)$ (단, $\mathrm{P}(B)>0$)

- 조건부확률 $\mathrm{P}(B|A)$는 사건 A를 새로운 표본공간으로 생각할 때, 사건 $A\cap B$가 일어날 확률을 구한 것이다.
'~일 때, ~일 확률'이 문장에서 보이면 대체로 조건부확률을 이용하면 풀린다.

- $\mathrm{P}(B|A)=\dfrac{\mathrm{P}(A\cap B)}{\mathrm{P}(A)}$

의 양변에 $\mathrm{P}(A)$를 곱하면
$$\mathrm{P}(A\cap B)=\mathrm{P}(A)\mathrm{P}(B|A)$$

개념 CHECK

정답 및 해설 p. 47

[01~04] 다음 빈칸에 알맞은 것을 써넣으시오.

01 확률이 0이 아닌 두 사건 A, B에 대하여 사건 A가 일어났다고 가정할 때, 사건 B가 일어날 확률을 사건 A가 일어났을 때의 사건 B의 [   ]이라 하고, 기호로 [   ]와 같이 나타낸다.

02 확률이 0이 아닌 두 사건 A, B에 대하여
$$\mathrm{P}(B|A)=\frac{[\qquad]}{\mathrm{P}(A)}$$이다.

03 확률이 0이 아닌 두 사건 A, B가 동시에 일어날 확률인 $\mathrm{P}(A\cap B)$를 구하는 방법을 확률의 [   ]라고 한다.

04 $\mathrm{P}(A\cap B)=\mathrm{P}(A)[\qquad]=\mathrm{P}(B)[\qquad]$

[05~08] 옳은 것에 ○표, 옳지 <u>않은</u> 것에 ×표를 하시오.

05 확률이 0이 아닌 두 사건 A, B에 대하여 사건 A가 일어났을 때의 사건 B의 조건부확률은 $\dfrac{n(A\cap B)}{n(A)}$로 계산한다. (   )

06 확률이 0이 아닌 두 사건 A, B가 배반사건이면 $\mathrm{P}(A|B)=\mathrm{P}(B|A)=0$이다. (   )

07 확률이 0이 아닌 두 사건 A, B에 대하여 $\mathrm{P}(A|B)=\mathrm{P}(B|A)$이다. (   )

08 확률이 0이 아닌 두 사건 A, B에 대하여 $A\cap B$와 $A\cap B^{C}$는 배반사건이므로 확률의 곱셈정리에 의하여 $\mathrm{P}(A)=\mathrm{P}(A\cap B)\mathrm{P}(A\cap B^{C})$이다. (   )

14 조건부확률

[09~10] 두 사건 A, B에 대하여
$$P(A)=\frac{1}{2},\ P(B)=\frac{2}{3},\ P(A \cap B)=\frac{1}{3}$$
일 때, 다음을 구하시오.

09 $P(A \mid B)$

10 $P(B \mid A)$

[11~12] 두 사건 A, B에 대하여
$$P(A)=\frac{2}{5},\ P(B)=\frac{1}{3},\ P(A \cap B)=\frac{1}{4}$$
일 때, 다음을 구하시오.

11 $P(A \mid B)$

12 $P(B \mid A)$

13 다음은 한 개의 주사위를 던져서 짝수의 눈이 나왔을 때, 그 눈의 수가 3의 배수일 확률을 구하는 과정이다.

> 한 개의 주사위를 던져서 짝수의 눈이 나올 사건을 A, 3의 배수의 눈이 나올 사건을 B라 하면
> $$P(A)=\boxed{(가)},\ P(A \cap B)=\boxed{(나)}$$
> 이다.
> 한 개의 주사위를 던져서 짝수의 눈이 나왔을 때, 그 눈의 수가 3의 배수일 확률은
> $$P(B \mid A)=\frac{P(A \cap B)}{P(A)}=\boxed{(다)}$$
> 이다.

(가), (나), (다)에 알맞은 수를 각각 구하시오.

15 확률의 곱셈정리

[14~16] 두 사건 A, B에 대하여
$$P(A)=\frac{2}{3},\ P(B)=\frac{1}{4},\ P(B \mid A)=\frac{1}{6}$$
일 때, 다음을 구하시오.

14 $P(A \cap B)$

15 $P(A \mid B)$

16 $\dfrac{P(B \mid A)}{P(A \mid B)}$

17 다음은 검은 공 3개, 흰 공 4개가 들어 있는 주머니에서 갑, 을 두 사람이 차례로 한 개씩 공을 꺼낼 때, 갑과 을이 모두 검은 공을 꺼낼 확률을 구하는 과정이다.

> 갑이 검은 공을 꺼낼 사건을 A, 을이 검은 공을 꺼낼 사건을 B라 하면
> $$P(A)=\boxed{(가)},\ P(B \mid A)=\boxed{(나)}$$
> 그런데 갑과 을이 모두 검은 공을 꺼낼 확률은 $P(A \cap B)$이므로
> $$P(A \cap B)=P(A)P(B \mid A)=\boxed{(다)}$$

(가), (나), (다)에 알맞은 수를 각각 구하시오. (단, 꺼낸 공은 다시 넣지 않는다.)

유형 40 조건부확률의 계산

사건 A가 일어났을 때, 사건 B의 조건부확률은

$$P(B|A)=\frac{P(A\cap B)}{P(A)}\ (단, P(A)>0)$$

18

두 사건 A, B에 대하여

$$P(A|B)=\frac{1}{3},\ P(A\cap B)=\frac{1}{4}$$

이 성립할 때, $P(B)$의 값은?

① $\dfrac{1}{4}$ ② $\dfrac{1}{3}$ ③ $\dfrac{1}{2}$

④ $\dfrac{2}{3}$ ⑤ $\dfrac{3}{4}$

19

두 사건 A, B에 대하여

$$P(B^C)=\frac{1}{3},\ P(A\cap B)=\frac{3}{8}$$

일 때, $P(A|B)$의 값은? (단, B^C는 B의 여사건이다.)

① $\dfrac{1}{2}$ ② $\dfrac{9}{16}$ ③ $\dfrac{5}{8}$

④ $\dfrac{11}{16}$ ⑤ $\dfrac{3}{4}$

20

두 사건 A, B에 대하여

$$P(A)=\frac{3}{8},\ P(B)=\frac{1}{4},\ P(A\cup B)=\frac{1}{2}$$

일 때, $P(B|A)$의 값은?

① $\dfrac{1}{5}$ ② $\dfrac{1}{4}$ ③ $\dfrac{1}{3}$

④ $\dfrac{2}{3}$ ⑤ $\dfrac{3}{4}$

유형 41 조건부확률의 활용 (1) – 표가 주어질 때

	가	나	계
A	x	y	$x+y$
B	z	w	$z+w$
합계	$x+z$	$y+w$	

① ~'A'일 때, ~'가'일 확률 : $\dfrac{x}{x+y}$

② ~'가'일 때, ~'A'일 확률 : $\dfrac{x}{x+z}$

21

다음 표는 어떤 학급의 학생 40명 중에서 두 영화 A, B를 관람한 인원을 조사한 것이다.

(단위 : 명)

구분	남학생	여학생	계
영화 A	10	6	16
영화 B	10	14	24
합계	20	20	40

이 학급에서 영화 A를 관람한 학생 중 임의로 한 명 선택할 때, 그 학생이 여학생일 확률은?

① $\dfrac{3}{10}$ ② $\dfrac{3}{8}$ ③ $\dfrac{1}{2}$

④ $\dfrac{7}{12}$ ⑤ $\dfrac{7}{10}$

22

다음 표는 어느 공장에서 가동되고 있는 두 기계 A, B가 1시간 동안 생산한 제품 수와 불량품 수를 조사한 것이다.

(단위 : 개)

기계	제품 수	불량품 수
A	40	4
B	60	12
합계	100	16

두 기계 A와 B에서 1시간 동안 만든 제품을 섞어서 그 중 하나를 확인해 보니 불량품이었을 때, 이 불량품이 B기계에서 만들어졌을 확률은?

① $\dfrac{1}{4}$ ② $\dfrac{1}{3}$ ③ $\dfrac{1}{2}$

④ $\dfrac{2}{3}$ ⑤ $\dfrac{3}{4}$

23

어느 학급의 전체 학생 35명을 대상으로 조사한 교내 주말 스포츠클럽 출석현황이 다음과 같다.

(단위 : 명)

구분	남	여	합계
참여	14	6	20
불참	5	10	15
합계	19	16	35

이 학급의 학생 중에서 임의로 선택한 1명이 교내 주말 스포츠클럽에 참여한 학생일 때, 이 학생이 여학생일 확률은?

① $\dfrac{3}{10}$ ② $\dfrac{1}{3}$ ③ $\dfrac{7}{10}$

④ $\dfrac{2}{3}$ ⑤ $\dfrac{4}{7}$

24

다음 표는 두 헬스클럽 A, B에 신규 등록한 회원 50명에 대하여 남녀의 수를 조사한 것이다.

(단위 : 명)

구분	남	여	합계
A	12	8	20
B	18	12	30
합계	30	20	50

이 회원들 중에서 임의로 선택한 한 명이 A 헬스클럽에 등록한 사람일 때, 그 사람이 남자일 확률을 a이고, 선택한 한 명이 B 헬스클럽에 등록한 사람일 때, 그 사람이 여자일 확률을 b라 하자. 이때, $a+b$의 값은?

① $\dfrac{2}{5}$ ② $\dfrac{3}{5}$ ③ 1

④ $\dfrac{6}{5}$ ⑤ $\dfrac{8}{5}$

유형 **42** 조건부확률의 활용 (2)

사건 A가 일어났을 때, 사건 B가 일어날 조건부확률 $P(B|A)$를 구할 때에는 제시된 문장 속에서 사건 A와 곱사건 $A \cap B$의 경우의 수나 확률을 구한 후

$$\dfrac{n(A \cap B)}{n(A)} \text{나} \dfrac{P(A \cap B)}{P(A)} \text{의 값을 구하면 된다.}$$

25

남학생 50명, 여학생 20명 중에서 남학생 10명과 여학생 5명이 안경을 끼고 있다. 이 70명의 학생들 중 선택한 한 명의 학생이 안경을 끼고 있을 때, 이 학생이 여학생일 확률은?

① $\dfrac{1}{6}$ ② $\dfrac{1}{5}$ ③ $\dfrac{1}{4}$

④ $\dfrac{1}{3}$ ⑤ $\dfrac{1}{2}$

26

어느 수험생이 수시모집에서 1단계 전형에 합격할 확률이 $\dfrac{1}{5}$이고, 1단계와 2단계 전형에서 모두 합격할 확률이 $\dfrac{1}{20}$이다. 이 수험생이 1단계 전형에 합격했을 때, 2단계 전형에 합격할 확률은?

① $\dfrac{1}{2}$ ② $\dfrac{1}{3}$ ③ $\dfrac{1}{4}$

④ $\dfrac{1}{2}$ ⑤ $\dfrac{1}{2}$

27

어느 방송국의 시사 토론 프로그램에는 방청객의 의견을 묻는 시간이 있다. 어느 날 60명의 방청객이 토론에 참여하였는데 대학생 30명, 일반인이 30명이었다. 대학생 중에는 남자가 14명, 여자가 16명이었고, 일반인 중에는 남자가 18명, 여자가 12명이었다. 사회자가 한 명의 남자에게 의견을 물었을 때, 이 사람이 일반인일 확률은?

① $\dfrac{17}{32}$ ② $\dfrac{9}{16}$ ③ $\dfrac{5}{8}$

④ $\dfrac{3}{5}$ ⑤ $\dfrac{3}{4}$

28

다섯 개의 숫자 1, 2, 3, 4, 5가 하나씩 적혀 있는 5장의 카드가 상자에 들어 있다. 이 상자에서 한 장씩 두 번 카드를 뽑아서 나온 숫자를 차례대로 a, b라 하자. 선택한 카드의 수가 $a>b$를 만족할 때, $a+b$가 짝수일 확률은?

① $\dfrac{1}{5}$
② $\dfrac{3}{10}$
③ $\dfrac{2}{5}$
④ $\dfrac{1}{2}$
⑤ $\dfrac{3}{5}$

29

A, B를 포함한 7명 중에서 3명의 대표를 뽑는다. B가 대표로 뽑혔을 때, A도 대표로 뽑힐 확률은?

① $\dfrac{1}{5}$
② $\dfrac{1}{3}$
③ $\dfrac{1}{2}$
④ $\dfrac{2}{3}$
⑤ $\dfrac{3}{5}$

30

어떤 학급에서 인터넷 강의를 수강하는 학생은 전체 학생의 $\dfrac{3}{5}$이고, 인터넷 강의를 수강하는 여학생은 전체 학생의 $\dfrac{3}{8}$이다. 이 학급의 학생 중에서 임의로 뽑은 한 명이 인터넷 강의를 수강하는 학생일 때, 그 학생이 여학생일 확률은?

① $\dfrac{1}{5}$
② $\dfrac{2}{5}$
③ $\dfrac{3}{8}$
④ $\dfrac{5}{8}$
⑤ $\dfrac{2}{3}$

31

어느 비행기의 승객 중 80 %가 어른이고, 20 %는 어린이이다. 승객 전체의 40 %가 남자이고, 여자 중에서 30 %는 어린이이다. 이 비행기의 승객 중 임의로 선택한 한 명의 승객이 어른일 때, 그 승객이 여자일 확률은?

① $\dfrac{19}{40}$
② $\dfrac{1}{2}$
③ $\dfrac{21}{40}$
④ $\dfrac{11}{20}$
⑤ $\dfrac{23}{40}$

유형 43 확률의 곱셈정리를 이용한 계산

두 사건 A, B에 대하여
(1) $\mathrm{P}(A\cap B)=\underline{\mathrm{P}(A)\mathrm{P}(B\,|\,A)}$ (단, $\mathrm{P}(A)>0$)
(2) $\mathrm{P}(A\cap B)=\underline{\mathrm{P}(B)\mathrm{P}(A\,|\,B)}$ (단, $\mathrm{P}(B)>0$)

32

두 사건 A, B에 대하여
$$\mathrm{P}(A^c)=\frac{1}{4},\ \mathrm{P}(B\,|\,A)=\frac{2}{3}$$
일 때, $\mathrm{P}(A\cap B)$의 값은? (단, A^c은 A의 여사건이다.)

① $\dfrac{1}{4}$
② $\dfrac{1}{3}$
③ $\dfrac{1}{2}$
④ $\dfrac{2}{3}$
⑤ $\dfrac{3}{4}$

33

두 사건 A, B에 대하여
$$\mathrm{P}(A)=\frac{5}{7},\ \mathrm{P}(B\,|\,A)=\frac{2}{5}$$
일 때, $\mathrm{P}(A\cap B^c)$의 값은? (단, B^c은 B의 여사건이다.)

① $\dfrac{1}{7}$
② $\dfrac{2}{7}$
③ $\dfrac{3}{7}$
④ $\dfrac{4}{7}$
⑤ $\dfrac{5}{7}$

34

두 사건 A, B에 대하여
$$\mathrm{P}(A)=\frac{1}{4},\ \mathrm{P}(B)=\frac{3}{10},\ \mathrm{P}(A\,|\,B)=\frac{1}{3}$$
일 때, $\mathrm{P}(B\,|\,A)$의 값은?

① $\dfrac{3}{10}$
② $\dfrac{2}{5}$
③ $\dfrac{3}{5}$
④ $\dfrac{7}{10}$
⑤ $\dfrac{4}{5}$

35

두 사건 A, B에 대하여
$$\mathrm{P}(B)=\frac{1}{5},\ \mathrm{P}(B\,|\,A)=\frac{2}{5},\ \mathrm{P}(A\,|\,B)=\frac{3}{5}$$
일 때, $\mathrm{P}(A)$의 값은?

① $\dfrac{3}{25}$
② $\dfrac{9}{50}$
③ $\dfrac{6}{25}$
④ $\dfrac{3}{10}$
⑤ $\dfrac{9}{25}$

유형 44 확률의 곱셈정리의 활용

사건 $A\cap B$의 확률을 구할 때에는 확률의 곱셈정리
$P(A\cap B)=P(A)P(B|A)$임을 이용한다.

36

크기가 같은 검은 공 4개, 흰 공 3개가 들어 있는 주머니에서 지원이와 주희 두 사람이 차례로 한 개씩 공을 꺼낼 때, 두 사람 모두 흰 공을 꺼낼 확률은? (단, 꺼낸 공은 다시 넣지 않는다.)

① $\dfrac{1}{14}$ ② $\dfrac{1}{7}$ ③ $\dfrac{3}{14}$

④ $\dfrac{2}{7}$ ⑤ $\dfrac{5}{14}$

37

박하 맛 사탕 4개, 딸기 맛 사탕 3개, 포도 맛 사탕 2개가 들어 있는 주머니에서 정호과 지윤이가 차례로 1개씩 사탕을 꺼낼 때, 꺼낸 사탕이 모두 딸기 맛 사탕일 확률은?

(단, 꺼낸 사탕은 다시 넣지 않는다.)

① $\dfrac{1}{8}$ ② $\dfrac{1}{12}$ ③ $\dfrac{1}{16}$

④ $\dfrac{1}{20}$ ⑤ $\dfrac{1}{24}$

38

10개의 제비 중 3개의 당첨제비가 들어 있는 주머니에서 먼저 재경이가 하나를 뽑고 다음에 영석이가 하나를 뽑을 때, 재경이는 당첨제비를 뽑고 영석이는 당첨제비를 뽑지 못할 확률은? (단, 뽑은 제비는 다시 넣지 않는다.)

① $\dfrac{1}{30}$ ② $\dfrac{1}{10}$ ③ $\dfrac{1}{6}$

④ $\dfrac{7}{30}$ ⑤ $\dfrac{3}{10}$

39

10명의 학생으로 구성된 동아리의 회원 중 4명이 여학생이다. 이 동아리에서 한 사람씩 차례로 두 명을 선택할 때, 처음에 여학생을 선택하고 두 번째에 남학생을 선택할 확률은? (단, 먼저 선택된 사람은 다시 선택하지 않는다.)

① $\dfrac{1}{15}$ ② $\dfrac{2}{15}$ ③ $\dfrac{1}{5}$

④ $\dfrac{4}{15}$ ⑤ $\dfrac{1}{3}$

유형 45 곱셈정리와 조건부확률

두 사건 A, B에 대하여 사건 A가 일어날 확률은 사건 B가 일어나고 사건 A가 일어나거나 사건 B가 일어나지 않고 사건 A가 일어나는 확률이다.

$$\therefore P(A)=P(A\cap B)+P(A\cap B^{C})$$

40

A 주머니에는 검은 바둑돌 3개와 흰 바둑돌 1개가 들어 있고, B 주머니에는 검은 바둑돌 2개와 흰 바둑돌 2개가 들어 있다. 두 주머니 중에서 임의로 선택한 하나의 주머니에서 동시에 꺼낸 2개의 바둑돌이 모두 검은 색일 때, 선택한 주머니가 B일 확률은?

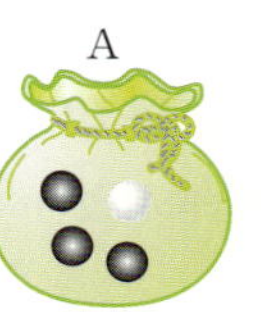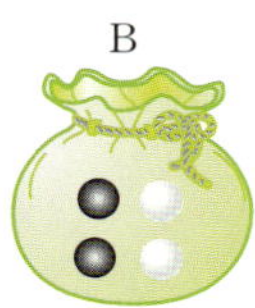

① $\dfrac{1}{12}$ ② $\dfrac{1}{6}$ ③ $\dfrac{1}{4}$

④ $\dfrac{1}{3}$ ⑤ $\dfrac{1}{2}$

41

상자 A에는 흰 공 2개, 검은 공 4개가 들어 있고, 상자 B에는 흰 공 3개, 검은 공 2개가 들어 있다. 두 상자 A, B 중에서 한 상자를 임의로 선택하고 그 상자에서 2개의 공을 동시에 꺼냈더니 흰 공 1개, 검은 공 1개가 나왔다. 이때, 선택된 상자가 A일 확률은?

① $\dfrac{4}{17}$ ② $\dfrac{5}{17}$ ③ $\dfrac{6}{17}$

④ $\dfrac{7}{17}$ ⑤ $\dfrac{8}{17}$

42

전구를 생산하는 어느 공장에서 A와 B 두 종류의 생산라인이 있다. A 생산라인에서는 전체 전구의 70 %를 생산하는데 생산된 전구 중 4 %가 불량품이고, B 생산라인에서는 전체 전구의 30 %를 생산하는데 생산된 전구 중 2 %가 불량품이다. 이 공장에서 생산된 전체 전구 중에서 한 개의 전구를 임의로 추출하였더니 불량품이었다고 할 때, 이 전구가 A 생산라인에서 생산된 전구일 확률은?

① $\dfrac{11}{17}$ ② $\dfrac{12}{17}$ ③ $\dfrac{13}{17}$

④ $\dfrac{14}{17}$ ⑤ $\dfrac{15}{17}$

16 사건의 독립과 종속

(1) **사건의 독립** : 두 사건 A, B에 대하여 사건 A가 일어나거나 일어나지 않는 것이 사건 B가 일어날 확률에 영향을 주지 않을 때, 즉, $P(B|A)=P(B|A^C)=P(B)$일 때, 두 사건 A, B는 서로 **독립**이라고 하고, 서로 독립인 두 사건을 **독립사건**이라고 한다.

(2) 두 사건 A, B가 서로 독립이기 위한 필요충분조건은
$$P(A \cap B)=P(A)P(B) \text{ (단, } P(A)>0,\ P(B)>0)$$

(3) **사건의 종속** : 두 사건 A, B가 서로 독립이 아닐 때, 즉 $P(A|B) \neq P(A)$ 또는 $P(B|A) \neq P(B)$일 때, 두 사건 A, B는 서로 **종속**이라고 하고, 종속인 두 사건을 **종속사건**이라고 한다.

17 독립시행의 확률

(1) **독립시행** : 동일한 시행을 반복하는 경우에 각 시행에서 일어나는 사건이 서로 독립일 때, 이런 시행을 **독립시행**이라고 한다.

(2) **독립시행의 확률** : 어떤 시행에서 사건 A가 일어날 확률이 p로 일정할 때, 이 시행을 n회 반복한 독립시행에서 사건 A가 r회 일어날 확률은
$$_n\mathrm{C}_r p^r (1-p)^{n-r} \ (r=0,\ 1,\ 2,\ \cdots,\ n)$$

- 두 사건 A, B가 서로 독립이면 A와 B^C, A^C과 B, A^C과 B^C도 각각 서로 독립이다.

- 주사위나 동전을 여러 번 던지는 시행은 각 시행의 결과가 다른 시행의 결과에 영향을 주지 않으므로 독립시행이다.

- 배반사건과 독립사건을 혼동하지 말자. 두 사건 A, B에 대하여
  (1) $A \cap B = \varnothing \Rightarrow$ 배반사건
  (2) $P(A \cap B)=P(A)P(B)$
  $\Rightarrow$ 독립사건

개념 CHECK

정답 및 해설 p. 51

[01~04] 다음 빈칸에 알맞은 것을 써넣으시오.

01 두 사건 A, B에 대하여 사건 A가 일어나거나 일어나지 않는 것이 사건 B가 일어날 확률에 영향을 주지 않을 때, 두 사건 A, B는 서로 [　　　]이라고 한다. 이것을 기호로 표현하면 $P(B|A)=P(B|A^C)=$ [　　　] 이다.

02 서로 독립인 두 사건을 [　　　　　]이라고 한다.

03 두 사건 A, B가 서로 독립이 아닐 때, 두 사건 A, B는 서로 [　　　]이라고 하고, 서로 종속인 두 사건을 [　　　　　]이라고 한다.

04 동일한 시행을 반복할 때, 각 시행에서 일어나는 사건이 서로 독립이면 이런 시행을 [　　　　　]이라고 한다.

[05~08] 옳은 것에 ○표, 옳지 <u>않은</u> 것에 ×표를 하시오.

05 두 사건 A, B가 서로 독립이면 A와 B^C도 서로 독립이다. (　　　)

06 $P(A)>0$, $P(B)>0$인 두 사건 A, B가 서로 독립이기 위한 필요충분조건은 $P(A \cap B)=P(A)P(B)$이다. (　　　)

07 두 사건 A, B가 서로 종속이면 사건 A가 일어나는 것이 사건 B가 일어날 확률에 영향을 미치지 않는다. (　　　)

08 동전 한 개를 여러 번 던지는 시행은 독립시행이 아니다. (　　　)

16 사건의 독립과 종속

[09~12] 한 개의 주사위를 던져서 홀수의 눈이 나오는 사건을 A, 1 또는 2의 눈이 나오는 사건을 B라 할 때, 다음을 구하시오.

09 $\mathrm{P}(A)$

10 $\mathrm{P}(B)$

11 $\mathrm{P}(A\cap B)$

12 위의 결과를 이용하여 두 사건 A와 B는 서로 독립인지 종속인지 판단하시오.

[13~16] 표본공간 $S=\{1,\ 2,\ 3,\ 4\}$에 대하여 $A=\{1,\ 2\}$, $B=\{2,\ 4\}$일 때, 다음 각 사건의 독립과 종속을 판단하시오.

13 A와 B

14 A와 B^{C}

15 A^{C}와 B

16 A^{C}와 B^{C}

[17~19] 두 사건 A, B가 서로 독립이고 $\mathrm{P}(A)=\dfrac{2}{3}$, $\mathrm{P}(B)=\dfrac{1}{2}$일 때, 다음을 구하시오.

17 $\mathrm{P}(A\cap B)$

18 $\mathrm{P}(A\cup B)$

19 $\mathrm{P}(B\,|\,A)$

17 독립시행의 확률

[20~21] 주사위를 한 번 던지는 시행에서 5의 약수의 눈이 나오는 사건을 A라 할 때, 다음을 구하시오.

20 $\mathrm{P}(A)$

21 주사위를 3번 던지는 시행에서 사건 A가 2번 일어날 확률

22 두 개의 동전을 던지는 시행을 10번 반복했을 때, 두 개 모두 앞면이 나오는 경우가 3번일 확률은

$$_{10}\mathrm{C}_{\square}\left(\frac{1}{4}\right)^{\square}\times\left(\boxed{}\right)^{7}$$

이다. □ 안에 알맞은 값들의 합을 구하시오.

유형 46 사건의 독립과 종속의 판정

두 사건 A, B가 서로 독립이기 위한 필요충분조건은
$P(A \cap B) = P(A)P(B)$ (단, $P(A) > 0$, $P(B) > 0$)이다.
$P(A \cap B) \neq P(A)P(B)$이면, 두 사건 A, B는 서로 종속이다.

23

10 이하의 자연수 중에서 임의로 하나를 택할 때, 짝수일 사건을 A, 5의 배수일 사건을 B라 하자. 다음 〈보기〉에서 옳은 것만을 있는 대로 고른 것은?

─────[보기]─────
ㄱ. $P(A) = \dfrac{1}{2}$

ㄴ. $P(A \cap B) = \dfrac{1}{10}$

ㄷ. 사건 A와 사건 B는 서로 독립이다.

① ㄱ   ② ㄷ   ③ ㄱ, ㄴ
④ ㄴ, ㄷ   ⑤ ㄱ, ㄴ, ㄷ

24

한 개의 주사위를 던져 3의 배수의 눈이 나오는 사건을 A, 6의 약수의 눈이 나오는 사건을 B, 소수의 눈이 나오는 사건을 C라 하자. 다음 (가), (나)의 □ 안에 알맞은 말을 순서대로 적은 것은?

(가) 두 사건 A, B는 서로 □이다.
(나) 두 사건 B, C는 서로 □이다.

① 독립, 독립   ② 독립, 종속   ③ 종속, 독립
④ 종속, 종속   ⑤ 독립, 배반

25

세 사건 A, B, C에 대하여
$$P(A) = \frac{2}{3}, \quad P(B) = \frac{1}{2}, \quad P(C) = \frac{2}{5},$$
$$P(A \cup B) = \frac{5}{6}, \quad P(B \cup C) = \frac{9}{10}, \quad P(A \cup C) = 1$$
일 때, 다음 〈보기〉에서 짝지어진 두 사건이 서로 독립인 것만을 있는 대로 고른 것은?

─────[보기]─────
ㄱ. A와 B ㄴ. A와 C ㄷ. B와 C

① ㄱ   ② ㄴ   ③ ㄱ, ㄷ
④ ㄴ, ㄷ   ⑤ ㄱ, ㄴ, ㄷ

유형 47 사건의 독립과 종속의 성질

두 사건 A, B가 서로 독립이면
A와 B^c, A^c과 B, A^c과 B^c도 각각 서로 독립이다.

26

다음은 $\varnothing$이 아닌 두 사건 A, B가 서로 독립일 때, A^c과 B^c도 서로 독립임을 보인 것이다. (가), (나)에 알맞은 것을 차례대로 구한 것은?

$$
\begin{aligned}
P(A^c \cap B^c) &= P((A \cup B)^c) \\
&= 1 - P(A \cup B) \\
&= 1 - \{P(A) + P(B) - \boxed{(가)}\} \\
&= 1 - P(A) - P(B)\{1 - P(A)\} \\
&= \{1 - P(A)\}\{1 - P(B)\} \\
&= \boxed{(나)}
\end{aligned}
$$
따라서 두 사건 A^c과 B^c은 서로 독립이다.

① $P(A \cap B)$, $P(A)\,P(B)$
② $P(A \cap B)$, $P(A^c)P(B^c)$
③ $P(A \cap B)$, $P(A^c) + P(B^c)$
④ $P(A \cup B)$, $P(A^c)P(B^c)$
⑤ $P(A \cup B)$, $P(A^c) + P(B^c)$

27

두 사건 A, B가 서로 독립일 때, 다음 〈보기〉에서 옳은 것만을 있는 대로 고른 것은?

[보기]
ㄱ. $\mathrm{P}(A|B)=\mathrm{P}(A)$
ㄴ. A와 B^c은 서로 종속이다.
ㄷ. A^c와 B는 서로 독립이다.

① ㄱ   ② ㄱ, ㄴ   ③ ㄱ, ㄷ
④ ㄴ, ㄷ   ⑤ ㄱ, ㄴ, ㄷ

유형 48 독립을 이용한 확률의 계산

두 사건 A, B가 서로 독립이기 위한 필요충분조건은
$$\mathrm{P}(A \cap B)=\mathrm{P}(A)\mathrm{P}(B) \ (단, \mathrm{P}(A)>0, \mathrm{P}(B)>0)$$
두 사건 A, B가 서로 독립이면 A와 B^c, A^c과 B, A^c과 B^c도 각각 서로 독립임을 이용한다.

28

두 사건 A, B가 서로 독립이고,
$$\mathrm{P}(A)=\frac{1}{4},\ \mathrm{P}(B)=\frac{1}{3}$$
일 때, $\mathrm{P}(A \cap B)=\dfrac{q}{p}$이다. 이때, $p+q$의 값은?

(단, p와 q는 서로소인 자연수이다.)

① 9   ② 10   ③ 11
④ 12   ⑤ 13

29

두 사건 A, B가 서로 독립이고,
$$\mathrm{P}(A|B)=\frac{1}{3},\ \mathrm{P}(B)=\frac{1}{2}$$
일 때, $\mathrm{P}(A \cup B)$의 값은?

① $\dfrac{1}{6}$ ② $\dfrac{1}{4}$ ③ $\dfrac{1}{3}$
④ $\dfrac{2}{3}$ ⑤ $\dfrac{3}{4}$

30

두 사건 A, B가 서로 독립이고,
$$\mathrm{P}(A)=\frac{1}{2},\ \mathrm{P}(A \cup B)=\frac{4}{5}$$
일 때, $\mathrm{P}(B)$의 값은?

① $\dfrac{1}{3}$ ② $\dfrac{3}{8}$ ③ $\dfrac{3}{7}$
④ $\dfrac{1}{2}$ ⑤ $\dfrac{3}{5}$

31

두 사건 A, B가 서로 독립이고,
$$\mathrm{P}(A)=\frac{2}{5},\ \mathrm{P}(B^c)=\frac{4}{7}$$
일 때, $\mathrm{P}(A \cap B)$의 값은?

① $\dfrac{2}{35}$ ② $\dfrac{3}{35}$ ③ $\dfrac{4}{35}$
④ $\dfrac{1}{7}$ ⑤ $\dfrac{6}{35}$

32

두 사건 A, B가 서로 독립이고,
$$\mathrm{P}(B^c)=\frac{5}{6},\ \mathrm{P}(A^c|B)=\frac{3}{4}$$
일 때, $\mathrm{P}(A \cap B)$의 값은?

① $\dfrac{1}{24}$ ② $\dfrac{1}{12}$ ③ $\dfrac{1}{8}$
④ $\dfrac{1}{6}$ ⑤ $\dfrac{1}{4}$

33

두 사건 A, B가 서로 독립이고,
$$\mathrm{P}(A)=\frac{1}{2},\ \mathrm{P}(A^c \cap B)=\frac{1}{5}$$
일 때, $\mathrm{P}(B)$의 값은?

① $\dfrac{1}{10}$ ② $\dfrac{1}{5}$ ③ $\dfrac{3}{10}$
④ $\dfrac{2}{5}$ ⑤ $\dfrac{1}{2}$

34

두 사건 A, B가 서로 독립이고

$$\mathrm{P}(A \cup B) = 2\mathrm{P}(B) = \frac{2}{5}$$

일 때, $\mathrm{P}(A)$의 값은?

① $\dfrac{1}{3}$　　② $\dfrac{1}{4}$　　③ $\dfrac{3}{4}$

④ $\dfrac{1}{5}$　　⑤ $\dfrac{3}{5}$

35

두 사건 A, B에 대하여 $\mathrm{P}(A) = \dfrac{2}{3}$, $\mathrm{P}(B) = \dfrac{1}{6}$이다.
두 사건 A, B가 서로 배반사건일 때 $\mathrm{P}(A \cup B) = p$이고,
두 사건 A, B가 서로 독립일 때 $\mathrm{P}(A \cup B) = q$라 하자.
이때, $\dfrac{q}{p}$의 값은?

① $\dfrac{8}{13}$　　② $\dfrac{11}{13}$　　③ $\dfrac{11}{15}$

④ $\dfrac{13}{15}$　　⑤ $\dfrac{13}{18}$

유형 49 독립 또는 종속인 사건의 확률의 곱셈정리

(1) 두 사건 A, B가 서로 독립이면

$$\mathrm{P}(A \cap B) = \mathrm{P}(A)\mathrm{P}(B)$$

(2) 두 사건 A, B가 서로 종속이면

$\mathrm{P}(A \cap B) = \mathrm{P}(A)\mathrm{P}(B|A)$ (단, $\mathrm{P}(A) > 0$) 또는

$\mathrm{P}(A \cap B) = \mathrm{P}(B)\mathrm{P}(A|B)$ (단, $\mathrm{P}(B) > 0$)

36

흰 공 4개, 검은 공 3개가 들어 있는 주머니에서 한 개의 공을 꺼낸 후 색깔을 확인하고 다시 주머니에 넣는 시행을 2회 시행할 때, 2회 모두 흰 공이 나올 확률은?

① $\dfrac{10}{49}$　　② $\dfrac{12}{49}$　　③ $\dfrac{2}{7}$

④ $\dfrac{16}{49}$　　⑤ $\dfrac{18}{49}$

37

한 개의 주사위와 한 개의 동전을 동시에 던질 때, 주사위는 홀수의 눈, 동전은 뒷면이 나올 확률은?

① $\dfrac{1}{6}$　　② $\dfrac{1}{5}$　　③ $\dfrac{1}{4}$

④ $\dfrac{1}{3}$　　⑤ $\dfrac{1}{2}$

38

A, B 두 명의 학생이 체육시간에 자유투 연습을 하고 있다. A가 자유투에 성공할 확률은 $\dfrac{2}{3}$이고, A와 B 중 적어도 한 사람이 자유투에 성공할 확률은 $\dfrac{3}{4}$일 때, B가 자유투에 성공할 확률은?

① $\dfrac{1}{4}$　　② $\dfrac{1}{3}$　　③ $\dfrac{1}{2}$

④ $\dfrac{2}{3}$　　⑤ $\dfrac{3}{4}$

39

정현이와 연지가 어떤 문제를 풀 확률이 각각 $\dfrac{2}{3}$, $\dfrac{3}{4}$일 때, 정현이와 연지 두 명 중 적어도 한 명이 이 문제를 풀 확률은?

① $\dfrac{7}{12}$　　② $\dfrac{2}{3}$　　③ $\dfrac{3}{4}$

④ $\dfrac{5}{6}$　　⑤ $\dfrac{11}{12}$

40

두 사격선수 A, B의 명중률은 각각 $\dfrac{4}{5}$, $\dfrac{3}{5}$이다. A, B가 각각 한 발씩 사격을 할 때, 적어도 한 발이 표적에 명중시킬 확률은?

① $\dfrac{3}{5}$　　② $\dfrac{17}{25}$　　③ $\dfrac{4}{5}$

④ $\dfrac{21}{25}$　　⑤ $\dfrac{23}{25}$

41

검은 공 2개, 흰 공 3개가 들어 있는 주머니에서 두 개의 공을 선택하는 시행을 할 때, 사건 A, B, C는 다음과 같다.

> • 주머니에서 공을 한 개씩 차례대로 두 번 꺼낼 때, 처음에 흰 공이 나오고 두 번째에 검은 공이 나올 사건 A (단, 공은 다시 넣지 않는다.)
> • 주머니에서 동시에 공을 두 개 꺼낼 때, 흰 공과 검은 공이 나올 사건 B
> • 주머니에서 공을 꺼내어 색을 확인한 후 다시 집어넣는 시행을 두 번할 때, 흰 공이 1번, 검은 공이 1번 나올 사건 C

$P(A)=a$, $P(B)=b$, $P(C)=c$라 할 때, a, b, c의 대소 관계로 옳은 것은?

① $a<b<c$ ② $a<c<b$ ③ $c<b<a$
④ $a=c<b$ ⑤ $a=b=c$

42

스위치를 누르면 $\dfrac{1}{3}$의 확률로 불이 켜지는 전구가 있다. 이 전구의 스위치를 다섯 번 눌렀을 때, 세 번 불이 켜질 확률은?

① $\dfrac{40}{3^5}$ ② $\dfrac{44}{3^5}$ ③ $\dfrac{16}{3^4}$
④ $\dfrac{52}{3^5}$ ⑤ $\dfrac{56}{3^5}$

43

흰 구슬 4개, 검은 구슬 2개가 들어 있는 주머니가 있다. 이 주머니에서 임의로 한 개의 구슬을 꺼내어 색을 확인한 후 다시 주머니에 넣는 시행을 3번 반복할 때, 흰 구슬이 2번 나올 확률은?

① $\dfrac{3}{8}$ ② $\dfrac{4}{9}$ ③ $\dfrac{1}{2}$
④ $\dfrac{6}{11}$ ⑤ $\dfrac{7}{12}$

44

어떤 농구 선수의 자유투 성공률은 80 %이다. 이 선수가 5번의 자유투를 던졌을 때, 4번 성공할 확률이 $\left(\dfrac{q}{p}\right)^4$이다. $p+q$의 값은? (단, p, q는 서로소인 자연수이다.)

① 7 ② 8 ③ 9
④ 10 ⑤ 11

45

두 탁구선수 A, B가 시합을 할 때, A가 B에게 이길 확률은 $\dfrac{3}{5}$이다. A와 B가 3번의 시합을 하여 A의 시합 성적이 2승 1패가 될 확률이 $k \times \left(\dfrac{3}{5}\right)^3$일 때, 상수 k의 값은?

① 2 ② 3 ③ 4
④ 5 ⑤ 6

도전

46

한 개의 동전을 8번 던질 때, 앞면이 n번 나올 확률이 $\dfrac{7}{32}$이다. 모든 자연수 n의 값의 곱은?

① 12 ② 13 ③ 14
④ 15 ⑤ 16

47

동전을 n번 던지는 시행에서 앞면이 2번 나오는 사건을 A, 앞면이 3번 나오는 사건을 B라 하자. $4\mathrm{P}(A)=3\mathrm{P}(B)$를 만족시킬 때, 자연수 n의 값은?

① 5   ② 6   ③ 7
④ 8   ⑤ 9

48

한 개의 주사위를 3회 던질 때 6의 약수의 눈이 2회 나오는 사건 A에 대하여 $\mathrm{P}(A)=a$이고, 한 개의 동전을 5회 던질 때 동전의 앞면이 3회 나오는 사건 B에 대하여 $\mathrm{P}(B)=b$이다. 이때, ab의 값은?

① $\dfrac{1}{36}$ ② $\dfrac{1}{18}$ ③ $\dfrac{1}{12}$
④ $\dfrac{1}{9}$ ⑤ $\dfrac{5}{36}$

49

한 개의 동전을 던져서 앞면이 나오면 점을 수직선에서 양의 방향으로 1만큼, 뒷면이 나오면 음의 방향으로 1만큼 이동시킨다. 동전을 6번 던질 때, 점 P가 원점에서 출발하여 2의 점에 있게 될 확률은?

$$-3\ -1\ -1\ \ \ 0\ \ \ 1\ \ \ 2\ \ \ 3$$

① $\dfrac{11}{64}$ ② $\dfrac{3}{16}$ ③ $\dfrac{13}{64}$
④ $\dfrac{7}{32}$ ⑤ $\dfrac{15}{64}$

50

좌표평면 위를 움직이는 점 P는 원점에서 출발하여 주사위를 던져 1 또는 6의 눈이 나오면 x축의 양의 방향으로 1만큼, 1과 6 이외의 눈이 나오면 y축의 양의 방향으로 1만큼 움직인다. 주사위를 4번 던진 후 점 P가 점 $(2, 2)$의 위치에 있을 확률은?

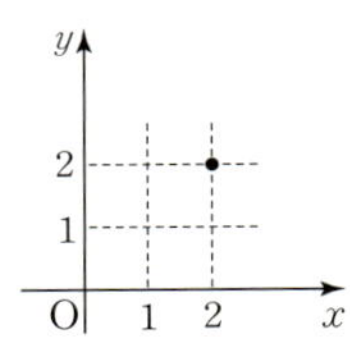

① $\dfrac{5}{27}$ ② $\dfrac{2}{9}$ ③ $\dfrac{7}{27}$
④ $\dfrac{8}{27}$ ⑤ $\dfrac{1}{3}$

51

'참참참 게임'은 한 사람이 "참참참"을 외치며 손으로 오른쪽과 왼쪽 중 한 방향을 가리키면, 상대방은 그 손의 방향과 다른 방향으로 고개를 돌려야 방어에 성공하는 게임이다. A와 B가 '참참참 게임'을 할 때 방향을 선택할 확률은 아래의 표와 같다.

	A	B
오른쪽	$\dfrac{1}{3}$	$\dfrac{3}{5}$
왼쪽	$\dfrac{2}{3}$	$\dfrac{2}{5}$

A가 손으로 두 번 연속 어떤 방향을 가리킬 때, B가 단 한 번만 방어에 성공할 확률은?

① $\dfrac{98}{225}$ ② $\dfrac{106}{225}$ ③ $\dfrac{112}{225}$
④ $\dfrac{118}{225}$ ⑤ $\dfrac{128}{225}$

유형 **51** 독립시행의 확률의 활용 – 경우 나누기

n회 반복하는 독립시행에서 구해야 하는 상황이 여러 가지이면, 각각의 경우에서 확률을 계산하여 더한다.

52

5문제 중 4문제 이상을 풀면 합격이 되는 시험이 있다. A는 평소에 3문제 중 2문제의 비율로 문제를 풀 수 있었다.

A가 이 시험에서 합격할 확률은 $\dfrac{k}{243}$이다. 상수 k의 값은?

① 110 　　② 112 　　③ 114

④ 116 　　⑤ 118

53

주사위 한 개를 5번 던지는 시행에서 짝수의 눈이 나오는 횟수를 a, 홀수의 눈이 나오는 횟수를 b라 할 때, $ab=6$이 될 확률은?

① $\dfrac{3}{8}$ 　　② $\dfrac{1}{2}$ 　　③ $\dfrac{5}{8}$

④ $\dfrac{3}{4}$ 　　⑤ $\dfrac{7}{8}$

54

한 개의 주사위를 던져서 홀수의 눈이 나오면 동전을 3번 던지고, 짝수의 눈이 나오면 동전을 2번 던지기로 할 때, 동전의 앞면이 2번 나올 확률은?

① $\dfrac{1}{8}$ 　　② $\dfrac{3}{16}$ 　　③ $\dfrac{1}{4}$

④ $\dfrac{5}{16}$ 　　⑤ $\dfrac{3}{8}$

55

한 개의 주사위를 반복하여 던지는 시행을 하고 있다. 주사위의 눈의 수가 2 이하로 나오는 횟수가 두 번이 되면 던지는 것을 멈출 때, 2회 또는 3회까지만 주사위를 던지고 멈출 확률은?

① $\dfrac{1}{9}$ 　　② $\dfrac{4}{27}$ 　　③ $\dfrac{5}{27}$

④ $\dfrac{2}{9}$ 　　⑤ $\dfrac{7}{27}$

56

배드민턴 대회에서 A, B 두 사람이 결승에 진출하였다. 먼저 3세트를 이긴 사람이 우승이고, 각 세트에서 A가 이길 확률은 $\dfrac{2}{3}$로 일정하다. 4세트 이내에 A가 우승할 확률은?

① $\dfrac{5}{9}$ 　　② $\dfrac{16}{27}$ 　　③ $\dfrac{17}{27}$

④ $\dfrac{8}{9}$ 　　⑤ $\dfrac{19}{27}$

57

한 개의 주사위를 던져서 나온 눈의 수를 n이라고 할 때, 직선 $x+\dfrac{y}{n}=1$이 제 1사분면에서 x축, y축과 이루는 도형의 넓이가 자연수가 되는 사건을 A라 하자. 한 개의 주사위를 6번 던질 때, 사건 A가 2회 이상 일어날 확률은?

① $\dfrac{57}{64}$ 　　② $\dfrac{29}{32}$ 　　③ $\dfrac{59}{64}$

④ $\dfrac{15}{16}$ 　　⑤ $\dfrac{61}{64}$

01 ☆

두 사건 A, B에 대하여

$$P(A)=\frac{5}{12}, \ P(A \cap B^c)=\frac{1}{3}$$

일 때, $P(B|A)$의 값은? (단, A^c는 A의 여사건이다.)

① $\dfrac{1}{12}$ ② $\dfrac{1}{6}$ ③ $\dfrac{1}{5}$

④ $\dfrac{1}{3}$ ⑤ $\dfrac{2}{5}$

02 ☆

[2018년 고3(나) 9월 평가원]

14개의 공에 각각 검은색과 흰색 중 한 가지 색이 칠해져 있고, 자연수가 하나씩 적혀 있다. 각각의 공에 칠해져 있는 색과 적혀 있는 수에 따라 분류한 공의 개수는 다음과 같다.

(단위: 개)

구분	검은색	흰색	합계
홀수	5	3	8
짝수	4	2	6
합계	9	5	14

14개의 공 중에서 임의로 선택한 한 개의 공이 검은색일 때, 이 공에 적혀 있는 수가 짝수일 확률은?

① $\dfrac{2}{9}$ ② $\dfrac{5}{18}$ ③ $\dfrac{1}{3}$

④ $\dfrac{7}{18}$ ⑤ $\dfrac{4}{9}$

03 ☆☆ 첨삭 해설

서로 다른 두 개의 주사위를 동시에 던져서 나온 눈의 수를 각각 a, b라 하자. ab가 짝수일 때, $a+b$가 홀수일 확률은?

① $\dfrac{1}{6}$ ② $\dfrac{1}{3}$ ③ $\dfrac{1}{2}$

④ $\dfrac{2}{3}$ ⑤ $\dfrac{5}{6}$

04 ☆☆

남학생 16명과 여학생 14명으로 이루어진 어느 학급의 학생들은 이번 학기에 골프와 테니스 중에서 하나를 선택하여 수업을 듣는다. 이 학급의 학생들 중 테니스를 선택한 남학생은 6명이고, 골프를 선택한 여학생은 8명이다. 이 학급의 학생 30명 중에서 임의로 뽑은 한 학생이 골프를 선택한 학생일 때, 이 학생이 남학생일 확률은?

① $\dfrac{1}{9}$ ② $\dfrac{2}{9}$ ③ $\dfrac{1}{3}$

④ $\dfrac{4}{9}$ ⑤ $\dfrac{5}{9}$

05 ☆☆

흰 구슬 2개, 검은 구슬 3개가 들어 있는 주머니에서 구슬을 한 개씩 차례로 두 번 꺼낼 때, 두 개 모두 흰 구슬일 확률은? (단, 꺼낸 것은 다시 넣지 않는다.)

① $\dfrac{1}{3}$ ② $\dfrac{1}{4}$ ③ $\dfrac{1}{5}$

④ $\dfrac{1}{8}$ ⑤ $\dfrac{1}{10}$

06 ☆☆ 첨삭 해설

[2013년 고3(A) 7월]

크기와 모양이 같은 공이 상자 A에는 검은 공 2개와 흰 공 2개, 상자 B에는 검은 공 1개와 흰 공 2개가 들어 있다. 두 상자 A, B 중 임의로 선택한 하나의 상자에서 공을 1개 꺼냈더니 검은 공이 나왔을 때, 그 상자에 남은 공이 모두 흰 공일 확률은?

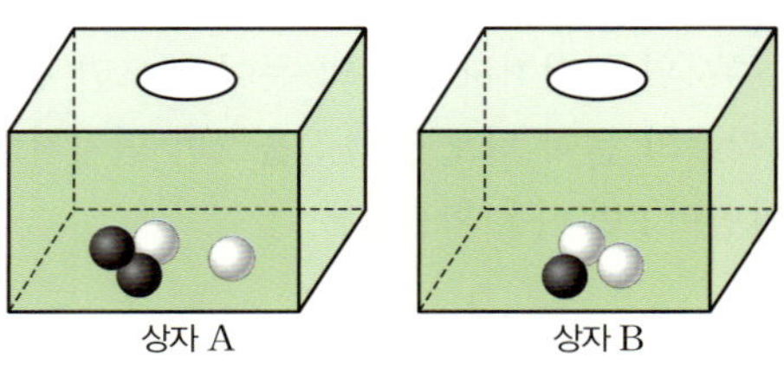

① $\dfrac{3}{10}$ ② $\dfrac{2}{5}$ ③ $\dfrac{1}{2}$

④ $\dfrac{3}{5}$ ⑤ $\dfrac{7}{10}$

07 ☆☆☆

표본공간 $S=\{1,\ 2,\ 3,\ 4,\ 5,\ 6\}$에서 한 개의 원소로 이루어진 사건이 일어날 확률이 모두 같을 때, 다음 중 사건 $\{1,\ 2,\ 3,\ 4\}$와 독립사건인 것은?

① $\{4,\ 6\}$　　　② $\{5,\ 6\}$　　　③ $\{3,\ 4,\ 5\}$

④ $\{4,\ 5,\ 6\}$　　⑤ $\{3,\ 4,\ 5,\ 6\}$

08 ☆☆☆

두 사건 A, B가 서로 독립일 때, 다음 〈보기〉 중에서 옳은 것만을 있는 대로 고른 것은? (단, A^C는 A의 여사건이다.)

─────[보기]─────
ㄱ. $\mathrm{P}(B\,|\,A^C)=\mathrm{P}(B)$
ㄴ. 두 사건 A^C과 B는 서로 종속이다.
ㄷ. $\mathrm{P}(B)=\mathrm{P}(A)\mathrm{P}(B)+\mathrm{P}(A^C)\mathrm{P}(B)$

① ㄱ　　　　② ㄱ, ㄴ　　　　③ ㄱ, ㄷ

④ ㄴ, ㄷ　　⑤ ㄱ, ㄴ, ㄷ

09 ☆☆☆　　　　　[2017년 고3(나) 10월]

두 사건 A, B가 서로 독립이고

$$\mathrm{P}(A\cap B)=\frac{1}{4},\quad \mathrm{P}(A\cap B^C)=\frac{1}{3}$$

일 때, $\mathrm{P}(B)$의 값은? (단, B^C은 B의 여사건이다.)

① $\dfrac{3}{14}$　　　② $\dfrac{2}{7}$　　　③ $\dfrac{5}{14}$

④ $\dfrac{3}{7}$　　　⑤ $\dfrac{1}{2}$

10 ☆☆☆

야구를 보러 온 어느 학교의 학생들 중 M팀을 응원하는 남학생이 4명, N팀을 응원하는 남학생이 10명, M팀을 응원하는 여학생이 8명이다. 이 학생들 중 M팀을 응원하는 학생을 선택하는 경우를 사건 A라 하고, 여학생을 선택하는 경우를 사건 B라 하자. 사건 A와 B가 서로 독립일 때, N팀을 응원하는 여학생은 모두 몇 명인가?

　(단, 모든 학생들은 M 또는 N팀 중 한 팀만 응원한다.)

① 12　　　② 14　　　③ 16

④ 18　　　⑤ 20

11 ☆☆☆

한 번의 시행에서 사건 A가 일어날 확률이 p이고, 사건 A가 일어나지 않을 확률이 $2p$이다. 이 시행을 8회 반복할 때, 사건 A가 1회 일어날 확률은 $k\times\left(\dfrac{2}{3}\right)^{8}$이다. 상수 k의 값은?

① 3　　　② 4　　　③ 5

④ 6　　　⑤ 7

12 ☆☆☆　[첨삭 해설]

한 개의 주사위를 네 번 던지는 시행에서 짝수의 눈이 나온 횟수가 홀수의 눈이 나온 횟수보다 많을 확률은?

① $\dfrac{5}{16}$　　　② $\dfrac{3}{8}$　　　③ $\dfrac{7}{16}$

④ $\dfrac{1}{2}$　　　⑤ $\dfrac{9}{16}$

13 ☆☆☆　　　　　[2017년 고3(가)]

한 개의 동전을 7번 던질 때, 앞면이 뒷면보다 3번 더 많이 나올 확률은?

① $\dfrac{19}{128}$　　　② $\dfrac{21}{128}$　　　③ $\dfrac{23}{128}$

④ $\dfrac{25}{128}$　　　⑤ $\dfrac{27}{128}$

14 |서술형| ☆☆☆

두 사건 A, B가 독립이고

$$\mathrm{P}(A\cap B)=\frac{1}{8},\quad \mathrm{P}(A\cup B)=\frac{5}{8},\quad \mathrm{P}(A)>\mathrm{P}(B)$$

일 때, $\dfrac{\mathrm{P}(A)}{\mathrm{P}(B)}$의 값을 구하시오.

01 ☆☆

한 개의 동전을 두 번 던지는 시행에서 앞면이 한 번만 나오는 사건을 A, 두 번째 던진 동전이 앞면이 나오는 사건을 B라 하자. 사건 $A^{C} \cup B$의 근원사건의 수는?

① 0 　　　　② 1 　　　　③ 2

④ 3 　　　　⑤ 4

02 ☆☆

한 개의 주사위를 두 번 던져서 나온 눈의 수를 차례대로 a, b라 할 때, $a<b$일 확률은?

① $\dfrac{1}{4}$ 　　　　② $\dfrac{1}{3}$ 　　　　③ $\dfrac{5}{12}$

④ $\dfrac{1}{2}$ 　　　　⑤ $\dfrac{7}{12}$

03 ☆☆

다섯 개의 숫자 1, 2, 3, 4, 5가 각각 적혀 있는 5장의 카드가 있다. 5장의 카드에서 차례로 두 장을 뽑아 두 자리의 수를 만들 때, 30보다 큰 두 자리의 홀수가 될 확률은?

① $\dfrac{1}{5}$ 　　　　② $\dfrac{1}{4}$ 　　　　③ $\dfrac{3}{10}$

④ $\dfrac{7}{20}$ 　　　　⑤ $\dfrac{2}{5}$

04 ☆☆

7개의 의자가 원형으로 놓여 있다. 이 7개의 의자에 남학생 4명, 여학생 3명이 임의로 앉을 때, 3명의 여학생이 모두 이웃할 확률은? (단, 회전하여 일치하는 것은 같은 것으로 한다.)

① $\dfrac{1}{6}$ 　　　　② $\dfrac{1}{5}$ 　　　　③ $\dfrac{1}{4}$

④ $\dfrac{1}{3}$ 　　　　⑤ $\dfrac{1}{2}$

05 ☆☆

중복을 허락하여 세 개의 숫자 1, 2, 3으로 만들어진 세 자리의 자연수에서 하나를 택할 때, 221보다 큰 자연수일 확률은?

① $\dfrac{4}{9}$ 　　　　② $\dfrac{13}{27}$ 　　　　③ $\dfrac{14}{27}$

④ $\dfrac{5}{9}$ 　　　　⑤ $\dfrac{16}{27}$

06 ☆☆☆ 첨삭 해설

0부터 9까지의 정수로 중복을 허락하여 네 자리의 비밀번호를 만들 때, 0101, 1133, 1313, 7722, 2772 등과 같이 두 가지 숫자가 두 번씩 있는 비밀번호를 만들 수 있는 확률은 $\left(\dfrac{q}{p}\right)^{3}$이다. 이때, $p+q$의 값은?

(단, p, q는 서로소인 자연수이다.)

① 11 　　　　② 12 　　　　③ 13

④ 14 　　　　⑤ 15

07 ☆☆ [2017년 고3(가) 9월 평가원]

흰 공 2개, 빨간 공 4개가 들어있는 주머니가 있다. 이 주머니에서 임의로 2개의 공을 동시에 꺼낼 때, 꺼낸 2개 공이 모두 흰 공일 확률이 $\dfrac{q}{p}$이다. $p+q$의 값을 구하시오.

(단, p와 q는 서로소인 자연수이다.)

08 ☆☆ 첨삭 해설

오른쪽 그림과 같은 한 모서리의 길이가 1인 정육면체에서 임의로 서로 다른 두 꼭짓점을 택할 때, 두 점 사이의 거리가 무리수일 확률은?

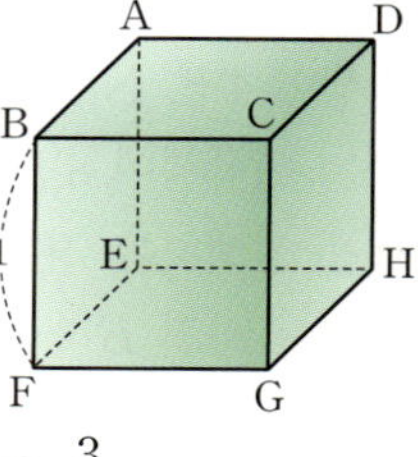

① $\dfrac{1}{7}$ 　　　　② $\dfrac{2}{7}$ 　　　　③ $\dfrac{3}{7}$

④ $\dfrac{4}{7}$ 　　　　⑤ $\dfrac{5}{5}$

09 ☆☆

두 사건 A, B에 대하여

$$P(A)=\frac{1}{2},\ P(B^C)=\frac{1}{3},\ P(A\cap B)=\frac{1}{4}$$

일 때, $P(A\cup B)$의 값은?

① $\frac{1}{4}$　　　② $\frac{5}{12}$　　　③ $\frac{7}{12}$

④ $\frac{3}{4}$　　　⑤ $\frac{11}{12}$

10 ☆☆

서로 다른 두 개의 주사위를 동시에 던질 때, 나온 두 눈의 수의 합이 4의 배수 또는 6의 배수일 확률은?

① $\frac{1}{3}$　　　② $\frac{7}{18}$　　　③ $\frac{4}{9}$

④ $\frac{1}{2}$　　　⑤ $\frac{5}{9}$

11 ☆☆

흰 공 6개와 빨간 공 4개가 들어 있는 주머니가 있다. 이 주머니에서 임의로 4개의 공을 동시에 꺼낼 때, 꺼낸 4개의 공 중 흰 공의 개수가 3 이상일 확률은?

① $\frac{17}{42}$　　　② $\frac{19}{42}$　　　③ $\frac{1}{2}$

④ $\frac{23}{42}$　　　⑤ $\frac{25}{42}$

12 ☆☆

검은 공 2개, 흰 공 3개가 들어 있는 주머니에서 임의로 3개의 공을 하나씩 꺼낼 때, 같은 색의 공이 연속하여 나오지 <u>않을</u> 확률은? (단, 꺼낸 공은 다시 넣지 않는다.)

① $\frac{3}{10}$　　　② $\frac{2}{5}$　　　③ $\frac{1}{3}$

④ $\frac{3}{5}$　　　⑤ $\frac{7}{10}$

13 ☆☆

상자에 흰 공 5개와 검은 공 1개가 들어 있다. 2개의 공을 임의로 뽑은 후 다시 넣지 않고, 또 다시 2개의 공을 임의로 뽑을 때, 나중에 뽑은 2개의 공이 모두 흰 공일 확률은?

① $\frac{1}{3}$　　　② $\frac{1}{2}$　　　③ $\frac{2}{3}$

④ $\frac{3}{4}$　　　⑤ $\frac{4}{5}$

14 ☆☆

주머니 속에 흰 공 4개, 검은 공 3개가 들어 있다. 갑, 을 두 사람이 이 순서대로 공을 하나씩 꺼낼 때, 적어도 한 사람은 검은 공을 꺼낼 확률은? (단, 꺼낸 공은 주머니에 다시 넣지 않는다.)

① $\frac{1}{2}$　　　② $\frac{4}{7}$　　　③ $\frac{9}{14}$

④ $\frac{5}{7}$　　　⑤ $\frac{11}{14}$

15 ☆☆

1부터 5까지의 자연수가 하나씩 적혀 있는 다섯 장의 카드를 남학생 2명과 여학생 3명에게 임의로 한 장씩 나누어 줄 때, 적어도 한 명의 남학생이 짝수가 적혀 있는 카드를 받을 확률은?

① $\frac{1}{10}$　　　② $\frac{3}{10}$　　　③ $\frac{1}{2}$

④ $\frac{7}{10}$　　　⑤ $\frac{9}{10}$

16 ☆☆☆ 첨삭 해설

7개의 의자가 일렬로 놓여 있다. 이 7개의 의자에 남학생 4명, 여학생 3명이 임의로 앉을 때, 2명 이상의 여학생이 서로 이웃하게 앉을 확률은?

① $\frac{1}{7}$　　　② $\frac{2}{7}$　　　③ $\frac{3}{7}$

④ $\frac{4}{7}$　　　⑤ $\frac{5}{7}$

17 |단답형| ☆☆☆

어느 회사의 남자 직원 300명과 여자 직원 200명에게 A, B 두 회사의 휴대폰 중 선호하는 것을 반드시 하나만 선택하도록 하였더니, 남자 직원의 60 %가 A회사 휴대폰을 선택하였다. 이 500명의 직원 중에서 임의로 뽑은 한 명이 A회사 휴대폰을 선택한 사람이었을 때, 이 사람이 여자 직원일 확률은 $\dfrac{2}{5}$이다. B회사 휴대폰을 선택한 여자 직원의 수를 구하시오.

18 ☆☆☆

서로 다른 두 개의 주사위를 각각 던져서 나온 두 눈의 수의 합이 소수이었을 때, 두 눈의 수가 모두 소수일 확률은?

① $\dfrac{1}{5}$ 　　② $\dfrac{4}{15}$ 　　③ $\dfrac{1}{3}$

④ $\dfrac{2}{5}$ 　　⑤ $\dfrac{7}{15}$

19 ☆☆☆ 첨삭 해설 [2018년 수능(가)]

한 개의 주사위를 두 번 던진다. 6의 눈이 한 번도 나오지 않을 때, 나온 두 눈의 수의 합이 4의 배수일 확률은?

① $\dfrac{4}{25}$ 　　② $\dfrac{1}{5}$ 　　③ $\dfrac{6}{25}$

④ $\dfrac{7}{25}$ 　　⑤ $\dfrac{8}{25}$

20 ☆☆☆

두 사건 A, B에 대하여

$$P(A)=\dfrac{5}{8},\ P(B\,|\,A)=\dfrac{1}{10}$$

일 때, $P(A\cap B^{C})$의 값은? (단, B^{C}은 B의 여사건이다.)

① $\dfrac{1}{2}$ 　　② $\dfrac{9}{16}$ 　　③ $\dfrac{5}{8}$

④ $\dfrac{11}{16}$ 　　⑤ $\dfrac{3}{4}$

21 ☆☆☆

4명의 남학생과 2명의 여학생으로 이루어진 모임에서 첫 번째 발표자 한 명을 임의로 뽑고, 나머지 5명 가운데 두 번째 발표자 한 명을 임의로 뽑을 때, 두 번째 뽑힌 학생이 여학생일 확률은?

① $\dfrac{1}{3}$ 　　② $\dfrac{2}{5}$ 　　③ $\dfrac{7}{15}$

④ $\dfrac{8}{15}$ 　　⑤ $\dfrac{9}{15}$

22 ☆☆☆ 첨삭 해설 [2012년 고3(가) 9월 평가원]

A가 동전을 2개 던져서 나온 앞면의 개수만큼 B가 동전을 던진다. B가 던져서 나온 앞면의 개수가 1일 때, A가 던져서 나온 앞면의 개수가 2일 확률은?

① $\dfrac{1}{6}$ 　　② $\dfrac{1}{5}$ 　　③ $\dfrac{1}{4}$

④ $\dfrac{1}{3}$ 　　⑤ $\dfrac{1}{2}$

23 ☆☆☆

양궁선수 A가 과녁을 향하여 한 개의 화살을 쏠 때 명중시킬 확률은 $\dfrac{3}{4}$이고, 양궁선수 B가 과녁을 향하여 한 개의 화살을 쏠 때 명중시킬 확률은 $\dfrac{4}{5}$이다. 두 양궁선수 A, B가 과녁을 향하여 각각 한 개씩 화살을 쏘아 단 한 개의 화살만이 명중되었을 때, 양궁선수 A가 쏜 화살이 명중되었을 확률은? (단, 두 양궁선수 A, B가 화살을 쏘는 시행은 서로 독립이다.)

① $\dfrac{1}{3}$ 　　② $\dfrac{2}{5}$ 　　③ $\dfrac{3}{7}$

④ $\dfrac{5}{9}$ 　　⑤ $\dfrac{7}{11}$

24 ☆☆

하나의 주사위를 던지는 시행에서 홀수의 눈이 나오는 사건을 A, 3의 배수의 눈이 나오는 사건을 B, 소수의 눈이 나오는 사건을 C라 하자. 다음 〈보기〉 중에서 옳은 것만을 있는 대로 고른 것은?

[보기]

ㄱ. A와 B는 서로 배반사건이다.
ㄴ. A와 C는 서로 종속이다.
ㄷ. B와 C는 서로 독립이다.

① ㄱ   ② ㄷ   ③ ㄱ, ㄴ
④ ㄴ, ㄷ   ⑤ ㄱ, ㄴ, ㄷ

25 ☆☆

두 사건 A, B가 독립사건이고
$$P(A \cap B^c) = \frac{1}{6}, \quad P(A \cup B) = \frac{2}{3}$$
일 때, $P(A)$의 값은?

① $\dfrac{1}{12}$ ② $\dfrac{1}{6}$ ③ $\dfrac{1}{4}$
④ $\dfrac{1}{3}$ ⑤ $\dfrac{1}{2}$

26 ☆☆

한 개의 동전을 5번 던질 때, 뒷면이 4번 이상 나올 확률은?

① $\dfrac{3}{4}$ ② $\dfrac{5}{8}$ ③ $\dfrac{1}{2}$
④ $\dfrac{1}{4}$ ⑤ $\dfrac{3}{16}$

27 ☆☆ 첨삭 해설

흰 공 3개, 검은 공 2개가 들어 있는 상자에서 임의로 2개의 공을 꺼내어 같은 색의 공이면 동전을 3회 던지고, 다른 색의 공이면 동전을 4회 던진다. 이때, 동전의 앞면이 3회 나올 확률은?

① $\dfrac{1}{15}$ ② $\dfrac{1}{10}$ ③ $\dfrac{1}{5}$
④ $\dfrac{2}{5}$ ⑤ $\dfrac{3}{5}$

28 ☆☆☆ 첨삭 해설

한 변의 길이가 1인 정삼각형 ABC 위에 있는 점 P가 꼭짓점 A에서 출발하여 아래의 조건을 따라 움직인다.

- 한 개의 주사위를 던져서 나온 눈의 수가 3의 배수이면, 점 P를 시계반대방향으로 1만큼 움직인다.
- 한 개의 주사위를 던져서 나온 눈의 수가 3의 배수가 아니면, 점 P를 시계반대방향으로 2만큼 움직인다.

주사위를 6번 던질 때, 점 P가 점 B에 있게 될 확률은?

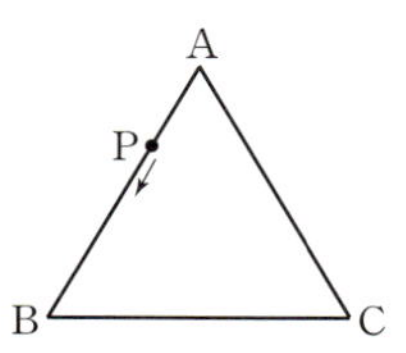

① $\dfrac{8}{27}$ ② $\dfrac{25}{81}$ ③ $\dfrac{26}{81}$
④ $\dfrac{1}{3}$ ⑤ $\dfrac{28}{81}$

29 |서술형| ☆☆☆

모양과 크기가 같은 흰 공 2개, 검은 공 2개, 빨간 공 1개, 초록 공 1개가 있다. 이 6개의 공을 모두 임의로 일렬로 배열할 때, 같은 색의 공끼리 이웃할 확률은 $\dfrac{q}{p}$이다. 이때, $p+q$의 값을 구하시오. (단, p, q는 서로소인 자연수이다.)

30 |서술형| ☆☆☆

다음은 어느 고등학교의 기숙사 건립에 대한 찬반여부를 파악하기 위해 200명을 대상으로 조사한 결과를 나타낸 표이다.

(단위: 명)

구분	찬성	반대	합계
학생	a	$2b$	100
학부모	c	b	60
교사	20	20	40

200명 중 임의로 한 명을 택할 때, 학생이 선택되는 사건과 기숙사 건립에 반대하는 사람이 선택되는 사건이 서로 독립일 때, a의 값을 구하시오. (단, a, b는 상수이다.)

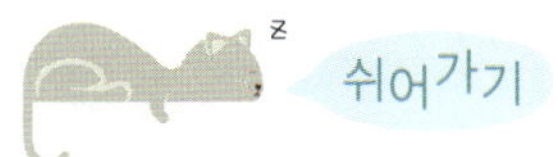

무신론자가 뽑은 성경말씀

✳

작은 일에 성실한 사람은 큰 일에도 성실하고,
작은 일에 정직하지 못한 사람은 큰 일에도 정직하지 못하다.

변함없이 서로 사랑하는 이가 친구이며
위급할 때 서로 돕는 이가 형제이다.

조금만 더 자고, 조금만 더 졸고, 조금만 더 손을 모으고 쉬려는 이에게는
가난이 강도처럼 갑자기 밀어닥치고 빈곤이 군사처럼 몰려올 것이다.

돈을 사랑하는 이는 그 돈으로 만족을 얻지 못하고,
부유함을 사랑하는 자는 그의 수입으로 만족을 얻지 못한다.
이 또한 헛된 게 아니고 무엇이겠는가.

너희가 판단을 받지 않으려거든 남을 판단하지 말아라.
너희가 남을 판단하는 것처럼 너희도 판단 받을 것이며
남을 저울질하는 것만큼 너희도 저울질당할 것이다.

그러므로 내일 일을 걱정하지 말아라.
내일 일은 내일 걱정할 것이다.
한 날의 괴로움은 그 날의 것으로 충분하다.

오늘 눈물을 흘리며 씨를 뿌리는 자는 내일 기쁨으로 거두리로다.
오늘 울며 씨를 뿌리러 나가는 자는 내일은 정녕 기쁨으로 그 단을 가지고 돌아오리로다.

어찌 살아야 할 것인지를 조심스레 살피고
지혜 없는 사람이 아닌 지혜 있는 사람처럼 시간을 아껴라.
왜냐하면 이 시대는 악하기 때문이다.

Ⅲ 통계

18 확률변수와 확률분포

(1) **확률변수** : 어떤 시행의 결과로 일어날 수 있는 표본공간의 각 원소들에 하나의 실수 값을 대응시킨 것을 **확률변수**라 한다. 확률변수 X가 어떤 값 x를 갖는 확률을 기호로 $\mathrm{P}(X=x)$와 같이 나타낸다.

(2) **이산확률변수**

확률변수 X가 셀 수 있는 값을 가질 때, X를 **이산확률변수**라 한다.

(3) **확률분포**

① **확률분포** : 확률변수 X와 그 값을 가질 확률 $\mathrm{P}(X=x)$와의 대응 관계

② 확률변수 X가 가질 수 있는 모든 값 $x_1,\ x_2,\ \cdots,\ x_n$에 대응하는 확률이 각각 $p_1,\ p_2,\ \cdots,\ p_n$으로 주어질 때, 이들의 대응 관계 $\mathrm{P}(X=x_i)=p_i(i=1,\ 2,\ 3,\ \cdots,\ n)$를 오른쪽 표와 같이 나타낸 것을 X의 **이산확률분포표**라 한다.

X	x_1	x_2	$\cdots$	x_n
$\mathrm{P}(X=x_i)$	p_1	p_2	$\cdots$	p_n

19 확률질량함수

(1) **확률질량함수** : 이산확률변수 X의 값 x_i에 대응하는 확률 $\mathrm{P}(X=x_i)$는 x_i의 값에 따라 하나의 값 p_i가 대응되는 함수이다. 이때, $\mathrm{P}(X=x_i)=p_i$를 X의 **확률질량함수**라 한다.

(2) **확률질량함수의 성질**

이산확률변수 X의 확률질량함수 $\mathrm{P}(X=x_i)=p_i(i=1, 2, 3, \cdots, n)$에 대하여

① $0 \leq p_i \leq 1$ ② $p_1+p_2+\cdots+p_n=1$

③ $\mathrm{P}(x_i \leq X \leq x_j)=\mathrm{P}(X=x_i)+\mathrm{P}(X=x_{i+1})+\mathrm{P}(X=x_{i+2})+\cdots+\mathrm{P}(X=x_j)$

- 확률변수 X의 정의역은 표본공간이고 공역은 실수 전체의 집합이다.

- 확률변수는 표본공간을 정의역으로 하고 실수 전체의 집합을 공역으로 하는 함수이나 변수의 역할을 하므로 확률변수라 부른다.

- 일반적으로 '셀 수 있는 값을 가진다'는 것은 '유한개'이거나 '자연수의 집합과 일대일대응이 되는 무한개'인 경우를 모두 포함한다.

- 보통 확률변수는 X, Y, Z와 같이 알파벳 대문자로 확률변수가 가질 수 있는 값은 x, y, z와 같이 알파벳 소문자 또는 x_1, x_2, x_3로 나타낸다.

개념 CHECK

정답 및 해설 p. 66

[01~04] 다음 빈칸에 알맞은 것을 써넣으시오.

01 어떤 시행의 결과에 따라 변수 X가 가질 수 있는 각각의 값에 확률이 주어질 때, 이 변수 X를 [   ]라 하고, 기호로 [   ]와 같이 나타낸다.

02 확률변수 X가 셀 수 있는 값을 가질 때, X를 [   ]라 한다.

03 확률변수 X와 그 값을 가질 확률 $\mathrm{P}(X=x)$와의 대응 관계를 [   ]라 한다.

04 X의 확률질량함수 $\mathrm{P}(X=x_i)=p_i\ (i=1, 2, 3, \cdots, n)$에 대하여 [   ]$\leq p_i \leq$[ ]이고, $p_1+p_2+\cdots+p_n=$[   ]이다.

[05~07] 옳은 것에 ○표, 옳지 <u>않은</u> 것에 ×표를 하시오.

05 한 개의 동전을 두 번 던지는 시행에서 동전의 앞면이 나오는 횟수를 확률변수 X라 하면 $\mathrm{P}(X=0)=\dfrac{1}{2}$이다. (   )

06 어느 반 학생들의 등교 시간은 이산확률변수이다. (   )

07 흰 공 2개, 파란 공 3개가 들어 있는 주머니에서 임의로 2개의 공을 꺼낼 때, 나오는 흰 공의 개수를 확률변수 X라 하면 X의 확률질량함수는 $\mathrm{P}(X=x)=\dfrac{{}_2\mathrm{C}_x \cdot {}_3\mathrm{C}_{2-x}}{{}_5\mathrm{C}_2}\ (x=0, 1, 2)$이다. [   ]

18 확률변수와 확률분포

08 다음 〈보기〉 중에서 이산확률변수인 것만을 있는 대로 고르시오.

[보기]
ㄱ. 동전 두 개를 던져서 앞면이 나오는 횟수
ㄴ. 흰 바둑돌 2개와 검은 바둑돌 3개가 들어 있는 주머니에서 동시에 2개의 바둑돌을 꺼낼 때 나오는 검은 바둑돌의 개수
ㄷ. 어느 회사 직장에서 사원들의 출근 시간
ㄹ. 2개의 당첨제비가 들어 있는 20개의 제비 중 임의로 2개를 꺼낼 때 나오는 당첨제비의 수

[09~12] 다음 확률변수 X가 가질 수 있는 값을 모두 구하시오.

09 4개의 동전을 던질 때 앞면이 나오는 동전의 개수 X

10 검은 공 3개와 노란 공 4개가 들어 있는 주머니에서 동시에 2개의 공을 꺼낼 때 나오는 노란 공의 개수 X

11 5번의 사격으로 과녁을 맞히는 개수 X

12 주사위 하나를 던질 때 나오는 눈의 수 X

19 확률질량함수

[13~16] 빨간 공 2개와 파란 공 4개가 들어 있는 주머니에서 동시에 2개의 공을 꺼낼 때 나오는 빨간 공의 개수를 X라 하자. 다음 물음에 답하시오.

13 확률변수 X가 취할 수 있는 값을 모두 구하시오.

14 확률변수 X의 확률질량함수는
$$\mathrm{P}(X=x)=\frac{{}_2\mathrm{C}_{\square}\cdot{}_{\square}\mathrm{C}_{2-x}}{{}_{\square}\mathrm{C}_2}\ (x=0,\ 1,\ 2)$$
이때, $\square$ 안에 알맞은 수를 차례로 구하시오.

15 다음의 확률변수 X의 확률분포표를 완성하시오.

X				합계
$\mathrm{P}(X=x)$				

16 확률 $\mathrm{P}(0\leq X\leq 1)$의 값을 구하시오.

[17~19] 확률변수 X의 확률분포표가 아래와 같을 때, 다음 물음에 답하시오.

X	-1	0	1	합계
$\mathrm{P}(X=x)$	a	$\frac{1}{4}$	a	1

17 상수 a의 값

18 $\mathrm{P}(X^2=1)$

19 $\mathrm{P}(X^2+X=0)$

유형 52 확률변수 ★

(1) 확률변수 : 어떤 시행의 결과에 따라 변수 X가 가질 수 있는 각 각의 값에 확률이 주어질 때, 이 변수 X를 **확률변수**라 하고, 확률변수 X가 어떤 값 x를 갖는 확률을 기호로 $P(X=x)$와 같이 나타낸다.

(2) 이산확률변수

확률변수 X가 셀 수 있는 값을 가질 때, X를 **이산확률변수**라 한다.

20

다음 중 이산확률변수가 <u>아닌</u> 것은?

① 한 개의 주사위를 던질 때, 소수가 나오는 횟수

② 한 개의 동전을 두 번 던질 때, 뒷면이 나오는 횟수

③ 남학생 2명과 여학생 3명 중 두 명을 선택할 때, 선택된 남학생의 수

④ 어느 학교 학생들의 하루 공부 시간

⑤ 2개의 불량품을 포함한 10개의 상품 중에 2개를 임의로 뽑았을 때 나오는 불량품의 개수

21

흰 공 4개, 검은 공 3개가 들어 있는 주머니에서 동시에 3개의 공을 꺼낼 때, 나오는 흰 공의 개수를 확률변수 X라 하자. X가 가질 수 있는 값이 <u>아닌</u> 것은?

① 0   ② 1   ③ 2

④ 3   ⑤ 4

22

빨간 공 5개, 파란 공 2개가 들어 있는 주머니에서 동시에 3개의 공을 꺼낼 때, 나오는 파란 공의 개수를 확률변수 X라 하자. X가 가질 수 있는 값을 모두 구하시오.

23

농구에서 자유투를 10번 던져서 성공한 횟수를 확률변수 X라 할 때, X가 가질 수 있는 값의 개수를 구하시오.

유형 53 확률분포 ★

확률변수 X가 가질 수 있는 모든 값 $x_1, x_2, x_3, \cdots, x_n$에 대응하는 확률이 각각 $p_1, p_2, p_3, \cdots, p_n$으로 주어질 때, 이들의 대응 관계 $P(X=x_i)=p_i(i=1, 2, 3, \cdots, n)$의 확률분포표는 다음과 같다.

X	x_1	x_2	x_3	$\cdots$	x_n	합계
$P(X=x_i)$	p_1	p_2	p_3	$\cdots$	p_n	1

24

확률변수 X의 확률분포표가 다음과 같을 때, $P(X=3)$의 값은?

X	0	1	2	3	합계
$P(X=x)$	$\dfrac{2}{9}$	$\dfrac{4}{9}$	$\dfrac{2}{9}$	$\dfrac{1}{9}$	1

① $\dfrac{1}{9}$ ② $\dfrac{2}{9}$ ③ $\dfrac{1}{3}$

④ $\dfrac{4}{9}$ ⑤ $\dfrac{5}{9}$

25

확률변수 X의 확률분포표가 다음과 같을 때, $P(X=1)+P(X=5)$의 값은?

X	1	2	3	4	5	합계
$P(X=x)$	$\dfrac{3}{28}$	$\dfrac{5}{28}$	$\dfrac{11}{28}$	$\dfrac{1}{4}$	$\dfrac{1}{14}$	1

① $\dfrac{1}{7}$ ② $\dfrac{5}{28}$ ③ $\dfrac{3}{14}$

④ $\dfrac{1}{4}$ ⑤ $\dfrac{2}{7}$

26

한 개의 주사위를 두 번 던질 때, 소수의 눈이 나오는 횟수를 확률변수 X라 하자. 다음 X의 확률분포표를 완성하시오.

X				합계
$P(X=x)$				1

유형 54 확률질량함수 ★

이산확률변수 X의 값 x_i에 대응하는 확률 $P(X=x_i)$는 x_i의 값에 따라 하나의 p_i가 대응되는 함수이다. 이때, $P(X=x_i)=p_i(i=1, 2, 3, \cdots, n)$를 X의 **확률질량함수**라 한다.

27

한 개의 동전을 두 번 던지는 시행에서 앞면이 나오는 횟수를 확률변수 X라 할 때, 다음은 X의 확률질량함수를 구한 것이다. ◻ 안에 들어갈 알맞은 수를 구하시오.

$$P(X=x)=\begin{cases} \boxed{} & (x=0, 2) \\ \boxed{} & (x=1) \end{cases}$$

28

10개의 제비 중 3개의 당첨제비가 들어 있는 주머니가 있다. 임의로 3개의 제비를 뽑을 때, 나오는 당첨제비의 개수를 확률변수 X라 하자. X의 확률질량함수를 구하시오.

29

같은 책 5권 중에 3권의 책 표지 안쪽에는 저자의 싸인이 들어가 있다. 임의로 뽑은 2권의 책 중에 저자의 싸인이 들어 있는 책의 개수를 확률변수 X라고 할 때, X의 확률질량함수는

$$P(X=x)=\frac{{}_aC_x \cdot {}_bC_{2-x}}{{}_cC_2} \ (x=0, 1, 2)$$

이다. 이때, $a+b+c$의 값은?

① 7   ② 8   ③ 9
④ 10   ⑤ 11

30

한 개의 주사위를 10번 던지는 시행에서 주사위의 눈의 수가 4보다 큰 수가 나오는 횟수를 확률변수 X라 할 때, X의 확률질량함수는

$$P(X=x)={}_{10}C_x \times \frac{2^{f(x)}}{a^{10}} \ (x=1, 2, \cdots, 10)$$

이다. $f(a)$의 값은?

① 5   ② 6   ③ 7
④ 8   ⑤ 9

11 DAY

유형 55 확률질량함수의 성질(1) – 확률질량함수가 주어진 경우 ★★

확률질량함수가 주어지면 확률질량함수에 x의 값을 모두 대입한 값의 총합이 1임을 이용하자.

31

확률변수 X의 확률질량함수가

$$P(X=x)=\frac{x}{k} \ (x=1, 2, 3)$$일 때, 상수 k의 값은?

① 2   ② 3   ③ 4
④ 5   ⑤ 6

32

확률변수 X의 확률질량함수가

$$P(X=x)=\frac{k}{x} \ (x=1, 3, 5)$$일 때, 상수 k의 값은?

① $\frac{5}{8}$ ② $\frac{15}{23}$ ③ $\frac{15}{22}$
④ $\frac{5}{7}$ ⑤ $\frac{3}{4}$

유형 56 확률질량함수의 성질(2)―확률분포표가 주어진 경우

확률분포표가 주어지면, 다음의 확률질량함수의 성질을 이용하자.
$\mathrm{P}(X=x_i)=p_i\,(i=1, 2, 3, \cdots, n)$에 대하여
$p_1+p_2+\cdots+p_n=1$ (단, $0 \le p_i \le 1$)

33

확률변수 X의 확률분포표가 다음과 같을 때, 상수 a의 값은?

X	-1	0	1	합계
$\mathrm{P}(X=x)$	$5a$	$2a$	$3a$	1

① $\dfrac{1}{6}$ ② $\dfrac{1}{7}$ ③ $\dfrac{1}{8}$

④ $\dfrac{1}{9}$ ⑤ $\dfrac{1}{10}$

34

확률변수 X의 확률분포표가 다음과 같을 때, 상수 a의 값은?

X	1	2	3	합계
$\mathrm{P}(X=x)$	$\dfrac{1}{2}$	$\dfrac{1}{3}$	a	1

① $\dfrac{1}{6}$ ② $\dfrac{1}{3}$ ③ $\dfrac{1}{2}$

④ $\dfrac{2}{3}$ ⑤ $\dfrac{5}{6}$

35

서로 다른 3개의 동전을 던지는 시행에서 뒷면이 나오는 동전의 개수를 확률변수 X라 할 때, X의 확률분포표는 다음과 같다. 두 상수 a, b에 대하여 b^2-a^2의 값은?

X	0	1	2	3	합계
$\mathrm{P}(X=x)$	a	$\dfrac{3}{8}$	b	$\dfrac{1}{8}$	1

① $\dfrac{1}{8}$ ② $\dfrac{1}{4}$ ③ $\dfrac{3}{8}$

④ $\dfrac{1}{2}$ ⑤ $\dfrac{5}{8}$

36

확률변수 X의 확률분포표가 다음과 같을 때, 두 상수 a, b에 대하여 $a+b$의 값은?

X	1	2	3	4	5	합계
$\mathrm{P}(X=x)$	a	$\dfrac{1}{10}$	b	$\dfrac{1}{10}$	$\dfrac{1}{5}$	1

① $\dfrac{1}{2}$ ② $\dfrac{3}{5}$ ③ $\dfrac{7}{10}$

④ $\dfrac{4}{5}$ ⑤ $\dfrac{9}{10}$

유형 57 확률질량함수의 성질 (3)―이산확률변수

이산확률변수는 셀 수 있는 값을 가지므로
$\mathrm{P}(x_i \le X \le x_j)=\mathrm{P}(X=x_i)+\mathrm{P}(X=x_{i+1})+\cdots+\mathrm{P}(X=x_j)$
(단, $x_i \le x_{i+1} \le \cdots \le x_j$)

37

확률변수 X의 확률분포표가 다음과 같을 때, 상수 a에 대하여 $\mathrm{P}(X \le 3a)$의 값은?

X	0	1	2	3	합계
$\mathrm{P}(X=x)$	$\dfrac{1}{8}$	$\dfrac{3}{8}$	a	$\dfrac{1}{8}$	1

① $\dfrac{1}{8}$ ② $\dfrac{1}{4}$ ③ $\dfrac{3}{8}$

④ $\dfrac{1}{2}$ ⑤ $\dfrac{5}{8}$

38

확률변수 X의 확률분포표가 다음과 같을 때, $\mathrm{P}(X^2-X=0)$의 값은? (단, a는 상수)

X	-1	0	1	합계
$\mathrm{P}(X=x)$	$\dfrac{a}{2}$	$\dfrac{1}{2}$	a^2	1

① $\dfrac{1}{2}$ ② $\dfrac{2}{3}$ ③ $\dfrac{3}{4}$

④ $\dfrac{4}{5}$ ⑤ $\dfrac{5}{6}$

39

서로 다른 2개의 동전을 동시에 던지는 시행에서 앞면이 나오는 횟수를 확률변수 X라고 할 때, $P(X=1$ 또는 $X=2)$의 값은?

① $\dfrac{1}{2}$ ② $\dfrac{2}{3}$ ③ $\dfrac{3}{4}$

④ $\dfrac{4}{5}$ ⑤ $\dfrac{5}{6}$

40

똑같은 크기와 모양으로 포장되어 있는 참치김밥 2줄과 야채김밥 4줄이 들어 있는 검은색 봉지에서 임의로 2개의 김밥을 꺼낼 때, 나오는 참치김밥의 개수를 확률변수 X라 하자. $P(X>1)$의 값은?

① $\dfrac{1}{11}$ ② $\dfrac{1}{12}$ ③ $\dfrac{1}{13}$

④ $\dfrac{1}{14}$ ⑤ $\dfrac{1}{15}$

41

주머니 속에 1, 2, 3, 4, 5의 숫자가 각각 하나씩 적혀 있는 5개의 탁구공이 들어 있다. 이 주머니에서 동시에 2개의 탁구공을 뽑아 나온 두 수 중 큰 수에서 작은 수를 뺀 값을 확률변수 X라 할 때, $P(1 \le X \le 3)$의 값은?

① $\dfrac{1}{2}$ ② $\dfrac{3}{5}$ ③ $\dfrac{7}{10}$

④ $\dfrac{4}{5}$ ⑤ $\dfrac{9}{10}$

42

한 개의 주사위를 다섯 번 던지는 시행에서 짝수가 나오는 횟수를 확률변수 X라 할 때, $P(0 \le X \le 1)$의 값은?

① $\dfrac{1}{16}$ ② $\dfrac{1}{8}$ ③ $\dfrac{3}{16}$

④ $\dfrac{1}{4}$ ⑤ $\dfrac{5}{16}$

43

타율이 $\dfrac{2}{5}$인 타자가 3번 타석에 들어섰을 때 안타를 치는 개수를 확률변수 X라 하자. $P(X^2+3 \ge 4X)$의 값은?

① $\dfrac{83}{125}$ ② $\dfrac{17}{25}$ ③ $\dfrac{87}{125}$

④ $\dfrac{89}{125}$ ⑤ $\dfrac{91}{125}$

44

흰 공 4개, 검은 공 3개가 들어 있는 주머니에서 동시에 3개의 공을 꺼낼 때, 나오는 흰 공의 개수를 확률변수 X라 하자. $P(X=a)$가 최댓값일 때, 상수 a의 값은?

① 0 ② 1 ③ 2

④ 3 ⑤ 4

45

빨간 공 2개, 파란 공 5개가 들어 있는 주머니에서 동시에 3개의 공을 꺼낼 때, 빨간 공이 나오는 개수를 확률변수 X라 하자. $P(X \ge m)=\dfrac{5}{7}$일 때, 정수 m의 값을 구하시오.

46

1부터 4까지의 자연수가 각 면에 하나씩 적힌 정사면체 모양의 주사위가 있다. 이 주사위를 두 번 던져서 나온 수를 각각 a, b라 할 때, $a+b$의 값을 확률변수 X라 하자. $P(X \le m)=\dfrac{3}{8}$일 때, 정수 m의 값은?

① 3 ② 4 ③ 5

④ 6 ⑤ 7

20 이산확률변수의 기댓값, 분산, 표준편차

확률변수 X의 확률질량함수가
$P(X=x_i)=p_i\ (i=1,\ 2,\ \cdots,\ n)$일 때,
확률변수 X의 기댓값(평균), 분산, 표준
편차는 각각 다음과 같다.

X	x_1	x_2	$\cdots$	x_n	합계
$P(X=x_i)$	p_1	p_2	$\cdots$	p_n	1

(1) 기댓값(평균)
$$m=\mathrm{E}(X)=x_1p_1+x_2p_2+\cdots+x_np_n$$

(2) 분산
$$\mathrm{V}(X)=\mathrm{E}((X-m)^2)=\mathrm{E}(X^2)-m^2$$

(3) 표준편차
$$\sigma(X)=\sqrt{\mathrm{V}(X)}$$

[참고] (분산)={(편차)²의 평균}=(변량의 제곱의 평균)−(평균의 제곱)
(표준편차)=$\sqrt{\text{분산}}$

21 확률변수 $aX+b$의 평균, 분산, 표준편차

확률변수 X와 임의의 상수 a, b에 대하여
(1) $\mathrm{E}(aX+b)=a\mathrm{E}(X)+b$
(2) $\mathrm{V}(aX+b)=a^2\mathrm{V}(X)$
(3) $\sigma(aX+b)=|a|\sigma(X)$

- $\mathrm{E}(X)$에서 E는 expectation(기댓값)의 첫 글자이고 m은 mean(평균)의 첫 글자이다.

- 편차=(변량의 값)−(평균)

- $\mathrm{V}(X)$의 V는 Variance(분산)의 첫 글자이다.

- $\sigma(X)$에서 σ는 standard deviation(표준편차)의 standard 첫 글자 s에 해당하는 그리스 문자이고, '시그마'라고 읽는다.

개념 CHECK

정답 및 해설 p. 70

[01~05] 다음 빈칸에 알맞은 것을 써넣으시오.

01 확률변수 X의 확률분포표가 다음과 같다.

X	x_1	x_2	x_3	$\cdots$	x_n
$P(X=x_i)$	p_1	p_2	p_3	$\cdots$	p_n

기댓값 $\mathrm{E}(X)=[\qquad\qquad]$

02 $\mathrm{V}(X)=\mathrm{E}(([\quad\quad])^2)=[\quad\quad]-m^2$

03 $\sigma(X)=\sqrt{[\quad\quad]}$

04 $\mathrm{E}(aX+b)=[\quad\quad]\mathrm{E}(X)+[\quad\quad]$

05 $\sigma(aX+b)=[\quad\quad]\sigma(X)$

[06~09] 옳은 것에 ○표, 옳지 않은 것에 ×표를 하시오.

06 편차란 변량의 값에서 평균을 뺀 값이다.

(   )

07 확률변수 X의 확률분포표가 다음과 같다.

X	-1	0	1	합계
$P(X=x_i)$	$\dfrac{1}{4}$	$\dfrac{1}{2}$	$\dfrac{1}{4}$	1

확률변수 X의 기댓값(평균)은 1이다. (   )

08 확률변수 X에 대하여 $\mathrm{E}(X)=5$일 때,
$\mathrm{E}(3X-2)=15$ (   )

09 $\sigma(X)=7$일 때, $\sigma(-4X+5)=28$이다. (   )

> 연산 연습

20 이산확률변수의 기댓값, 분산, 표준편차

[10~12] 확률변수 X의 확률분포표가 다음과 같을 때, 다음 물음에 답하시오.

X	2	5	8	합계
$P(X=x)$	$\frac{1}{3}$	$\frac{1}{3}$	$\frac{1}{3}$	1

10 X의 평균을 구하시오.

11 X의 분산을 구하시오.

12 X의 표준편차를 구하시오.

[13~16] 빨간 공 2개와 파란 공 4개가 들어 있는 주머니에서 동시에 2개의 공을 꺼낼 때, 나오는 빨간 공의 개수를 X라 하자. 다음 물음에 답하시오.

13 X의 확률분포표를 구하시오.

14 $E(X)$

15 $V(X)$

16 $\sigma(X)$

21 확률변수 $aX+b$의 평균, 분산, 표준편차

[17~19] 확률변수 X에 대하여 $E(X)=2$, $V(X)=4$일 때, 다음을 구하시오.

17 $E(3X+1)$

18 $V(-2X-50)$

19 $\sigma(-3X-2)$

[20~23] 한 개의 동전을 두 번 던지는 시행에서 동전의 앞면이 나오는 횟수를 확률변수 X라 하자. $Y=2X-1$일 때, 다음 물음에 답하시오.

20 X의 평균, 분산, 표준편차를 각각 구하시오.

21 $E(Y)$

22 $V(Y)$

23 $\sigma(Y)$

유형 58 확률변수의 기댓값, 분산, 표준편차 – 확률분포표가 주어진 경우 ★

확률변수 X에 대하여

X	x_1	x_2	x_3	$\cdots$	x_n	합계
$P(X=x_i)$	p_1	p_2	p_3	$\cdots$	p_n	1

① $m=E(X)=x_1 p_1+x_2 p_2+\cdots+x_n p_n$

② $V(X)=E((X-m)^2)=E(X^2)-m^2$

③ $\sigma(X)=\sqrt{V(X)}$

24

확률변수 X의 확률분포표가 다음과 같고, X의 기댓값이 $\dfrac{3}{4}$일 때, 두 상수 a, b에 대하여 ab의 값은?

X	0	1	2	합계
$P(X=x)$	$\dfrac{1}{2}$	a	b	1

① $\dfrac{1}{16}$　　② $\dfrac{1}{15}$　　③ $\dfrac{3}{10}$

④ $\dfrac{2}{5}$　　⑤ $\dfrac{1}{2}$

25

확률변수 X의 확률분포표가 다음과 같을 때, X의 분산은?

X	1	2	3	4	합계
$P(X=x)$	$\dfrac{1}{10}$	$\dfrac{2}{10}$	$\dfrac{3}{10}$	$\dfrac{4}{10}$	1

① 1　　② 2　　③ 3

④ 4　　⑤ 5

26

확률변수 X의 확률분포표가 다음과 같을 때, X의 표준편차는?

X	-1	1	3	합계
$P(X=x)$	$\dfrac{1}{3}$	$\dfrac{1}{3}$	$\dfrac{1}{3}$	1

① $\dfrac{\sqrt{6}}{6}$　　② $\dfrac{\sqrt{6}}{3}$　　③ $\dfrac{\sqrt{6}}{2}$

④ $\dfrac{2\sqrt{6}}{3}$　　⑤ $\dfrac{5\sqrt{6}}{6}$

유형 59 확률변수의 기댓값, 분산, 표준편차 – 확률분포표가 주어지지 않은 경우 ★★

확률변수 X의 확률분포를 그려서 평균, 분산, 표준편차를 구한다.

27

두 개의 동전을 동시에 던질 때, 뒷면이 나오는 횟수를 확률변수 X라고 하자. $E(X)$의 값은?

① 1　　② 2　　③ 3

④ 4　　⑤ 5

28

동전을 두 번 던져서 앞면이 나올 때마다 100원의 상금을 받는다고 하자. 이 시행에서 받은 상금의 액수를 확률변수 X(원)라고 할 때, X의 기댓값은?

① 60　　② 80　　③ 100

④ 120　　⑤ 140

29

빨간 공 3개, 파란 공 4개가 들어 있는 주머니에서 동시에 2개의 공을 꺼낼 때, 나오는 빨간 공의 개수를 확률변수 X라고 하자. $V(X)$의 값은?

① $\dfrac{5}{49}$　　② $\dfrac{10}{49}$　　③ $\dfrac{15}{49}$

④ $\dfrac{20}{49}$　　⑤ $\dfrac{25}{49}$

30

당첨제비가 3개 들어 있는 5개의 제비 중에서 임의로 2개의 제비를 뽑을 때, 나오는 당첨제비의 개수를 확률변수 X라고 하자. X의 표준편차는?

① $\dfrac{1}{5}$　　② $\dfrac{2}{5}$　　③ $\dfrac{3}{5}$

④ $\dfrac{4}{5}$　　⑤ 1

유형 **60** 확률변수 $aX+b$의 기댓값, 분산, 표준편차 ★

a, b가 상수일 때,

① $\mathrm{E}(aX+b)=a\mathrm{E}(X)+b$

② $\mathrm{V}(aX+b)=a^2\mathrm{V}(X)$

③ $\sigma(aX+b)=|a|\sigma(X)$

31

확률변수 X에 대하여 $\mathrm{E}(X)=\mathrm{V}(X)=1$이고, 확률변수 $Y=2X-1$이다. $\mathrm{E}(Y)+\mathrm{V}(Y)$의 값은?

① 1   ② 2   ③ 3

④ 4   ⑤ 5

32

확률변수 X에 대하여 $\mathrm{E}(X)=2$이고, $\mathrm{V}(X)=3$일 때, $\mathrm{E}(2X^2+3)$의 값은?

① 17   ② 19   ③ 21

④ 23   ⑤ 25

33

평균이 1, 분산이 4인 확률변수 X에 대하여 확률변수 $Y=aX+b$의 평균과 분산이 모두 1일 때, $a-b$의 값은?

(단, $a>0$, $b>0$)

① 0   ② $\dfrac{1}{2}$ ③ $\dfrac{1}{3}$

④ $\dfrac{1}{4}$ ⑤ $\dfrac{1}{5}$

34

확률변수 X의 평균과 분산이 모두 1일 때, 확률변수 $Y=X^2+X+1$의 평균은?

① 1   ② 2   ③ 3

④ 4   ⑤ 5

35

확률변수 X의 확률분포표가 다음과 같을 때, 확률변수 $2X+1$의 분산은?

X	1	2	3	합계
$\mathrm{P}(X=x)$	$\dfrac{1}{4}$	$\dfrac{1}{2}$	$\dfrac{1}{4}$	1

① 1   ② 2   ③ 3

④ 4   ⑤ 5

36

확률변수 X의 확률분포표가 다음과 같을 때, $\mathrm{V}(5X-1)$의 값은?

X	0	1	2	합계
$\mathrm{P}(X=x)$	$2a$	$2a$	a	1

① 11   ② 12   ③ 13

④ 14   ⑤ 15

37

한 개의 주사위를 던져서 나오는 눈의 수를 확률변수 X라 할 때, $\mathrm{E}(2X-3)$의 값은?

① 1   ② 2   ③ 3

④ 4   ⑤ 5

38

흰 공 5개, 검은 공 4개가 들어 있는 주머니에서 동시에 2개의 공을 꺼낼 때, 나오는 흰 공의 개수를 확률변수 X라 하자. 확률변수 $9X-5$의 분산은?

① 27   ② 29   ③ 31

④ 33   ⑤ 35

22 이항분포

한 번의 시행에서 사건 A가 일어날 확률이 p로 일정할 때, n번의 독립시행에서 사건 A가 일어나는 횟수를 확률변수 X라 하면 X의 확률질량함수는

$$P(X=x)={}_nC_x p^x q^{n-x} \ (\text{단, } q=1-p,\ x=0,\ 1,\ 2,\ \cdots,\ n)$$

이다. 이와 같은 확률변수를 **이항분포**라 하고, 기호로 $B(n,\ p)$로 나타낸다.

23 이항분포의 평균, 분산, 표준편차

확률변수 X가 이항분포 $B(n,\ p)$를 따를 때, (단, $q=1-p$)

(1) $E(X)=np$　　　(2) $V(X)=npq$　　　(3) $\sigma(X)=\sqrt{npq}$

24 큰수의 법칙

어떤 시행에서 사건 A가 일어날 수학적 확률이 p이고, n번의 독립시행에서 사건 A가 일어나는 횟수를 X라 하면 임의의 양수 h에 대하여 n이 충분히 크면

확률 $P\left(\left|\dfrac{X}{n}-p\right|<h\right)$는 1에 가까워진다.

즉, 시행횟수 n이 커지면 통계적 확률 $\dfrac{X}{n}$는 수학적 확률 p에 가까워진다.

참고 통계적 확률은 시행 횟수 n이 충분히 클 때, 상대도수 $\dfrac{X}{n}$를 사건 A가 일어날 확률 $P(A)$의 근삿값으로 사용할 수 있다.

- $B(n,\ p)$의 B는 Binomial distribution(이항분포)의 첫 글자이다.

- 독립시행의 확률분포는 이항분포를 따른다.

$$B(n,\ p)$$

시행횟수　한 번의 시행에서 사건 A가 일어날 확률

- 큰수의 법칙은 'n이 커지면 n회의 시행 중 사건 A가 일어날 상대도수 $\dfrac{X}{n}$는 수학적 확률 p에 한없이 가까워진다.'는 뜻이다.

개념 CHECK

정답 및 해설 p. 73

[01~03] 다음 빈칸에 알맞은 것을 써넣으시오.

01 한 번의 시행에서 사건 A가 일어날 확률이 p로 일정할 때, n번의 독립시행에서 사건 A가 일어나는 횟수를 확률변수 X라 하면 X의 그 확률질량함수는

$$P(X=x)=[\qquad\qquad]$$
$$(\text{단, } q=1-p,\ x=0,\ 1,\ 2,\ \cdots,\ n)$$

02 확률변수 X가 이항분포 $B(n,\ p)$를 따를 때,
$$(\text{단, } q=1-p)$$
$E(X)=[\qquad]$, $V(X)=[\qquad]$,
$\sigma(X)=[\qquad]$

03 어떤 시행에서 사건 A가 일어날 수학적 확률이 p이고, n번의 독립시행에서 사건 A가 일어나는 횟수를 X라 하자. 이때, 시행횟수 n이 충분히 크면 통계적 확률 $[\qquad]$는 수학적 확률 $[\qquad]$에 가까워진다.

[04~06] 옳은 것에는 ○표, 옳지 <u>않은</u> 것에 ×표를 하시오.

04 슛 성공률이 90 %인 농구 선수가 100번 슛을 던졌을 때 성공하는 횟수를 확률변수 X라고 하면 그 확률질량함수는

$$P(X=x)={}_{100}C_x\left(\frac{9}{10}\right)^x\left(\frac{1}{10}\right)^{100-x}$$
$$(x=0,\ 1,\ 2,\ \cdots,\ 100)$$

이다. 　　　　　　　(　　　)

05 주사위를 100번 던져서 3의 배수의 눈이 나오는 횟수를 확률변수 X라 할 때, X는 이항분포 $B\left(100,\ \dfrac{1}{6}\right)$을 따른다. 　　　　　　　(　　　)

06 동전을 50번 던져서 앞면이 나오는 횟수를 확률변수 X라 할 때, X의 평균은 25이다. 　　(　　　)

연산 연습

22 이항분포

[07~10] 확률변수 X가 다음과 같을 때, 이것을 이항분포 $\mathrm{B}(n, p)$ 꼴로 나타내시오.

07 타율이 2할인 야구선수가 네 번 타석에 들어갈 때, 치는 안타 수

08 불량률이 20 %인 기계로 100개의 제품을 생산할 때 나오는 불량품의 개수

09 동전 3개를 동시에 던질 때, 나오는 앞면의 개수

10 한 개의 주사위를 600번 던질 때, 2의 눈이 나오는 횟수

[11~13] 어떤 병은 초기에 발견되면 완치율이 75%라 한다. 초기에 이 병을 5명의 환자를 치료하였을 때, 완치된 사람의 수를 확률변수 X라고 하자. 다음을 구하시오.

11 확률변수 X가 이항분포 $\mathrm{B}(n,\ p)$를 따를 때, n과 p의 값

12 X의 확률질량함수

13 $\mathrm{P}(X=3)$

23 이항분포의 평균, 분산, 표준편차

[14~16] 확률변수 X가 이항분포 $\mathrm{B}\left(180, \dfrac{1}{3}\right)$을 따를 때, 다음을 구하시오.

14 $\mathrm{E}(X)$

15 $\mathrm{V}(X)$

16 $\sigma(X)$

[17~19] 한 개의 주사위를 100번 던질 때, 짝수의 눈이 나오는 횟수를 확률변수 X라 하자. 다음을 구하시오.

17 $\mathrm{E}(X)$

18 $\mathrm{V}(X)$

19 $\sigma(X)$

24 큰수의 법칙

20 주사위 한 개를 n번 던질 때 눈의 수가 4보다 큰 수가 나오는 횟수를 확률변수 X라 하면 임의의 양수 h에 대하여 n의 값이 한없이 커질수록 $\mathrm{P}\left(\left|\dfrac{X}{n}-p\right|<h\right)$는 1에 가까워진다. 이때, p의 값을 구하시오.

21 동전 한 개를 n번 던질 때 앞면이 나오는 횟수를 확률변수 X라 하면 임의의 양수 h에 대하여 n의 값이 한없이 커질수록 $\mathrm{P}\left(\left|\dfrac{X}{n}-p\right|<h\right)$가 1에 가까워진다. 이때, p의 값을 구하시오.

유형 61 이항분포와 독립시행의 확률 ★

확률변수 X의 확률질량함수가

$$P(X=x)={}_nC_x p^x q^{n-x} \ (\text{단, } q=1-p, \ x=0, 1, \cdots, n)$$

⇨ **확률변수 X는 이항분포 $B(n, p)$를 따른다.**

22

확률변수 X가 이항분포 $B\left(720, \dfrac{1}{6}\right)$을 따를 때,

$$P(X=20)=\dfrac{{}_aC_{20}\times b^{700}}{c^{720}}$$

이다. a, b, c가 자연수일 때, $a+b+c$의 값은?

① 716 ② 721 ③ 726

④ 731 ⑤ 736

23

다음 〈보기〉 중에서 이항분포 $B\left(8, \dfrac{1}{2}\right)$을 따르는 확률변수

인 것만을 있는 대로 고른 것은?

─────[보기]─────

ㄱ. 확률변수 X_1은 동전 8개를 동시에 던질 때 앞면
   이 나오는 횟수이다.

ㄴ. 확률변수 X_2는 주사위를 8번 던질 때 눈의 수가 2
   가 나오는 횟수이다.

ㄷ. 확률변수 X_3은 흰 공 2개, 검은 공 6개가 들어 있
   는 주머니에서 동시에 2개의 공을 꺼낼 때 나오는
   흰 공의 개수이다.

① ㄱ ② ㄴ ③ ㄷ

④ ㄱ, ㄴ ⑤ ㄴ, ㄷ

24

이항분포 $B(10, 0.1)$을 따르는 확률변수 X에 대하여
$P(|X| \leq 1)$의 값은?

① $\dfrac{9^{10}}{10^{10}}$ ② $\dfrac{19\times 9^9}{10^{10}}$ ③ $\dfrac{19\times 9^{10}}{10^{10}}$

④ $\dfrac{19\times 9^9}{10^9}$ ⑤ $\dfrac{19\times 9^{10}}{10^9}$

25

자유투 성공률이 75 %인 어느 농구선수가 50번 자유투를
던질 때, 자유투 성공하는 횟수를 확률변수 X라 하면, X
는 이항분포 $B(n, p)$를 따른다. $n+p$의 값은?

① $\dfrac{99}{2}$ ② $\dfrac{201}{4}$ ③ $\dfrac{101}{2}$

④ $\dfrac{203}{4}$ ⑤ 51

유형 62 이항분포의 평균, 분산, 표준편차 ★

확률변수 X가 이항분포 $B(n, p)$를 따를 때, (단, $q=1-p$)

① $E(X)=np$

② $V(X)=npq$

③ $\sigma(X)=\sqrt{npq}$

26

확률변수 X가 이항분포 $B(10, p)$를 따르고, X의 평균이
2일 때, $V(X)$의 값은?

① $\dfrac{2}{5}$ ② $\dfrac{4}{5}$ ③ $\dfrac{6}{5}$

④ $\dfrac{8}{5}$ ⑤ 2

27

확률변수 X가 이항분포 $B\left(450, \dfrac{1}{3}\right)$을 따를 때, X의 평균
을 a, 표준편차를 b라 하면, $a+b$의 값은?

① 150 ② 160 ③ 170

④ 180 ⑤ 190

28

확률변수 X가 이항분포 $\mathrm{B}\left(48,\ \dfrac{3}{4}\right)$을 따를 때,

$\sigma(3X+2)$의 값은?

① 5 　　　　② 7 　　　　③ 9

④ 11 　　　　⑤ 13

29

확률변수 X가 이항분포 $\mathrm{B}\left(50,\ \dfrac{1}{5}\right)$을 따를 때,

$\mathrm{E}(X^2)$의 값은?

① 18 　　　　② 50 　　　　③ 58

④ 100 　　　　⑤ 108

30

이항분포 $\mathrm{B}(n,\ p)$를 따르는 확률변수 X에 대하여

$\mathrm{E}(X)=8$, $\mathrm{V}(X)=4$일 때, 확률 p의 값은?

① $\dfrac{1}{8}$ 　　　　② $\dfrac{1}{4}$ 　　　　③ $\dfrac{3}{8}$

④ $\dfrac{1}{2}$ 　　　　⑤ $\dfrac{5}{8}$

31

이항분포 $\mathrm{B}(n,\ p)$를 따르는 확률변수 X에 대하여 X의
평균과 표준편차가 0.75로 같을 때, 시행횟수 n의 값은?

① 1 　　　　② 2 　　　　③ 3

④ 4 　　　　⑤ 5

32

확률변수 X의 확률질량함수가

$$\mathrm{P}(X=x)={}_{125}\mathrm{C}_x\left(\frac{1}{5}\right)^x\left(\frac{4}{5}\right)^{125-x}\ (x=0,\ 1,\ 2,\ \cdots,\ 125)$$

일 때, $\mathrm{E}(X)+\mathrm{V}(X)$의 값은?

① 40 　　　　② 45 　　　　③ 50

④ 55 　　　　⑤ 60

33

확률변수 X의 확률질량함수가

$$\mathrm{P}(X=x)={}_{240}\mathrm{C}_x\left(\frac{1}{4}\right)^x\left(\frac{3}{4}\right)^{240-x}$$
$$(x=0,\ 1,\ 2,\ \cdots,\ 240)$$

일 때, $k\times\mathrm{V}(X)=\{\mathrm{E}(X)\}^2$이다. 자연수 k의 값은?

① 40 　　　　② 80 　　　　③ 120

④ 160 　　　　⑤ 200

34

확률변수 X의 확률질량함수가

$$\mathrm{P}(X=x)={}_{30}\mathrm{C}_x\frac{2^x}{3^{30}}\ (x=0,\ 1,\ 2,\ \cdots,\ 30)$$

일 때, $\mathrm{E}(X^2)$의 값은?

① $\dfrac{1160}{3}$ 　　　　② $\dfrac{1180}{3}$ 　　　　③ 400

④ $\dfrac{1220}{3}$ 　　　　⑤ $\dfrac{1240}{3}$

35

이항분포 $\mathrm{B}(n,\ p)$를 따르는 확률변수 X에 대하여
$\mathrm{E}(X)=\mathrm{V}(2X)=4p$일 때, $\mathrm{P}(X=n-1)$의 값은?

① $\dfrac{9}{32}$ 　　　　② $\dfrac{9}{16}$ 　　　　③ $\dfrac{27}{64}$

④ $\dfrac{27}{32}$ 　　　　⑤ $\dfrac{81}{128}$

36

이항분포 $B(n, p)$를 따르는 확률분포 X에 대하여 X의 평균이 $\dfrac{12}{5}$이고, 표준편차가 $\dfrac{6}{5}$이라고 한다.

$\dfrac{P(X=4)}{P(X=1)}=\dfrac{b}{a}$일 때, $a+b$의 값은?

(단, a와 b는 서로소이다.)

① 45　　　② 47　　　③ 49
④ 51　　　⑤ 53

37

두 확률변수 X, Y가 각각 이항분포 $B(n, p)$, $B\left(2kn, \dfrac{p}{2k}\right)$를 따를 때, 다음 〈보기〉 중에서 옳은 것만을 있는 대로 고른 것은? (단, k는 자연수이고, $p \neq 0$이다.)

─────[보기]─────
ㄱ. k의 값에 관계없이 $E(X)=E(Y)$이다.
ㄴ. $k=2$일 때, $V(X)>V(Y)$이다.
ㄷ. $k=1$일 때, $V\left(\dfrac{1}{2}X\right)<V(Y)$이다.

① ㄱ　　　② ㄱ, ㄴ　　　③ ㄱ, ㄷ
④ ㄴ, ㄷ　　　⑤ ㄱ, ㄴ, ㄷ

유형 63 이항분포의 활용　★

주어진 확률변수 X가 시행횟수와 확률이 주어진 독립시행이면 이항분포 $B(n, p)$를 구하여 문제를 해결한다.

$$B(n, p)$$
시행횟수　확률

38

명중률이 90 %인 미사일을 100번 발사할 때, 명중한 미사일의 개수를 확률변수 X라 하자. X의 평균은?

① 50　　　② 60　　　③ 70
④ 80　　　⑤ 90

39

두 개의 동전을 300번 던질 때, 둘 다 앞면이 나오는 횟수를 확률변수 X라 하자. X의 표준편차는?

① $\dfrac{5}{2}$　　　② $\dfrac{7}{2}$　　　③ $\dfrac{9}{2}$
④ $\dfrac{11}{2}$　　　⑤ $\dfrac{15}{2}$

40

발아율이 90 %인 씨앗을 100개 심었을 때, 발아되는 씨앗의 개수를 확률변수 X라 하자. X의 평균을 a, 분산을 b라 할 때, $a+b$의 값은?

① 79　　　② 89　　　③ 99
④ 109　　　⑤ 119

41

한 개의 주사위를 90번 던질 때, 3의 배수의 눈이 나오는 횟수를 확률변수 X라 하자. 확률변수 $2X+3$의 분산은?

① 50　　　② 60　　　③ 70
④ 80　　　⑤ 90

42

흰 공 3개, 검은 공 2개가 들어 있는 주머니에서 한 개의 공을 꺼내어 색깔을 확인하고 다시 넣는 시행을 100번 반복할 때, 흰 공이 나오는 횟수를 확률변수 X라 하자. X의 표준편차는?

① $\sqrt{6}$　　　② $2\sqrt{6}$　　　③ $3\sqrt{6}$
④ $4\sqrt{6}$　　　⑤ $5\sqrt{6}$

43

20 %의 불량률로 제품을 생산하는 기계가 100개의 제품을 생산할 때, 불량품의 개수를 확률변수 X라 하자. $E(X^2)$의 값은?

① 400　　　② 404　　　③ 408
④ 412　　　⑤ 416

44

어느 양궁 선수가 화살을 n번 쏘아 과녁에 맞추는 횟수를 확률변수 X라 하면, $E(X)=1$이고, $\sigma(X)=\dfrac{7\sqrt{2}}{10}$이라고 한다. 자연수 n의 값은?

① 30　　　② 40　　　③ 50
④ 60　　　⑤ 70

45

서로 다른 두 개의 주사위를 n회 던지는 시행에서 두 눈의 수의 합이 10 또는 12가 되는 횟수를 확률변수 X라 하자. X의 표준편차가 4일 때, n의 값은?

① 135　　　② 162　　　③ 189
④ 216　　　⑤ 243

46

한 개의 동전을 8번 던지는 시행에서 앞면이 나오는 횟수를 확률변수 X라 하자. X의 평균을 m, 표준편차를 σ라 할 때, $P\left(\dfrac{|X-m|}{\sigma}<\dfrac{1}{\sqrt{2}}\right)$의 값은?

① $\dfrac{7}{32}$　　　② $\dfrac{35}{64}$　　　③ $\dfrac{35}{128}$
④ $\dfrac{35}{256}$　　　⑤ $\dfrac{103}{256}$

---

n의 값이 커질수록 임의의 양수 h에 대하여

$P\left(\left|\dfrac{X}{n}-p\right|<h\right)$는 1에 가까워진다.

⇨ $\left|\dfrac{X}{n}-p\right|$의 값이 0에 가까워진다.

⇨ $\dfrac{X}{n}$는 p에 한없이 가까워진다.

* 큰수의 법칙은 자연 현상, 사회 현상 등과 같이 수학적 확률을 구하기 어려운 경우에는, 수학적 확률 대신 통계적 확률을 대신 사용할 수 있다는 것을 말해준다.

47

한 개의 주사위를 10회 던져서 1의 눈이 나오는 횟수를 확률변수 X라 할 때, 다음의 확률분포표를 이용하여

$P\left(\left|\dfrac{X}{10}-\dfrac{1}{6}\right|<0.1\right)$의 값을 구하면?

X	0	1	2	3	⋯
$P(X=x)$	0.162	0.323	0.291	0.155	⋯

① 0.485　　　② 0.523　　　③ 0.585
④ 0.614　　　⑤ 0.769

48

네 확률변수 X, Y, Z, W가 이항분포를 따를 때, 다음 〈보기〉 중에서 확률이 작은 것부터 차례로 나열하시오.

[보기]

ㄱ. $P\left(\left|\dfrac{X}{100}-\dfrac{1}{2}\right|<0.1\right)$　　ㄴ. $P\left(\left|\dfrac{Y}{400}-\dfrac{1}{2}\right|<0.1\right)$

ㄷ. $P\left(\left|\dfrac{Z}{200}-\dfrac{1}{2}\right|<0.1\right)$　　ㄹ. $P\left(\left|\dfrac{W}{1000}-\dfrac{1}{2}\right|<0.1\right)$

01 ☆

다음 중 이산확률변수가 <u>아닌</u> 것은?

① 한 개의 동전을 5번 던질 때 앞면이 나오는 횟수

② 5개의 주사위를 동시에 던질 때 나오는 눈의 수의 합

③ 빨간 공 30개, 파란 공 20개가 들어 있는 주머니에서 동시에 5개의 공을 꺼낼 때 나오는 검은 공의 개수

④ 자유투 성공률이 70%인 농구 선수가 10번의 슛을 던질 때 성공한 자유투의 개수

⑤ 어떤 버스정류장에서 10분 간격으로 운행되는 버스를 기다리는 시간

02 ☆

확률변수 X의 확률분포표가 다음과 같을 때, 상수 p의 값은?

X	1	2	3	4	5	계
$P(X=x)$	$\dfrac{3}{10}$	p	$\dfrac{1}{10}$	p	p	1

① $\dfrac{1}{2}$　　② $\dfrac{1}{3}$　　③ $\dfrac{1}{4}$

④ $\dfrac{1}{5}$　　⑤ $\dfrac{1}{6}$

03 ☆

한 개의 주사위를 2번 던지는 시행에서 나오는 눈의 수의 합을 확률변수 X라고 할 때, $P(3 \leq X \leq 4)$의 값은?

① $\dfrac{1}{36}$　　② $\dfrac{1}{18}$　　③ $\dfrac{1}{12}$

④ $\dfrac{1}{9}$　　⑤ $\dfrac{5}{36}$

04 ☆☆

불량품이 4개 포함되어 있는 7개의 제품 중에서 동시에 3개의 제품을 뽑았을 때 나오는 불량품의 개수를 확률변수 X라고 하자. $P(X^2 - 3X + 2 \leq 0)$의 값은?

① $\dfrac{2}{7}$　　② $\dfrac{3}{7}$　　③ $\dfrac{4}{7}$

④ $\dfrac{5}{7}$　　⑤ $\dfrac{6}{7}$

05 ☆☆　　　　　　　　　　　　　[2012년 고3(나) 9월]

확률변수 X의 확률분포표가 다음과 같다.

X	1	3	7	계
$P(X=x)$	a	$\dfrac{1}{4}$	b	1

$E(X)=5$일 때, b의 값은? (단, a와 b는 상수이다.)

① $\dfrac{19}{36}$　　② $\dfrac{5}{9}$　　③ $\dfrac{7}{12}$

④ $\dfrac{11}{18}$　　⑤ $\dfrac{23}{36}$

06 ☆☆ [첨삭 해설]　　　　　　　　[2000년 수능(인문계)]

주사위를 한 번 던져 나오는 눈의 수를 4로 나눈 나머지를 확률변수 X라 하자. X의 평균은?

(단, 주사위의 각 눈이 나올 확률은 모두 같다.)

① 2　　② $\dfrac{5}{3}$　　③ $\dfrac{3}{2}$

④ $\dfrac{4}{3}$　　⑤ 1

07 ☆☆

확률변수 X에 대하여 $E(X)=3$, $V(X)=5$일 때, $E((2X-1)^2)$의 값은?

① 44　　② 45　　③ 46

④ 47　　⑤ 48

08 ☆☆☆ [첨삭 해설]

확률변수 X의 확률분포표가 다음과 같다.

X	-1	0	1	2	계
$P(X=x)$	a^2	$\dfrac{1}{3}$	b	$\dfrac{1}{6}$	1

X의 분산이 최댓값을 가질 때, $12a$의 값은? (단, $a>0$)

① $\sqrt{15}$　　② $\dfrac{3\sqrt{15}}{2}$　　③ $2\sqrt{15}$

④ $\dfrac{5\sqrt{15}}{2}$　　⑤ $3\sqrt{15}$

09 ☆

확률변수 X가 이항분포 $B\left(n,\ \dfrac{3}{10}\right)$을 따르고 $E(X)=30$
일 때, $V(X)$의 값은?

① 15   ② 18   ③ 21
④ 24   ⑤ 27

10 ☆☆

어떤 수학문제집을 임의로 펼쳤을 때, 기출문제만 있는 페
이지가 나올 확률이 $\dfrac{1}{5}$이라고 한다. 이 수학문제집을 임의
로 125번 펼쳐 기출문제만 있는 페이지가 나오는 횟수를
확률변수 X라 하자. $\sigma(X)$의 값은?

① $\sqrt{5}$ ② $2\sqrt{5}$ ③ $3\sqrt{5}$
④ $4\sqrt{5}$ ⑤ $5\sqrt{5}$

11 ☆☆

[2013년 수능(나)]

확률변수 X가 이항분포 $B(n,\ p)$를 따른다. 확률변수
$2X-5$의 평균과 표준편차가 각각 175와 12일 때, n의 값
은?

① 130   ② 135   ③ 140
④ 145   ⑤ 150

12 ☆☆

다음 식의 값은?

$$
{}_8C_1\left(\dfrac{3}{4}\right)\left(\dfrac{1}{4}\right)^7+2\cdot{}_8C_2\left(\dfrac{3}{4}\right)^2\left(\dfrac{1}{4}\right)^6 \\
+3\cdot{}_8C_3\left(\dfrac{3}{4}\right)^3\left(\dfrac{1}{4}\right)^5+\cdots+8\cdot{}_8C_8\left(\dfrac{3}{4}\right)^8
$$

① 2   ② 3   ③ 4
④ 5   ⑤ 6

13 ☆☆

[2015년 고3(A) 9월]

이차함수 $y=f(x)$의 그래프는 그림과 같고,
$f(0)=f(3)=0$이다.

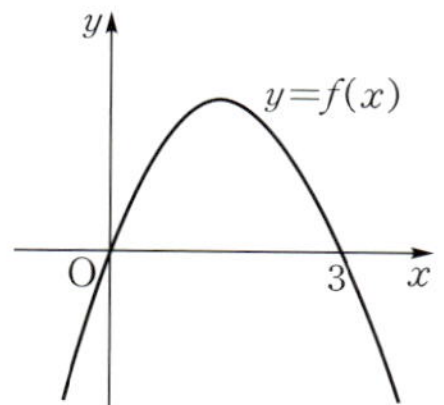

한 개의 주사위를 던져 나온 눈의 수 m에 대하여 $f(m)$이
0보다 큰 사건을 A라 하자. 한 개의 주사위를 15회 던지는
독립시행에서 사건 A가 일어나는 횟수를 확률변수 X라
할 때, $E(X)$의 값은?

① 3   ② $\dfrac{7}{2}$ ③ 4
④ $\dfrac{9}{2}$ ⑤ 5

14 |단답형| ☆☆

확률변수 X에 대하여 $V(X)=16$이고,
$E(X^2)=8E(X)$일 때, $E(3X-5)$를 구하시오.

15 |단답형| ☆☆

한 개의 동전을 두 번 던지는 시행에서 앞면이 나올 때마
다 100원, 뒷면이 나올 때마다 200원씩 상금을 받는다고
하자. 이 시행에서 받은 상금의 액수를 X원이라고 할 때,
$E(X)$의 값을 구하시오.

16 |서술형| ☆☆☆

세 확률변수 $X,\ Y,\ Z$가 각각 이항분포 $B\left(n,\ \dfrac{1}{2}\right)$,
$B\left(3n,\ \dfrac{1}{6}\right)$, $B\left(n,\ \dfrac{1}{3}\right)$을 따른다. 각각의 분산 $V(X)$,
$V(Y)$, $V(Z)$ 중 가장 작은 값을 m이라 할 때,
$\dfrac{V(X)+V(Y)+V(Z)}{m}$의 값을 구하시오.

13 DAY

25 연속확률변수와 확률밀도함수

(1) **연속확률변수** : 확률변수 X가 어떤 범위에 속하는 모든 실수 값을 가지는 확률 변수 X를 연속확률변수라고 한다.

(2) **확률밀도함수와 그 성질**

$\alpha \leq X \leq \beta$의 모든 실수 값을 가지는 연속확률변수 X에 대하여 $\alpha \leq x \leq \beta$에서 정의된 함수 $f(x)$가 다음 조건을 모두 만족시킬 때, 함수 $f(x)$를 확률변수 X의 **확률밀도함수**라고 한다.

(ⅰ) $f(x) \geq 0$

(ⅱ) $y=f(x)$의 그래프와 x축 사이의 전체 넓이는 1이다.

(ⅲ) $\mathrm{P}(a \leq X \leq b)$는 $a \leq x \leq b$에서 $y=f(x)$의 그래프 와 x축 사이의 넓이와 같다. (단, $\alpha \leq a \leq b \leq \beta$)

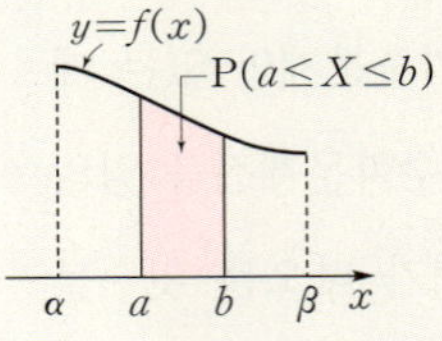

• 연속확률변수 X가 특정한 값을 가질 확률은 0이므로
$$\mathrm{P}(a \leq X \leq b)=\mathrm{P}(a \leq X < b)$$
$$=\mathrm{P}(a < X \leq b)$$
$$=\mathrm{P}(a < X < b)$$

26 정규분포

(1) 연속확률변수 X의 정의역이 모든 실수 전체의 집합이고 그 확률밀도함수

$$f(x)=\frac{1}{\sqrt{2\pi}\,\sigma}e^{-\frac{(x-m)^2}{2\sigma^2}} \quad (\text{단, } m \text{과 } \sigma(\sigma>0)\text{는 상수})$$

로 주어질 때, X의 확률분포를 **정규분포**라고 한다.

평균이 m, 분산이 σ^2인 정규분포를 기호로 $\mathrm{N}(m,\ \sigma^2)$과 같이 나타내고, 이런 분포를 가지는 확률변수 X는 '**정규분포 $\mathrm{N}(m,\ \sigma^2)$을 따른다**'고 한다.

(2) **정규분포곡선의 성질**

정규분포 $\mathrm{N}(m,\ \sigma^2)$을 따르는 확률변수 X의 정규분포곡선은

① 직선 $x=m$에 대하여 대칭인 종 모양의 곡선이다.

② 점근선은 x축이다.

③ 곡선과 x축 사이의 넓이는 1이다.

• 정규분포의 확률밀도함수 $f(x)$의 그래프 를 정규분포곡선이라고 한다.

• σ가 일정할 때,

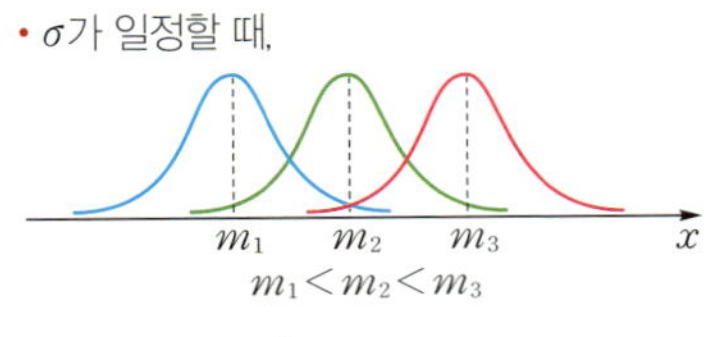

• m이 일정할 때,

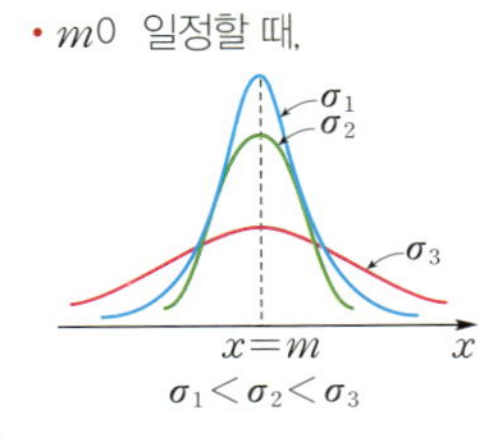

개념 CHECK

정답 및 해설 p. 80

[01~03] 다음 빈칸에 알맞은 것을 써 넣으시오.

01 어떤 범위에 속하는 모든 실수 값을 가지는 확률변수 X를 [   ]라고 한다.

02 확률밀도함수 $f(x)$가 정의된 구간에서 $y=f(x)$의 그래프와 x축 사이의 넓이는 [   ]이다.

03 평균이 m 분산이 σ^2인 정규분포를 기호로 [   ]과 같이 나타낸다.

[04~06] 옳은 것에 ○표, 옳지 <u>않은</u> 것에 ×표를 하시오.

04 길이, 무게, 시간 등과 같이 연속적인 값을 가지는 확률변수는 연속확률변수이다. (   )

05 정규분포 $\mathrm{N}(m,\ \sigma^2)$을 따르는 확률변수 X는 평균이 m이고 분산이 σ^2이다. (   )

06 정규분포곡선은 직선 $x=\sigma$에 대하여 대칭인 종모양의 곡선이다. (   )

25 연속확률변수와 확률밀도함수

[07~08] 확률변수 X의 확률밀도함수가 $f(x)=k\,(0\le x\le 10)$
일 때, 다음을 구하시오.

07 상수 k의 값

08 $\mathrm{P}(2\le X\le 4)$

[09~11] 연속확률변수 X의 확률밀도함수가

$$f(x)=\begin{cases} x+k & (-1\le x\le 0) \\ -x+k & (0\le x\le 1) \end{cases}$$

일 때, 다음을 구하시오. (단, k는 상수)

09 k의 값

10 $\mathrm{P}(-1\le X\le 0)$

11 $\mathrm{P}\!\left(\dfrac{1}{2}\le X\le 1\right)$

[12~14] $0\le x\le 2$에서 정의된 연속확률변수 X의 확률밀도함수가 오른쪽 그림과 같을 때, 다음을 구하시오.
(단, k는 상수)

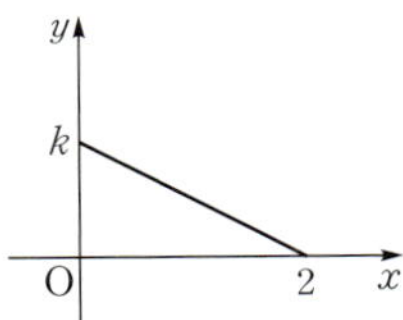

12 k의 값

13 $\mathrm{P}(1\le X\le 2)$

14 $\mathrm{P}(0\le X\le 1)$

26 정규분포

[15~17] 정규분포를 따르는 연속확률변수 X의 평균과 분산이 다음과 같을 때, 정규분포를 기호로 나타내시오.

15 $\mathrm{E}(X)=5$, $\mathrm{V}(X)=4$

16 $\mathrm{E}(X)=3$, $\mathrm{V}(X)=2$

17 $\mathrm{E}(X)=0$, $\mathrm{V}(X)=1$

[18~19] 그림과 같이 확률밀도함수의 그래프가 정규분포곡선 (ㄱ), (ㄴ), (ㄷ)으로 그려지는 확률변수를 각각 X_1, X_2, X_3이라 하자. 다음 값의 크기를 비교하시오. (단, 곡선의 모양은 모두 같다.)

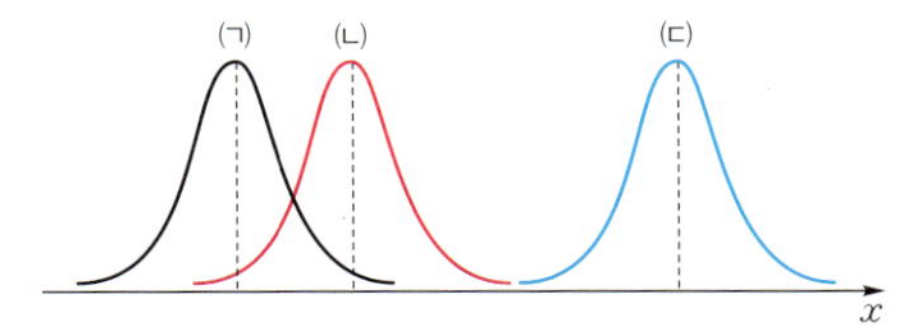

18 $\mathrm{E}(X_1)$, $\mathrm{E}(X_2)$, $\mathrm{E}(X_3)$

19 $\mathrm{V}(X_1)$, $\mathrm{V}(X_2)$, $\mathrm{V}(X_3)$

[20~21] 그림과 같이 확률밀도함수의 그래프가 정규분포곡선 (ㄹ), (ㅁ), (ㅂ)으로 그려지는 확률변수를 각각 X_4, X_5, X_6이라 하자. 다음 값의 크기를 비교하시오. (단, (ㅁ)과 (ㅂ)의 곡선의 모양은 같다.)

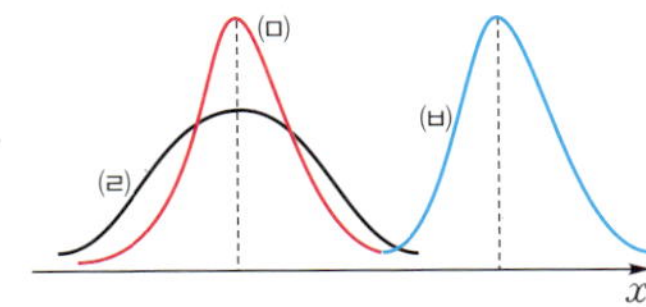

20 $\mathrm{E}(X_4)$, $\mathrm{E}(X_5)$, $\mathrm{E}(X_6)$

21 $\sigma(X_4)$, $\sigma(X_5)$, $\sigma(X_6)$

14 DAY

유형 65 연속확률변수 ★

길이, 무게, 시간 등과 같이 어떤 범위에 속하는 모든 실수 값을 가지는 확률변수를 연속확률변수라고 한다.

22

다음 중 연속확률변수가 <u>아닌</u> 것은?

① 어떤 공장에서 생산되는 휴대폰의 충전시간
② 어떤 고등학교 학생들의 TV시청률
③ 어떤 공장에서 생산되는 형광등의 수명
④ 20대 성인 남성들의 몸무게
⑤ 한 개의 동전을 5번 던질 때 앞면이 나오는 횟수

23

다음 〈보기〉 중에서 연속확률변수인 것만을 있는 대로 고르시오.

[보기]

ㄱ. 어느 공장에서 생산되는 제품의 개수
ㄴ. 어떤 고등학교 학생들의 키
ㄷ. 어느 도시에서 전철을 기다리는 시간

유형 66 확률밀도함수 ★

$\alpha \le x \le \beta$에서 정의된 확률밀도함수 $y=f(x)$는

(1) $f(x) \ge 0$

(2) $\alpha \le x \le \beta$에서 $f(x)$와 x축 사이의 넓이는 1

(3) $\mathrm{P}(a \le X \le b)$는 $a \le x \le b$에서 $f(x)$와 x축 사이의 넓이 (단, $\alpha \le a \le b \le \beta$)

24

연속확률변수 X의 확률밀도함수가 $f(x)=ax\,(0 \le x \le 2)$일 때, 상수 a의 값은?

① $\dfrac{1}{2}$　　② $\dfrac{1}{3}$　　③ $\dfrac{1}{4}$

④ $\dfrac{1}{5}$　　⑤ $\dfrac{1}{6}$

25

연속확률변수 X가 $-1 \le x \le 4$에서 정의되었고, X의 확률밀도함수 $y=f(x)$의 그래프가 다음과 같을 때, 상수 k의 값은?

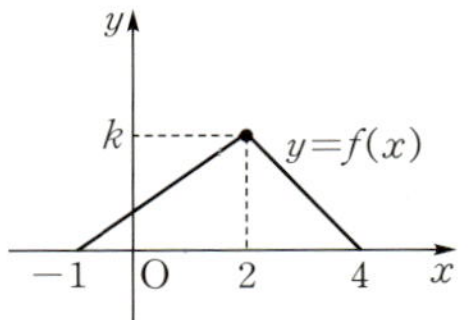

① $\dfrac{1}{5}$　　② $\dfrac{2}{5}$　　③ $\dfrac{3}{5}$

④ $\dfrac{4}{5}$　　⑤ 1

26

연속확률변수 X의 확률밀도함수가

$$f(x)=\frac{1}{8}x\ (0 \le x \le 4)$$

일 때, 확률 $\mathrm{P}(0 \le X \le 3)$의 값은?

① $\dfrac{1}{16}$　　② $\dfrac{3}{16}$　　③ $\dfrac{5}{16}$

④ $\dfrac{7}{16}$　　⑤ $\dfrac{9}{16}$

27

연속확률변수 X가 $-1 \le x \le 1$에서 정의되었고, X의 확률밀도함수 $y=f(x)$의 그래프가 다음과 같을 때, 확률 $\mathrm{P}(0 \le X \le 1)$의 값은? (단, $k>0$인 상수)

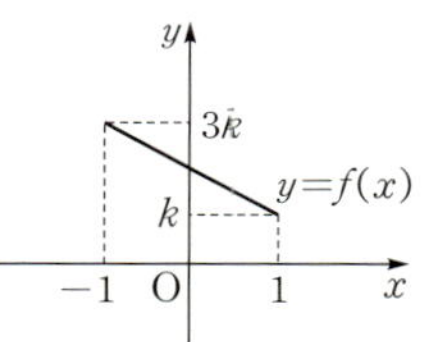

① $\dfrac{3}{16}$　　② $\dfrac{1}{4}$　　③ $\dfrac{5}{16}$

④ $\dfrac{3}{8}$　　⑤ $\dfrac{7}{16}$

유형 67 정규분포곡선의 성질 ★

(1) $x=m$에 대하여 대칭이다.

(2) 곡선과 x축 사이의 전체 넓이는 1이다.

(3) m의 값이 클수록 대칭축이 오른쪽에 위치한다.

(4) σ의 값이 작을수록 곡선의 높이가 높아지고 폭이 좁아진다.

  σ의 값이 클수록 곡선의 높이가 낮아지고 폭이 넓어진다.

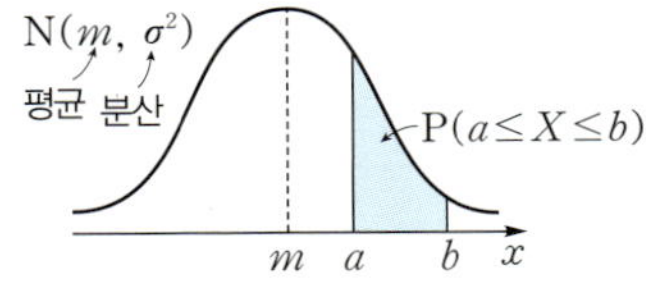

28

다음 중 정규분포 $N(m, \sigma^2)$을 따르는 확률변수 X의 확률밀도함수 $y=f(x)$의 그래프의 성질이 <u>아닌</u> 것은?

① 직선 $x=m$에 대하여 대칭이다.

② $x=m$일 때 최댓값을 갖는다.

③ 점근선은 x축이다.

④ σ의 값이 클수록 높이는 높아진다.

⑤ m의 값이 클수록 대칭축이 오른쪽에 위치한다.

29

정규분포 $N(m, \sigma^2)$을 따르는 확률변수 X에 대하여 $P(X \le 9) = P(X \ge 15)$일 때, m의 값은?

① 9 ② 10 ③ 11

④ 12 ⑤ 13

30

정규분포 $N(10, 3^2)$을 따르는 확률변수 X에 대하여 $P(8 \le X \le a) = 2P(8 \le X \le 10)$일 때, 상수 a의 값은?

① 9 ② 10 ③ 11

④ 12 ⑤ 13

31

다음과 같이 확률밀도함수의 그래프가 정규분포곡선 ㉠, ㉡, ㉢, ㉣로 그려지는 확률변수를 각각 X_1, X_2, X_3, X_4라 하자. 각각의 확률변수의 평균과 분산의 크기를 비교했을 때, 평균값이 가장 작은 확률변수와 분산이 가장 큰 확률변수를 순서대로 나열한 것은?

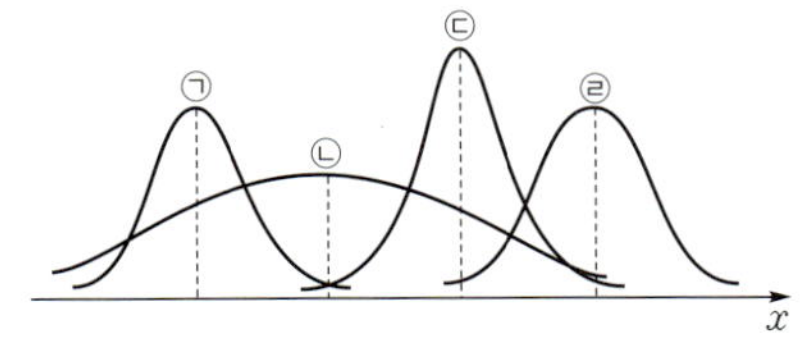

① X_1, X_2 ② X_1, X_3 ③ X_1, X_4

④ X_3, X_2 ⑤ X_4, X_3

[32~34] 정규분포 $N(m, \sigma^2)$을 따르는 확률변수 X에 대하여 $P(m \le X \le m+a) = 0.2$, $P(m \le X \le m+b) = 0.3$일 때, 다음 물음에 답하시오. (단, a와 b는 상수이고, $0 < a < b$)

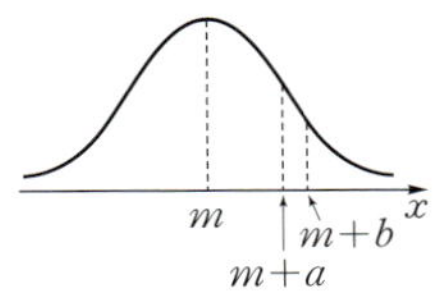

32

$P(m-a \le X \le m+b)$의 값은?

① 0.2 ② 0.3 ③ 0.4

④ 0.5 ⑤ 0.6

33

$P(m+a \le X \le m+b)$의 값은?

① 0.1 ② 0.2 ③ 0.3

④ 0.4 ⑤ 0.5

34

$P(m+a \le X) + P(m-b \le X)$의 값은?

① 0.9 ② 0.1 ③ 1.1

④ 1.2 ⑤ 1.3

14 DAY

27 표준정규분포와 정규분포의 표준화

(1) **표준정규분포** : 평균이 0이고 표준편차가 1인 정규분포를 **표준정규분포**라 한다.

확률변수 Z가 표준정규분포를 따르면 Z의 확률밀도함수는 $f(z)=\dfrac{1}{\sqrt{2\pi}}e^{-\frac{z^2}{2}}$이다.

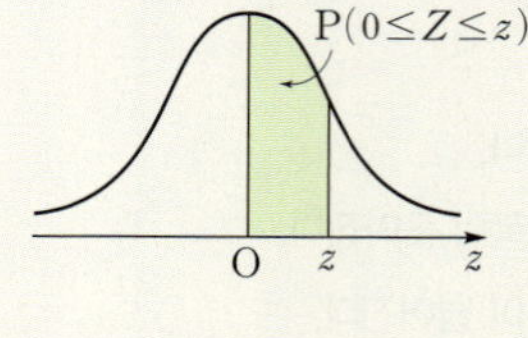

(2) **정규분포의 표준화** : 정규분포 $N(m,\ \sigma^2)$을 따르는 확률변수 X에 대하여 확률변수 $Z=\dfrac{X-m}{\sigma}$은 표준정규분포 $N(0,\ 1)$을 따른다. 이와같이 정규분포를 따르는 확률변수 X를 표준정규분포를 따르는 확률변수 Z로 바꾸는 것을 **표준화**라고 한다.

[참고] 표준정규분포표에는 표준정규분포 $N(0,\ 1)$을 따르는 확률변수 Z에 대하여 $P(0\leq Z\leq z)$의 값이 주어져 있다. 따라서 정규분포를 따르는 확률변수를 표준화하면 표준정규분포를 이용하여 그 확률을 쉽게 구할 수 있다.

28 이항분포와 정규분포의 관계

확률변수 X가 이항분포 $B(n,\ p)$를 따를 때, n이 충분히 크면 X의 분포는 근사적으로 정규분포 $N(np,\ npq)\ (q=1-p)$를 따른다.

- 표준정규분포의 확률밀도함수의 그래프는 직선 $z=0$에 대하여 대칭이다.

- $P(a\leq X\leq b)$
$=P\left(\dfrac{a-m}{\sigma}\leq Z\leq \dfrac{b-m}{\sigma}\right)$

- 표준정규분포표에서 $P(0\leq Z\leq 1.32)$의 값은 다음과 같이 찾을 수 있다.

z	0.00	0.01	0.02	⋯
0.0	.0000	.0040	.0080	⋯
⋮	⋮	⋮	⋮	
1.3	.4032	.4049	.4066	⋯
⋮	⋮	⋮	⋮	

- X가 이항분포 $B(n,\ p)$를 따를 때, $E(X)=np$, $V(X)=npq$

- 일반적으로 $np\geq 5$이고 $nq\geq 5$일 때, n의 값이 충분히 크다고 한다.

개념 CHECK

정답 및 해설 p. 83

[01~04] 다음 빈칸에 알맞은 것을 써넣으시오.

01 평균이 0이고 표준편차가 1인 정규분포를 [   ]라고 한다.

02 표준정규분포의 확률밀도함수 $f(z)$의 그래프는 직선 [   ]에 대하여 대칭이다.

03 정규분포 $N(m,\ \sigma^2)$을 따르는 확률변수 X를 표준정규분포 $N(0,\ 1)$을 따르는 확률변수 $Z=\left[\qquad\right]$ 으로 바꾸는 것을 표준화라고 한다.

04 확률변수 X가 이항분포 $B(n,\ p)$를 따를 때, n이 충분히 크면 X의 분포는 근사적으로 정규분포 [   ] $(q=1-p)$를 따른다.

[05~07] 옳은 것에 ○, 옳지 <u>않은</u> 것에 ×표를 하시오.

05 확률변수 X가 정규분포 $N(10,\ 4)$를 따를 때, 확률변수 $Z=\dfrac{X-10}{4}$은 표준정규분포 $N(1,\ 0)$을 따른다. (   )

06 양수 $a,\ b(a<b)$에 대하여
$P(a\leq Z\leq b)$
$=P(0\leq Z\leq b)$
$\qquad -P(0\leq Z\leq a)$
(   )

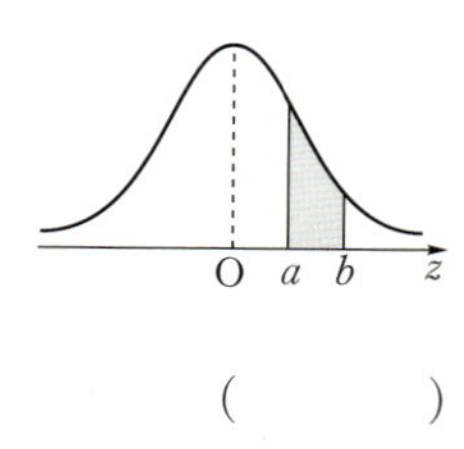

07 확률변수 X가 이항분포 $B\left(100,\ \dfrac{1}{5}\right)$을 따를 때, 근사적으로 $E(X)=20$, $V(X)=4$이다. (   )

27 표준정규분포

[08~09] 아래 표준정규분포표의 일부를 이용하여 다음을 구하시오.

z	$\cdots$	0.03	0.04	$\cdots$
0.0	$\cdots$	.0120	.0160	$\cdots$
$\vdots$		$\vdots$	$\vdots$	
1.2	$\cdots$	.3907	.3925	$\cdots$
1.3	$\cdots$	.4082	.4099	$\cdots$
$\vdots$		$\vdots$	$\vdots$	

08 $P(0 \leq Z \leq a) = 0.3907$일 때, 상수 a의 값

09 $P(0 \leq Z \leq 1.34) = b$일 때, 상수 b의 값

[10~12] 확률변수 X가 정규분포 $N(m, \sigma^2)$을 따를 때, 확률변수 $Z = \dfrac{X-m}{\sigma}$은 표준정규분포 $N(0, 1)$을 따른다. 이것을 이용하여 다음의 확률을 $P(a \leq Z \leq b)$의 꼴로 나타내시오.

10 확률변수 X가 정규분포 $N(6, 3^2)$을 따를 때, $P(3 \leq X \leq 6)$

11 확률변수 X가 정규분포 $N(100, 5^2)$을 따를 때, $P(90 \leq X \leq 110)$

12 확률변수 X가 정규분포 $N(0.3, 0.01)$을 따를 때, $P(0.4 \leq X \leq 0.5)$

[13~16] 아래 표준정규분포표를 이용하여 다음 확률을 구하시오.

z	$P(0 \leq Z \leq z)$
1.0	0.3413
2.0	0.4772

13 $P(-1 \leq Z \leq 1)$

14 $P(1 \leq Z \leq 2)$

15 $P(Z \geq -1)$

16 $P(Z \leq -2)$

28 이항분포와 정규분포의 관계

[17~18] 확률변수 X가 이항분포 $B\left(25, \dfrac{1}{5}\right)$을 따를 때, 다음 물음에 답하시오.

17 X의 평균과 표준편차를 구하시오.

18 확률변수 X가 따르는 정규분포를 기호로 나타내시오.

유형 68 표준정규분포의 확률　★

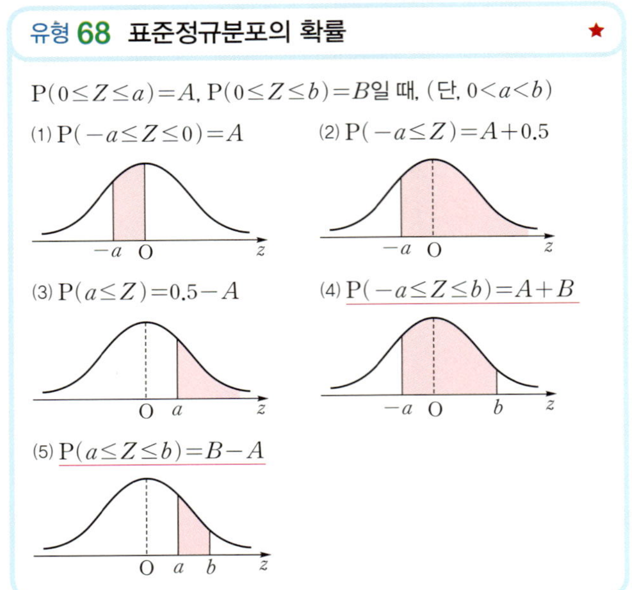

$P(0 \le Z \le a) = A$, $P(0 \le Z \le b) = B$일 때, (단, $0 < a < b$)

(1) $P(-a \le Z \le 0) = A$

(2) $P(-a \le Z) = A + 0.5$

(3) $P(a \le Z) = 0.5 - A$

(4) $P(-a \le Z \le b) = A + B$

(5) $P(a \le Z \le b) = B - A$

유형 69 정규분포의 표준화　★★

정규분포를 표준화하면 표준정규분포표를 이용하여 확률을 구할 수 있다.

19

확률변수 Z가 표준정규분포 $N(0, 1)$을 따를 때, $P(Z \le a) = 0.0228$을 만족시키는 실수 a의 값은?

(단, $P(0 \le Z \le 2) = 0.4772$)

① -2　　② -1　　③ 0

④ 1　　⑤ 2

20

확률변수 Z가 표준정규분포 $N(0, 1)$을 따를 때, 오른쪽 표준정규분포표를 이용하여 $P(-2 \le Z \le 1)$의 값을 구하면?

z	$P(0 \le Z \le z)$
1.0	0.3413
2.0	0.4772

① 0.6413　　② 0.7185　　③ 0.7387

④ 0.8185　　⑤ 0.8413

21

확률변수 Z가 표준정규분포 $N(0, 1)$을 따른다. 오른쪽 표준정규분포표를 이용하여 $P(Z \le 0.5) + P(1.5 \le Z)$의 값을 구하면?

z	$P(0 \le Z \le z)$
0.5	0.1915
1.5	0.4332

① 0.3830　　② 0.5283　　③ 0.6247

④ 0.7583　　⑤ 0.8664

22

확률변수 X가 표준정규분포 $N(100, 5^2)$을 따를 때, 확률변수 $Z = \dfrac{X - 100}{5}$에 대하여 $E(Z) + \sigma(Z)$의 값은?

① -2　　② -1　　③ 0

④ 1　　⑤ 2

23

확률변수 X가 정규분포 $N(30, 2^2)$을 따를 때, 오른쪽 표준정규분포표를 이용하여 확률 $P(27 \le X \le 33)$의 값을 구하면?

z	$P(0 \le Z \le z)$
1.0	0.3413
1.5	0.4332

① 0.6826　　② 0.7745　　③ 0.8185

④ 0.8664　　⑤ 0.9572

24

확률변수 X가 정규분포 $N(40, 8^2)$을 따를 때, 오른쪽 표준정규분포표를 이용하여 $P(24 \le X \le 32)$의 값을 구하면?

z	$P(0 \le Z \le z)$
1.5	0.4332
1.0	0.3413
2.0	0.4772

① 0.0668　　② 0.1132　　③ 0.1359

④ 0.1872　　⑤ 0.2386

25

확률변수 X가 정규분포 $N(45, 5^2)$을 따를 때, 표준정규분포표를 이용하여 $P(45 \leq X \leq k) = 0.4772$ 를 만족시키는 실수 k의 값을 구하면?

z	$P(0 \leq Z \leq z)$
1.0	0.3413
1.5	0.4332
2.0	0.4772

① 40   ② 45   ③ 50

④ 55   ⑤ 60

26

확률변수 X가 정규분포 $N(15, 3^2)$을 따를 때, 표준정규분포표를 이용하여 $P(X \geq 15 + a) = 0.1587$ 을 만족시키는 실수 a의 값을 구하면?

z	$P(0 \leq Z \leq z)$
1.0	0.3413
1.5	0.4332
2.0	0.4772

① 1   ② 2   ③ 3

④ 4   ⑤ 5

27

정규분포 $N(10, 2^2)$, $N(10, 4^2)$을 따르는 확률변수를 각각 X, Y라 하면 $P(12 \leq X \leq 16) = P(14 \leq Y \leq a)$를 만족시킬 때, 상수 a의 값은?

① 18   ② 20   ③ 22

④ 24   ⑤ 26

28

확률변수 X는 정규분포 $N(9, 1^2)$을 따른다. 확률변수 $Y = 2X - 1$일 때, 확률정규분포표를 이용하여 $P(19 \leq Y \leq 20)$의 값을 구하면?

z	$P(0 \leq Z \leq z)$
0.5	0.1915
1.0	0.3413
1.5	0.4332

① 0.0919   ② 0.1498   ③ 0.2857

④ 0.4772   ⑤ 0.5328

유형 70 정규분포의 표준화의 활용 ★★

활용문제에서 정규분포 $N(m, \sigma^2)$을 따르는 확률변수 X가 주어지면, 표준정규분포 $N(0, 1)$을 따르는 $Z = \dfrac{X - m}{\sigma}$으로 표준화하여 표준정규분포표를 이용하여 문제를 해결한다.

29

지영이의 집에서 학교까지의 통학 시간을 확률변수 X(분)이라 할 때, X는 정규분포 $N(20, 5^2)$을 따른다. 지영이가 수업 시작 30분 전에 집에서 출발할 때, 지각할 확률은?

(단, $P(0 \leq Z \leq 2) = 0.4772$)

① 0.0228   ② 0.0475   ③ 0.0656

④ 0.0932   ⑤ 0.1228

30

다음은 어느 고등학교 2학년 학생의 성적표이다. 이 다섯 과목의 성적이 각각 정규분포를 따를 때, 상대적으로 가장 높은 점수의 과목은?

과목	국어	수학	영어	역사	음악
점수	80	82	90	70	58
과목 평균	60	60	80	55	50
표준편차	20	18	9	7	3

① 국어   ② 수학   ③ 영어

④ 역사   ⑤ 음악

31

어느 고등학교 학생들의 집에서 학교까지의 통학 거리를 조사하였더니 평균이 3 km, 표준편차가 0.5 km인 정규분포를 따른다고 한다. 이때, 통학거리가 3.5 km 이내인 학생들은 전체 학생의 몇 약 %인가?

(단, $P(0 \leq Z \leq 1) = 0.34$)

① 80 %   ② 82 %   ③ 84 %

④ 86 %   ⑤ 88 %

32

어느 고등학교 2학년 학생 1000명의 수학 성적을 조사하였더니 평균이 60점, 표준편차가 15점인 정규분포를 따른다고 한다. 학생들의 성적을 아래와 같이 다섯 개 등급으로 상대 평가하려고 할 때, 수학 성적이 75점인 학생의 등급은? (단, $P(0 \leq Z \leq 1) = 0.3413$)

등급	1등급	2등급	3등급	4등급	5등급
백분율(%)	10	20	40	20	10

① 1등급   ② 2등급   ③ 3등급
④ 4등급   ⑤ 5등급

33

어떤 고등학교 학생 100명의 수학 서술형 수행평가 결과가 평균이 8점, 표준편차가 0.8점인 정규분포를 따른다고 한다. 이 서술형 수행평가 결과가 9점 이상인 학생은 약 몇 명인가? (단, $P(0 \leq Z \leq 1.25) = 0.3944$)

① 8명   ② 10명   ③ 12명
④ 14명   ⑤ 16명

34

어떤 우유 회사에서 하루에 1만 개의 우유를 생산하고 있으며 생산되는 우유의 무게는 정규분포 $N(200, 5^2)$을 따른다고 한다. 제품 검사에서 무게가 190g 이하인 우유는 중량 미달로 판정할 때, 하루에 약 몇 개의 중량 미달 우유가 나오겠는가? (단, $P(0 \leq Z \leq 2) = 0.4772$)

① 224개   ② 226개   ③ 228개
④ 230개   ⑤ 232개

35

어느 회사의 입사시험에 응시한 수험생의 점수는 평균이 280점, 표준편차가 20점인 정규분포를 따른다. 입사시험에서 상위 20 %에 드는 수험생에게단 면접 기회가 주어질 때, 면접 대상자가 되기 위해서는 최소한 몇 점 이상이어야 하는가? (단, 입사시험 점수는 정수이다.)

z	$P(0 \leq Z \leq z)$
0.25	0.1
0.52	0.2
0.84	0.3
1.28	0.4

① 293점   ② 295점   ③ 297점
④ 299점   ⑤ 301점

유형 71 이항분포와 정규분포의 관계   ★

이항분포 $B(n, p)$	n이 충분히 크면 →	정규분포 $N(np, npq)$

(ⅰ) 문제에서 독립시행의 횟수와 확률이 있으면 이항분포로 나타낸다.

(ⅱ) n이 충분히 크면 정규분포로 나타낸다.

(ⅲ) 정규분포를 표준화하고, 표준정규분포표를 이용하여 확률을 구한다.

36

확률변수 X가 이항분포 $B\left(162, \dfrac{2}{3}\right)$를 따를 때, $P(X \geq 102)$의 값은?

z	$P(0 \leq Z \leq z)$
1.0	0.3413
1.5	0.4332
2.0	0.4772

① 0.0228   ② 0.1359   ③ 0.1587
④ 0.6826   ⑤ 0.8413

37

한 개의 주사위를 180번 던져서 3의 눈이 나오는 횟수를 확률변수 X라 할 때, $P(X \geq 40)$의 값은?

(단, $P(0 \leq Z \leq 2) = 0.4772$)

① 0.0228   ② 0.1359   ③ 0.1587
④ 0.6826   ⑤ 0.8413

38

서로 다른 두 개의 주사위를 720번 던질 때, 두 눈의 수가 같은 경우가 110번 이상 140번 이하로 나올 확률은?

z	$P(0 \leq Z \leq z)$
1.0	0.3413
1.5	0.4332
2.0	0.4772

① 0.7745 ② 0.8185 ③ 0.8400
④ 0.9572 ⑤ 0.9759

39

어느 마을을 운행하는 버스가 A정류장에 있는 운행표대로 정류장에 도착할 확률이 통계적으로 0.9라고 한다. 이 버스가 400회 운행할 때, 운행표대로 A정류장에 도착하는 횟수가 363회 이상 369회 이하가 될 확률은?

(단, $P(0 \leq Z \leq 0.5) = 0.1915$, $P(0 \leq Z \leq 1.5) = 0.4332$)

① 0.0668 ② 0.2417 ③ 0.3085
④ 0.5166 ⑤ 0.6247

40

어느 기계에서 생산된 제품 중 10 %가 불량품이라고 한다. 제품 중에서 임의로 100개를 택했을 때, 불량품이 7개 이하일 확률은? (단, $P(0 \leq Z \leq 1) = 0.3413$)

① 0.1587 ② 0.2832 ③ 0.4017
④ 0.5413 ⑤ 0.6826

41

어느 농구 선수가 하프라인에서 슛을 시도하면 3번 중 2번 꼴로 성공한다고 한다. 이 선수가 하프라인에서 72번 슛을 시도할 때, 54번 이상으로 성공할 확률은?

(단, $P(0 \leq Z \leq 1.5) = 0.4332$)

① 0.0668 ② 0.1587 ③ 0.2417
④ 0.3085 ⑤ 0.4153

42

흰 공 2개와 파란 공 2개가 들어 있는 주머니에서 동시에 공을 두 개 꺼내어 색을 확인하고 다시 집어

z	$P(0 \leq Z \leq z)$
0.4	0.1554
0.8	0.2881
1.2	0.3849

넣는 과정을 450회 반복 시행할 때, 서로 다른 색의 공이 나오는 횟수를 확률변수 X라 하자. $P(288 \leq X \leq 296)$의 값은?

① 0.0968 ② 0.1327 ③ 0.2295
④ 0.3108 ⑤ 0.4435

43

어느 드라마의 시청률이 20%로 조사되었다. 임의로 400명의 시청자에게 이 드라마의 시청 여부를 물었을 때, 이들 중 84명 이상이 이 드라마를 시청한다고 답할 확률은?

(단, $P(0 \leq Z \leq 0.5) = 0.1915$)

① 0.3085 ② 0.3830 ③ 0.4685
④ 0.5375 ⑤ 0.6915

44

동전 한 개를 100번 던질 때 앞면이 60번 이상 나올 확률과 한 개의 주사위를 1600번 던질 때 짝수의 눈이 a번 이상 나올 확률이 같다고 한다. 이때, a의 값은?

① 810 ② 820 ③ 830
④ 840 ⑤ 850

45

동전 한 개를 256번 던질 때 앞면이 120번 이하로 나올 확률과 동전 2개를 동시에 던지는 시행을 1200번 반복할 때 2개 모두 앞면이 나오는 횟수가 a번 이상일 확률이 같다고 한다. 이때, a의 값은?

① 270 ② 285 ③ 300
④ 315 ⑤ 330

15 DAY

01 ☆

연속확률변수 X는 $0 \leq x \leq 3$에서 정의되었고, X의 확률밀도함수 $y=f(x)$의 그래프가 그림과 같을 때, 상수 a의 값은?

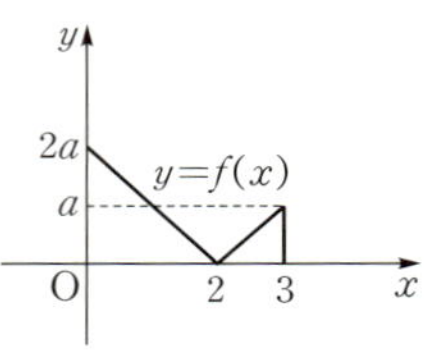

① $\dfrac{1}{10}$　　② $\dfrac{1}{5}$　　③ $\dfrac{3}{10}$

④ $\dfrac{2}{5}$　　⑤ $\dfrac{1}{2}$

02 ☆☆

연속확률변수 X는 $0 \leq x \leq 5$에서 정의되었고, X의 확률밀도함수 $y=f(x)$의 그래프가 그림과 같을 때, $P(0 \leq X \leq 2)$의 값은?

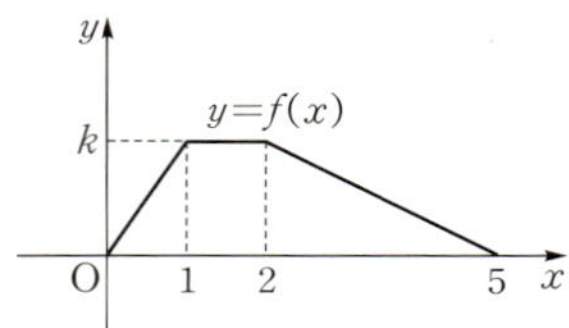

① $\dfrac{1}{2}$　　② $\dfrac{2}{3}$　　③ $\dfrac{3}{5}$

④ $\dfrac{4}{7}$　　⑤ $\dfrac{5}{9}$

03 ☆☆

연속확률변수 X의 확률밀도함수 $f(x)$가

$$f(x)=\begin{cases} \dfrac{1}{9}x+\dfrac{1}{3} & (-3 \leq x \leq 0) \\ -\dfrac{1}{9}x+\dfrac{1}{3} & (0 \leq x \leq 3) \end{cases}$$

일 때, $P(-2 \leq X \leq 2)$의 값은?

① $\dfrac{6}{7}$　　② $\dfrac{7}{8}$　　③ $\dfrac{8}{9}$

④ $\dfrac{9}{10}$　　⑤ $\dfrac{10}{11}$

04 ☆☆

정규분포 $N(m, \sigma^2)$을 따르는 확률변수 X에 대하여 $P(X \geq 22)=P(X \leq 28)$일 때, 상수 m의 값은?

① 15　　② 20　　③ 25

④ 30　　⑤ 35

05 ☆

확률변수 X가 정규분포 $N(22, 4^2)$을 따를 때, 표준정규분포표를 이용하여 확률 $P(17 \leq X \leq 28)$의 값을 구하면?

z	$P(0 \leq Z \leq z)$
1.25	0.3944
1.5	0.4332
1.75	0.4599
2.0	0.4772

① 0.8276　　② 0.8543　　③ 0.8716

④ 0.8931　　⑤ 0.9371

06 ☆☆

확률변수 X가 이항분포 $B\left(1800, \dfrac{1}{3}\right)$을 따를 때, $P(X \leq 560)$의 값은?

z	$P(0 \leq Z \leq z)$
1.0	0.3413
1.5	0.4332
2.0	0.4772

① 0.0228　　② 0.0440　　③ 0.1668

④ 0.1359　　⑤ 0.1587

07 ☆☆ 첨삭 해설　　　　[2017년 고3(나) 7월]

어느 양계장에서 생산하는 계란 1개의 무게는 평균이 52g, 표준편차가 8g인 정규분포를 따른다고 한다. 이 양계장에서 생산하는 계란 중 임의로 1개를 선택할 때, 이 계란의 무게가 60g 이상이고 68g 이하일 확률을 오른쪽 표준정규분포표를 이용하여 구한 것은?

z	$P(0 \leq Z \leq z)$
1.0	0.3413
1.5	0.4332
2.0	0.4772
2.5	0.4938
3.0	0.4987

① 0.0440　　② 0.0655　　③ 0.0919

④ 0.1359　　⑤ 0.1525

08 ☆☆

연속확률변수 X는 $0 \le x \le b$에서 정의되었고, X의 확률밀도함수 $y=f(x)$의 그래프가 다음과 같다.

$P(0 \le X \le a) = \dfrac{1}{3}$일 때, $\dfrac{b}{a}$의 값은?

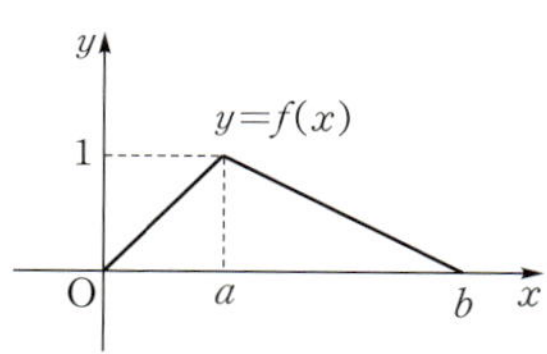

① $\dfrac{3}{2}$ ② 2   ③ $\dfrac{5}{2}$

④ 3   ⑤ $\dfrac{7}{2}$

09 ☆☆

어느 회사의 세탁기는 소량 쾌속 모드로 한 번 세탁하는데 걸리는 시간이 평균 30분, 표준편차 2분인 정규분포를 따른다고 한다. 이 세탁기의 소량 쾌속 모드로 한 번 세탁할 때, 세탁하는데 걸리는 시간이 33분 이상일 확률을 표준정규분포표를 이용하여 구한 것은?

z	$P(0 \le Z \le z)$
0.5	0.1915
1.0	0.3413
1.5	0.4332
2.0	0.4772

① 0.0228   ② 0.0668   ③ 0.1587

④ 0.2708   ⑤ 0.3085

10 ☆☆

20명을 모집하는 어느 회사 입사시험에 1000명이 응시하였다. 수험생의 시험 성적은 평균이 70점, 표준편차가 10점인 정규분포를 따른다고 할 때, 표준정규분포표를 이용하여 합격자의 최저 점수는?

z	$P(0 \le Z \le z)$
1.0	0.34
1.5	0.43
2.0	0.48

① 75   ② 80   ③ 85

④ 90   ⑤ 95

11 |단답형| ☆☆☆ 첨삭 해설   [2018년 수능(가)]

확률변수 X가 평균이 m, 표준편차가 σ인 정규분포를 따르고

$$P(X \le 3) = P(3 \le X \le 80) = 0.3$$

일 때, $m + \sigma$의 값을 구하시오.

(단, Z가 표준정규분포를 따르는 확률변수일 때, $P(0 \le Z \le 0.25) = 0.1$, $P(0 \le Z \le 0.52) = 0.2$로 계산한다.)

12 ☆☆☆ 첨삭 해설   [2018년 고3(나) 9월]

확률변수 X는 평균이 m, 표준편차가 σ인 정규분포를 따르고 다음 등식을 만족시킨다.

$$P(m \le X \le m+12) - P(X \le m-12) = 0.3664$$

오른쪽 표준정규분포표를 이용하여 σ의 값을 구한 것은?

z	$P(0 \le Z \le z)$
0.5	0.1915
1.0	0.3413
1.5	0.4332
2.0	0.4772

① 4   ② 6

③ 8   ④ 10

⑤ 12

13 |서술형| ☆☆

한 개의 주사위를 450번 던질 때 5 이상의 숫자가 160번 이상 나올 확률과 한 개의 주사위를 100번 던질 때 소수의 눈이 k번 이하로 나올 확률의 합이 1일 때, k의 값을 구하시오.

Simple N 통계적 추정

29 모집단과 표본

(1) **모집단과 표본** : 통계 조사에서 조사하고자 하는 대상 전체를 **모집단**이라고 하며, 조사하기 위하여 모집단에서 뽑은 일부분을 **표본**이라고 한다.

(2) **전수조사와 표본조사** : 통계 조사에서 모집단 전체를 조사하는 것을 **전수조사**라고 하며, 모집단에서 뽑은 표본을 조사하는 것을 **표본조사**라고 한다. 또 표본조사에서 뽑은 표본의 개수를 **표본의 크기**라고 한다.

30 모평균과 표본평균

(1) **모평균, 모분산, 모표준편차** : 어느 모집단에서 조사하고자 하는 특성을 나타내는 확률변수를 X라고 할 때, X의 평균, 분산, 표준편차를 각각 **모평균, 모분산, 모표준편차**라고 하며, 이것을 기호로 각각 m, σ^2, σ와 같이 나타낸다.

(2) **표본평균, 표본분산, 표본표준편차** : 모집단에서 임의추출한 크기가 n인 표본에서 각 대상을 X_1, X_2, $\cdots$, X_n이라고 할 때, 이들의 평균, 분산, 표준편차를 각각 **표본평균, 표본분산, 표본표준편차**라고 하며, 이것을 기호로 각각 $\overline{X}$, S^2, S와 같이 나타낸다.

31 표본평균의 분포

정규분포 $\mathrm{N}(m, \sigma^2)$을 따르는 모집단에서 크기가 n인 표본을 임의추출할 때의 표본평균을 $\overline{X}$라고 할 때, $\overline{X}$는 정규분포 $\mathrm{N}\left(m, \dfrac{\sigma^2}{n}\right)$을 따른다.

32 모평균의 추정

(1) **모평균의 신뢰구간**

정규분포 $\mathrm{N}(m, \sigma^2)$을 따르는 모집단에서 크기가 n인 표본을 임의추출할 때의 표본평균을 $\overline{X}$라고 할 때, 모평균 m의 신뢰구간은 다음과 같다.

① 신뢰도 95%의 신뢰구간 : $\overline{X} - 1.96 \dfrac{\sigma}{\sqrt{n}} \leq m \leq \overline{X} + 1.96 \dfrac{\sigma}{\sqrt{n}}$

② 신뢰도 99%의 신뢰구간 : $\overline{X} - 2.58 \dfrac{\sigma}{\sqrt{n}} \leq m \leq \overline{X} + 2.58 \dfrac{\sigma}{\sqrt{n}}$

(2) **모평균의 신뢰구간의 길이** : $2k \times \dfrac{\sigma}{\sqrt{n}}$

신뢰도 95%일 때 $k=1.96$, 신뢰도 99%일 때 $k=2.58$

- 한 개의 자료를 추출한 후 되돌려 놓고 다시 추출하는 것을 '복원추출'이라고 하고, 되돌려 놓지 않고 다시 추출하는 것을 '비복원추출'이라고 한다.

- 표본평균의 평균, 분산, 표준편차

모평균이 m이고 모표준편차가 σ인 모집단에서 임의추출한 크기가 n인 표본의 표본평균 $\overline{X}$에 대하여

① $\mathrm{E}(\overline{X}) = m$

② $\mathrm{V}(\overline{X}) = \dfrac{\sigma^2}{n}$

③ $\sigma(\overline{X}) = \dfrac{\sigma}{\sqrt{n}}$

- 표준정규분포표를 이용하면

$\mathrm{P}(-1.96 \leq Z \leq 1.96) = 0.95$

임을 알 수 있다. 이 식에

$Z = \dfrac{\overline{X} - m}{\dfrac{\sigma}{\sqrt{n}}}$을 대입하여 정리하면, 신뢰도 95%의 신뢰구간 식이 얻어진다. 신뢰도 99%의 신뢰구간도 마찬가지 방법으로 구할 수 있다.

개념 CHECK

정답 및 해설 p. 92

[01~03] 다음 빈칸에 알맞은 것을 써 넣으시오.

01 모집단의 일부분을 조사하는 것을 [　　　　]라고 한다.

02 정규분포 $\mathrm{N}(m, \sigma^2)$을 따르는 모집단에서 임의추출한 크기가 n인 표본의 표본평균을 $\overline{X}$라고 할 때, $\overline{X}$는 정규분포 [　　　　]을 따른다.

03 모평균의 신뢰구간의 길이는 [　　　　　]

[04~06] 옳은 것에 ○표, 옳지 <u>않은</u> 것에 ×표를 하시오.

04 전구의 평균 수명 시간은 전수조사보다는 표본조사가 적합하다. (　　　)

05 표본의 크기가 커질수록 표본평균의 평균은 작아진다. (　　　)

06 표본의 크기가 일정할 때, 신뢰도가 높아지면 신뢰구간의 길이는 길어진다. (　　　)

29 모집단과 표본

[07~08] 다음 통계조사에서 전수조사와 표본조사 중 어느 것이 적합한지 결정하시오.

07 인구 주택 총 조사

08 특정 TV 프로그램의 시청률 조사

[09~10] 다음 통계조사에서 모집단과 표본을 각각 쓰시오.

09 A여론 조사 기관에서 유권자를 대상으로 지지하는 후보를 알아보기 위하여 성인남녀 2000명을 뽑아 실시한 지지도 조사
 • 모집단 :　　　　　　　• 표본 :

10 어느 공장에서 생산하는 전구의 평균 수명을 알아 보기 위하여 이 공장에서 임의추출한 200개의 전구를 뽑아 실시한 평균 수명 조사
 • 모집단 :
 • 표본 :

30 모평균과 표본평균

[11~14] 다음 모집단에 대하여 표본평균 $\overline{X}$의 평균 $\mathrm{E}(\overline{X})$와 표준편차 $\sigma(\overline{X})$를 각각 구하시오.

11 모평균이 30, 모표준편차가 10인 모집단에서 임의추출한 표본의 크기가 25인 표본평균 $\overline{X}$
 • $\mathrm{E}(\overline{X})$:　　　　　• $\sigma(\overline{X})$:

12 모평균이 10, 모표준편차가 5인 모집단에서 임의추출한 표본의 크기가 100인 표본평균 $\overline{X}$
 • $\mathrm{E}(\overline{X})$:　　　　　• $\sigma(\overline{X})$:

13 모평균이 20, 모분산이 16인 모집단에서 임의추출한 표본의 크기가 16인 표본평균 $\overline{X}$
 • $\mathrm{E}(\overline{X})$:　　　　　• $\sigma(\overline{X})$:

14 모평균이 40, 모분산이 9인 모집단에서 임의추출한 표본의 크기가 25인 표본평균 $\overline{X}$
 • $\mathrm{E}(\overline{X})$:　　　　　• $\sigma(\overline{X})$:

31 표본평균의 분포

[15~16] 다음은 표본평균의 분포에 관한 설명이다. 참, 거짓을 판정하시오.

15 표본의 크기가 커질수록 표본평균의 평균도 커진다.

16 표본의 크기가 커질수록 표본평균의 표준편차는 작아진다.

32 모평균의 추정

[17~18] 정규분포 $\mathrm{N}(m,\,1^2)$을 따르는 모집단에서 크기가 25인 표본을 임의추출할 때, 다음 물음에 답하시오.

17 표본평균이 20일 때, 모평균 m의 신뢰도 95 %의 신뢰구간 (단, $\mathrm{P}(|Z|\leq1.96)=0.95$)

18 표본평균이 50일 때, 모평균 m의 신뢰도 99 %의 신뢰구간 (단, $\mathrm{P}(|Z|\leq2.58)=0.99$)

[19~20] 어느 모집단에서 크기가 16인 표본을 임의추출하여 평균과 표준편차를 조사한 결과, 평균이 50, 표준편차가 2일 때, 다음 물음에 답하시오.

19 모평균의 신뢰도 95 %의 신뢰구간
 (단, $\mathrm{P}(|Z|\leq1.96)=0.95$)

20 모평균의 신뢰도 99 %의 신뢰구간
 ($\mathrm{P}(|Z|\leq2.58)=0.99$)

[21~22] 어느 모집단이 정규분포를 따르고, 임의추출한 표본 100개의 표준편차가 0.5일 때, 다음 물음에 답하시오.

21 신뢰도 95 %로 추정한 모평균의 신뢰구간의 길이
 (단, $\mathrm{P}(|Z|\leq1.96)=0.95$)

22 신뢰도 99 %로 추정한 모평균의 신뢰구간의 길이
 ($\mathrm{P}(|Z|\leq2.58)=0.99$)

16 DAY

유형 72 전수조사와 표본조사 ★

① 전수조사 : 모집단 전체를 조사하는 것

  예 인구 주택 총 조사

② 표본조사 : 모집단의 일부에서 뽑은 표본을 조사하는 것

  예 건전지 수명, 시청률, 평균 독서량 등

23

다음 〈보기〉 중에서 전수조사에 대한 설명인 것만을 있는 대로 고르시오.

[보기]

ㄱ. 연구 대상이라고 생각되는 모든 부분을 전부 조사한다.

ㄴ. 시간과 비용이 적게 든다.

ㄷ. 모집단이 적은 경우 측정의 정도를 높이기 위해 활용한다.

ㄹ. 조사 대상 전체 중 일부분을 선출하여 전체를 조사한다.

ㅁ. 경제성과 신속성이 떨어진다.

ㅂ. 인구 주택 총 조사에 적당하다.

24

다음 〈보기〉의 통계조사 중에서 표본조사가 적합한 것만을 있는 대로 고른 것은?

[보기]

ㄱ. 특정 회사 무선청소기의 평균 충전 시간

ㄴ. 어느 TV 프로그램의 시청률

ㄷ. 고등학생의 하루 평균 휴대 전화 사용 시간

ㄹ. 인구 주택 총 조사

ㅁ. 청소년들의 한 달 평균 독서량

① ㄱ, ㄹ, ㅁ ② ㄱ, ㄴ, ㄷ ③ ㄱ, ㄷ, ㄹ

④ ㄴ, ㄷ, ㄹ, ㅁ ⑤ ㄱ, ㄴ, ㄷ, ㅁ

유형 73 표본평균의 평균과 분산 (1) ★

(i) 문제에 주어진 자료에서 모평균 m과 모표준편차 σ를 구한다.

(ii) 임의추출한 표본의 크기가 n인 표본평균 $\overline{X}$에 대하여

$$\mathrm{E}(\overline{X})=m,\ \mathrm{V}(\overline{X})=\frac{\sigma^2}{n},\ \sigma(\overline{X})=\frac{\sigma}{\sqrt{n}}\ \text{임을 이용한다.}$$

25

숫자 1, 2, 3, 4가 하나씩 적혀 있는 4장의 카드를 모집단으로 할 때, 크기가 2인 표본을 복원추출하는 방법의 수는?

① 1 ② 2 ③ 4

④ 8 ⑤ 16

26

1부터 3까지의 숫자가 각각 하나씩 적힌 카드 세 장이 들어 있는 모집단에서 임의추출한 한 장의 카드에 적힌 숫자를 확률변수 X라 하자. 이 모집단에서 크기가 2인 표본을 복원추출할 때, 표본평균 $\overline{X}$의 평균을 a, 분산을 b라 할 때, $a+3b$의 값은?

① 1 ② 2 ③ 3

④ 4 ⑤ 5

27

다음 그래프에서 파란색 정규분포곡선은 확률변수 X의 확률밀도함수의 그래프이다. 이 모집단에서 크기 5인 표본을 임의추출할 때, 표본평균 $\overline{X}$에 대하여 다음 중 $Y=\overline{X}+10$의 분포를 나타내는 그래프 개형은?

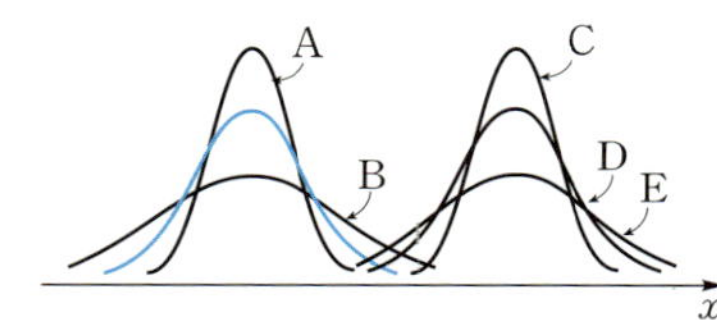

① A ② B ③ C

④ D ⑤ E

모집단의 분포가 주어진 경우

① 모평균 m과 모표준편차 σ가 주어진 경우,

임의추출한 표본의 크기가 n인 표본평균 $\overline{X}$에 대하여

$$\mathrm{E}(\overline{X})=m,\ \mathrm{V}(\overline{X})=\frac{\sigma^2}{n},\ \sigma(\overline{X})=\frac{\sigma}{\sqrt{n}}\text{이다.}$$

② 모집단이 정규분포 $\mathrm{N}(m,\sigma^2)$를 따르는 경우,

표본평균 $\overline{X}$는 정규분포 $\mathrm{N}\!\left(m,\ \dfrac{\sigma^2}{n}\right)$을 따른다.

28

모평균과 모표준편차가 모두 10인 모집단에서 크기가 25인 표본을 임의추출할 때, 표본평균 $\overline{X}$의 평균과 표준편차의 합은?

① 11   ② 12   ③ 13
④ 14   ⑤ 15

29

정규분포 $\mathrm{N}(100,\ 2^2)$을 따르는 모집단에서 크기가 4인 표본을 임의추출할 때, 표본평균 $\overline{X}$가 따르는 분포는?

① $\mathrm{N}(100,\ 1)$ ② $\mathrm{N}(100,\ 2)$ ③ $\mathrm{N}(100,\ 4)$
④ $\mathrm{N}(25,\ 1)$ ⑤ $\mathrm{N}(25,\ 2)$

30

정규분포 $\mathrm{N}(50,\ 4^2)$을 따르는 모집단에서 크기가 4인 표본을 임의추출할 때, 표본평균 $\overline{X}$의 평균과 분산의 합은?

① 51   ② 52   ③ 53
④ 54   ⑤ 55

31

정규분포 $\mathrm{N}(120,\ 10^2)$을 따르는 어떤 모집단에서 크기 25인 표본을 임의추출하여 그 표본평균을 $\overline{X}$라 하자. 할 때, $\mathrm{P}(117\le\overline{X}\le124)$의 값은?

z	$\mathrm{P}(0\le Z\le z)$
1.5	0.4332
2.0	0.4772
2.5	0.4938

① 0.8664   ② 0.9104   ③ 0.9544
④ 0.9710   ⑤ 0.9938

32

어느 고등학교 학생의 몸무게는 평균이 60kg, 표준편차가 5kg인 정규분포를 따른다고 한다. 이 학교의 학생들 중에서 100명의 학생을 임의추출하여 그 몸무게를 조사할 때, 몸무게의 표본평균이 60.6kg 이상일 확률을 표준정규분포표를 이용하여 구한 것은?

z	$\mathrm{P}(0\le Z\le z)$
0.6	0.2257
0.8	0.2881
1.0	0.3413
1.2	0.3849

① 0.0968   ② 0.1151   ③ 0.1587
④ 0.2119   ⑤ 0.2743

33

어느 회사 직원들의 하루 평균 수면시간은 평균 360분, 표준편차가 100분인 정규분포를 따른다고 한다. 이 회사의 직원들 중에서 임의추출한 25명의 하루 수면시간의 평균이 396분 이하일 확률을 표준정규분포표를 이용하여 구한 것은?

z	$\mathrm{P}(0\le Z\le z)$
1.6	0.4452
1.7	0.4554
1.8	0.4641
1.9	0.4713

① 0.9365   ② 0.9452   ③ 0.9554
④ 0.9641   ⑤ 0.9713

유형 **75**　모평균의 추정 – 모표준편차가 주어진 경우 ★★

정규분포 $N(m, \sigma^2)$을 따르는 모집단에서 크기가 n인 표본을 임의
추출할 때의 표본평균을 $\overline{X}$라고 할 때,

① 신뢰도 95 %의 신뢰구간 : $\overline{X} - 1.96 \dfrac{\sigma}{\sqrt{n}} \leq m \leq \overline{X} + 1.96 \dfrac{\sigma}{\sqrt{n}}$

② 신뢰도 99 %의 신뢰구간 : $\overline{X} - 2.58 \dfrac{\sigma}{\sqrt{n}} \leq m \leq \overline{X} + 2.58 \dfrac{\sigma}{\sqrt{n}}$

34

정규분포 $N(m, 4^2)$을 따르는 모집단에서 임의로 추출한
크기가 16인 표본의 표본평균이 100일 때, 모평균 m을 신
뢰도 95 %로 추정하면? (단, $P(|Z| \leq 2) = 0.95$)

① $99 \leq m \leq 101$　　　　② $98 \leq m \leq 102$

③ $97 \leq m \leq 103$　　　　④ $96 \leq m \leq 104$

⑤ $95 \leq m \leq 105$

35

어느 과수원에서 키우는 수박의 무게는 표준편차가 0.2 kg
인 정규분포를 따른다고 한다. 이 과수원에서 400개의 수
박을 임의로 추출하여 그 무게를 조사하였더니 평균이
4.5 kg이었을 때, 과수원의 전체 수박의 평균 무게 m을 신
뢰도 95 %로 추정하면? (단, $P(|Z| \leq 2) = 0.95$)

① $4.44 \leq m \leq 4.48$　　　② $4.45 \leq m \leq 4.49$

③ $4.46 \leq m \leq 4.50$　　　④ $4.47 \leq m \leq 4.51$

⑤ $4.48 \leq m \leq 4.52$

36

어느 휴대폰 제조회사에서 생산되는 휴대폰의 경우, 배터
리가 완전히 방전되었을 때 다시 100 %로 충전하는데 걸
리는 시간은 표준편차가 1시간인 정규분포를 따른다고 한
다. 이 회사에서 생산된 휴대폰 중에서 100개를 임의로 추
출하여 완전히 방전한 후 다시 100 %로 충전하는데 걸리
는 시간을 조사하였더니 평균이 3시간이었다. 이때, 이 회
사에서 생산되는 휴대폰의 100 % 충전 시간의 평균 m을
신뢰도 99 %로 추정하면? (단, $P(|Z| \leq 2.58) = 0.99$)

① $2.766 \leq m \leq 3.234$　　② $2.754 \leq m \leq 3.246$

③ $2.742 \leq m \leq 3.258$　　④ $2.732 \leq m \leq 3.268$

⑤ $2.728 \leq m \leq 3.272$

유형 **76**　모평균의 추정 – 모표준편차가 주어지지 않은 경우 ★★

표본의 크기가 크고 모표준편차가 주어지지 않은 경우는 모표준편
차 대신 표본표준편차를 사용한다.

37

어느 모집단에서 크기가 121인 표본을 임의로 추출하여 평
균과 표준편차를 조사한 결과 평균이 20, 표준편차가 11이
라고 한다. 모평균 m을 신뢰도 95 %로 추정하면?

$$\text{(단, } P(|Z| \leq 1.96) = 0.95)$$

① $18.14 \leq m \leq 21.86$　　② $18.09 \leq m \leq 21.91$

③ $18.04 \leq m \leq 21.96$　　④ $17.99 \leq m \leq 22.01$

⑤ $17.94 \leq m \leq 22.06$

38

어느 회사에서 생산하는 음료수 캔 100개를 임의로 추출
하여 그 무게를 조사하였더니 평균이 100 g, 표준편차가
20 g이었다. 이 회사에서 생산한 음료수 캔의 평균 무게 m
을 신뢰도 95 %로 추정하면? (단, $P(|Z| \leq 2) = 0.95$)

① $94 \leq m \leq 106$　　　　② $95 \leq m \leq 105$

③ $96 \leq m \leq 104$　　　　④ $97 \leq m \leq 103$

⑤ $98 \leq m \leq 102$

39

어떤 시험에 응시한 수험생 중에서 임의로 추출한 400명의
학생들의 성적이 평균 50점, 표준편차 20점일 때, 이 시험
에 응시한 전체 수험생의 평균 성적 m을 신뢰도 99 %로
추정하면? (단, $P(|Z| \leq 2.5) = 0.99$)

① $48.5 \leq m \leq 51.5$　　　② $47.5 \leq m \leq 52.5$

③ $46.5 \leq m \leq 53.5$　　　④ $45.5 \leq m \leq 54.5$

⑤ $44.5 \leq m \leq 55.5$

유형 77 표본의 크기와 신뢰구간의 길이 ★

모평균의 신뢰구간의 길이는 $2k \times \dfrac{\sigma}{\sqrt{n}}$ 이다.

신뢰도 95 %일 때 $k=1.96$, 신뢰도 99 %일 때 $k=2.56$

40

어느 모집단에서 임의추출한 표본 400개의 표준편차가 10일 때, 신뢰도 99 %로 추정한 모평균의 신뢰구간의 길이는? (단, $P(|Z| \leq 2.58)=0.99$)

① 1.98 ② 2.18 ③ 2.38

④ 2.58 ⑤ 2.78

41

정규분포 $N(m, \sigma^2)$를 따르는 모집단에서 표본을 추출하여 모평균을 추정하려고 할 때, 모평균 m의 신뢰구간에 대한 다음 〈보기〉의 설명 중 옳은 것만을 있는 대로 고르면?

[보기]

ㄱ. 표본의 크기가 일정할 때, 신뢰도가 높아지면 신뢰구간의 길이는 길어진다.

ㄴ. 신뢰도가 일정할 때, 표본의 크기가 커지면 신뢰구간의 길이는 짧아진다.

ㄷ. 신뢰도를 낮추면서 표본의 크기를 크게 하면 신뢰구간의 길이는 길어진다.

① ㄱ ② ㄴ ③ ㄱ, ㄴ

④ ㄱ, ㄷ ⑤ ㄱ, ㄴ, ㄷ

42

표준편차가 8인 정규분포를 따르는 모집단에서 크기가 n인 표본을 임의추출하여 신뢰도 99 %로 모평균을 추정할 때, 신뢰구간의 길이가 2 이하가 되도록 하는 n의 최솟값은? (단, $(|Z| \leq 2.5)=0.99$)

① 49 ② 64 ③ 81

④ 100 ⑤ 400

43

정규분포 $N(m, 5^2)$을 따르는 모집단에서 임의로 추출한 크기가 n인 표본의 표본평균을 $\overline{X}$라 하자.
$P(m-1 \leq \overline{X} \leq m+1)$
$=0.8904$
일 때, 표준정규분포표를 이용하여 n의 값을 구하면?

z	$P(0 \leq Z \leq z)$
1.5	0.4332
1.6	0.4452
1.7	0.4554
1.8	0.4641

① 25 ② 36 ③ 49

④ 64 ⑤ 81

44

어느 인터넷 사이트의 이메일 계정을 가지고 있는 사람들이 하루 평균 받는 이메일의 개수는 표준편차가 8인 정규분포를 따른다고 한다. 이 사람들 중 임의추출한 256명의 사람들의 하루 평균 받는 이메일의 개수를 조사할 때, 신뢰도 95 %로 추정한 모평균의 신뢰구간의 길이는?
(단, $P(|Z| \leq 1.96)=0.95$)

① 0.98 ② 1.96 ③ 2.58

④ 3.92 ⑤ 4.98

45

어느 고등학교의 학생들의 하루 평균 독서 시간은 표준편차가 20분인 정규분포를 따른다고 한다. 이 고등학교 학생 중 임의로 n명을 뽑아 하루 평균 독서 시간을 조사하였더니 평균이 100분이었을 때, 이 학교 학생들의 하루 평균 독서 시간 m을 신뢰도 95 %로 추정한 신뢰구간이 $96 \leq m \leq 104$이었다. 이때, n의 값은?
(단, $P(|Z| \leq 2)=0.95$)

① 100 ② 200 ③ 300

④ 400 ⑤ 500

16 DAY

01 ☆

다음은 어떤 모집단의 확률분포표이다.

X	10	20	30	합계
$P(X=x)$	$\dfrac{1}{2}$	a	$\dfrac{1}{2}-a$	1

이 모집단에서 크기가 2인 표본을 복원추출하여 구한 표본평균을 $\overline{X}$라 하자. $\overline{X}$의 평균이 18일 때, a의 값은?

① $\dfrac{1}{5}$　　② $\dfrac{2}{5}$　　③ $\dfrac{3}{5}$

④ $\dfrac{1}{3}$　　⑤ $\dfrac{2}{3}$

02 ☆

주머니 속에 1에서 5까지의 숫자가 각각 하나씩 적힌 탁구공이 5개 들어 있다. 이 중에서 2개의 탁구공을 복원추출할 때, 탁구공에 적힌 숫자의 표본평균 $\overline{X}$에 대하여 $E(4\overline{X}+3)$의 값은?

① 15　　② 25　　③ 35

④ 45　　⑤ 55

03 ☆☆　첨삭 해설

어떤 모집단의 확률변수 X의 확률분포가 아래 표와 같다. 이 모집단에서 크기가 5인 표본을 복원추출할 때, 표본평균 $\overline{X}$의 평균을 a, 분산을 b라 하면 ab의 값은?

X	1	2	3	합계
$P(X=x)$	$\dfrac{1}{4}$	$\dfrac{1}{2}$	$\dfrac{1}{4}$	1

① $\dfrac{1}{2}$　　② $\dfrac{1}{3}$　　③ $\dfrac{1}{4}$

④ $\dfrac{1}{5}$　　⑤ $\dfrac{1}{6}$

04 ☆☆

분산이 0.5인 모집단에서 크기가 n인 표본을 임의추출할 때, 표본평균 $\overline{X}$의 분산이 0.02 이상이 되도록 하는 n의 최댓값은?

① 21　　② 22　　③ 23

④ 24　　⑤ 25

05 ☆☆☆　첨삭 해설　[2015년 고3(A) 10월]

어느 회사에서 생산된 야구공의 무게는 평균이 144.9 g, 표준편차가 6 g인 정규분포를 따른다고 한다. 이 회사에서 생산된 야구공 중 임의로 선택한 야구공 9개 무게의 표본평균이 141.7 g 이상 148.9 g 이하일 확률을 오른쪽 표준정규분포표를 이용하여 구한 것은?

z	$P(0 \leq Z \leq z)$
1.6	0.4452
1.7	0.4554
1.8	0.4641
1.9	0.4713
2.0	0.4772

① 0.9165　　② 0.9224　　③ 0.9267

④ 0.9282　　⑤ 0.9413

06 ☆☆

어느 고등학교 학생 400명을 임의추출하여 키를 조사한 결과 평균이 168 cm, 표준편차가 10 cm이었다. 이 학교 학생의 키의 평균 m에 대하여 신뢰도 95 %인 신뢰구간은? (단, $P(-2 \leq Z \leq 2)=0.95$)

① $165 \leq m \leq 171$　　② $166 \leq m \leq 170$

③ $167 \leq m \leq 169$　　④ $168 \leq m \leq 170$

⑤ $169 \leq m \leq 171$

07 ☆☆　[2007년 수능(나)]

어느 공장에서 생산되는 탁구공을 일정한 높이에서 강철 바닥에 떨어뜨렸을 때 탁구공이 튀어 오른 높이는 정규분포를 따른다고 한다. 이 공장에서 생산된 탁구공 중 임의추출한 100개에 대하여 튀어 오른 높이를 측정하였더니 평균이 245, 표준편차가 20이었다. 이 공장에서 생산되는 탁구공 전체의 튀어 오른 높이의 평균에 대한 신뢰도 95 %의 신뢰구간에 속하는 정수의 개수는? (단, 높이의 단위는 mm이고, Z가 표준정규분포를 따를 때 $P(0 \leq Z \leq 1.96)=0.4750$이다.)

① 5　　② 6　　③ 7

④ 8　　⑤ 9

08 ☆☆

아래의 표는 하나의 모집단에서 임의로 추출한 두 개의 표본을 조사한 결과이다.

표본	표본의 크기	표준편차	신뢰도	신뢰구간의 길이
X_1	n_1	σ	a_1	10
X_2	n_2	σ	a_2	8

이 자료에 대한 다음 〈보기〉의 설명 중 옳은 것만을 있는 대로 고르면?

─[보기]─

ㄱ. 표본 X_1에서 표본의 크기 n_1은 그대로 두고 신뢰도 a_1을 크게 하면 신뢰구간의 길이는 10보다 작아진다.

ㄴ. 두 개의 표본의 크기가 같으면 신뢰도는 $a_1 > a_2$이다.

ㄷ. 두 표본의 신뢰도가 같으면 표본의 크기는 $n_1 > n_2$이다.

① ㄱ   ② ㄴ   ③ ㄷ
④ ㄱ, ㄴ   ⑤ ㄴ, ㄷ

09 ☆☆

[2009년 수능(나)]

세계핸드볼연맹에서 공인한 여자 일반부용 핸드볼 공을 생산하는 회사가 있다. 이 회사에서 생산된 핸드볼 공의 무게는 평균 350 g, 표준편차 16 g인 정규분포를 따른다고 한다. 이 회사는 일정한 기간 동안 생산된 핸드볼 공 중에서 임의로 추출된 핸드볼 공 64개의 무게의 평균이 346 g 이하이거나 355 g 이상이면 생산 공정에 문제가 있다고 판단한다. 이 회사에서 생산 공정에 문제가 있다고 판단할 확률을 오른쪽 표준정규분포표를 이용하여 구한 것은?

z	$P(0 \leq Z \leq z)$
2.00	0.4772
2.25	0.4878
2.50	0.4938
2.75	0.4970

① 0.0290   ② 0.0258   ③ 0.0184
④ 0.0152   ⑤ 0.0092

10 |단답형| ☆☆☆ 첨삭 해설

[2017년 고3(나) 9월]

대중교통을 이용하여 출근하는 어느 지역 직장인의 월 교통비는 평균이 8이고 표준편차가 1.2인 정규분포를 따른다고 한다. 대중교통을 이용하여 출근하는 이 지역 직장인 중 임의추출한 n명의 월 교통비의 표본평균을 $\overline{X}$라 할 때,

$$P(7.76 \leq \overline{X} \leq 8.24) \geq 0.6826$$

이 되기 위한 n의 최솟값을 오른쪽 표준정규분포표를 이용하여 구하시오. (단, 교통비의 단위는 만 원이다.)

z	$P(0 \leq Z \leq z)$
0.5	0.1915
1.0	0.3413
1.5	0.4332
2.0	0.4772

11 |단답형| ☆☆☆ 첨삭 해설

[2017년 고3(가) 9월]

어느 회사에서 생산하는 초콜릿 한 개의 무게는 평균이 m, 표준편차가 σ인 정규분포를 따른다고 한다. 이 회사에서 생산하는 초콜릿 중에서 임의추출한, 크기가 49인 표본을 조사하였더니 초콜릿 무게의 표본평균의 값이 $\overline{x}$이었다. 이 결과를 이용하여, 이 회사에서 생산하는 초콜릿 한 개의 무게의 평균 m에 대한 신뢰도 95 %의 신뢰구간을 구하면 $1.73 \leq m \leq 1.87$이다. $\dfrac{\sigma}{\overline{x}} = k$일 때, $180k$의 값을 구하시오. (단, 무게의 단위는 g이고, Z가 표준정규분포를 따르는 확률변수일 때 $P(0 \leq Z \leq 1.96) = 0.475$로 계산한다.)

12 |서술형| ☆☆

동전 3개를 동시에 던져서 앞면이 나오는 횟수를 확률변수 X로 하는 모집단의 확률분포가 다음 표와 같다. 이 모집단에서 크기가 n인 표본을 임의추출할 때, 표본평균 $\overline{X}$의 분산이 $\dfrac{3}{8}$이라고 한다. 이때, n의 값을 구하시오.

X	0	1	2	3	합계
$P(X=x)$	$\dfrac{1}{8}$	$\dfrac{3}{8}$	$\dfrac{3}{8}$	$\dfrac{1}{8}$	1

16 DAY

01 ☆

100원짜리 동전 1개와 10원짜리 동전 1개를 던져 앞면이 나온 동전의 금액의 합을 확률변수 X라 할 때, X의 평균은?

① 50　　② 55　　③ 60
④ 65　　⑤ 70

02 ☆☆

100개의 제비 중에서 상금이 5000원, 1000원, 100원인 당첨제비의 수가 각각 2개, 10개, 30개이다. 이 중 한 개의 제비를 뽑을 때의 상금을 확률변수 X라고 할 때, $P(X \geq 1000)$의 값은?

① $\dfrac{1}{25}$　　② $\dfrac{2}{25}$　　③ $\dfrac{3}{25}$
④ $\dfrac{4}{25}$　　⑤ $\dfrac{1}{5}$

03 ☆☆

확률변수 X의 확률분포표가 다음과 같을 때, $E(2X+3)$의 값은?

X	-1	0	1	합계
$P(X=x)$	a	$\dfrac{a}{2}$	a^2	1

① $\dfrac{5}{2}$　　② $\dfrac{7}{2}$　　③ $\dfrac{9}{2}$
④ $\dfrac{11}{2}$　　⑤ $\dfrac{13}{2}$

04 ☆☆

확률변수 X의 확률분포를 표로 나타내면 다음과 같다.

X	-1	0	1	합계
$P(X=x)$	$\dfrac{{}_5C_1}{k}$	$\dfrac{{}_5C_2}{k}$	$\dfrac{{}_5C_3}{k}$	1

$V(5X+3)$의 값은? (단, k는 상수이다.)

① 11　　② 12　　③ 13
④ 14　　⑤ 15

05 ☆☆

1이 적힌 구슬이 1개, 2가 적힌 구슬이 2개, 3이 적힌 구슬이 3개, …, 10이 적힌 구슬이 10개 들어 있는 주머니가 있다. 이 주머니에서 임의로 한 개의 구슬을 꺼낼 때, 그 구슬에 적힌 숫자를 확률변수 X라 하자. 이때, 확률변수 $3X-1$의 평균은?

① 5　　② 10　　③ 15
④ 20　　⑤ 25

06 ☆☆

확률변수 X의 확률질량함수가

$$P(X=x)={}_{30}C_x\left(\frac{1}{3}\right)^x\left(\frac{2}{3}\right)^{30-x} \ (x=0,\ 1,\ 2,\ \cdots,30)$$

으로 주어질 때, $E(5X-1)$의 값은?

① 19　　② 29　　③ 39
④ 49　　⑤ 59

07 ☆☆

확률변수 X가 이항분포 $B(n,\ p)$를 따르고 $E(10X+1)=21$, $E(10X^2+1)=60$일 때, n의 값은?

① 40　　② 48　　③ 56
④ 64　　⑤ 72

08 ☆☆

$$\alpha={}_{100}C_0\left(\frac{9}{10}\right)^{100}+{}_{100}C_1\left(\frac{1}{10}\right)^1\left(\frac{9}{10}\right)^{99}+\cdots+{}_{100}C_{100}\left(\frac{1}{10}\right)^{100}$$

$$\beta=0\cdot{}_{100}C_0\left(\frac{9}{10}\right)^{100}+1\cdot{}_{100}C_1\left(\frac{1}{10}\right)^1\left(\frac{9}{10}\right)^{99}$$
$$+2\cdot{}_{100}C_2\left(\frac{1}{10}\right)^2\left(\frac{9}{10}\right)^{98}+\cdots+100\cdot{}_{100}C_{100}\left(\frac{1}{10}\right)^{100}$$

이라 할 때, 이항분포 $B\left(100,\ \dfrac{1}{10}\right)$을 이용하여 $\alpha+\beta$의 값을 구하면?

① 10　　② 11　　③ 12
④ 13　　⑤ 14

09 ⭐⭐

이항분포 $B(10,\ p)$를 따르는 확률변수 X에 대하여 $V(X)$의 최댓값은?

① $\dfrac{1}{2}$　　　② $\dfrac{3}{2}$　　　③ $\dfrac{5}{2}$

④ $\dfrac{7}{2}$　　　⑤ $\dfrac{9}{2}$

10 ⭐⭐ [2010년 수능(가)]

어느 수학반에 남학생 3명, 여학생 2명으로 구성된 모둠이 10개 있다. 각 모둠에서 임의로 2명씩 선택할 때, 남학생들만 선택된 모둠의 수를 확률변수 X라고 하자. X의 평균 $E(X)$의 값은? (단, 두 모둠 이상에 속한 학생은 없다.)

① 6　　　② 5　　　③ 4

④ 3　　　⑤ 2

11 ⭐⭐ 첨삭 해설

한 개의 주사위를 180번 던질 때 1의 눈이 나오는 횟수를 확률변수 X라 하고, 한 개의 동전을 n번 던질 때 앞면이 나오는 횟수를 확률변수 Y라 하자. Y의 분산이 X의 분산보다 크게 되도록 하는 n의 최솟값은?

① 100　　　② 101　　　③ 102

④ 103　　　⑤ 104

12 ⭐ [2017년 고3(나) 9월 평가원]

연속확률변수 X가 갖는 값의 범위는 $0 \le X \le 1$이고, X의 확률밀도함수의 그래프는 그림과 같다. 상수 a의 값은?

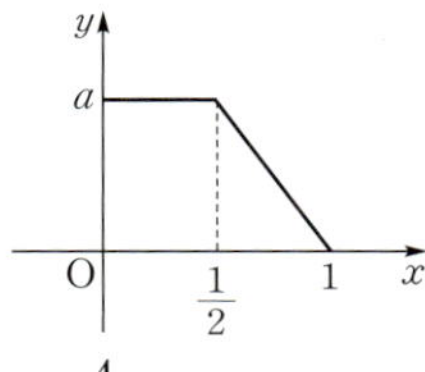

① $\dfrac{10}{9}$　　　② $\dfrac{11}{9}$　　　③ $\dfrac{4}{3}$

④ $\dfrac{13}{9}$　　　⑤ $\dfrac{14}{9}$

13 ⭐⭐ [2008년 수능(나)]

연속확률변수 X가 갖는 값의 범위는 $0 \le X \le 3$이고, 확률 $P(X \le 1)$과 확률 $P(X \le 2)$의 값이 이차방정식 $6x^2 - 5x + 1 = 0$의 두 근일 때, 확률 $P(1 < X \le 2)$의 값은?

① $\dfrac{1}{12}$　　　② $\dfrac{1}{6}$　　　③ $\dfrac{1}{4}$

④ $\dfrac{1}{3}$　　　⑤ $\dfrac{5}{12}$

14 |단답형| ⭐⭐

확률변수 X가 정규분포 $N(50,\ 10^2)$을 따를 때, $P(X \le 40) = \alpha$이다. 50α의 값을 구하시오.

(단, $P(-1 \le Z \le 1) = 0.68$)

15 ⭐⭐

정규분포 $N(m,\ \sigma^2)$을 따르는 확률변수 X가 다음 조건을 만족시킨다.

> (가) $P(X \le 27) = P(X \ge 33)$
> (나) $E(X^2) = 925$

이때, $P(X \le 37)$의 값을 오른쪽 표를 이용하여 구한 것은?

x	$P(0 \le X \le x)$
$m+\sigma$	0.3413
$m+1.2\sigma$	0.3849
$m+1.4\sigma$	0.4192

① 0.6813

② 0.7605

③ 0.8413

④ 0.8849

⑤ 0.9192

16 ☆☆

어느 상자 안에 들어있는 볼펜 중, 40%가 녹색 볼펜이라고 한다. 이 상자에서 임의로 150개의 볼펜을 꺼냈을 때, 녹색 볼펜이 51개 이상 포함될 확률을 오른쪽 표준정규분포표를 이용하여 구하면?

z	$P(0 \leq Z \leq z)$
1	0.3413
1.25	0.3944
1.5	0.4332

① 0.8276　　② 0.8413　　③ 0.8668

④ 0.8944　　⑤ 0.9332

17 ☆☆

한 개의 주사위를 400번 던질 때, 짝수가 나오는 횟수를 확률변수 X라 하자. 오른쪽 표준정규분포표를 이용하여 $P(X \geq k) = 0.0359$를 만족시키는 상수 k의 값을 구하면?

z	$P(0 \leq Z \leq z)$
1.0	0.3413
1.2	0.3849
1.4	0.4192
1.8	0.4641

① 216　　② 217　　③ 218

④ 219　　⑤ 220

18 ☆☆☆　　　　　　　　　　　[2006년 고3(가) 9월]

확률변수 X와 Y가 평균이 0이고 표준편차가 각각 a와 b인 정규분포를 따를 때, 〈보기〉에서 옳은 것만을 있는 대로 고른 것은?

[보기]
ㄱ. $P(1 \leq X \leq 2) = P(2 \leq X \leq 3)$
ㄴ. $P(-a \leq X \leq 0) = P(0 \leq Y \leq b)$
ㄷ. $P(-1 \leq X \leq 1) = P(-2 \leq Y \leq 2)$이면 $a < b$이다.

① ㄴ　　② ㄱ, ㄴ　　③ ㄱ, ㄷ

④ ㄴ, ㄷ　　⑤ ㄱ, ㄴ, ㄷ

19 ☆☆☆　[첨삭 해설]　　　　　　　[2018년 수능(나)]

어느 공장에서 생산하는 화장품 1개의 내용량은 평균이 201.5 g이고 표준편차가 1.8 g인 정규분포를 따른다고 한다. 이 공장에서 생산한 화장품 중 임의추출한 9개의 화장품 내용량의 표본평균이 200 g 이상일 확률을 오른쪽 표준정규분포표를 이용하여 구한 것은?

z	$P(0 \leq Z \leq z)$
1.0	0.3413
1.5	0.4332
2.0	0.4772
2.5	0.4938

① 0.7745　　② 0.8413　　③ 0.9332

④ 0.9772　　⑤ 0.9938

20 ☆☆

대학수학능력시험 후 응시생 1600명을 임의로 추출하여 가채점 하였더니 수학영역 점수의 표준편차가 30점이었다. 수험생 전체 수리영역의 평균점수 m을 95%의 신뢰도로 추정한 신뢰구간의 길이는?

(단, $P(0 \leq Z \leq 1.96) = 0.475$)

① 0.98　　② 1.96　　③ 2.94

④ 3.92　　⑤ 4.90

21 ☆☆☆

정규분포 $N(8, 8^2)$을 따르는 모집단에서 크기가 16인 표본을 임의추출하여 구한 표본평균을 $\overline{X}$, 정규분포 $N(30, \sigma^2)$을 따르는 모집단에서 크기가 9인 표본을 임의추출하여 구한 표본평균을 $\overline{Y}$라 하자. $P(\overline{X} \leq 11) + P(\overline{Y} \leq 22) = 1$일 때, σ의 값은?

① 8　　② 16　　③ 24

④ 32　　⑤ 40

22 ☆☆

어느 고등학교 학생 36명을 임의추출하여 몸무게를 조사한 결과 평균이 60kg, 표준편차가 3kg이었다. 이 학교 학생의 몸무게의 평균 m에 대하여 신뢰도 99%인 신뢰구간에 속하는 값은? (단, $P(-2.6 \leq Z \leq 2.6)=0.99$)

① 57.5 ② 59.0 ③ 61.5
④ 62.5 ⑤ 64.0

23 ☆☆☆　　　　　　　　　　　　[2008년 고3(나) 9월]

어느 공장에서 생산되는 건전지의 수명은 평균 m시간, 표준편차 3시간인 정규분포를 따른다고 한다. 이 공장에서 생산된 건전지 중

z	$P(0 \leq Z \leq z)$
1.0	0.3413
1.5	0.4332
2.0	0.4772
2.5	0.4938

크기가 n인 표본을 임의추출하여 건전지의 수명에 대한 표본평균을 $\overline{X}$라 하자. $P(m-0.5 \leq \overline{X} \leq m+0.5)=0.8664$를 만족시키는 표본의 크기 n의 값을 표준정규분포표를 이용하여 구한 것은?

① 49 ② 64 ③ 81
④ 100 ⑤ 121

24 ☆☆☆　　　　　　　　　　　　[2009년 고3(가) 9월]

모집단 A는 정규분포 $N(m_1, \sigma^2)$을 따르고, 모집단 B는 정규분포 $N\left(m_2, \left(\dfrac{\sigma}{2}\right)^2\right)$을 따른다. 모집단 A에서 크기 n_1, 모집단 B에서 크기 n_2인 표본을 각각 임의추출할 때의 표본평균을 각각 $\overline{X_A}$, $\overline{X_B}$라 하자. 〈보기〉에서 옳은 것만을 있는 대로 고른 것은? (단, n_1, n_2는 1보다 큰 자연수이다.)

─────[보기]─────

ㄱ. $m_1=m_2$이면, $E(\overline{X_A})=E(\overline{X_B})$이다.

ㄴ. 표본평균 $\overline{X_B}$는 정규분포 $N\left(m_2, \left(\dfrac{\sigma}{2}\right)^2\right)$을 따른다.

ㄷ. $n_1=4n_2$일 때, m_1에 대한 신뢰도 95%의 신뢰구간이 $a \leq m_1 \leq b$이고, m_2에 대한 신뢰도 95%의 신뢰구간이 $c \leq m_2 \leq d$이면, $b-a=d-c$이다.

① ㄱ ② ㄷ ③ ㄱ, ㄷ
④ ㄴ, ㄷ ⑤ ㄱ, ㄴ, ㄷ

25 ☆☆

어느 테니스 동호회의 회원의 나이는 표준편차가 5살인 정규분포를 따른다고 한다. 이 동호회 회원 중에서 25명을 임의로 뽑아 조사한 평균 나이가 30살일 때, 전체 회원의 평균 나이 m을 신뢰도 99%로 추정하면?

(단, $P(|Z| \leq 2.5)=0.99$)

① $26.5 \leq m \leq 31.5$　　② $27.5 \leq m \leq 32.5$
③ $28.5 \leq m \leq 33.5$　　④ $29.5 \leq m \leq 34.5$
⑤ $30.5 \leq m \leq 35.5$

26 ☆☆

표준편차가 18인 모집단에서 n개의 표본을 뽑을 경우 신뢰도 99%의 신뢰구간의 길이가 6 이하가 되는 n의 최솟값은? (단, $P(|Z| \leq 2.5)=0.99$)

① 121 ② 144 ③ 169
④ 196 ⑤ 225

27 |서술형| ☆☆☆

어느 회사에서 기계 A와 기계 B를 가동하여 상품을 생산하고 있다. A기계에서 나온 상품의 부피는 평균이 m이고, 표준편차가 α인 정규분포이고, B기계에서 나온 상품의 부피는 평균이 $m+18$이고, 표준편차가 β인 정규분포이다. A에서 나온 상품의 부피가 $m+6$ 이하일 확률과, B에서 나온 상품의 부피가 $m+6$ 이상일 확률이 같을 때, $\dfrac{\beta}{\alpha}$의 값을 구하시오.

28 |서술형| ☆☆

정규분포 $N(4, 4^2)$을 따르는 모집단에서 크기가 4인 표본을 임의추출하였을 때, 표본평균 $\overline{X}$가 2 이상일 확률을 구하시오. (단, $P(0 \leq Z \leq 1)=0.34$)

[표준정규분포표]

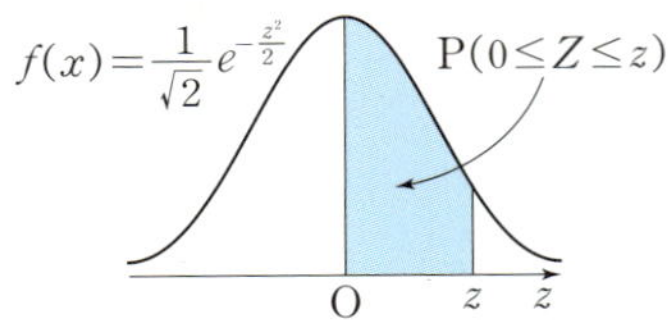

P($0 \leq Z \leq z$)는 왼쪽 그림에서 색칠한 부분의 넓이이다.

z	0.00	0.01	0.02	0.03	0.04	0.05	0.06	0.07	0.08	0.09
0.0	.0000	.0040	.0080	.0120	.0160	.0199	.0239	.0279	.0319	.0359
0.1	.0398	.0438	.0478	.0517	.0557	.0596	.0636	.0675	.0714	.0753
0.2	.0793	.0832	.0871	.0910	.0948	.0987	.1026	.1064	.1103	.1141
0.3	.1179	.1217	.1255	.1293	.1331	.1368	.1406	.1443	.1480	.1517
0.4	.1554	.1591	.1628	.1664	.1700	.1736	.1772	.1808	.1844	.1879
0.5	.1915	.1950	.1985	.2019	.2054	.2088	.2123	.2157	.2190	.2224
0.6	.2257	.2291	.2324	.2357	.2389	.2422	.2454	.2486	.2517	.2549
0.7	.2580	.2611	.2642	.2673	.2704	.2734	.2764	.2794	.2823	.2852
0.8	.2881	.2910	.2939	.2967	.2995	.3023	.3051	.3078	.3106	.3133
0.9	.3159	.3186	.3212	.3238	.3264	.3289	.3315	.3340	.3365	.3389
1.0	.3413	.3438	.3461	.3485	.3508	.3531	.3554	.3577	.3599	.3621
1.1	.3643	.3665	.3686	.3708	.3729	.3749	.3770	.3790	.3810	.3830
1.2	.3849	.3869	.3888	.3907	.3925	.3944	.3962	.3980	.3997	.4015
1.3	.4032	.4049	.4066	.4082	.4099	.4115	.4131	.4147	.4162	.4177
1.4	.4192	.4207	.4222	.4236	.4251	.4265	.4279	.4292	.4306	.4319
1.5	.4332	.4345	.4357	.4370	.4382	.4394	.4406	.4418	.4429	.4441
1.6	.4452	.4463	.4474	.4484	.4495	.4505	.4515	.4525	.4535	.4545
1.7	.4554	.4564	.4573	.4582	.4591	.4599	.4608	.4616	.4625	.4633
1.8	.4641	.4649	.4656	.4664	.4671	.4678	.4686	.4693	.4699	.4706
1.9	.4713	.4719	.4726	.4732	.4738	.4744	.4750	.4756	.4761	.4767
2.0	.4772	.4778	.4783	.4788	.4793	.4798	.4803	.4808	.4812	.4817
2.1	.4821	.4826	.4830	.4834	.4838	.4842	.4846	.4850	.4854	.4857
2.2	.4861	.4864	.4868	.4871	.4875	.4878	.4881	.4884	.4887	.4890
2.3	.4893	.4896	.4898	.4901	.4904	.4906	.4909	.4911	.4913	.4916
2.4	.4918	.4920	.4922	.4925	.4927	.4929	.4931	.4932	.4934	.4936
2.5	.4938	.4940	.4941	.4943	.4945	.4946	.4948	.4949	.4951	.4952
2.6	.4953	.4955	.4956	.4957	.4959	.4960	.4961	.4962	.4963	.4964
2.7	.4965	.4966	.4967	.4968	.4969	.4970	.4971	.4972	.4973	.4974
2.8	.4974	.4975	.4976	.4977	.4977	.4978	.4979	.4979	.4980	.4981
2.9	.4981	.4982	.4982	.4983	.4984	.4984	.4985	.4985	.4986	.4986
3.0	.4987	.4987	.4987	.4988	.4988	.4989	.4989	.4989	.4990	.4990
3.1	.4990	.4991	.4991	.4991	.4992	.4992	.4992	.4992	.4993	.4993
3.2	.4993	.4993	.4994	.4994	.4994	.4994	.4994	.4995	.4995	.4995
3.3	.4995	.4995	.4995	.4996	.4996	.4996	.4996	.4996	.4996	.4997

수경 Mania가 되어주세요.

온라인 공간에 수경출판사 교재의 사용 후기를 작성하시면
매월 우수 작성자에게 푸짐한 선물을 드립니다.

대　　상 : 수경출판사 교재 사용자라면 누구나(교사, 학부모 포함)

응모기간 : 매월 1일 ~ 말일까지

발　　표 : 매월 10일에 우수 후기 작성자 선발(개별 통지)

시상내역 : *최우수 후기 작성자 최대 10명
－ 모바일 상품권 5만 원 + 원하는 수경출판사의 교재 1권 제공
*우수 후기 작성자
－ 원하는 수경출판사의 교재 1권 제공

* 작성 및 응모 방법 *

1단계 온라인 공간(카페, 블로그 등)에 본인이 직접 수경출판사 교재에 대한 학습 후기나 서평을 올립니다.

2단계 이름 / 핸드폰 번호 / 이메일 / 당첨 시 교재를 받을 주소
교재후기(서평)가 작성되어 있는 곳의 URL / 당첨 시 받고 싶은
수경출판사 교재 1권의 교재명을 수경출판사 담당자 이메일
(xistory.event@gmail.com)로 발송합니다.

* 자세한 내용은 수경출판사 홈페이지 [검색] 수경출판사 　또는 페이스북 f 자이스토리 🔍 를 참조하여 주시기 바랍니다.

자이스토리
명품 해설편에 실릴

수험장 생생체험단 모집!!

대 상

2021학년도 대학수학능력시험을 지원한 고3 및 N수생 (성적 우수자 우선 선발)

모집인원

2021학년도 자이스토리 각 영역별 1~5명

일 정

· 2020년 8월 1일~12월 3일 : 생생체험 원고단 후보 등록
· 2020년 12월 4일~7일 : 자이스토리 각 교재별 생생체험 원고단 선정(개별 통보)
· 2020년 12월 7일~8일 : 수험장에서 겪은 생생한 체험을 담은 원고 제출
· 2020년 12월 중순~12월 말 : 자이스토리 각 교재에 프로필과 사진, 원고 수록

★ 생생체험단으로 선정되신 수험생에게는 소정의 원고료를 드립니다.

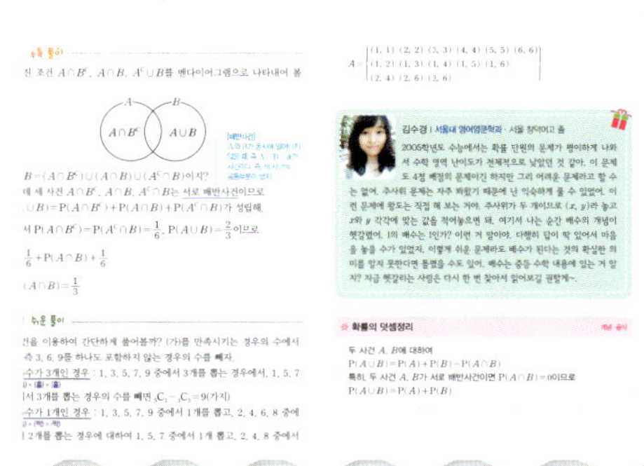

◉ (주)수경출판사의 모든 교재에는 **마인드 트리**가 있습니다.

◉ 교재의 **마인드 트리** 10개를 모아서 보내주시는 모든 분께 선물을 드립니다.

◉ 각각 다른 교재의 **마인드 트리**를 모아 주셔야 됩니다.

>> 다음 교재 중 1권과 개념정리 노트 1권을 드립니다.

- 30일 완성 국어 필수 어휘 [1225 어휘]
- 문제로 풀어 가는 기출 보카 [고교 기본편]
- 형상기억 수학공식집 [새교육과정]
  □ 고1 수학 □ 인문계 □ 자연계

중 1권 +  개념정리 노트 1권

*오려서 보내주세요.

◉ 보내실 곳 : 서울시 영등포구 양평로 21길 26(양평동 5가) IS비즈타워 807호
　　　　　　　 (주)수경출판사 (우 07207)

◉ 언제든지 엽서에 붙이거나, 편지 봉투에 넣어 보내주세요.

Mind Tree

10개를 모아 보내주세요!

(각각 다른 교재로)

풀이나 스카치 테이프를 이용해 붙여 주세요.

우 편 봉 함 엽 서

보내는 사람

*주소 ________________________________

*이름 ____________　　*학년 (중 ____ . 고 ____)

□ □ □ □ □

우표

받는 사람

서울시 영등포구 양평로 21길 26(양평동 5가)
IS비즈타워 807호
(주)수경출판사 교재 기획실

0 7 2 0 7

심플 **자이스토리** 확률과 통계

---

1. 이 책을 구입하게 된 동기는 무엇입니까? [교재명 : 　　　　　　　　　　　　　　　　]

　① 서점에서 다른 책들과 비교해 보고　　② 광고를 보고/듣고　　③ 학교/학원 보충 교재 [학교명(학원명): 　　　]
　④ 선생님의 추천　　　　　　　　　　　⑤ 친구/선배의 권유　　⑥ 기타 [　　　　　　　　　　]

2. 교재를 선택할 때 가장 큰 기준이 되는 것은?(복수 응답 가능)

　① 유명 출판사　　　　② 교재 내용　　　　③ 디자인　　　　④ 난이도
　⑤ 교재 분량　　　　　⑥ 해설　　　　　　⑦ 동영상 강의　　⑧ 기타 [　　　　　　]

3. 이 책의 전반적인 부분에 대한 질문입니다.

　◆ 표지 디자인: 좋다 □　보통이다 □　좋지 않다 □　　◆ 본문 디자인: 좋다 □　보통이다 □　좋지 않다 □
　◆ 문제 난이도: 어렵다 □　알맞다 □　쉽다 □　　　　　◆ 교재의 분량: 많다 □　알맞다 □　적다 □

4. 이 책의 구성 요소를 평가한다면?

　• 핵심 개념 정리 (　　)　　　• 개념 CHECK (　　)　　　• 연산 연습 (　　)
　• 유형 연습 (　　)　　　　　　• 연습 문제 (　　)　　　　• 대단원 TEST (　　)

　　① 매우 만족　　　　② 만족　　　　③ 보통　　　　④ 불만　　　　⑤ 매우 불만

5. 이 책에서 추가되어야 할 점이 있다면 무엇입니까?

____

____

____

6. 최근 본인이 크게 도움을 받은 책이 있다면?(또는 가장 인기있는 교재는?)

교재명 :   과목 :

____

____

7. 내가 원하는 교재가 있다면?

____

____

____

____

이름 :   연락처 :   이메일 :

학 교 :   학 년 :

❄ 마인드 트리를 붙이고 원하는 교재를 체크하세요.

mind tree 1	mind tree 2	mind tree 3	mind tree 4	mind tree 5
mind tree 6	mind tree 7	mind tree 8	mind tree 9	mind tree 10

※ 원하는 교재를 1권 체크

☐ 30일 완성 국어 필수 어휘 [1225 어휘]
☐ 문제로 풀어 가는 기출 보카 [고교 기본편]
☐ 형상기억 수학 공식집[새교육과정] [고1 수학]
☐ 형상기억 수학 공식집[새교육과정] [인문계]
☐ 형상기억 수학 공식집[새교육과정] [자연계]

SIMPLE Xi story

확률과 통계

해설편

자이스토리 · 수경출판사

심플
자이스토리 고등수학의 기본을 심플하게 완성!

SIMPLE

Xi story

확률과 통계

[해설편]

자이스토리 · 수경출판사

SIMPLE Xi story 빠른 정답 찾기

I 경우의 수

A 원순열

01 $n, n, (n-1)!$ **02** 원순열의 수, 순열의 수

03 4, 5, 3, 3, 20   **04** ○   **05** ×   **06** ×   **07** 2

08 6   **09** 24   **10** 6   **11** 90   **12** 12   **13** 2

14 240   **15** 6   **16** 12   **17** ②   **18** ④   **19** ③

20 ①   **21** ③   **22** ④   **23** ④   **24** ②   **25** ③

26 ②   **27** ④   **28** ③   **29** 45   **30** 13   **31** ①

32 ②   **33** ③   **34** ③   **35** ②   **36** ⑤   **37** ③

38 ①   **39** ②   **40** ③   **41** ④   **42** ⑤

B 중복순열과 같은 것이 있는 순열

01 중복순열, $_n\Pi_r$ **02** n, r, n^r

03 2, 4, 2, 4, 16   **04** 5, 3, 2, 10

05 ×   **06** ○   **07** ○   **08** ○   **09** 243   **10** 125

11 1   **12** 6   **13** 27   **14** 18   **15** 81   **16** 3

17 4   **18** 60   **19** 6   **20** 10   **21** 30   **22** 9

23 ④   **24** ③   **25** ①   **26** ②   **27** ④   **28** ②

29 ③   **30** ②   **31** ③   **32** ③   **33** ③   **34** ①

35 ②   **36** ④   **37** ③   **38** ③   **39** ④   **40** ①

41 ④   **42** ②   **43** ②   **44** ①   **45** ②   **46** ①

47 ①   **48** 180   **49** ③   **50** 30   **51** ④   **52** ②

53 ④   **54** 60

연습 [A–B]

01 ④   **02** ④   **03** ④   **04** 12   **05** ②   **06** ②

07 ⑤   **08** ②   **09** ④   **10** ④   **11** 340   **12** ②

13 ⑤   **14** ①   **15** ②   **16** 630

C 중복조합

01 중복조합, $_n\mathrm{H}_r$ **02** $n, r, n+r-1, r$

03 3, n, $2+n$, n **04** $_n\mathrm{H}_m$ **05** ○

06 ×   **07** ×   **08** ○   **09** 4   **10** 6   **11** 1

12 35   **13** 6   **14** 10   **15** 15   **16** 5   **17** 4

18 15   **19** 6   **20** 3   **21** 6   **22** ③   **23** 5

24 ②   **25** ②   **26** ④   **27** ②   **28** ②   **29** ④

30 ②   **31** ⑤   **32** ④   **33** ⑤   **34** ③   **35** ③

36 210

D 이항정리

01 $_3\mathrm{C}_1$, 2, 3, 3, 3, 2, 3

02 $_3\mathrm{C}_1$, 2, $_3\mathrm{C}_3$, 3, 3, 2, 3, 3

03 2, 3, 1, 4, 6, 4, $a^4+4a^3b+6a^2b^2+4ab^3+b^4$

04 ×   **05** ○   **06** ○   **07** ○   **08** $a^2+2ab+b^2$

09 $8a^3+12a^2b+6ab^2+b^3$

10 $x^4-4x^3y+6x^2y^2-4xy^3+y^4$

11 $81x^4-108x^3y+54x^2y^2-12xy^3+y^4$

12 $x^2+2+\dfrac{1}{x^2}$ **13** $x^3-3x+\dfrac{3}{x}-\dfrac{1}{x^3}$

14 $16x^4+32x^2+24+\dfrac{8}{x^2}+\dfrac{1}{x^4}$

15 $x^4-\dfrac{4x^2}{3}+\dfrac{2}{3}-\dfrac{4}{27x^2}+\dfrac{1}{81x^4}$

16 10   **17** 135   **18** 216   **19** $_6\mathrm{C}_4$ **20** $_6\mathrm{C}_2$ **21** 8

22 15   **23** 0   **24** 32   **25** ②   **26** ⑤   **27** ④

28 ②   **29** ③   **30** ②   **31** ②   **32** ④   **33** ③

34 ②   **35** ④   **36** ⑤   **37** ④   **38** ④

연습 [C–D]

01 126   **02** ③   **03** ③   **04** ②   **05** ④   **06** 12

07 ②   **08** ③   **09** ②   **10** ③   **11** ③   **12** ②

13 ①   **14** ⑤   **15** ③   **16** 9

I 대단원 TEST [A–D]

01 ②   **02** ④   **03** ②   **04** ②   **05** ⑤   **06** ③

07 ③   **08** ③   **09** ③   **10** ③   **11** ④   **12** 136

13 ②   **14** ②   **15** 6   **16** ③   **17** ⑤   **18** ②

19 ②   **20** ④   **21** ②   **22** ③   **23** 36   **24** ②

25 ④   **26** ⑤   **27** ②   **28** 102   **29** ⑤   **30** ④

31 30   **32** 84

E 확률의 뜻과 활용

01 시행 **02** 합사건, $A \cup B$
03 곱사건, $A \cap B$ **04** 여사건, A^C
05 × **06** ○ **07** × **08** ○
09 {1, 2, 3, 4, 5, 6}
10 {1, 3, 5} **11** {2, 4, 6}
12 {1, 2, 4, 5, 6, 8, 10} **13** {2, 10}
14 $A \cap B=$ {2, 3}, 배반사건이 아니다.
15 {4, 5} **16** {1, 4, 6} **17** $\frac{2}{3}$ **18** $\frac{2}{3}$
19 $\frac{1}{3}$ **20** $\frac{1}{4}$ **21** $\frac{1}{2}$ **22** $\frac{7}{15}$ **23** $\frac{23}{30}$ **24** ④
25 ② **26** ⑤ **27** ③ **28** ② **29** ④ **30** ④
31 ① **32** ② **33** ⑤ **34** ② **35** $\frac{3}{10}$ **36** ①
37 ④ **38** ① **39** $\frac{1}{4}$ **40** ④ **41** ② **42** ③
43 ④ **44** ② **45** ④ **46** ① **47** ⑤ **48** ⑤
49 4 **50** ② **51** ⑤ **52** ② **53** ③ **54** ②
55 ② **56** ② **57** ④ **58** ⑤ **59** ④ **60** ②
61 ③ **62** $\frac{1}{8}$

F 확률의 덧셈정리

01 0, 1 **02** 1, 0 **03** $P(A \cap B)$ **04** 여사건
05 ○ **06** × **07** ○ **08** ○ **09** $\frac{1}{6}$ **10** 1
11 $\frac{1}{2}$ **12** 0 **13** $\frac{7}{10}$ **14** $\frac{3}{5}$ **15** $\frac{3}{5}$ **16** $\frac{7}{12}$
17 $\frac{5}{6}$ **18** $\frac{15}{16}$ **19** $\frac{11}{16}$ **20** 0.7 **21** 0.4 **22** 0.8
23 ⑤ **24** ⑤ **25** ④ **26** ① **27** ② **28** ③
29 ③ **30** ④ **31** ① **32** ④ **33** ⑤ **34** ⑤
35 ③ **36** ⑤ **37** ⑤ **38** ③ **39** ⑤ **40** ①
41 ④ **42** ④ **43** ① **44** ④ **45** ④ **46** ①
47 ② **48** ⑤ **49** ③ **50** ⑤ **51** ④ **52** ⑤
53 ② **54** ⑤ **55** ⑤ **56** ④ **57** ④ **58** ①
59 ③ **60** ① **61** ⑤ **62** ④ **63** ④

연습 [E–F]

01 ④ **02** ② **03** ③ **04** ② **05** ① **06** ④
07 ① **08** ⑤ **09** ② **10** ① **11** ① **12** ④
13 ⑤ **14** ⑤ **15** ④ **16** 14

G 조건부확률

01 조건부확률, $P(B|A)$ **02** $P(A \cap B)$
03 곱셈정리 **04** $P(B|A)$, $P(A|B)$
05 ○ **06** ○ **07** × **08** × **09** $\frac{1}{2}$ **10** $\frac{2}{3}$
11 $\frac{3}{4}$ **12** $\frac{5}{8}$ **13** (가) : $\frac{1}{2}$, (나) : $\frac{1}{6}$, (다) : $\frac{1}{3}$
14 $\frac{1}{9}$ **15** $\frac{4}{9}$ **16** $\frac{3}{8}$
17 (가) : $\frac{3}{7}$, (나) : $\frac{1}{3}$, (다) : $\frac{1}{7}$
18 ⑤ **19** ② **20** ③ **21** ② **22** ⑤ **23** ①
24 ③ **25** ④ **26** ③ **27** ② **28** ③
29 ② **30** ④ **31** ③ **32** ③ **33** ③
34 ② **35** ④ **36** ② **37** ③ **38** ④ **39** ④
40 ③ **41** ⑤ **42** ④

H 독립시행의 확률

01 독립, $P(B)$ **02** 독립사건 **03** 종속, 종속사건
04 독립시행 **05** ○ **06** ○ **07** × **08** ×
09 $\frac{1}{2}$ **10** $\frac{1}{3}$ **11** $\frac{1}{6}$ **12** 독립 **13** 독립 **14** 독립
15 독립 **16** 독립 **17** $\frac{1}{3}$ **18** $\frac{5}{6}$ **19** $\frac{1}{2}$ **20** $\frac{1}{3}$
21 $\frac{2}{9}$ **22** $\frac{27}{4}$ **23** ⑤ **24** ③ **25** ① **26** ②
27 ③ **28** ③ **29** ④ **30** ⑤ **31** ⑤ **32** ②
33 ④ **34** ② **35** ④ **36** ② **37** ③ **38** ①
39 ⑤ **40** ⑤ **41** ② **42** ① **43** ② **44** ③
45 ① **46** ② **47** ② **48** ③ **49** ② **50** ②
51 ③ **52** ② **53** ③ **54** ④ **55** ⑤ **56** ②
57 ①

연습 [G–H]

01 ③ **02** ⑤ **03** ④ **04** ⑤ **05** ⑤ **06** ②
07 ③ **08** ⑤ **09** ④ **10** ⑤ **11** ② **12** ①
13 ② **14** 2

Ⅱ 대단원 TEST [E–H]

01 ④ **02** ④ **03** ④ **04** ② **05** ③ **06** ③
07 16 **08** ④ **09** ⑤ **10** ② **11** ② **12** ①
13 ④ **14** ④ **15** ④ **16** ⑤ **17** 80 **18** ②
19 ③ **20** ② **21** ① **22** ⑤ **23** ④ **24** ④
25 ④ **26** ⑤ **27** ③ **28** ⑤ **29** 23 **30** 60

I 확률변수와 확률분포

01 확률변수, $\mathrm{P}(X=x)$　**02** 이산확률변수

03 확률분포　**04** $0, 1, 1$

05 ×　**06** ×　**07** ○　**08** ㄱ, ㄴ, ㄹ

09 $X=0, 1, 2, 3, 4$　**10** $X=0, 1, 2$

11 $X=0, 1, 2, 3, 4, 5$　**12** $X=1, 2, 3, 4, 5, 6$

13 $X=0, 1, 2$　**14** $x, 4, 6$

15 해설 참조　**16** $\dfrac{14}{15}$　**17** $\dfrac{3}{8}$

18 $\dfrac{3}{4}$　**19** $\dfrac{5}{8}$　**20** ④　**21** ⑤　**22** $X=0, 1, 2$

23 11　**24** ①　**25** ②　**26** 해설 참조

27 $\dfrac{1}{4}, \dfrac{1}{2}$

28 $\mathrm{P}(X=x)=\dfrac{{}_3\mathrm{C}_x \cdot {}_7\mathrm{C}_{3-x}}{{}_{10}\mathrm{C}_3}\,(x=0, 1, 2, 3)$

29 ④　**30** ③　**31** ⑤　**32** ②　**33** ⑤　**34** ①

35 ①　**36** ②　**37** ④　**38** ③　**39** ③　**40** ⑤

41 ⑤　**42** ④　**43** ④　**44** ③　**45** 1　**46** ②

J 이산확률변수의 기댓값, 분산, 표준편차

01 $x_1p_1+x_2p_2+x_3p_3+\cdots+x_np_n$

02 $X-m, \mathrm{E}(X^2)$　**03** $\mathrm{V}(X)$

04 a, b　**05** $|a|$　**06** ○　**07** ×　**08** ×　**09** ○

10 5　**11** 6　**12** $\sqrt{6}$　**13** 해설 참조　**14** $\dfrac{2}{3}$

15 $\dfrac{16}{45}$　**16** $\dfrac{4\sqrt{5}}{15}$　**17** 7　**18** 16　**19** 6

20 $\mathrm{E}(X)=1, \mathrm{V}(X)=\dfrac{1}{2}, \sigma(X)=\dfrac{\sqrt{2}}{2}$

21 1　**22** 2　**23** $\sqrt{2}$　**24** ①　**25** ①　**26** ④

27 ①　**28** ③　**29** ④　**30** ③　**31** ⑤　**32** ①

33 ①　**34** ④　**35** ②　**36** ④　**37** ④　**38** ⑤

K 이항분포

01 ${}_n\mathrm{C}_x p^x q^{n-x}$　**02** $np, npq, \sqrt{npq}$

03 $\dfrac{X}{n}, p$　**04** ○　**05** ×　**06** ○

07 $\mathrm{B}(4, 0.2)$　**08** $\mathrm{B}(100, 0.2)$　**09** $\mathrm{B}\!\left(3, \dfrac{1}{2}\right)$

10 $\mathrm{B}\!\left(600, \dfrac{1}{6}\right)$　**11** $n=5, p=\dfrac{3}{4}$

12 $\mathrm{P}(X=x)={}_5\mathrm{C}_x\!\left(\dfrac{3}{4}\right)^x\!\left(\dfrac{1}{4}\right)^{5-x}\,(x=0, 1, \cdots, 5)$

13 $\dfrac{135}{512}$　**14** 60　**15** 40　**16** $2\sqrt{10}$　**17** 50　**18** 25

19 5　**20** $\dfrac{1}{3}$　**21** $\dfrac{1}{2}$　**22** ④　**23** ①　**24** ②

25 ④　**26** ④　**27** ②　**28** ③　**29** ⑤　**30** ④

31 ③　**32** ②　**33** ③　**34** ④　**35** ④　**36** ②

37 ③　**38** ⑤　**39** ⑤　**40** ③　**41** ④　**42** ②

43 ⑤　**44** ③　**45** ②　**46** ①　**47** ④

48 ㄱ, ㄷ, ㄴ, ㄹ

연습 [I–K]

01 ⑤　**02** ④　**03** ⑤　**04** ⑤　**05** ③　**06** ③

07 ②　**08** ④　**09** ②　**10** ②　**11** ⑤　**12** ⑤

13 ⑤　**14** 7　**15** 300　**16** 4

L 연속확률변수와 정규분포

01 연속확률변수　**02** 1　**03** $\mathrm{N}(m, \sigma^2)$　**04** ○

05 ○　**06** ×　**07** $\dfrac{1}{10}$　**08** $\dfrac{1}{5}$　**09** 1　**10** $\dfrac{1}{2}$

11 $\dfrac{1}{8}$　**12** 1　**13** $\dfrac{1}{4}$　**14** $\dfrac{3}{4}$

15 $\mathrm{N}(5, 4)$ 또는 $\mathrm{N}(5, 2^2)$

16 $\mathrm{N}(3, 2)$ 또는 $\mathrm{N}(3, (\sqrt{2})^2)$　**17** $\mathrm{N}(0, 1)$

18 $\mathrm{E}(X_1)<\mathrm{E}(X_2)<\mathrm{E}(X_3)$

19 $\mathrm{V}(X_1)=\mathrm{V}(X_2)=\mathrm{V}(X_3)$

20 $\mathrm{E}(X_4)=\mathrm{E}(X_5)<\mathrm{E}(X_5)$

21 $\sigma(X_5)=\sigma(X_6)<\sigma(X_4)$　**22** ⑤

23 ㄴ, ㄷ　**24** ①　**25** ②　**26** ⑤　**27** ④

28 ④　**29** ④　**30** ④　**31** ①　**32** ④　**33** ①

34 ③

M 표준정규분포

01 표준정규분포　**02** $z=0$　**03** $\dfrac{X-m}{\sigma}$

04 $\mathrm{N}(np, npq)$　**05** ×　**06** ○　**07** ×　**08** 1.23

09 0.4099　**10** $\mathrm{P}(-1\le Z\le 0)$

11 $\mathrm{P}(-2\le Z\le 2)$　**12** $\mathrm{P}(1\le Z\le 2)$

13 0.6826　**14** 0.1359　**15** 0.8413

16 0.0228　**17** $\mathrm{E}(X)=5, \sigma(X)=2$

18 $\mathrm{N}(5, 2^2)$　**19** ①　**20** ④　**21** ④　**22** ④

23 ④　**24** ①　**25** ④　**26** ①　**27** ③　**28** ①

29 ①　**30** ⑤　**31** ③　**32** ②　**33** ②　**34** ④

35 ③　**36** ⑤　**37** ①　**38** ②　**39** ②　**40** ①

41 ①　**42** ③　**43** ①　**44** ④　**45** ④

연습 [L–M]

01 ④　02 ①　03 ③　04 ③　05 ①　06 ①
07 ④　08 ④　09 ②　10 ④　11 155　12 ③
13 55

연습 [N]

01 ①　02 ①　03 ④　04 ⑤　05 ②　06 ③
07 ③　08 ②　09 ①　10 25　11 25　12 2

N 통계적 추정

01 표본조사　　02 $N\left(m, \dfrac{\sigma^2}{n}\right)$　　03 $2k \times \dfrac{\sigma}{\sqrt{n}}$

04 ○　　05 ×　　06 ○

07 전수조사　　08 표본조사

09 모집단 : 유권자 전체, 표본: 성인남녀 2000명

10 모집단 : 어느 공장에서 생산하는 전구 전체,
　　표본 : 전구 200개

11 $E(\overline{X})=30,\ \sigma(\overline{X})=2$

12 $E(\overline{X})=10,\ \sigma(\overline{X})=\dfrac{1}{2}$

13 $E(\overline{X})=20,\ \sigma(\overline{X})=1$

14 $E(\overline{X})=40,\ \sigma(\overline{X})=\dfrac{3}{5}$

15 거짓　　　　16 참

17 $19.608 \leq m \leq 20.392$

18 $49.484 \leq m \leq 50.516$　　19 $49.02 \leq m \leq 50.98$

20 $48.71 \leq m \leq 51.29$　　21 0.196

22 0.258　　23 ㄱ, ㄷ, ㅁ, ㅂ　24 ⑤　25 ⑤
26 ③　27 ③　28 ②　29 ①　30 ④　31 ②
32 ②　33 ④　34 ②　35 ⑤　36 ③　37 ③
38 ③　39 ②　40 ④　41 ③　42 ⑤　43 ④
44 ②　45 ①

Ⅲ 대단원 TEST [I–N]

01 ②　02 ③　03 ①　04 ④　05 ④　06 ④
07 ①　08 ②　09 ③　10 ④　11 ②　12 ③
13 ②　14 8　15 ⑤　16 ⑤　17 ③　18 ④
19 ⑤　20 ③　21 ②　22 ②　23 ③　24 ③
25 ②　26 ⑤　27 2　28 0.84

I 경우의 수

Simple A 원순열

[개념 CHECK + 연산 연습] pp. 08~09

01 답 n, n, $(n-1)!$

02 답 원순열의 수, 순열의 수

03 답 4, 5, 3, 3, 20

04 답 ○

05 답 ×

06 답 ×

07 답 2

$(3-1)!=2!=2$(가지)

08 답 6

$(4-1)!=3!=6$(가지)

09 답 24

모두 5명의 학생이 원탁에 둘러앉는 방법의 수이므로

$(5-1)!=4!=24$(가지)

10 답 6

2쌍의 커플 수는 4이므로 4명이 원탁에 둘러앉는 방법의 수는

$(4-1)!=3!=6$(가지)

11 답 90

$$\frac{_6\mathrm{P}_4}{4}=\frac{6\times5\times4\times3}{4}=90$$(가지)

12 답 12

여학생 2명을 하나로 생각하면 4명이 원탁에 둘러앉는 것과 같으므로 방법의 수는 3!가지

이때 여학생 2명은 서로 자리를 바꿀 수 있으므로 구하는 경우의 수는 $3!\times2=12$(가지)이다.

13 답 2

3명을 일렬로 배열하는 방법의 수는 3!이다.

이때 회전시켰을 때 겹쳐지는 경우의 수는 3이다.

따라서 구하는 경우의 수는 $\dfrac{3!}{3}=2$(가지)

14 답 240

6명을 원형으로 배열하는 방법의 수는

$(6-1)!=5!=120$(가지)

이때, 정삼각형 모양의 탁자에서는 원형으로 배열하는 한 가지 방법에 대하여 그림과 같이 서로 다른 경우는 2가지가 존재한다.

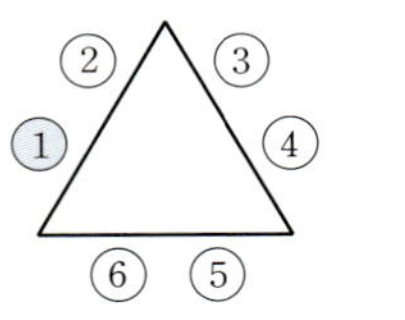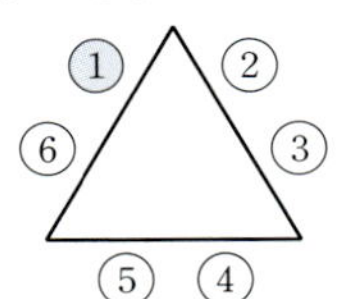

따라서 구하는 방법의 수는

$120\times2=240$(가지)이다.

15 답 6

4명을 일렬로 줄세우는 방법의 수는 4!이다. 이때 회전시켰을 때 겹쳐지는 경우의 수는 4이다.

따라서 구하는 경우의 수는 $\dfrac{4!}{4}=3!=6$(가지)

16 답 12

4명을 원형으로 배열하는 방법의 수는

$(4-1)!=3!=6$(가지)

이때 직사각형 모양의 탁자에서는 원형으로 배열하는 한 가지 방법에 대하여 그림과 같이 서로 다른 경우는 2가지가 존재한다.

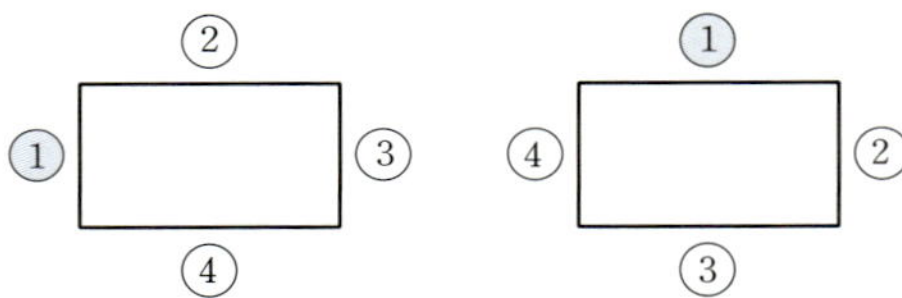

따라서 구하는 방법의 수는

$6\times2=12$(가지)

[원순열의 풀이 방법] 심플 정리

(1) 서로 다른 n개를 원형으로 배열하는 방법
   순열의 개수에서 원형으로 배열되는 수 n만큼 나눈다.
   $$\frac{n!}{n}=(n-1)!$$

(2) 서로 다른 n개에서 r개를 택하여 원형으로 배열하는 방법
   순열의 개수에서 원형으로 배열되는 수 r만큼 나눈다.
   $$\frac{_n\mathrm{P}_r}{r}$$

17　답 ②

6명의 회원이 원탁에 둘러앉는 방법의 수는

$(6-1)!=5!=120$(가지)

18　답 ④

부모와 자녀 3명 총 5명이 원형의 식탁에 둘러앉는 방법의 수는

$(5-1)!=4!=24$(가지)

19　답 ③

6명의 가족이 원형의 식탁에 둘러앉는 방법의 수는

$(6-1)!=5!=120$(가지)

$\therefore a=120$

부모가 원형의 식탁에 마주 보고 앉으면 나머 지 4명은 부모를 기준으로 한 줄로 배열하면 된다. 즉, 아버지 (또는 어머니) 자리가 고정 되면 어머니 (또는 아버지) 자리가 고정된다. 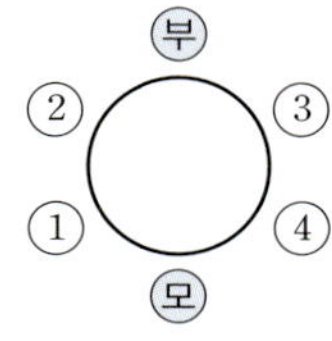

따라서 부모가 먼저 원형의 식탁에 마주 보고 앉고 4명의 자녀가 앉으면 되므로 구하는 방법의 수는 $4!=24$(가지)

$\therefore b=24$

$\therefore a+b=120+24=144$

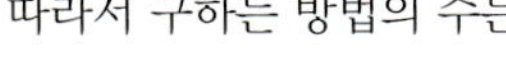

> **TIP**
>
> 원형으로 둘러앉을 때, 특별한 조건이 있는 경우는 먼저 특별한 조 건을 만족하도록 할 때의 경우의 수를 구한 후 나머지 경우의 수를 구하도록 하자.
>
> 이 문제에서 부모가 마주 보는 조건이 있으므로 부모를 마주 보고 앉는 경우를 먼저 생각하고, 나머지 4명의 가족이 앉는 경우를 따져 준다.

20　답 ①

이웃하는 여학생 3명을 묶어서 한 사람으로 생각하면 5명이 원 탁에 둘러앉는 방법의 수이므로

$(5-1)!=4!$(가지)

이때 묶음 속의 여학생 3명이 자리를 바꾸 는 방법의 수는 $3!$(가지) 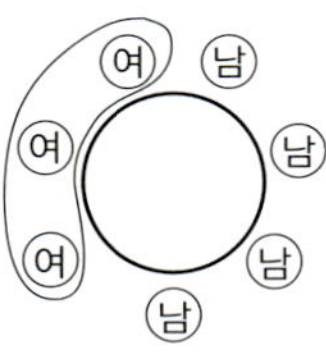

따라서 구하는 방법의 수는

$3!\times4!$(가지)

21　답 ③

부부 2명을 한 사람으로 생각하면 3명이 원탁에 둘러앉는 방법 의 수는

$(3-1)!=2!=2$(가지)

이때 부부끼리 자리를 바꾸는 방법의 수가 각각 $2!$이므로 구하 는 방법의 수는

$2\times2!\times2!\times2!=16$(가지)

22　답 ④

먼저 학생 4명이 원 모양으로 둘러앉는 방 법의 수는 $(4-1)!=3!=6$(가지)

학생들 사이의 네 곳 중 교사가 앉는 방법의 수는 $4!=24$(가지) 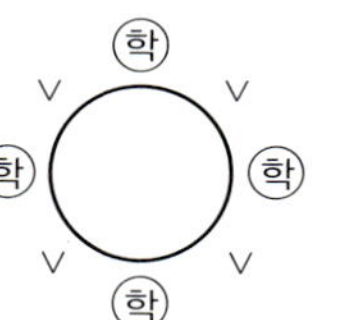

따라서 학생과 교사가 교대로 앉는 방법의 수는

$6\times24=144$(가지)

23　답 ④

남학생 4명이 원탁에 둘러앉는 방법의 수는

$(4-1)!=3!=6$(가지)

남학생들 사이의 네 곳 중 두 곳에 여학생이 앉는 방법의 수는

$_4P_2=4\times3=12$(가지) 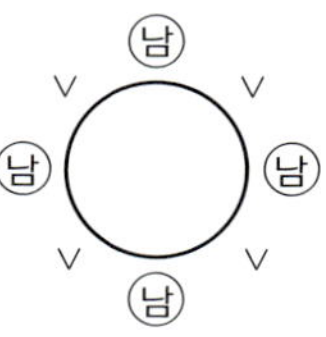

따라서 구하는 방법의 수는

$6\times12=72$(가지)

24　답 ②

8명이 원형 탁자에 둘러앉는 방법의 수는

$(8-1)!=7!$(가지)이고, 그림과 같이 그 각각의 경우에 대하여 회전해도 겹쳐지지 않는 경우가 2가지 있다.

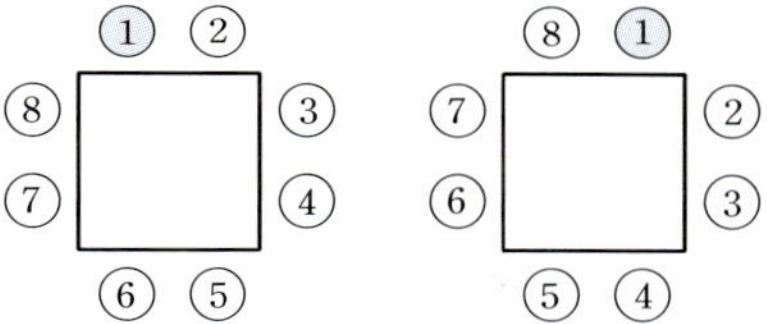

따라서 구하는 경우의 수는

$7!\times2$(가지)

25　답 ③

12명이 원형으로 둘러앉는 방법의 수는

$(12-1)!=11!$(가지)이고, 그림과 같이 그 각각의 경우에 대하 여 회전해도 겹쳐지지 않는 경우가 3가지 있다.

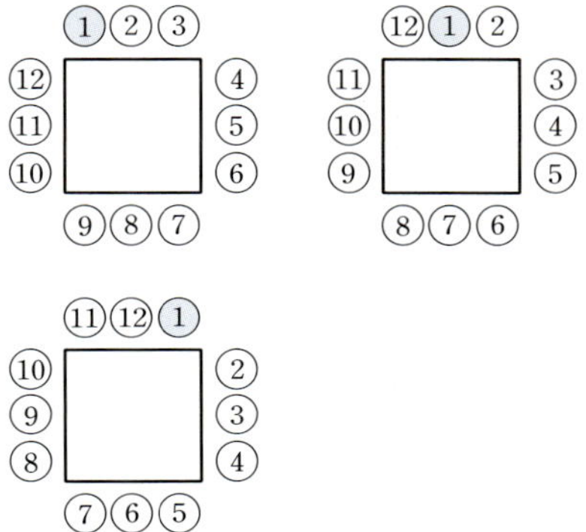

따라서 구하는 방법의 수는 $11!\times3$

26 답 ②

3쌍을 3묶음으로 생각하면 이 3묶음을 원형으로 배열하는 방법
의 수는 $(3-1)!=2!$(가지)이고, 각 묶음마다 부부가 서로 바꾸
는 방법의 수는 $2!$가지이다.
따라서 구하는 방법의 수는
$2! \times 2! \times 2! \times 2! = 16$(가지)

27 답 ④

6명이 원형 탁자에 둘러앉는 방법의 수는
$(6-1)!=5!$(가지)이다.
이때, 직사각형 모양의 식탁에서는 원형으로 배열하는 한 가지
경우에 대하여 다음 그림과 같이 회전해도 겹쳐지지 않는 경우가
3가지 있다.

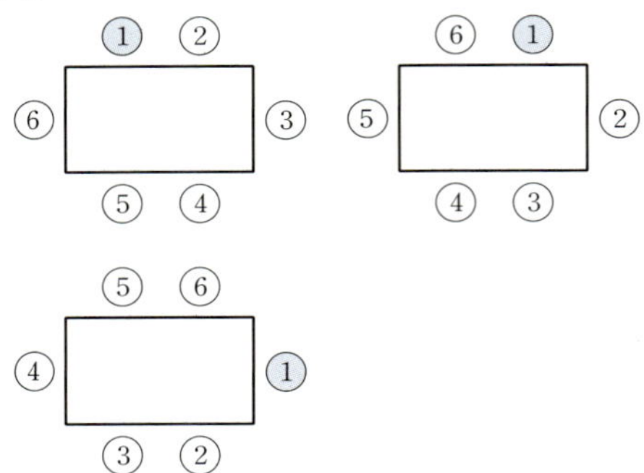

따라서 구하는 방법의 수는
$5! \times 3 = 120 \times 3 = 360$(가지)

28 답 ③

8명이 원형 탁자에 둘러앉는 방법의 수는
$(8-1)!=7!$(가지)
이때, 직사각형 모양의 식탁에서는 원형으로 배열하는 한 가지
방법에 대하여 다음 그림과 같이 회전해도 겹쳐지지 않는 경우가
4가지 있다.

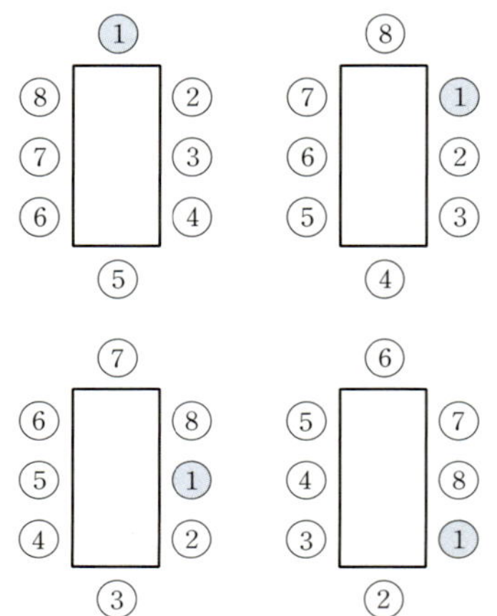

따라서 구하는 방법의 수는 $7! \times 4$이므로
$a=7,\ b=4$
$\therefore a+b=7+4=11$

29 답 45

10명이 원형 탁자에 둘러앉는 방법의 수는
$(10-1)!=9!$(가지)
이때, 직사각형 모양의 탁자에서는 원형으로 배열하는 한 가지
방법에 대하여 다음 그림과 같이 회전해도 겹쳐지지 않는 경우가
5가지 있다.

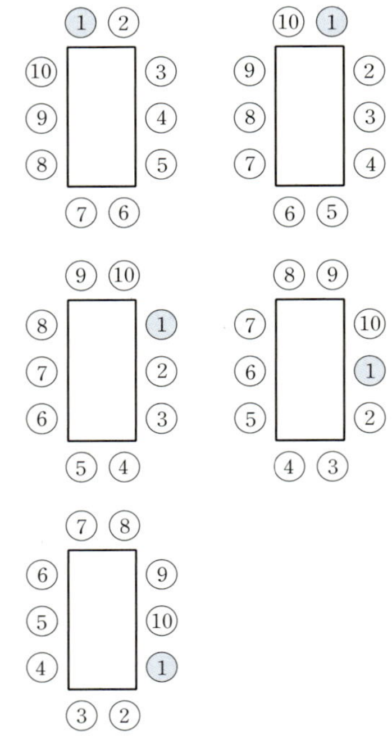

따라서 구하는 방법의 수는 $9! \times 5$(가지)이므로
$m=9,\ n=5$
$\therefore mn=45$

30 답 13

16명이 원형 탁자에 둘러앉는 방법의 수는
$(16-1)!=15!$(가지)
이때, 정팔각형 모양의 탁자에서는 원형으로 배열하는 한 가지
경우에 대하여 다음 그림과 같이 회전해도 겹쳐지지 않는 경우가
2가지 있다.

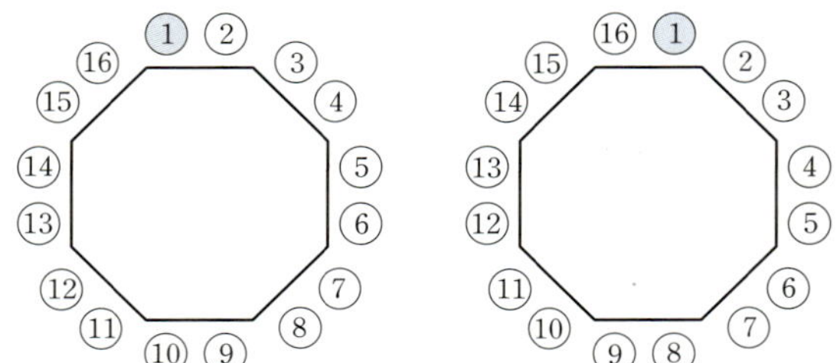

따라서 구하는 방법의 수는 $15! \times 2$(가지)이므로
$x=15,\ y=2$
$\therefore x-y=15-2=13$

31 답 ①

4개의 영역에 색을 칠하는 방법의 수는 서로 다른 4개를 원형으로 배열하는 원순열의 수와 같으므로

$(4-1)!=3!=6$(가지)이다.

32 답 ②

가운데 정육각형에 색을 칠하는 방법은 7가지이고, 나머지 6가지의 색을 6등분한 칸에 칠하는 방법의 수는 6개를 원형으로 배열하는 원순열의 수와 같다.

따라서 구하는 경우의 수는

$7\times(6-1)!=7\times5!=7\times120=840$ (가지)

33 답 ③

한 가운데 정사각형에 칠하는 방법의 수는 9가지이고, 나머지 8가지의 색을 칠하는 방법의 수는 8개를 원형으로 배열하는 원순열의 수와 같으므로 $(8-1)!$가지이다.

또, 그림과 같이 회전하여 겹치지 않는 경우는 2가지이다.

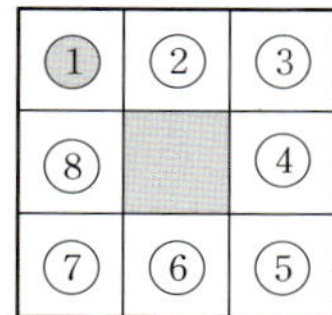 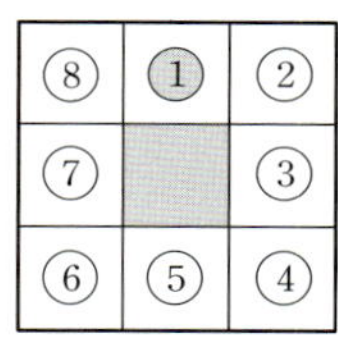

따라서 구하는 방법의 수는

$9\times7!\times2=\dfrac{9\times8\times7!}{4}=\dfrac{9!}{4}$(가지)

34 답 ③

가운데에 놓을 타일을 정하는 경우는 5가지이고, 나머지 4가지색의 타일을 이어 붙이는 방법은 4개를 원형으로 배열하는 경우의 수와 같으므로 $(4-1)!=3!=6$(가지)

따라서 구하는 방법의 수는 $5\times6=30$(가지)

35 답 ②

6영역에 5가지 색을 칠하려면 어느 두 군데는 같은 색을 칠해야 하므로 칠하는 방법은 다음과 같이 2가지가 있다.

(i) 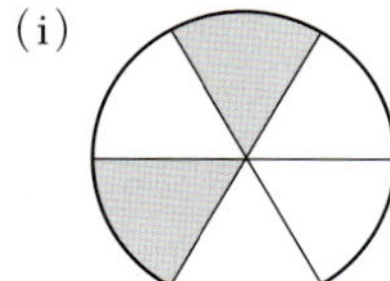 (ii) 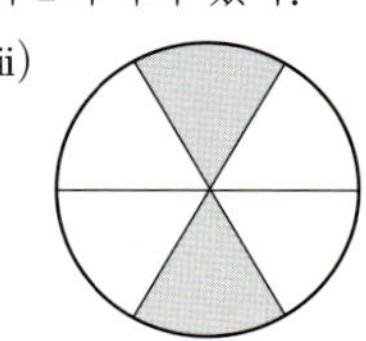

5가지 색 중 두 군데에 칠할 색을 선택하는 방법의 수는

$_5C_1=5$(가지)

(i) 나머지 4개의 영역에 4가지 색을 칠하는 방법의 수는

$4!=24$(가지)

(ii) 나머지 4개의 영역에 4가지 색을 칠하는 방법의 수는

$4!=24$(가지)이고, 회전하면 겹쳐지는 경우는 2가지가 생기므로 $\dfrac{4!}{2}=12$(가지)

따라서 구하는 방법의 수는 $5\times(24+12)=180$(가지)

TIP

36 답 ⑤

(i) 2가지 색을 사용하는 경우

4가지 색에서 2가지 색을 선택하면 다음과 같이 한 가지 방법으로 칠할 수 있다.

$\therefore\ _4C_2=6$(가지)

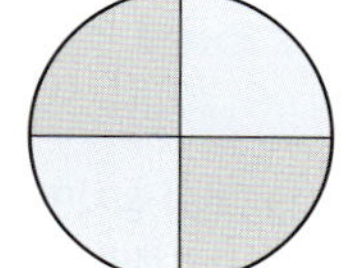

(ii) 3가지 색을 사용하는 경우

4가지 색에서 3가지 색을 선택하는 방법의 수는 $_4C_3$, 선택한 3가지 색 중에서 다음과 같이 두 군데에 칠할 색을 한 개 선택하는 방법의 수는 $_3C_1$, 남은 색으로 나머지 영역을 칠하면 된다.

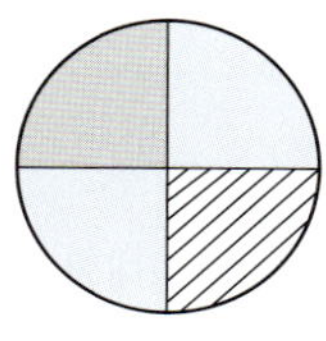

$\therefore\ _4C_3\times_3C_1=4\times3=12$(가지)

(iii) 4가지 색을 사용하는 경우

4가지 색을 원형으로 배열하는 원순열의 수와 같으므로

$(4-1)!=3!=6$(가지)

(i)~(iii)에 의해 구하는 방법의 수는 $6+12+6=24$(가지)

37 답 ③

정사각뿔의 밑면을 칠하는 방법의 수는 5가지이고, 나머지 4가지 색을 옆면에 칠하는 방법의 수는 4개를 원형으로 배열하는 경우의 수와 같으므로 $(4-1)!=3!=6$(가지)

따라서 구하는 방법의 수는

$5\times6=30$(가지)

38 답 ①

정사면체의 밑면을 빨간 색으로 칠하면 나머지 3가지 색을 옆면에 칠하는 방법의 수는 3개를 원형으로 배열하는 경우의 수와 같으므로 $(3-1)!=2!=2$(가지)

이때, 정사면체는 모든 면이 합동이므로 이렇게 색칠한 정사면체를 굴리면 밑면이 다른 색인 경우도 포함된다.

따라서 구하는 방법의 수는 2이다.

39 답 ②

정육면체의 밑면에 ▢•를 붙이면, 마주 보는 면에 붙일 수 있는 스티커의 종류는 5가지이고, 나머지 네 종류의 스티커를 옆면에 붙이는 방법의 수는 4개를 원형으로 배열하는 경우의 수와 같으므로 $(4-1)!=3!=6$(가지)

이때, 정육면체는 모든 면이 합동이므로 이렇게 스티커를 붙인 정육면체를 굴리면 밑면에 다른 스티커가 붙여진 경우도 포함된다.

따라서 구하는 방법의 수는 $5\times6=30$(가지)

40 답 ③

정삼각뿔대의 밑면을 칠하는 방법의 수는 5가지, 마주 보는 면을 칠하는 방법의 수는 4가지, 나머지 3가지 색을 옆면에 칠하는 방법의 수는 3개를 원형으로 배열하는 경우의 수와 같으므로

$(3-1)!=2!=2$(가지)

따라서 구하는 방법의 수는

$5 \times 4 \times 2 = 40$(가지)

38번의 정사면체와 정삼각뿔대를 칠하는 경우를 비교해보자.
정사면체의 면에 색을 칠하는 경우 모든 면이 합동이기 때문에 밑면을 고정시킬 수 없지만 정삼각뿔대는 면이 다르기 때문에 면을 고정시켜서 경우의 수를 구하는 것이 다르다.

41 답 ④

정사각뿔대의 밑면을 칠하는 방법의 수는 6가지, 마주 보는 면을 칠하는 방법의 수는 5가지, 나머지 4가지 색을 옆면에 칠하는 방법의 수는 4개를 원형으로 배열하는 경우의 수와 같으므로

$(4-1)!=3!=6$(가지)

따라서 구하는 방법의 수는

$6 \times 5 \times 6 = 180$(가지)

42 답 ⑤

정오각뿔의 밑면을 칠하는 방법의 수는 5가지이다.

옆면 5개를 칠할 수 있는 색을 밑면의 색을 제외한 4가지이므로 다음과 같이 옆면의 전개도를 펼쳤을 때 어느 두 면에는 같은 색을 칠해야 한다.

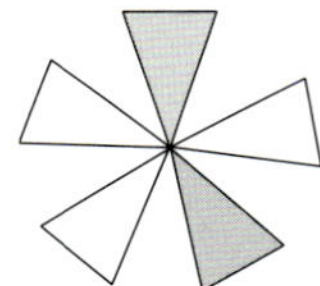

4가지 색 중 두 면에 칠할 색을 선택하는 방법의 수는

$_4\mathrm{C}_1=4$(가지), 나머지 세 면에 3가지 색을 칠하는 방법의 수는

$3!=6$(가지)

따라서 칠하는 방법의 수는 $5 \times 4 \times 6 = 120$(가지)

---

01 답 중복순열, $_n\Pi_r$

02 답 $n,\ r,\ n^r$

03 답 2, 4, 2, 4, 16

04 답 5, 3, 2, 10

05 답 ×

중복순열의 수 $_n\Pi_r$에서는 중복하여 택할 수 있기 때문에 $n<r$일 수도 있다.

06 답 ○

07 답 ○

08 답 ○

09 답 243

$_3\Pi_5=3^5=243$

10 답 125

$_5\Pi_3=5^3=125$

11 답 1

$_4\Pi_0=4^0=1$

12 답 6

$_6\Pi_1=6^1=6$

13 답 27

서로 다른 3개에서 중복을 허락하여 3개를 뽑아 나열하는 중복순열의 수이므로 $_3\Pi_3=3^3=27$(가지)이다.

14 답 18

백의 자리에는 0이 올 수 없으므로 2가지,

십의 자리와 일의 자리에는 0, 1, 2 중 어느 하나가 올 수 있으므로 $_3\Pi_2=3^2=9$(가지)

따라서 구하는 경우의 수는 $2 \times 9 = 18$(가지)이다.

15 답 81

네 명의 학생은 각각 3개의 악기 중에 선택할 수 있으므로 서로 다른 3개를 중복을 허락하여 4개를 뽑아 나열하는 경우의 수와 같다.

$_3\Pi_4=3^4=81$(가지)

16 답 3

3개의 문자 a, a, b 중 a가 2개 있으므로 구하는 방법의 수는

$$\frac{3!}{2!}=3(가지)$$

17 답 4

4개의 문자 1, 2, 2, 2 중 2가 3개 있으므로 구하는 방법의 수는

$$\frac{4!}{3!}=4(가지)$$

18 답 60

5개의 문자 a, b, b, c, d 중 b가 2개 있으므로 구하는 방법의 수는

$$\frac{5!}{2!}=60(가지)$$

19 답 6

4개의 숫자 1, 1, 2, 2 중 1이 2개, 2가 2개 있으므로 구하는 방법의 수는

$$\frac{4!}{2!2!}=6(가지)$$

20 답 10

5개의 문자 a, a, b, b, b 중 a가 2개, b가 3개 있으므로 구하는 방법의 수는

$$\frac{5!}{2!3!}=10(가지)$$

21 답 30

5개의 숫자 1, 2, 2, 3, 3 중 2가 2개, 3이 2개 있으므로 구하는 자연수의 개수는

$$\frac{5!}{2!2!}=30(개)$$

22 답 9

첫째 자리에 0이 올 수 없으므로 다음과 같이 경우를 나누어 생각한다.

(i) 첫째 자리에 1이 오는 경우

나머지 자리에 0, 2, 2를 나열하는 방법의 수는, 3개의 숫자 중 같은 숫자가 2개 있으므로

$$\frac{3!}{2!}=3(개)$$

(ii) 첫째 자리에 2가 오는 경우

나머지 자리에 0, 1, 2를 나열하는 방법의 수는

$$3!=6(개)$$

따라서 구하는 자연수의 개수는 $3+6=9(개)$이다.

다른 풀이

0, 1, 2, 2를 일렬로 나열하는 방법의 수에서 맨 앞 자리의 수가 0이고 1, 2, 2를 일렬로 나열하는 방법의 수를 빼면 되므로

$$\frac{4!}{2!}-\frac{3!}{2!}=12-3=9(개)$$

23 답 ④

$$_2\Pi_5=2^5=32$$

24 답 ③

$$_n\Pi_3=n^3=125=5^3 \qquad \therefore n=5$$

25 답 ①

$$_4\Pi_r=4^r=64=4^3$$

$$\therefore r=3$$

26 답 ②

$$_1\Pi_2+{}_2\Pi_2+{}_3\Pi_2+{}_4\Pi_2+{}_5\Pi_2$$

$$=1^2+2^2+3^2+4^2+5^2=1+4+9+16+25=55$$

27 답 ④

한 명이 낼 수 있는 방법의 수는 3이므로 세 명이 낼 수 있는 방법의 수는 $_3\Pi_3=3^3=27(가지)$

28 답 ②

구하는 방법의 수는 서로 다른 3개의 우체통에서 중복을 허락하여 2개를 나열하는 중복순열의 수와 같으므로

$$_3\Pi_2=3^2=9(가지)$$

TIP

무엇을 중복해서 나열하는지 생각해보자.

그냥 생각해보면 우체통은 움직이지 않기 때문에 편지를 중복해서 뽑는 것이라 착각할 수 있다. 하지만 편지를 고정시키고 A, B, C 세 우체통을 중복해서 뽑아서 나열하면 편지가 들어갈 우체통이 구해지는 것이다.

29 답 ③

5명의 유권자 각각은 3명의 입후보자 중 1명을 택할 수 있으므로, 구하는 방법의 수는 서로 다른 3개에서 5개를 택하는 중복순열의 수와 같다.

$$\therefore {}_3\Pi_5=3^5=243(가지)$$

30 답 ②

깃발을 한 번 들어 올려서 만들 수 있는 신호의 개수는

$$_2\Pi_1=2(가지)$$

깃발을 두 번 들어 올려서 만들 수 있는 신호의 개수는

$$_2\Pi_2=2^2=4(가지)$$

깃발을 세 번 들어 올려서 만들 수 있는 신호의 개수는

$$_2\Pi_3=2^3=8(가지)$$

깃발을 네 번 들어 올려서 만들 수 있는 신호의 개수는

$$_2\Pi_4=2^4=16(가지)$$

따라서 구하는 신호의 개수는 $2+4+8+16=30(가지)$이다.

31 답 ③

세 개의 숫자 1, 2, 3을 중복을 허락하여 4개를 나열하는 방법의
수는 $_3\Pi_4=3^4=81$(개)

32 답 ③

백의 자리에 올 수 있는 숫자는 0을 제외한 2, 4, 6의 3가지이고,
나머지 자리에 올 수 있는 숫자는 0, 2, 4, 6 중에서 중복을 허락
하여 2개를 택하는 순열이므로 그 경우는 $_4\Pi_2=4^2=16$(개)이다.
따라서 구하는 자연수의 개수는

$3\times16=48$(개)

> **TIP**
>
> r자리의 자연수를 만드는 문제에서는 최고 자리의 숫자가 0이 되는
> 경우가 생기지 않도록 주의한다.

33 답 ③

2200보다 큰 수는

| 2 | 2 | | | 꼴 : $_4\Pi_2=4^2=16$(개)

| 2 | 3 | | | 꼴 : $_4\Pi_2=4^2=16$(개)

| 2 | 4 | | | 꼴 : $_4\Pi_2=4^2=16$(개)

| 3 | | | | 꼴 : $_4\Pi_3=4^3=64$(개)

| 4 | | | | 꼴 : $_4\Pi_3=4^3=64$(개)

따라서 2200보다 큰 수의 개수는

$16+16+16+64+64=176$(개)

[다른 풀이]

네 개의 자연수로 중복을 허락하여 만들 수 있는 2200보다 작은
네 자리의 자연수의 개수는

| 1 | | | | 꼴 : $_4\Pi_3=4^3=64$(개)

| 2 | 1 | | | 꼴 : $_4\Pi_2=4^2=16$(개)

따라서 구하는 자연수의 개수는

$256-64-16=176$(개)

> **TIP**
>
> 구해야 하는 경우의 수보다 아닌 경우의 수를 세는 게 편할 때에는
> (전체의 경우의 수) – (아닌 경우의 수)
> 로 계산하자.

34 답 ①

세 개의 숫자 1, 3, 5를 중복을 허락하여 만들 수 있는 네 자리의
자연수의 개수는

$_3\Pi_4=3^4=81$(개)

(i) 1이 포함되지 않은 네 자리 자연수의 개수는 3과 5를 중복을
허락하여 만들 수 있는 네 자리 자연수의 개수이므로

$_2\Pi_4=2^4=16$(개)

(ii) 3이 포함되지 않은 네 자리 자연수의 개수는 1과 5를 중복을
허락하여 만들 수 있는 네 자리의 자연수의 개수이므로

$_2\Pi_4=2^4=16$(개)

(iii) 1과 3이 모두 포함되지 않은 자연수의 개수는 5555로 1개뿐
이다.

따라서 구하는 자연수의 개수는

$81-(16+16-1)=50$(개)

[다른 풀이]

1, 3, 5를 중복을 허락하여 네 자리의 자연수를 만들 때, 1과 3을
모두 포함하는 경우는

(i) 1, 1, 1, 3으로 만드는 네 자리의 자연수

4개의 숫자 중 같은 숫자가 3개 있으므로

$\dfrac{4!}{3!}=4$(개)

(ii) 1, 1, 3, 3으로 만드는 네 자리의 자연수

4개의 숫자 중 같은 숫자가 2개씩 2개 있으므로

$\dfrac{4!}{2!2!}=6$(개)

(iii) 1, 1, 3, 5로 만드는 네 자리의 자연수

4개의 숫자 중 같은 숫자가 2개 있으므로

$\dfrac{4!}{2!}=12$(개)

(iv) 1, 3, 3, 3으로 만드는 네 자리의 자연수

$\dfrac{4!}{3!}=4$(개)

(v) 1, 3, 3, 5로 만드는 네 자리의 자연수

$\dfrac{4!}{2!}=12$(개)

(vi) 1, 3, 5, 5로 만드는 네 자리의 자연수

$\dfrac{4!}{2!}=12$(개)

따라서 구하는 자연수의 개수는

$4+6+12+4+12+12=50$(개)

35 답 ②

집합 Y의 3개의 원소들을 집합 X의 원소의 개수만큼 나열하여
순서대로 집합 X의 원소들과 대응하는 것으로 생각할 수 있다.
따라서 구하는 함수의 개수는

$_3\Pi_2=3^2=9$(개)

> **TIP**
>
> 집합 X의 각각의 원소에 대응하는 집합 Y의 원소를 순서대로 배
> 열하는 경우의 수는 Y의 원소들을 중복을 허락하여 X의 원소의
> 개수만큼 배열하는 경우의 수와 같다.

36 답 ①

$f(3)=5$인 경우, $f(1)$, $f(2)$, $f(4)$의 함숫값으로 집합 Y의 원
소 3개를 중복을 허락하여 3개를 나열하는 경우의 수이므로
$_3\Pi_3=3^3=27$(개)

$f(3)=7$인 경우도 $f(3)=5$인 경우와 마찬가지이므로 27개이다.
따라서 구하는 함수 f의 개수는 $27+27=54$(개)

37　답 ③

$f(1)+f(2)=3$인 경우는

$f(1)=1$, $f(2)=2$ 또는 $f(1)=2$, $f(2)=1$의 두 가지 경우이다.

함숫값 $f(3)$, $f(4)$를 정하는 경우의 수는 1, 2, 3, 4의 원소 4개 중에서 2개를 택하는 중복순열의 수와 같으므로

$_4\Pi_2=4^2=16$(개)

따라서 구하는 함수 f의 개수는 $16\times2=32$(개)

38　답 ③

X에서 Y로의 함수의 개수는

$_2\Pi_4=2^4=16$(개)

X에서 Y로의 함수 중 치역과 공역이 일치하는 함수의 개수는 전체 함수의 개수에서 치역의 원소가 1개인 함수의 개수를 빼면 된다.

즉, 치역이 {1} 또는 {2}인 함수의 개수는 2이다.

따라서 구하는 함수의 개수는 $16-2=14$(개)

[다른 풀이]

같은 것이 있는 순열로 구할 수도 있다.

1, 2를 중복을 허락하여 4개 나열하여 그 순서대로 $f(a)$, $f(b)$, $f(c)$, $f(d)$의 함숫값이라고 하면 되므로

(ⅰ) 1, 1, 1, 2를 나열하는 경우의 수는 $\dfrac{4!}{3!}=4$(개)

(ⅱ) 1, 1, 2, 2를 나열하는 경우의 수는 $\dfrac{4!}{2!2!}=6$(개)

(ⅲ) 1, 2, 2, 2를 나열하는 경우의 수는 $\dfrac{4!}{3!}=4$(개)

따라서 구하는 함수의 개수는 $4+6+4=14$(개)

39　답 ③

7개의 문자 s, u, c, c, e, s, s 중 s가 3개, c가 2개 있으므로 구하는 방법의 수는

$\dfrac{7!}{3!2!}=420$(가지)

40　답 ①

7개의 문자 M, E, S, S, A, G, E에서 양 끝에 S가 오도록 하면 나머지 M, E, A, G, E의 5개 문자를 일렬로 나열하는 방법의 수를 구하면 된다.

5개의 문자 중 E가 2개 있으므로 구하는 방법의 수는

$\dfrac{5!}{2!}=60$(가지)이다.

41　답 ④

6개의 문자 s, e, t, t, l, e를 일렬로 나열하는 경우의 수는

$\dfrac{6!}{2!2!}=180$(가지)

이때, 같은 문자끼리 이웃하지 않게 배열하는 방법의 수는 전체 경우의 수에서 같은 문자끼리 이웃하는 경우의 수를 빼면 된다.

(ⅰ) e, e가 이웃하는 경우의 수

ee를 한 문자로 보면 다섯 개의 문자 ee, s, t, t, l을 나열하는 방법의 수이므로

$\dfrac{5!}{2!}=60$(가지)

(ⅱ) t, t가 이웃하는 경우의 수

tt를 한 문자로 보면 다섯 개의 문자 tt, s, e, e, l을 나열하는 방법의 수이므로

$\dfrac{5!}{2!}=60$(가지)

(ⅲ) e, e와 t, t가 각각 이웃하는 경우의 수

ee와 tt를 한 문자로 보면 네 개의 문자 ee, tt, s, l을 나열하는 방법의 수이므로

$4!=24$(가지)

따라서 구하는 방법의 수는

$180-(60+60-24)=84$(가지)

42　답 ②

BALLAD가 나오기 전까지 나열된 문자의 개수를 구하자.

(ⅰ) A□□□□□인 경우의 수

BLLAD를 나열하는 방법의 수이므로

$\dfrac{5!}{2!}=60$(가지)

(ⅱ) BAA□□□인 경우의 수

LLD를 나열하는 방법의 수이므로

$\dfrac{3!}{2!}=3$(가지)

(ⅲ) BAD□□□인 경우의 수

LLA를 나열하는 방법의 수이므로

$\dfrac{3!}{2!}=3$(가지)

(ⅳ) BALA□□인 경우의 수

LD를 나열하는 방법의 수이므로

$2!=2$(가지)

(ⅴ) BALD□□인 경우의 수

LA를 나열하는 방법의 수이므로

$2!=2$(가지)

따라서 BALLAD는

$60+3+3+2+2+1=71$(번째)에 나온다.

43 답 ②

다섯 개의 숫자 1, 3, 3, 3, 5 중 같은 숫자가 3개 있으므로 일렬로 나열하는 방법의 수는

$$\frac{5!}{3!}=20(개)$$

44 답 ①

다섯 장의 숫자 카드 4, 4, 4, 6, 6 에서 4개의 숫자를 택하는 방법은

4, 4, 4, 6 또는 4, 4, 6, 6 의 두 가지이다.

(i) 4, 4, 4, 6 을 나열하는 방법의 수는

$$\frac{4!}{3!}=4(개)$$

(ii) 4, 4, 6, 6 을 나열하는 방법의 수는

$$\frac{4!}{2!2!}=6(개)$$

(i), (ii)에 의해 구하는 자연수의 개수는

$$4+6=10(개)$$

45 답 ②

20000보다 큰 다섯 자리의 자연수가 되려면 첫째 자리에 올 수 있는 숫자는 4 또는 5이다.

(i) 첫째 자리에 4가 오는 경우

나머지 숫자 1, 1, 4, 5를 나열하는 방법의 수는

$$\frac{4!}{2!}=12(개)$$

(ii) 첫째 자리에 5가 오는 경우

나머지 숫자 1, 1, 4, 4를 나열하는 방법의 수는

$$\frac{4!}{2!2!}=6(개)$$

(i), (ii)에 의해 구하는 자연수의 개수는

$$6+12=18(개)$$

다른 풀이

다섯 개의 숫자 1, 1, 4, 4, 5를 모두 사용하여 만들 수 있는 다섯 자리의 자연수는

$$\frac{5!}{2!2!}=30(개)$$

이때, 20000보다 작은 다섯 자리의 자연수는 첫째 자리의 숫자가 1인 다섯 자리의 자연수일 때이다.

첫째 자리에 1이 오는 경우 나머지 숫자 1, 4, 4, 5를 나열하는 경우의 수는

$$\frac{4!}{2!}=12(개)$$

따라서 구하는 자연수의 개수는

$$30-12=18(개)$$

46 답 ①

여섯 자리의 자연수 중 짝수는 일의 자리의 숫자가 0 또는 2이면 된다.

(i) 일의 자리에 0이 오는 경우

2, 2, 2, 5, 5를 나열하는 방법의 수는

$$\frac{5!}{3!2!}=10(개)$$

(ii) 일의 자리에 2가 오는 경우

0, 2, 2, 5, 5를 나열하는 방법의 수는

$$\frac{5!}{2!2!}=30(개)$$

이 중 첫째 자리에 숫자 0이 오는 경우를 빼주면 된다. 즉, 첫째 자리에 숫자 0이 오고 일의 자리의 숫자 2인 여섯 자리의 자연수는 가운데 네 자리에 2, 2, 5, 5를 나열하는 경우이므로

$$\frac{4!}{2!2!}=6(개)$$

즉, 일의 자리에 2가 오는 여섯 자리의 짝수는

$$30-6=24(개)$$

따라서 구하는 방법의 수는

$$10+24=34(개)$$

다른 풀이

0, 2, 2, 2, 5, 5를 모두 사용하여 만들 수 있는 여섯 자리의 짝수는 일의 자리의 숫자가 0 또는 2이면 된다.

(i) 2 □ □ □ □ 0 인 경우의 수

가운데 자리에 2, 2, 5, 5를 나열하는 경우의 수는

$$\frac{4!}{2!2!}=6(개)$$

(ii) 2 □ □ □ □ 2 인 경우의 수

가운데 자리에 0, 2, 5, 5를 나열하는 경우의 수는

$$\frac{4!}{2!}=12(개)$$

(iii) 5 □ □ □ □ 0 인 경우의 수

가운데 자리에 2, 2, 2, 5를 나열하는 경우의 수는

$$\frac{4!}{3!}=4(개)$$

(iv) 5 □ □ □ □ 2 인 경우의 수

가운데 자리에 0, 2, 2, 5를 나열하는 경우의 수는

$$\frac{4!}{2!}=12(개)$$

따라서 구하는 짝수의 개수는

$$6+12+4+12=34(개)$$

47 답 ①

3, 4, 5를 □로 바꾸어 생각하여 □, □, □, 9, 9의 5개를 일렬로 배열한 후 첫 번째, 두 번째, 세 번째 □를 각각 5, 4, 3으로 바꾸면 된다.

따라서 구하는 방법의 수는

$$\frac{5!}{3!2!}=10(가지)$$

48 답 180

b, c를 □로, e, f를 △로 바꾸어 생각하여

a, d, □, □, △, △의 6개를 일렬로 나열한 후 첫 번째, 두 번째 □를 각각 c, b로 바꾸고, 첫 번째, 두 번째 △를 각각 f, e로 바꾸면 된다.

따라서 구하는 방법의 수는

$$\frac{6!}{2!2!}=180(\text{가지})$$

49 답 ③

A지점에서 B지점까지 최단거리로 가려면 오른쪽으로 4칸, 위쪽으로 3칸 움직이면 된다.

즉, 오른쪽으로 한 칸 가는 것을 R, 위로 한 칸 가는 것을 U라고 하면 7개의 문자 RRRRUUU를 일렬로 나열하는 방법의 수와 같으므로

$$\frac{7!}{4!3!}=35(\text{가지})$$

50 답 30

A지점에서 C지점까지 최단거리로 가는 경우는 오른쪽으로 3칸, 위쪽으로 2칸 움직이면 되므로

$$\frac{5!}{3!2!}=10(\text{가지})$$

C지점에서 B지점까지 최단거리로 가는 경우는 오른쪽으로 2칸, 위쪽으로 1칸 움직이면 되므로

$$\frac{3!}{2!}=3(\text{가지})$$

따라서 구하는 경우의 수는

$$10\times3=30(\text{가지})$$

51 답 ④

A지점에서 P지점까지 최단거리로 가는 경우는 오른쪽으로 2칸, 위쪽으로 2칸 움직이면 되므로

$$\frac{4!}{2!2!}=6(\text{가지})$$

도로 PQ를 지나서 Q지점에서 B지점까지 최단거리로 가는 경우는 오른쪽으로 2칸, 위쪽으로 2칸 움직이면 되므로

$$\frac{4!}{2!2!}=6(\text{가지})$$

따라서 구하는 방법의 수는

$$6\times1\times6=36(\text{가지})$$

52 답 ①

그림과 같이 Q지점을 잡으면 A지점에서 P지점을 거치지 않고 B지점으로 가는 최단거리이므로

$$\frac{4!}{2!2!}\times\frac{3!}{1!2!}=6\times3=18$$

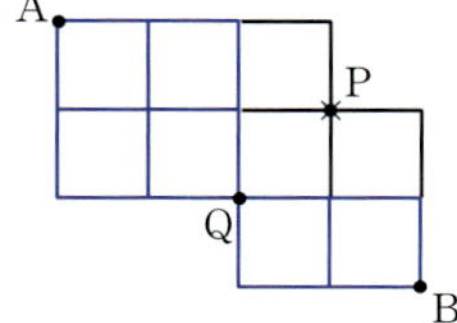

53 답 ④

그림에서 세 점 P, Q, R를 잡으면

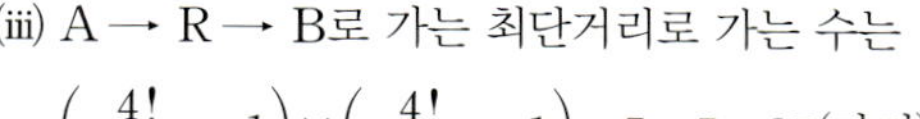

(ⅰ) A → P → B로 가는 최단거리로 가는 수는

$$1\times1=1(\text{가지})$$

(ⅱ) A → Q → B로 가는 최단거리로 가는 수는

$$\frac{4!}{3!1!}\times\frac{4!}{1!3!}=4\times4=16(\text{가지})$$

(ⅲ) A → R → B로 가는 최단거리로 가는 수는

$$\left(\frac{4!}{2!2!}-1\right)\times\left(\frac{4!}{2!2!}-1\right)=5\times5=25(\text{가지})$$

(ⅰ), (ⅱ), (ⅲ)에서 구하는 방법의 수는

$$1+16+25=42(\text{가지})$$

주어진 도로망에 아래와 같은 점선길이 있다고 생각하면 (ⅲ)에서 A → R 또는 R → B로 가는 최단거리로 가는 방법의 수는 각각 $\dfrac{4!}{2!2!}$ 가지이다. 그런데 점선으로 가는 경우는 1가지이므로 A → R 또는 R → B로 가는 최단거리로 가는 방법의 수는 $\dfrac{4!}{2!2!}$ 에서 점선으로 가는 한 가지 경우의 수를 뺀 것이다.

54 답 60

(ⅰ) A → P → B로 가는 최단거리로 가는 방법의 수는

$$\frac{5!}{4!}\times1=5(\text{가지})$$

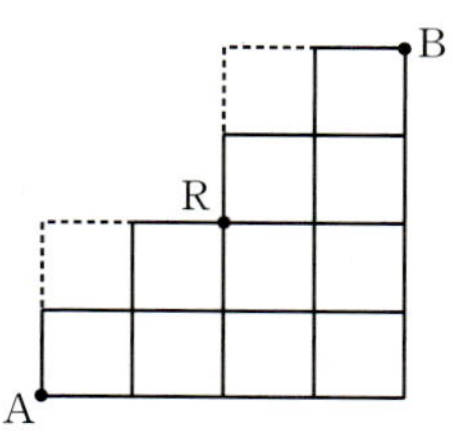

(ⅱ) A → Q → B로 가는 최단거리로 가는 방법의 수는

$$\frac{5!}{2!3!}\times\frac{5!}{4!}=10\times5=50(\text{가지})$$

(ⅲ) A → R → B로 가는 최단거리로 가는 방법의 수는

$$1\times\frac{5!}{1!4!}=5(\text{가지})$$

(ⅰ), (ⅱ), (ⅲ)에서 구하는 최단거리로 가는 방법의 수는

$$5+50+5=60(\text{가지})$$

[같은 것이 있는 순열]

n개 중에서 서로 같은 것이 각각 p개, q개, $\cdots$, r개씩 있을 때, n개를 모두 일렬로 나열하는 순열의 수는

$$\frac{n!}{p!q!\cdots r!}(\text{단, } p+q+\cdots+r=n)$$

01 답 ④

$(5-1)!=4!=24$

02 답 ④

각 부부를 한 사람으로 생각하면 5명이 원탁에 둘러앉는 방법의 수는 $(5-1)!$가지이고, 각 부부가 서로 자리를 바꾸는 방법이 두 가지씩이므로

$(5-1)!\times2\times2\times2\times2\times2=4!\times2^5$(가지)

03 답 ④

어느 대학교 수시 모집에 지원한 남학생 3명과 여학생 3명을 토론식 면접을 하기 위하여 오른쪽 그림과 같은 정삼각형 모양의 탁자에 앉히려고 한다. 붙어있는 의자에는 반드시 남녀가 1명씩 앉도록 할 때, 이들 6명이 앉을 수 있는 방법의 수는?

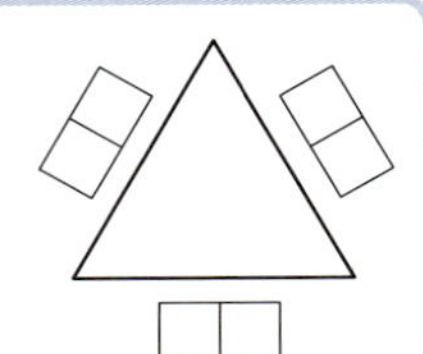

먼저 남학생을 각 변에 앉힐 방법을 생각하고 남는 자리에 여학생을 앉히면 돼.

① 72 ② 80 ③ 88
④ 96 ⑤ 108

1st 남학생을 정삼각형 모양의 탁자에 앉히는 방법의 수를 구하자.

남학생 3명을 정삼각형 모양의 탁자에 앉히는 방법의 수는

$(3-1)!$(가지)

이때, 각각 오른쪽 또는 왼쪽 좌석을 선택하여 앉힐 수 있으므로

$(3-1)!\times2\times2\times2=16$(가지)

정삼각형의 모양의 탁자에 앉힐 때, 원순열의 수 $(3-1)!$와 각 변(세 변)에 위치한 두 개의 의자 중 왼쪽 또는 오른쪽에 앉는 방법의 수 $2\times2\times2$를 곱한 거야.

2nd 남은 자리에 여학생을 앉히는 방법의 수를 곱해야겠지?

남은 3개의 의자에 여학생 3명을 앉히는 경우의 수는

$3!=6$(가지) → 남학생들의 자리를 정하면서 회전하여 겹치는 경우를 고려했으니 여학생들의 자리를 정할 때에는 회전하는 걸 고려하지 않아도 돼.

따라서 구하는 방법의 수는

$16\times6=96$(가지)

04 답 12

칠해져 있지 않은 4개의 영역 C, D, E, F에 4가지 색을 칠하는 방법의 수는 원순열의 수이므로 $(4-1)!$가지이고, 그림과 같이 회전해도 겹쳐지지 않는 경우가 2가지 있다.

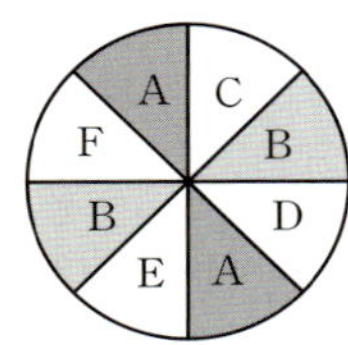 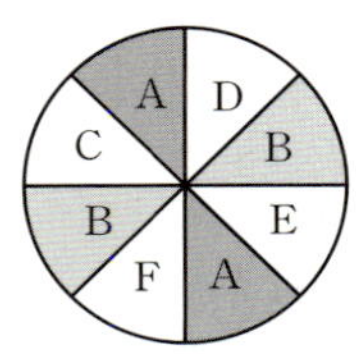

따라서 구하는 방법의 수는

$3!\times2=12$(가지)

05 답 ②

한 가운데 칠할 색을 고르는 방법의 수는 4가지이고, 그 각각에 대하여 나머지 세 군데를 칠하는 방법의 수는 원순열의 수와 같으므로 $(3-1)!=2$(가지)

따라서 구하는 방법의 수는 $4\times2=8$(가지)

06 답 ②

정육면체의 윗부분 4개와 아랫부분 4개를 나눠서 색을 칠하는 방법을 생각하자.

그림과 같이 크기가 같은 8개의 정육면체를 붙여서 만든 큰 정육면체가 있다. 이때, 서로 다른 8가지 색을 모두 사용하여 정육면체의 면에 색을 칠하는 방법의 수는? (단, 하나의 정육면체에는 한 가지 색깔만 사용할 수 있고, 굴리거나 회전하여 겹쳐지는 것들은 같은 것으로 한다.)

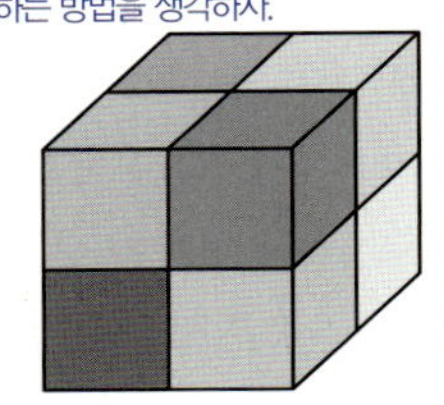

큰 정육면체에서 밑면이 될 수 있는 게 몇 개인지 생각해봐.

① 1610 ② 1680 ③ 1750
④ 1820 ⑤ 1890

1st 정육면체의 윗부분 4개의 영역을 칠하는 방법의 수를 구하자.

서로 다른 8가지 색 중 4개의 색을 골라 윗부분 4개의 영역을 먼저 칠하는 방법의 수는 원순열의 수와 같으므로

${}_8C_4\times(4-1)!$(가지)

서로 다른 8가지 색 중에서 순서에 관계없이 4가지 색을 구하는 방법의 수는 ${}_8C_4$야.

2nd 정육면체의 아랫부분 4개의 영역을 칠하는 방법의 수를 구하자.

이때 아랫부분은 나머지 4가지 색을 이용하여 칠하므로 순열의 수와 같다.

윗부분에서 원순열로 계산하면서 회전하여 겹치는 경우를 고려했으므로, 아랫부분은 원순열이 아닌 순열의 수를 구해.

${}_4C_4\times4!$(가지)

3rd 회전하여 같은 경우가 나오는 총 가짓수를 이용하여 답을 구하자.

윗부분 4개의 영역을 큰 정육면체에서 밑면이라 하면 윗부분이 각 밑면의 위치에 있을 때마다 겹쳐지므로 6가지의 경우로 나누어야 한다. 총 가짓수의 $\frac{1}{6}$배를 한다.

따라서 구하는 경우의 수는

$${}_8C_4\times(4-1)!\times{}_4C_4\times4!\times\frac{1}{6}=\frac{8\times7\times6\times5}{4!}\times3!\times4!\times\frac{1}{6}$$
$$=1680(가지)$$

다른 풀이

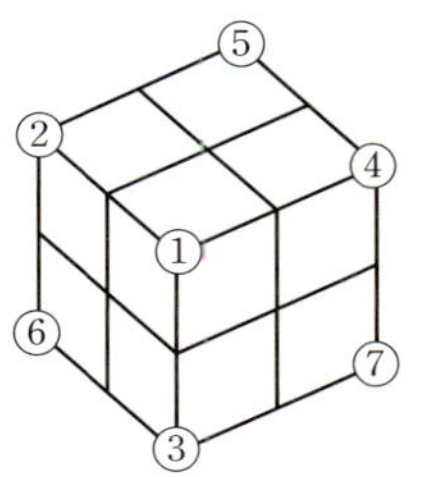

하나의 정육면체에는 한 가지 색만 칠할 수 있으므로 그림과 같이 각 정육면체에 ①~⑧의 번호를 붙여서 색을 칠하는 방법의 수를 구해보자. (보이지 않는 곳은 ⑧)

① 에 칠할 수 있는 색은 $_8C_1=8$(가지)

②, ③, ④에 칠할 색을 고르는 것은 색칠하는 원순열로 볼 수 있으므로 $_7C_3\times(3-1)!$(가지)

⑤, ⑥, ⑦, ⑧에 색칠하는 것은 원순열이 아닌 순열이므로 $4!$(가지)

이때, 기준이 되는 꼭짓점에 올 수 있는 색은 8가지이므로 8로 나누어야 한다.

따라서 구하는 경우의 수는

$$8\times(_7C_3\times2!)\times4!\times\frac{1}{8}=8\times7\times6\times5=1680(가지)$$

07 답 ⑤

4개의 접시에 과일을 1개씩 담으려면 과일 4개가 필요하므로 3종류의 과일에서 중복을 허락하여 4개를 뽑는 중복순열의 수와 같으므로 $_3\Pi_4=3^4=81$(가지)

08 답 ②

1st 부호의 개수가 늘어남에 따라 만들 수 있는 신호의 가짓수의 규칙을 구하자.

부호 1개를 사용하여 만들 수 있는 신호의 가짓수는
$_2\Pi_1=2^1$(가지) 두 가지 부호의 중복을 허락하고 나열하는 것이므로 중복순열의 수를 생각해.

부호 2개를 사용하여 만들 수 있는 신호의 가짓수는
$_2\Pi_2=2^2$(가지)

이와 같은 과정을 반복할 때, 부호를 n개 사용하여 만들 수 있는 신호의 가짓수는 $_2\Pi_n=2^n$(가지)

2nd 50가지의 신호를 만들기 위한 n의 값을 구하자.

신호의 총 개수가 50개 이상이어야 하므로

$2^1+2^2+2^3+2^4=2+4+8+16=30$

$2^1+2^2+2^3+2^4+2^5=2+4+8+16+32=62$

즉, 최소의 자연수 n은 5이다.

09 답 ④

세 자리의 자연수가 홀수이려면 일의 자리의 숫자가 홀수이어야 한다. 즉, 일의 자리의 숫자로 1, 3, 5 중 1개를 선택해야 하므로 $_3C_1$가지

백의 자리와 십의 자리의 숫자는 5개의 숫자를 중복을 허락하여 2개를 나열하는 경우이므로 $_5\Pi_2$가지

따라서 세 자리의 자연수가 홀수인 경우의 수는
$$_3C_1\times_5\Pi_2=3\times5^2=75(가지)$$

10 답 ④

전체 함수의 개수에서 조건을 만족하지 않는 함수의 개수를 빼자.

전체 함수의 개수는 집합 Y의 원소 5개 중에서 중복을 허락하여 집합 X의 원소의 함숫값이 될 3개를 나열하는 경우의 수이므로
$_5\Pi_3=5^3=125$(개)

조건을 만족하지 않으려면
$\{f(1)-f(2)\}\times\{f(2)-f(3)\}\neq0$이어야 한다. 즉,
$f(1)\neq f(2)$이고 $f(2)\neq f(3)$이다.

$f(1)$의 값이 될 수 있는 경우는 집합 Y의 원소 5개 중 어느 하나이므로 5개, $f(2)$의 값이 될 수 있는 경우는 $f(1)$의 값을 제외한 4개, $f(3)$의 값이 될 수 있는 경우는 $f(2)$의 값을 제외한 4개이므로 이 조건을 만족하는 함수의 개수는 $5\times4\times4=80$(개)

따라서 구하는 함수의 개수는
$$_5\Pi_3-80=5^3-80=125-80=45(개)$$

다른 풀이

$\{f(1)-f(2)\}\times\{f(2)-f(3)\}=0$에서
$f(1)=f(2)$ 또는 $f(2)=f(3)$

(i) $f(1)=f(2)\neq f(3)$인 경우

  $f(1)=f(2)$의 값은 집합 Y의 원소 5개 중 어느 하나일 수 있고, $f(3)$의 값은 앞의 함숫값을 제외한 4가지이므로 이 조건을 만족하는 함수의 개수는 $5\times4=20$(개)

(ii) $f(2)=f(3)\neq f(1)$인 경우

  앞에서와 마찬가지 방법으로 $5\times4=20$(개)

(iii) $f(1)=f(2)=f(3)$인 경우

  함숫값으로 집합 Y의 원소 5개 중 어느 하나를 선택하면 되므로 5개이다.

따라서 구하는 함수의 개수는 $20+20+5=45$(개)이다.

[여러 가지 함수] 심플 정리!

(1) 일대일함수

  함수 $f:X\longrightarrow Y$에서 X의 임의의 원소 x_1, x_2에 대하여 $x_1\neq x_2$이면 $f(x_1)\neq f(x_2)$를 만족하는 함수를 일대일함수라고 한다.

(2) 일대일대응

  함수 $f:X\longrightarrow Y$에 대하여

  (i) $x_1\neq x_2$이면 $f(x_1)\neq f(x_2)$

  (ii) $\{f(x)\mid x\in X\}=Y$

  를 모두 만족할 때, 즉 치역과 공역이 같은 일대일함수를 일대일대응이라고 한다.

(3) 항등함수

  함수 $f:X\longrightarrow X$에서 X의 임의의 원소 x에 대하여 $f(x)=x$를 만족하는 함수

(4) 상수함수

  함수 $f:X\longrightarrow Y$에서 집합 X의 모든 원소에 대하여 집합 Y의 오직 하나의 원소만 대응하는 함수

11　답 340

> 7개의 문자 a, b, b, c, c, c, d를 일렬로 나열할 때, 양쪽 끝에는 서로 다른 문자가 오는 경우의 수를 구하시오.
> 전체의 경우의 수에서 양쪽 끝에 같은 문자가 오는 경우의 수를 빼면 되겠지?

1st 먼저 7개의 문자를 일렬로 나열하는 방법의 수를 구하자.

7개의 문자 중 b가 2개, c가 3개이므로 나열하는 경우의 수는

$$\frac{7!}{2!3!}=7\times6\times5\times2=420(가지)$$

2nd 양쪽 끝에 모두 b가 오는 경우의 수를 구하자.

(i) 양쪽 끝에 모두 b가 오는 경우

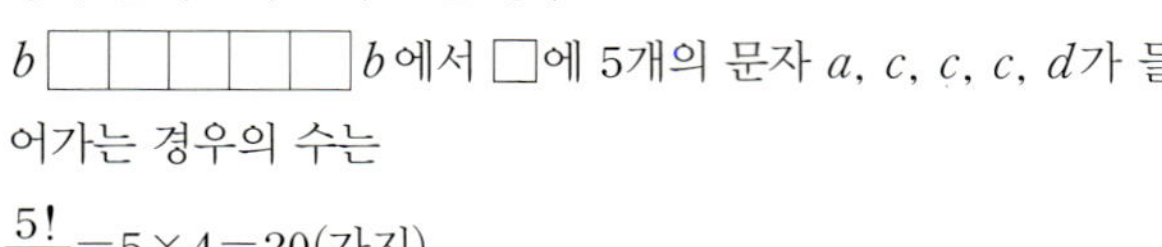

$b\ \square\square\square\square\square\ b$에서 $\square$에 5개의 문자 a, c, c, c, d가 들어가는 경우의 수는

$$\frac{5!}{3!}=5\times4=20(가지)$$

3rd 양쪽 끝에 모두 c가 오는 경우의 수를 구한다.

(ii) 양쪽 끝에 모두 c가 오는 경우

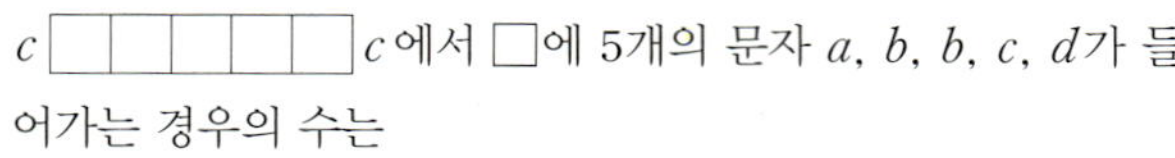

$c\ \square\square\square\square\square\ c$에서 $\square$에 5개의 문자 a, b, b, c, d가 들어가는 경우의 수는

$$\frac{5!}{2!}=5\times4\times3=60(가지)$$

(i), (ii)에서 구하는 경우의 수는

$$420-20-60=340(가지)$$

12　답 ③

빨간색 구슬 2개, 초록색 구슬 3개, 파란색 구슬 5개를 일렬로 나열하는 경우의 수와 같으므로

$$\frac{10!}{2!3!5!}=2520(가지)$$

13　답 ⑤

6개의 문자 중에서 자음인 R, N, G가 알파벳 순서인 G, N, R로 나열되어야 하므로 G, N, R를 모두 문자 $\square$로 보고 O, A, E, $\square$, $\square$, $\square$를 한 줄로 나열한 후, 첫 번째 $\square$에는 G, 두 번째 $\square$에는 N, 세 번째 $\square$에는 R를 대입하면 된다.

따라서 구하는 경우의 수는

$$\frac{6!}{3!}=6\times5\times4=120(가지)$$

14　답 ①

1계단을 a회, 2계단을 b회 오른다면

$a+2b=7$ (단, a, b는 음이 아닌 정수)의 해는 다음과 같다.

a	7	5	3	1
b	0	1	2	3

(i) $a=7$, $b=0$인 경우

　1계단 7개를 일렬로 나열하는 방법의 수는 1가지

(ii) $a=5$, $b=1$인 경우

　1계단 5개, 2계단 1개를 일렬로 나열하는 방법의 수는

$$\frac{6!}{5!1!}=6(가지)$$

(iii) $a=3$, $b=2$인 경우

　1계단 3개, 2계단 2개를 일렬로 나열하는 방법의 수는

$$\frac{5!}{3!2!}=10(가지)$$

(iv) $a=1$, $b=3$인 경우

　1계단 1개, 2계단 3개를 일렬로 나열하는 방법의 수는

$$\frac{4!}{1!3!}=4(가지)$$

(i)~(iv)에서 구하는 경우의 수는 $1+6+10+4=21(가지)$

15　답 ②

구하는 방법의 수는

A → C → B로 가는 최단거리의 수에서 A → C → D → B로 가는 최단거리의 수를 빼면 된다.

(i) A → C → B인 최단거리의 수

$$\frac{5!}{3!2!}\times\frac{5!}{3!2!}=10\times10=100(가지)$$

(ii) A → C → D → B인 최단거리의 수

$$\frac{5!}{3!2!}\times2\times\frac{3!}{2!}=60(가지)$$

따라서 구하는 경우의 수는 $100-60=40(가지)$

16　답 630

0부터 9까지의 10개의 숫자 중 두 종류의 숫자를 선택하는 방법의 수는

$$_{10}C_2=\frac{10\times9}{2}=45(가지) \qquad \cdots Ⅰ$$

두 종류의 수 $\square$과 $\triangle$로 만들 수 있는 수를 생각하면

(i) $\square\triangle\triangle\triangle$로 비밀번호를 만드는 경우

　먼저, 두 숫자 중에서 $\triangle$에 들어갈 숫자를 선택하는 경우의 수는 $_2C_1$이고, 이렇게 선택한 네 개의 숫자를 나열하는 경우의 수는 $\dfrac{4!}{3!}=4(가지)$이므로 구하는 경우의 수는

$$_{10}C_2\times2\times4=45\times8=360(가지)$$

(ii) $\square\square\triangle\triangle$로 비밀번호를 만드는 경우

$$_{10}C_2\times\frac{4!}{2!2!}=45\times6=270(가지) \qquad \cdots Ⅱ$$

(i), (ii)에서 만들 수 있는 비밀번호의 개수는

$$360+270=630 \qquad \cdots Ⅲ$$

[채점기준표]

Ⅰ	10개의 숫자 중 두 종류의 숫자를 선택하는 방법의 수를 구한다.	20%
Ⅱ	경우를 나누어 두 종류의 수로 만들 수 있는 네 자리 비밀번호의 개수를 구한다.	60%
Ⅲ	만들 수 있는 모든 비밀번호의 개수를 구한다.	20%

Simple C 중복조합

01 답 중복조합, $_nH_r$

02 답 $n, r, n+r-1, r$

03 답 $3, n, 2+n, n$

04 답 $_nH_m$

05 답 ○

06 답 ×
방정식 $x+y+z=4$에서 x, y, z가 모두 자연수(양의 정수)인 해의 개수는 $_3H_{4-3}=_3H_1$이다.

07 답 ×
$x_1<x_2$이면 $f(x_1)<f(x_2)$를 만족시키는 함수 f의 개수는 $_3C_2$이다.

08 답 ○

09 답 4
$_2H_3=_{2+3-1}C_3=_4C_3=_4C_1=4$

10 답 6
$_3H_2=_{3+2-1}C_2=_4C_2=\dfrac{4\times3}{2\times1}=6$

11 답 1
$_5H_0=_{5+0-1}C_0=_4C_0=1$

12 답 35
$_4H_4=_{4+4-1}C_4=_7C_4=_7C_3=\dfrac{7\times6\times5}{3\times2\times1}=35$

13 답 6
서로 다른 3개에서 중복을 허락하여 2개를 택하는 중복조합의 수이므로
$_3H_2=_{3+2-1}C_2=_4C_2=6(가지)$

14 답 10
서로 다른 3개에서 중복을 허락하여 3개를 택하는 중복조합의 수이므로
$_3H_3=_{3+3-1}C_3=_5C_3=_5C_2=\dfrac{5\times4}{2\times1}=10(가지)$

15 답 15
서로 다른 3개에서 중복을 허락하여 4개를 택하는 중복조합의 수와 같으므로
$_3H_4=_{3+4-1}C_4=_6C_4=_6C_2=\dfrac{6\times5}{2\times1}=15(가지)$

16 답 5
2개의 문자 x, y 중에서 중복을 허락하여 4개를 택하는 중복조합의 수와 같으므로
$_2H_4=_{2+4-1}C_4=_5C_4=_5C_1=5(개)$

17 답 4
$x-1=x', y-1=y'$으로 놓으면
$x+y=5$를 만족하는 양의 정수해의 개수는 $x'+y'=3$을 만족시키는 음이 아닌 정수해 (x', y')의 개수와 같다.
$_2H_3=_{2+3-1}C_3=_4C_3=_4C_1=4(개)$

18 답 15
3개의 문자 x, y, z 중에서 중복을 허락하여 4개를 택하는 중복조합의 수와 같으므로
$_3H_4=_{3+4-1}C_4=_6C_4=_6C_2=\dfrac{6\times5}{2\times1}=15(개)$

19 답 6
$x-1=x', y-1=y', z-1=z'$으로 놓으면
$x+y+z=5$를 만족하는 양의 정수해의 개수는
$x'+y'+z'=2$를 만족하는 음이 아닌 정수해 (x', y', z')의 개수와 같다.
$_3H_2=_{3+2-1}C_2=_4C_2=6(개)$

20 답 3
구하는 항의 개수는 2개의 문자 a, b 중에서 중복을 허락하여 2개를 택하는 중복조합의 수와 같으므로
$_2H_2=_{2+2-1}C_2=_3C_2=_3C_1=3(개)$

21 답 6
구하는 항의 개수는 3개의 문자 a, b, c 중에서 중복을 허락하여 2개를 택하는 중복조합의 수와 같으므로
$_3H_2=_{3+2-1}C_2=_4C_2=6(개)$

유형 연습 [+ 내신 유형]

문제편 pp. 24~25

22 답 ③
$_nH_2=_{n+2-1}C_2=_{n+1}C_2=\dfrac{n(n+1)}{2}=36$에서
$n(n+1)=72=8\times9$ ∴ $n=8$

23 답 5
$_3H_n=_{3+n-1}C_n=_{2+n}C_n=_{n+2}C_2=\dfrac{(n+2)(n+1)}{2}=21$
에서
$(n+2)(n+1)=42=7\times6$ ∴ $n=5$

24 [답] ②

$_5H_3=_{5+3-1}C_3=_7C_3=_7C_4=_nC_4$이므로

$n=7$

25 [답] ②

$_{11-r}H_r=_{11-r+r-1}C_r=_{10}C_r$이고,

$_{15-r}H_{r-4}=_{15-r+r-4-1}C_{r-4}=_{10}C_{r-4}$이므로

$_{10}C_r=_{10}C_{r-4}$에서

$r+(r-4)=10$

$2r=14$　∴ $r=7$

26 [답] ④

서로 다른 4개의 우체통을 각각 A, B, C, D라 하면 구하는 방법의 수는 A, B, C, D의 4개에서 중복을 허락하여 7개를 선택하는 중복조합의 수와 같다.

따라서 구하는 방법의 수는

$_4H_7=_{4+7-1}C_7=_{10}C_7=_{10}C_3=\dfrac{10\times9\times8}{3\times2\times1}=120$(가지)

27 [답] ③

모든 학생이 적어도 한 개 이상의 사과를 받아야 하므로 먼저 3명의 학생에게 사과를 한 개씩 나누어 주고 나머지 사과 5개를 중복을 허락하여 3명의 학생에게 나누어 주면 된다.

따라서 구하는 방법의 수는

$_3H_5=_{3+5-1}C_5=_7C_5=_7C_2=\dfrac{7\times6}{2\times1}=21$(가지)

3명의 학생에게 나누어 주는 사과의 개수를 각각 x, y, z라 하면 구하는 방법의 수는 방정식 $x+y+z=8$의 양의 정수해의 개수와 같다.

$x-1=x'$, $y-1=y'$, $z-1=z'$으로 놓으면, $x+y+z=8$을 만족하는 양의 정수해의 개수는 $x'+y'+z'=5$를 만족하는 음이 아닌 정수해의 개수와 같다.

따라서 구하는 방법의 수는

$_3H_5=_{3+5-1}C_5=_7C_5=_7C_2=21$(가지)

28 [답] ②

먼저, 딸기 맛, 초콜릿 맛, 바나나 맛 우유를 각각 2개씩 선택하고 나머지 4개를 중복을 허락하여 선택하는 경우의 수를 구하면 된다.

3종류의 우유 중 중복을 허락하여 4개를 선택하는 경우의 수는

$_3H_4=_{3+4-1}C_4=_6C_4=_6C_2=15$(가지)

29 [답] ④

15개의 인형 중에서 상자 A에 3개, 상자 B에 2개를 미리 넣어두고 나머지 10개의 인형을 중복을 허락하여 4개의 상자 A, B, C, D에 넣는 경우의 수를 구하자.

$_4H_{10}=_{4+10-1}C_{10}=_{13}C_{10}=_{13}C_3=\dfrac{13\times12\times11}{3\times2\times1}=286$(가지)

4개의 상자 A, B, C, D에 넣는 인형의 개수를 각각 a, b, c, d라 하면

$a\geq3$, $b\geq2$, $c\geq0$, $d\geq0$

$a'=a-3$, $b'=b-2$로 놓으면

$a'\geq0$, $b'\geq0$

$a+b+c+d=(a'+3)+(b'+2)+c+d=15$

즉, $a'+b'+c+d=10$

∴ $_4H_{10}=_{4+10-1}C_{10}=_{13}C_{10}=_{13}C_3=286$(가지)

30 [답] ②

방정식 $x+y+z+w=8$을 만족시키는 음이 아닌 정수 x, y, z, w의 순서쌍 (x, y, z, w)의 개수는 네 문자 x, y, z, w 중에서 중복을 허락하여 8개를 택하는 중복조합의 수와 같으므로

$_4H_8=_{4+8-1}C_8=_{11}C_8=_{11}C_3=\dfrac{11\times10\times9}{3\times2\times1}=165$

31 [답] ⑤

방정식 $x+y+z=k$를 만족시키는 음이 아닌 정수 x, y, z의 순서쌍 (x, y, z)의 개수는 세 문자 x, y, z 중에서 중복을 허락하여 k개를 택하는 중복조합의 수와 같으므로

$_3H_k=_{3+k-1}C_k=_{k+2}C_k=_{k+2}C_2=\dfrac{(k+2)(k+1)}{2}=105$

$(k+2)(k+1)=210=15\times14$

$k+1=14$

∴ $k=13\,(\because k>0)$

순열이나 조합의 수를 계산할 때, 위의 풀이에서 $(k+2)(k+1)=210$과 같이, 문자를 포함한 식이 연속된 자연수의 곱인 경우, 전개하여 인수분해하는 것보다 문자에 자연수를 넣어 보며 해를 찾는 게 편할 때가 많다.

32 [답] ④

방정식 $x+y+z=7$을 만족시키는 음이 아닌 정수해의 개수는 세 문자 x, y, z 중에서 중복을 허락하여 7개를 택하는 중복조합의 수와 같으므로

$a=_3H_7=_{3+7-1}C_7=_9C_7=_9C_2=36$

또, 방정식 $x+y+z=7$의 양의 정수해는

$x\geq1$, $y\geq1$, $z\geq1$이므로

$x'=x-1$, $y'=y-1$, $z'=z-1$이라 하면

$x+y+z=7$을 만족하는 양의 정수해의 개수는

$x'+y'+z'=4$를 만족하는 음이 아닌 정수해의 개수와 같으므로

$b=_3H_4=_{3+4-1}C_4=_6C_4=_6C_2=15$

∴ $a-b=36-15=21$

33 답 ⑤

$x-1=x'$, $y-1=y'$, $z-1=z'$으로 놓으면, 부등식
$x+y+z\leq5$의 해의 개수는
$x'+y'+z'\leq2$의 음이 아닌 정수해의 개수와 같다.

(i) $x'+y'+z'=0$인 경우

해의 개수는 $x'=y'=z'=0$으로 1개

(ii) $x'+y'+z'=1$인 경우

x', y', z'에서 중복을 허락하여 1개를 선택하는 중복조합의
수이다. 즉, x', y', z' 중 하나가 1이고 나머지가 0이면 되므
로 해의 개수는 3이다.

(iii) $x'+y'+z'=2$인 경우

x', y', z'에서 중복을 허락하여 2개를 선택하는 중복조합의
수이므로 $_3H_2=_{3+2-1}C_2=_4C_2=6$

(i)~(iii)에서 구하는 부등식의 해의 개수는
$1+3+6=10$(개)

34 답 ③

집합 Y의 원소 3개 중에서 중복을 허락하여 5개를 선택하고, 이
5개의 함숫값과 정의역을 작은 수부터 큰 수까지 정렬하여 그 순
서대로 대응시키면 된다.
따라서 구하는 함수의 개수는
$_3H_5=_{3+5-1}C_5=_7C_5=_7C_2=21$(개)

35 답 ③

3개의 숫자 1, 2, 3 중에서 중복을 허락하여 3개를 택한 후 작은
수부터 차례대로 정의역의 원소 1, 3, 2에 각각 대응시키면 된다.
즉, 함수 f의 개수는 공역의 원소 3개 중에서 3개를 택하는 중복
조합의 수와 같으므로
$_3H_3=_{3+3-1}C_3=_5C_3=_5C_2=10$(개)

36 답 210

공역의 원소 7개 중에서 중복을 허락하여 4개를 선택하고, 정의
역의 원소와 공역에서 선택한 4개의 숫자를 큰 수부터 작은 수까
지 순서대로 대응시키면 된다.
따라서 구하는 함수의 개수는 서로 다른 7개 중에서 중복을 허락
하여 4개를 선택하는 중복조합으로
$_7H_4=_{7+4-1}C_4=_{10}C_4=210$(개)

[순열, 조합, 중복순열, 중복조합] **심플 정리**

서로 다른 n개에서 r개를 선택할 때,
① 중복 ×, 순서 ○ : 순열
② 중복 ○, 순서 ○ : 중복순열
③ 중복 ×, 순서 × : 조합
④ 중복 ○, 순서 × : 중복조합

Simple D 이항정리

01 답 $_3C_1$, 2, 3, 3, 3, 2, 3

02 답 $_3C_1$, 2, $_3C_3$, 3, 3, 2, 3

03 답 2, 3, 1, 4, 6, 4, $a^4+4a^3b+6a^2b^2+4ab^3+b^4$

04 답 ×

$(a+b)^n$의 전개식의 각 항에서 a의 지수와 b의 지수의 합은 n이
다.

05 답 ○

06 답 ○

07 답 ○

08 답 $a^2+2ab+b^2$

$(a+b)^2=_2C_0a^2+_2C_1ab+_2C_2b^2$
$\qquad=a^2+2ab+b^2$

09 답 $8a^3+12a^2b+6ab^2+b^3$

$(2a+b)^3$
$=_3C_0(2a)^3+_3C_1(2a)^2\cdot b+_3C_2(2a)\cdot b^2+_3C_3b^3$
$=8a^3+12a^2b+6ab^2+b^3$

10 답 $x^4-4x^3y+6x^2y^2-4xy^3+y^4$

$(x-y)^4$
$=_4C_0x^4+_4C_1x^3\cdot(-y)+_4C_2x^2\cdot(-y)^2$
$\qquad\qquad\qquad+_4C_3x\cdot(-y)^3+_4C_4(-y)^4$
$=x^4-4x^3y+6x^2y^2-4xy^3+y^4$

11 답 $81x^4-108x^3y+54x^2y^2-12xy^3+y^4$

$(3x-y)^4$
$=_4C_0(3x)^4+_4C_1(3x)^3\cdot(-y)+_4C_2(3x)^2\cdot(-y)^2$
$\qquad\qquad\qquad+_4C_3(3x)\cdot(-y)^3+_4C_4(-y)^4$
$=81x^4-108x^3y+54x^2y^2-12xy^3+y^4$

12 답 $x^2+2+\dfrac{1}{x^2}$

$\left(x+\dfrac{1}{x}\right)^2=_2C_0x^2+_2C_1x\cdot\dfrac{1}{x}+_2C_2\left(\dfrac{1}{x}\right)^2$
$\qquad\qquad=x^2+2+\dfrac{1}{x^2}$

13 답 $x^3-3x+\dfrac{3}{x}-\dfrac{1}{x^3}$

$\left(x-\dfrac{1}{x}\right)^3$

$={}_3\mathrm{C}_0x^3+{}_3\mathrm{C}_1x^2\cdot\left(-\dfrac{1}{x}\right)+{}_3\mathrm{C}_2x\cdot\left(-\dfrac{1}{x}\right)^2+{}_3\mathrm{C}_3\left(-\dfrac{1}{x}\right)^3$

$=x^3-3x+\dfrac{3}{x}-\dfrac{1}{x^3}$

14 답 $16x^4+32x^2+24+\dfrac{8}{x^2}+\dfrac{1}{x^4}$

$\left(2x+\dfrac{1}{x}\right)^4$

$={}_4\mathrm{C}_0(2x)^4+{}_4\mathrm{C}_1(2x)^3\cdot\left(\dfrac{1}{x}\right)+{}_4\mathrm{C}_2(2x)^2\cdot\left(\dfrac{1}{x}\right)^2$

$\qquad\qquad\qquad +{}_4\mathrm{C}_3(2x)\cdot\left(\dfrac{1}{x}\right)^3+{}_4\mathrm{C}_4\left(\dfrac{1}{x}\right)^4$

$=16x^4+32x^2+24+\dfrac{8}{x^2}+\dfrac{1}{x^4}$

15 답 $x^4-\dfrac{4x^2}{3}+\dfrac{2}{3}-\dfrac{4}{27x^2}+\dfrac{1}{81x^4}$

$\left(x-\dfrac{1}{3x}\right)^4$

$={}_4\mathrm{C}_0x^4+{}_4\mathrm{C}_1x^3\cdot\left(-\dfrac{1}{3x}\right)+{}_4\mathrm{C}_2x^2\cdot\left(-\dfrac{1}{3x}\right)^2$

$\qquad\qquad\qquad +{}_4\mathrm{C}_3x\cdot\left(-\dfrac{1}{3x}\right)^3+{}_4\mathrm{C}_4\left(-\dfrac{1}{3x}\right)^4$

$=x^4-\dfrac{4x^2}{3}+\dfrac{2}{3}-\dfrac{4}{27x^2}+\dfrac{1}{81x^4}$

16 답 10

$(x+2)^5$의 전개식의 일반항은 ${}_5\mathrm{C}_rx^{5-r}2^r$

$x^{5-r}=x^4$에서 $r=1$

따라서 x^4의 계수는 ${}_5\mathrm{C}_1\times2=10$

17 답 135

$(a-3)^6$의 전개식의 일반항은 ${}_6\mathrm{C}_ra^{6-r}(-3)^r$

$a^{6-r}=a^4$에서 $r=2$

따라서 a^4의 계수는 ${}_6\mathrm{C}_2\times(-3)^2=15\times9=135$

18 답 216

$(2x+3y)^4$의 전개식의 일반항은 ${}_4\mathrm{C}_r(2x)^{4-r}(3y)^r$

$x^{4-r}y^r=x^2y^2$에서 $r=2$

따라서 x^2y^2의 계수는 ${}_4\mathrm{C}_2\times2^2\times3^2=6\times4\times9=216$

19 답 ${}_6\mathrm{C}_4$

${}_5\mathrm{C}_3+{}_5\mathrm{C}_4={}_6\mathrm{C}_4$

20 답 ${}_6\mathrm{C}_2$

$({}_4\mathrm{C}_0+{}_4\mathrm{C}_1)+{}_5\mathrm{C}_2={}_5\mathrm{C}_1+{}_5\mathrm{C}_2={}_6\mathrm{C}_2$

21 답 8

${}_3\mathrm{C}_0+{}_3\mathrm{C}_1+{}_3\mathrm{C}_2+{}_3\mathrm{C}_3=(1+1)^3=2^3=8$

22 답 15

${}_4\mathrm{C}_0+{}_4\mathrm{C}_1+{}_4\mathrm{C}_2+{}_4\mathrm{C}_3+{}_4\mathrm{C}_4=(1+1)^4=2^4$이므로

${}_4\mathrm{C}_1+{}_4\mathrm{C}_2+{}_4\mathrm{C}_3+{}_4\mathrm{C}_4=2^4-{}_4\mathrm{C}_0=2^4-1=15$

23 답 0

${}_5\mathrm{C}_0-{}_5\mathrm{C}_1+{}_5\mathrm{C}_2-{}_5\mathrm{C}_3+{}_5\mathrm{C}_4-{}_5\mathrm{C}_5=(1-1)^5=0$

24 답 32

${}_6\mathrm{C}_0+{}_6\mathrm{C}_1+{}_6\mathrm{C}_2+\cdots+{}_6\mathrm{C}_6=(1+1)^6\ \cdots\ \text{㉠}$

${}_6\mathrm{C}_0-{}_6\mathrm{C}_1+{}_6\mathrm{C}_2-\cdots+{}_6\mathrm{C}_6=(1-1)^6\ \cdots\ \text{㉡}$

㉠$-$㉡을 하면

$2({}_6\mathrm{C}_1+{}_6\mathrm{C}_3+{}_6\mathrm{C}_5)=2^6$

$\therefore\ {}_6\mathrm{C}_1+{}_6\mathrm{C}_3+{}_6\mathrm{C}_5=2^5=32$

25 답 ②

$(x+a)^6$의 전개식의 일반항은 ${}_6\mathrm{C}_rx^{6-r}\cdot a^r$

$x^{6-r}=x^4$에서 $r=2$

x^4의 계수가 60이므로

${}_6\mathrm{C}_2a^2=15a^2=60$

$a^2=4\qquad\therefore a=2\,(\because a>0)$

26 답 ⑤

$(x-a)^5$의 전개식의 일반항은 ${}_5\mathrm{C}_rx^{5-r}\cdot(-a)^r$

x의 계수는 $r=4$일 때 ${}_5\mathrm{C}_4(-a)^4=5a^4$이고,

상수항은 $r=5$일 때 ${}_5\mathrm{C}_0(-a)^5=-a^5$

x의 계수와 상수항의 합이 0이므로

$5a^4+(-a^5)=0$

$a^4(5-a)=0$

$\therefore a=5\,(\because a>0)$

27 답 ④

$\left(x-\dfrac{1}{x^2}\right)^7$의 전개식의 일반항은

${}_7\mathrm{C}_rx^{7-r}\left(-\dfrac{1}{x^2}\right)^r={}_7\mathrm{C}_rx^{7-r}\cdot(-1)^r\cdot x^{-2r}={}_7\mathrm{C}_r(-1)^r\cdot x^{7-3r}$

$x^{7-3r}=\dfrac{1}{x^5}=x^{-5}$에서

$7-3r=-5$

$3r=12\qquad\therefore r=4$

따라서 $\dfrac{1}{x^5}$의 계수는 ${}_7\mathrm{C}_4(-1)^4=35$

28 답 ②

$\left(ax-\dfrac{1}{x}\right)^5$의 전개식의 일반항은

$${}_5C_r(ax)^{5-r}\left(-\dfrac{1}{x}\right)^r={}_5C_r\,a^{5-r}\cdot x^{5-r}(-1)^r\cdot\left(\dfrac{1}{x}\right)^r$$
$$={}_5C_r\,a^{5-r}\cdot(-1)^r\cdot x^{5-2r}$$

$x^{5-2r}=x^1$에서 $r=2$

x의 계수가 -80이므로

$${}_5C_2\,a^3\cdot(-1)^2=10a^3=-80$$

$a^3=-8$　　∴ $a=-2$

29 답 ③

$(x+1)^3,\ (x+2)^4$의 전개식의 일반항을 각각 구하면

$${}_3C_r\,x^{3-r},\ {}_4C_s\,x^{4-s}\cdot2^s$$

$(x+1)^3(x+2)^4$의 전개식의 일반항은

$${}_3C_r\cdot{}_4C_s\cdot2^s\cdot x^{7-s-r}$$

$(x+1)^3(x+2)^4$의 전개식에서 x의 계수는

$7-s-r=1$

∴ $s+r=6$

(ⅰ) $r=2,\ s=4$일 때,

　　x의 계수는

$${}_3C_2\cdot{}_4C_4\cdot2^4=3\times1\times16=48$$

(ⅱ) $r=3,\ s=3$일 때,

　　x의 계수는

$${}_3C_3\cdot{}_4C_3\cdot2^3=1\times4\times8=32$$

(ⅰ), (ⅱ)에 의해 x의 계수는 $48+32=80$

30 답 ②

$(1+2x)^4,\ (1-x)^5$의 전개식의 일반항을 각각 구하면

$${}_4C_r(2x)^r,\ {}_5C_s(-x)^s$$

$(1+2x)^4(1-x)^5$의 전개식의 일반항은

$${}_4C_r\cdot{}_5C_s\cdot2^r\cdot(-1)^s\cdot x^{r+s}$$

$(1+2x)^4(1-x)^5$의 전개식에서 x^2의 계수는

$r+s=2$

(ⅰ) $r=0,\ s=2$일 때,

　　x^2의 계수는

$${}_4C_0\cdot{}_5C_2\cdot2^0\cdot(-1)^2=1\times10\times1\times1=10$$

(ⅱ) $r=1,\ s=1$일 때,

　　x^2의 계수는

$${}_4C_1\cdot{}_5C_1\cdot2^1\cdot(-1)^1=4\times5\times2\times(-1)=-40$$

(ⅲ) $r=2,\ s=0$일 때,

　　x^2의 계수는

$${}_4C_2\cdot{}_5C_0\cdot2^2\cdot(-1)^0=6\times1\times4\times1=24$$

(ⅰ)~(ⅲ)에 의해 x^2의 계수는 $10-40+24=-6$

31 답 ②

$\left(x-\dfrac{2}{x}\right)^5$의 전개식의 일반항은

$${}_5C_r\,x^{5-r}\cdot\left(-\dfrac{2}{x}\right)^r={}_5C_r(-2)^r\cdot x^{5-2r}$$

$(3x+4)\left(x-\dfrac{2}{x}\right)^5$의 전개식에서 상수항이 나오는 경우는 다음의 경우가 있다.

(ⅰ) $3x+4$의 x항과 $\left(x-\dfrac{2}{x}\right)^5$의 $\dfrac{1}{x}$ 항

　　$3x+4$의 x의 계수는 3이고,

　　$\left(x-\dfrac{2}{x}\right)^5$의 $\dfrac{1}{x}$, 즉 x^{-1}의 계수는

　　$5-2r=-1$에서 $r=3$일 때,

　　${}_5C_3(-2)^3=10\times(-8)=-80$이므로

　　구하는 상수항은 $3\times(-80)=-240$

(ⅱ) $3x+4$의 상수항과 $\left(x-\dfrac{2}{x}\right)^5$의 상수항

　　$3x+4$의 상수항은 4이고,

　　$\left(x-\dfrac{2}{x}\right)^5$의 상수항은

　　$5-2r=0$에서 $r=\dfrac{5}{2}$이므로 자연수 r가 존재하지 않는다.

따라서 구하는 상수항은 -240이다.

32 답 ④

${}_{n-1}C_5+{}_{n-1}C_6={}_nC_6$이므로 주어진 식은

$${}_nC_4={}_nC_6$$

그런데 ${}_nC_r={}_nC_{n-r}$이므로

∴ $n=4+6=10$

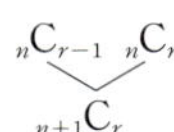

[파스칼의 삼각형]

파스칼의 삼각형에서 같은 줄에 있는 이웃하는 두 항의 합은 두 항의 가운데 아래에 있는 다음 줄의 항이다.

33 답 ③

${}_nC_{r-1}+{}_nC_r={}_{n+1}C_r\ \cdots$ ㉠임을 이용하자.

$${}_2C_2+{}_3C_2+{}_4C_2$$
$$=({}_3C_3+{}_3C_2)+{}_4C_2\,(\because\ {}_nC_n=1)$$
$$={}_4C_3+{}_4C_2\,(\because\ ㉠)$$
$$={}_5C_3\,(\because\ ㉠)$$

TIP

파스칼의 삼각형에서 대각선으로 숫자들을 더하면, 마지막으로 더해진 항의 다음 줄에서 쉽게 그 합을 찾을 수 있다.

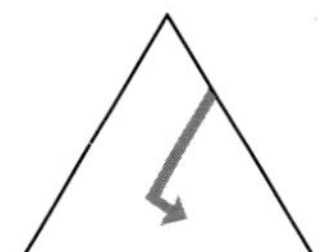
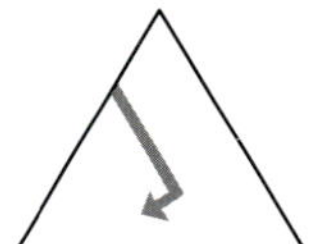

34 답 ②

$_nC_{r-1}+{}_nC_r={}_{n+1}C_r$ … ㉠임을 이용하자.

$_4C_1+{}_5C_2+{}_6C_3+{}_7C_4+{}_8C_5$

$=\{({}_4C_0+{}_4C_1)+{}_5C_2+{}_6C_3+{}_7C_4+{}_8C_5\}-{}_4C_0$

$=\{({}_5C_1+{}_5C_2)+{}_6C_3+{}_7C_4+{}_8C_5\}-{}_4C_0\,(\because ㉠)$

$=\{({}_6C_2+{}_6C_3)+{}_7C_4+{}_8C_5\}-{}_4C_0\,(\because ㉠)$

$=\{({}_7C_3+{}_7C_4)+{}_8C_5\}-{}_4C_0\,(\because ㉠)$

$=({}_8C_4+{}_8C_5)-{}_4C_0\,(\because ㉠)$

$={}_9C_5-{}_4C_0$

$=\dfrac{9\times8\times7\times6}{4\times3\times2\times1}-1=126-1=125$

35 답 ④

$_nC_0+{}_nC_1+{}_nC_2+\cdots+{}_nC_n=2^n$이므로

$2^n=32=2^5$

$\therefore n=5$

36 답 ⑤

$_nC_0+{}_nC_1+{}_nC_2+\cdots+{}_nC_n=2^n$이므로

$_nC_1+{}_nC_2+\cdots+{}_nC_n=2^n-1\,(\because {}_nC_0=1)$

주어진 식은

$4000<2^n-1<5000$

$\therefore 4001<2^n<5001$

이때 $2^{12}=4096$, $2^{13}=8192$이므로 부등식을 만족하는 양의 정수 n의 값은 12이다.

37 답 ④

$_{19}C_0={}_{19}C_{19}$, $_{19}C_1={}_{19}C_{18}$, $\cdots$, $_{19}C_9={}_{19}C_{10}$이므로

$_{19}C_0+{}_{19}C_1+{}_{19}C_2+\cdots+{}_{19}C_9$

$={}_{19}C_{19}+{}_{19}C_{18}+{}_{19}C_{17}+\cdots+{}_{19}C_{10}$

즉,

$_{19}C_0+{}_{19}C_1+{}_{19}C_2+\cdots+{}_{19}C_{19}$

$=2({}_{19}C_{10}+{}_{19}C_{11}+{}_{19}C_{12}+\cdots+{}_{19}C_{19})=2^{19}$

$\therefore {}_{19}C_{10}+{}_{19}C_{11}+{}_{19}C_{12}+\cdots+{}_{19}C_{19}=2^{18}$

따라서 자연수 n의 값은 18이다.

38 답 ④

$_nC_0+{}_nC_2+{}_nC_4+\cdots=2^{n-1}$이므로 $n=10$을 대입하면

$_{10}C_0+{}_{10}C_2+{}_{10}C_4+{}_{10}C_6+{}_{10}C_8+{}_{10}C_{10}=2^9=512$

01 답 126

$_3H_r={}_{r+2}C_r={}_{r+2}C_2={}_7C_2$이므로 $r=5$

$\therefore {}_5H_r={}_5H_5={}_9C_5={}_9C_4=\dfrac{9\times8\times7\times6}{4\times3\times2\times1}=126$

02 답 ③

서로 다른 8개의 상자 중에서 중복을 허락하여 구슬을 넣을 상자를 3개 선택하는 중복조합의 수이므로

$_8H_3={}_{8+3-1}C_3={}_{10}C_3=120$(가지)

다른 풀이

각 상자에 들어갈 구슬의 개수를 x_1, x_2, x_3, $\cdots$, x_8이라 하면 구하는 방법의 수는 $x_1+x_2+x_3+\cdots+x_8=3$의 음이 아닌 정수해의 개수이므로

$_8H_3={}_{8+3-1}C_3={}_{10}C_3=120$(가지)

03 답 ③

> 세 정수 a, b, c에 대하여 $2\le|a|\le|b|\le|c|\le7$를 만족시키는 모든 순서쌍 (a, b, c)의 개수는?
>
> ① 420　　② 432　　③ 448
>
> ④ 460　　⑤ 472
>
> 먼저 세 자연수의 순서쌍 $(|a|, |b|, |c|)$의 개수를 구한 후, 각각 양수와 음수값을 가질 수 있으므로 2를 곱하면 돼.

1st 먼저 순서쌍 $(|a|, |b|, |c|)$의 개수를 구하자.

주어진 조건을 만족시키는 세 자연수 $|a|$, $|b|$, $|c|$의 순서쌍 $(|a|, |b|, |c|)$의 개수는 2, 3, 4, 5, 6, 7 중에서 중복을 허락하여 3개를 택하는 중복조합의 수와 같으므로

6개의 숫자 중에서 중복을 허락하여 3개를 선택하고 크기가 작은 것부터 차례대로 a, b, c라 하면 돼.

$_6H_3={}_{6+3-1}C_3={}_8C_3=56$(개)

$_nH_r={}_{n+r-1}C_r$

2nd 이제 순서쌍 (a, b, c)의 개수를 구하자.

이때 a, b, c는 각각 음의 정수오 양의 정수의 값을 가질 수 있으므로 순서쌍 (a, b, c)의 개수는 $(|a|, |b|, |c|)$의 개수의 2^3배와 같다.

$|a|$, $|b|$, $|c|$는 각각 $\pm a$, $\pm b$, $\pm c$로 두 가지씩이므로 $2\times2\times2=2^3$

따라서 구하는 순서쌍의 개수는

$56\times8=448$(개)

04 답 ②

x의 값을 기준으로 경우를 나누자.

(i) $x=0$일 때,

$y+z=7$을 만족하는 음이 아닌 정수해의 개수는

$_2H_7={}_{2+7-1}C_7={}_8C_7={}_8C_1=8$(개)

(ii) $x=1$일 때,

$y+z=6$을 만족하는 음이 아닌 정수해의 개수는

$_2H_6={}_{2+6-1}C_6={}_7C_6={}_7C_1=7$(개)

(iii) $x=2$일 때,

$y+z=3$을 만족하는 음이 아닌 정수해의 개수는

$$_2H_3={}_{2+3-1}C_3={}_4C_3={}_4C_1=4(개)$$

(iv) $x=3$ 이상일 때에는 만족하는 해가 없다.

(i)~(iv)에 의하여 구하는 순서쌍 $(x,\ y,\ z)$의 개수는

$$8+7+4=19(개)$$

05 답 ④

$(a+b+c)^{10}$의 전개식에서 서로 다른 항의 개수는 서로 다른 문자 3개를 중복을 허락하여 10번 선택하는 중복조합의 수와 같으므로

$$_3H_{10}={}_{3+10-1}C_{10}={}_{12}C_{10}={}_{12}C_2=\frac{12\times11}{2\times1}=66(개)$$

06 답 12

> 집합 $X=\{1,\ 2,\ 3,\ 4\}$에서 집합 $Y=\{4,\ 5,\ 6,\ 7\}$로의 함수 f 중 다음 조건을 만족하는 함수의 개수를 구하시오.
>
> (가) $f(2)=5$
>
> (나) 집합 X의 임의의 두 원소 i, j에 대하여
> $\quad i<j$이면 $f(i)\leq f(j)$
>
> 공역의 원소 중 중복을 허락하고 순서에 관계없이 고른 후 작거나 같은 것부터 차례로 정의역의 원소에 대응시키면 되므로 중복조합의 수를 생각하자.

1st $f(1)$이 가능한 경우의 수를 구하자.

조건 (가), (나)에서 가능한 $f(1)$의 값은

$f(1)=4$ 또는 $f(1)=5$로 2가지이다.

2nd 정의역의 원소 3, 4가 대응될 수 있는 함수의 개수를 구하자.

한편, 공역 5, 6, 7 중에서 중복을 허락하여 2개를 선택한 후, 작은 것부터 차례로 정렬하여 차례로 $f(3)$과 $f(4)$에 대응시키면 조건을 만족하는 함수가 된다.

즉, 구하는 경우의 수는 $_3H_2={}_{3+2-1}C_2={}_4C_2=6(가지)$

따라서 함수 f의 개수는 $2\times6=12(개)$

조건 (나)를 만족하는 함수의 개수는 중복조합의 수를 이용해.

07 답 ②

조건 (가)에 의해

정의역 X에서 짝수 2개의 함숫값으로 공역 X의 원소 5개 중 2개의 원소를 선택하고 작은 수부터 차례로 $f(2)$, $f(4)$에 대응시키면 되므로 구하는 경우의 수는 $_5C_2=10(가지)$

조건 (나)에 의해

정의역 X에서 홀수 3개의 함숫값으로 공역 X의 원소 5개 중에서 중복을 허락하여 3개의 원소를 선택하고 작은 수부터 차례로 $f(1)$, $f(3)$, $f(5)$에 대응시키면 되므로 구하는 경우의 수는

$$_5H_3={}_{5+3-1}H_3={}_7H_3=35(가지)$$

따라서 구하는 함수의 개수는 $10\times35=350(개)$

08 답 ②

$a_1\leq a_2\leq a_3\leq a_4$를 만족시키는 경우의 수는 주사위의 눈 6개 중에 중복을 허락하여 4개를 선택하는 중복조합의 수와 같으므로

$$_6H_4={}_{6+4-1}C_4={}_9C_4=126(가지)$$

이 중에서 조건을 만족하지 않는 $a_1=a_2\leq a_3\leq a_4$인 경우의 수를 빼자.

즉, 주사위의 눈 6개 중에 중복을 허락하여 3개를 선택하는 중복조합의 수이므로

$$_6H_3={}_{6+3-1}C_3={}_8C_3=56(가지)$$

따라서 구하는 경우의 수는 $126-56=70(가지)$

09 답 ②

$(x+y)^{10}$의 전개식의 일반항은 $_{10}C_r x^{10-r}y^r$

$10-r=6$에서 $r=4$

$\therefore a={}_{10}C_4=210$

한편, $\left(3x^2-\dfrac{1}{x}\right)^4$의 전개식의 일반항은

$$_4C_s(3x^2)^{4-s}\left(-\frac{1}{x}\right)^s={}_4C_s 3^{4-s}x^{8-2s}(-1)^s\left(\frac{1}{x}\right)^s$$

$$={}_4C_s 3^{4-s}\cdot(-1)^s\cdot x^{8-3s}$$

$8-3s=2$에서 $s=2$

$\therefore b={}_4C_2 3^2\cdot(-1)^2=6\times9=54$

$\therefore a+b=210+54=264$

10 답 ③

$\left(x^2+\dfrac{1}{x^5}\right)^n$의 전개식의 일반항은

$$_nC_r(x^2)^{n-r}\left(\frac{1}{x^5}\right)^r={}_nC_r x^{2n-7r}\ \cdots\ \bigcirc$$

상수항은 $2n-7r=0$, 즉 $n=\dfrac{7}{2}r$에서 자연수 n의 최솟값은

$r=2$일 때 $n=7$

$\bigcirc$에 $r=2$, $n=7$을 대입하면

$a={}_7C_2=21$

$\therefore n+a=7+21=28$

11 답 ③

$(x^2+3)^4$의 전개식의 일반항은 $_4C_r(x^2)^{4-r}\cdot3^r={}_4C_r 3^r\cdot x^{8-2r}$이고,

$(x+a)^2=x^2+2ax+a^2$이므로

$(x^2+3)^4(x+a)^2$의 전개식에서 x^3이 나오는 경우는

$(x^2+3)^4$에서 x^2항과 $(x+a)^2$에서 x항의 곱일 때뿐이다.

$(x^2+3)^4$에서 x^2의 계수는 $r=3$일 때이므로 $_4C_3\cdot3^3=108$,

$(x+a)^2$에서 x의 계수는 $2a$이므로

$(x^2+3)^4(x+a)^2$의 x^3의 계수는

$$108\times2a=216a=36$$

$\therefore a=\dfrac{1}{6}$

12 답 ②

$_nC_{r-1}+_nC_r=_{n+1}C_r$ ⋯ ㉠임을 이용하자.

$_3C_0+_4C_1+_5C_2+\cdots+_{20}C_{17}$

$=(_4C_0+_4C_1)+_5C_2+\cdots+_{20}C_{17}(\because\ _nC_0=1)$

$=(_5C_1+_5C_2)+_6C_3+\cdots+_{20}C_{17}(\because ㉠)$

$\qquad\qquad\vdots$

$=_{20}C_{16}+_{20}C_{17}$

$=_{21}C_{17}(\because ㉠)$

$=_{21}C_4(\because\ _nC_r=_nC_{n-r})$

13 답 ①

파스칼의 삼각형의 성질에서 대각선 성분들의 합의 성질을 이용하자.

$_1C_1+_2C_1+_3C_1+\cdots+_{10}C_1=_{11}C_2\ (\because\ _nC_{r-1}+_nC_r=_{n+1}C_r)$에서

$1+2+(_3C_1+\cdots+_{10}C_1)=55$

$\therefore\ _3C_1+\cdots+_{10}C_1=55-3=52$

한편,

$_2C_2+_3C_2+_4C_2+\cdots+_{10}C_2=_{11}C_3$에서

$1+(_3C_2+_4C_2+\cdots+_{10}C_2)=165$이므로

$_3C_2+_4C_2+\cdots+_{10}C_2=165-1=164$

따라서 평행사변형 내부에 있는 숫자들의 합은

$52+164=216$

파스칼의 삼각형에서 대각선으로 숫자들을 더하면, 마지막으로 더해진 항의 다음 줄에서 쉽게 그 합을 찾을 수 있다.

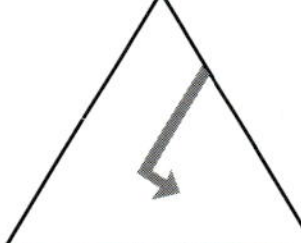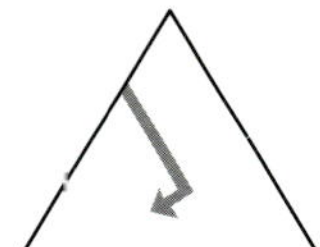

14 답 ⑤

ㄱ. $_nC_0+_nC_1+_nC_2+\cdots+_nC_n=2^n$이므로

   $n=9$를 대입하면

   $_9C_0+_9C_1+_9C_2+\cdots+_9C_9=2^9$ (참)

ㄴ. $_nC_0-_nC_1+_nC_2-\cdots+(-1)^n{}_nC_r=0$ ⋯ ㉠

   이므로 $n=5$를 대입하면

   $_5C_0-_5C_1+_5C_2-_5C_3+_5C_4-_5C_5=0$

   $\therefore\ _5C_0+_5C_2+_5C_4=_5C_1+_5C_3+_5C_5$ (참)

ㄷ. ㉠에 $n=7$을 대입하면

   $_7C_0-_7C_1+_7C_2-_7C_3+_7C_4-_7C_5+_7C_6-_7C_7=0$ (참)

따라서 옳은 것은 ㄱ, ㄴ, ㄷ이다.

[이항계수의 성질]

(1) $_nC_0+_nC_1+_nC_2+\cdots+_nC_n=2^n$

(2) $_nC_0-_nC_1+_nC_2-\cdots+(-1)^n{}_nC_n=0$

(3) $_nC_0+_nC_2+_nC_4+\cdots=_nC_1+_nC_3+_nC_5+\cdots=2^{n-1}$

15 답 ③

(i) 원소가 0개인 부분집합의 개수 : 집합 X의 원소에서 0개를 택하는 조합이므로 $_7C_0$

(ii) 원소가 2개인 부분집합의 개수 : 집합 X의 원소에서 2개를 택하는 조합이므로 $_7C_2$

(iii) 원소가 4개인 부분집합의 개수 : 집합 X의 원소에서 4개를 택하는 조합이므로 $_7C_4$

(iv) 원소가 6개인 부분집합의 개수 : 집합 X의 원소에서 6개를 택하는 조합이므로 $_7C_6$

즉, 원소의 개수가 짝수인 부분집합의 개수는

$_7C_0+_7C_2+_7C_4+_7C_6=2^{7-1}=2^6=64(개)$

16 답 9

$11^n=(1+10)^n$이므로

$(1+x)^n=_nC_0+_nC_1x+_nC_2x^2+\cdots+_nC_nx^n$에 $n=10$을 대입하면

$11^n=_nC_0+_nC_1\cdot10+_nC_2\cdot10^2+\cdots+_nC_n\cdot10^n$ ⋯ Ⅰ

이때, $_nC_2\cdot10^2,\ _nC_3\cdot10^3,\ \cdots,\ _nC_n\cdot10^n$은 모두 100으로

나누어떨어지므로 11^n을 100으로 나누었을 때의 나머지는

$_nC_0+_nC_1\cdot10=1+10n$이다.

이것을 100으로 나누었을 때의 몫을 q라 하면 나머지는 21이므로

$1+10n=100q+21\ (q=0,\ 1,\ 2,\ \cdots)$

$10n=100q+20$ ⋯ Ⅱ

$\therefore\ n=10q+2$

이때, n은 두 자리의 정수이므로 12, 22, 32, $\cdots$, 92 중 하나이다.

따라서 구하는 정수의 개수는 9이다. ⋯ Ⅲ

[채점기준표]

Ⅰ	$11^n=(1+10)^n$의 꼴로 변형하여 이항정리를 이용한다.	30%
Ⅱ	나머지를 구하는 식을 세운다.	40%
Ⅲ	두 자리의 정수 n의 개수를 구한다.	30%

01 답 ②

먼저 남학생 3명이 원탁에 앉는 방법의 수는

$(3-1)!=2!=2$(가지)

여학생 3명이 그 나머지 자리에 앉는 방법의

수는 $3!=6$(가지)

따라서 구하는 방법의 수는

$6 \times 2=12$(가지)

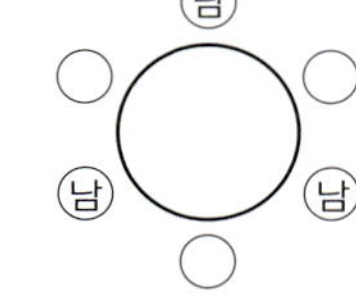

02 답 ④

1학년 2명, 2학년 2명, 3학년 3명이 모두 원형의 탁자에 둘러
앉을 때, 1학년 2명은 이웃하고, 2학년 2명은 이웃하지 않도
록 의자에 앉게 하는 방법의 수는?
이웃할 때는 한 묶음으로 생각하고, 이웃
하지 않을 때는 빈 공간을 만들어 놓고
생각해.

① 108   ② 120   ③ 132

④ 144   ⑤ 156

1st 먼저 이웃하는 1학년 학생들을 한 사람으로 생각하고, 3학년 학생과

함께 원순열로 자리에 앉히는 방법의 수를 구하자.

1학년 학생을 한 명으로 보면 3학년 학생이 3명이므로 총 4명을 원순열로 앉히는 방법의 수야.

1학년 2명을 한 사람으로 생각하고 3학년 3명과 같이 원형의 탁

자에 둘러앉는 경우의 수는 $(4-1)!=3!=6$(가지)이고, 그 각

각의 경우에 대하여 1학년 2명이 서로 자리를 바꾸어 앉는 경우

의 수는 $2!$가지이다.

n명이 서로 자리를 바꾸는 방법의 수는 $n!$(가지)이야.

즉, 이웃하는 1학년 2명과 3학년 3명이 원형의 탁자에 둘러앉는

경우의 수는 $6 \times 2=12$(가지)이다.

2nd 2학년끼리 이웃하지 않으려면 3학년과 1학년 묶음 사이에 앉으면 돼.

또, 2학년 2명이 이웃하지 않도록 앉으려면

그림과 같이 ∨ 표시가 된 4곳 중에서 2곳

을 택하여 앉으면 되므로 그 경우의 수는

$_4P_2=4 \times 3=12$(가지)이다.

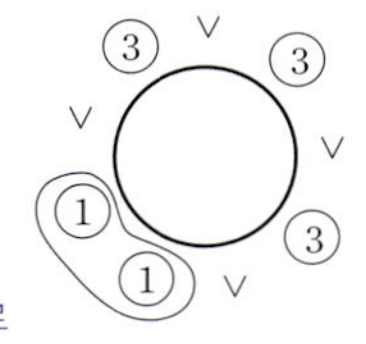

순서를 생각하여 나열하므로 순열을 이용한 거야.

따라서 구하는 경우의 수는

$12 \times 12=144$(가지)

03 답 ②

10명을 원형으로 배열하는 방법의 수는 $(10-1)!=9!$(가지)

이때, 정오각형 모양의 탁자에서 다음 그림과 같이 서로 다른 경

우는 2가지가 존재한다.

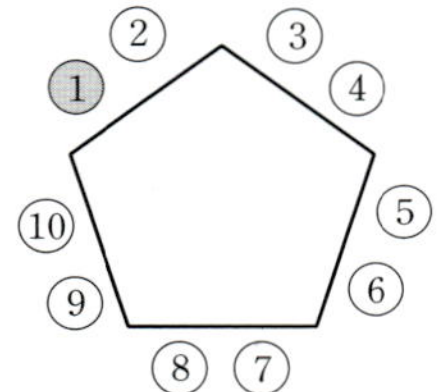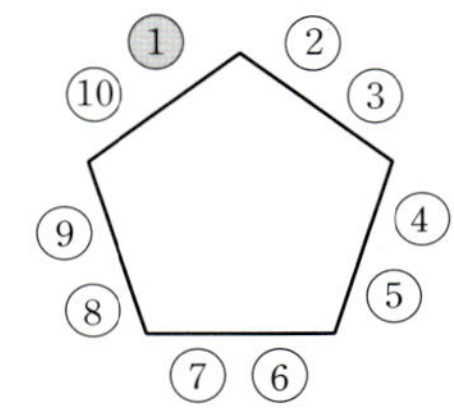

따라서 구하는 방법의 수는 $9! \times 2$(가지)

04 답 ②

탁자의 모양이 직사각형이므로

회전하여 일치하지 않는 경우는

5가지가 나온다. 즉, 기준이 되

는 학생이 그림에서 ①~⑤의 좌

석에 앉으면 모두 다른 경우이므

로 구하는 방법의 수는

$(10-1)! \times 5=9! \times 5$(가지)

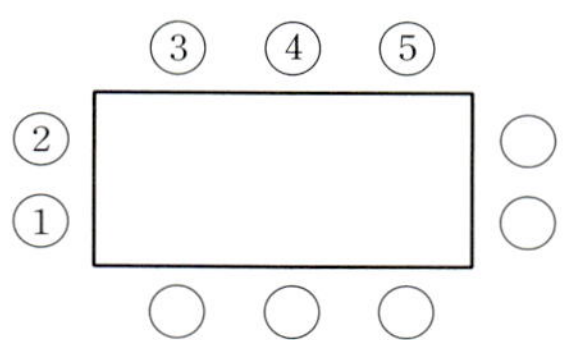

다른 풀이

10명을 일렬로 나열하는 방법의 수는 $10!$가지이다.

그런데 직사각형 모양의 탁자에는 2가지의 똑같은 경우가 생기

므로

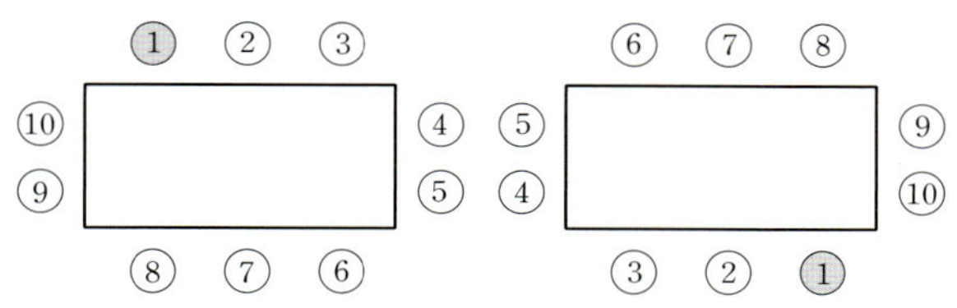

$\dfrac{10!}{2!}=9! \times 5$(가지)

05 답 ⑤

7개의 색 중 ①에 색을 칠하는 방법의 수

는 7이다.

①에 칠한 색을 제외한 6개의 색 중 3개의

색을 택하는 방법의 수는 $_6C_3$(가지)

이 세 가지의 색을 ②, ③, ④에 칠하는 방

법의 수는 원순열의 수이므로 $2!$(가지)이다.

즉, ①, ②, ③, ④에 칠하는 방법의 수는

$7 \times _6C_3 \times 2!$(가지)

이 각각에 대하여 ⑤, ⑥, ⑦에 색을 칠하는 방법의 수는

순열의 수이므로 $3!$(가지)

따라서 구하는 방법의 수는

$7 \times _6C_3 \times 2! \times 3!=\dfrac{7!}{3}$(가지)

06 답 ③

빨간색이 칠해지는 곳을 기준으로 하여 그 맞은편에 파란색을 칠

하는 방법은 한 가지이다.

나머지 서로 다른 4가지의 색으로 4개의 날개를 칠하는 경우의

수 $4!$(가지)

따라서 구하는 경우의 수는 $1! \times 4!=24$(가지)

07 답 ③

서로 다른 n가지의 색으로 반구의 n등분한 면을 칠하는 방법의

수가 120가지이므로

$(n-1)!=120$

$120=5!$이므로 $n-1=5$ ∴ $n=6$

08 답 ③

4개의 정거장 중에서 승객이 내릴 정거장 3개를 중복을 허락하여 택하는 중복순열의 수이므로

$_4\Pi_3 = 4^3 = 64$(가지)

09 답 ③

한 개의 전구로 만들 수 있는 신호는 2가지이므로 네 개의 전구로 만들 수 있는 신호는 $2^5 = 32$(가지)

이때 모두 꺼진 것은 신호에서 제외하므로 만들 수 있는 최대의 신호의 개수는

$32 - 1 = 31$(가지)

10 답 ③

네 자리의 자연수가 5의 배수이려면 일의 자리의 수는 5이어야 한다. 나머지 세 자리는 1부터 5까지 모두 들어갈 수 있으므로 다른 5개 중에 중복을 허락하여 3개를 선택하여 나열하는 경우의 수를 구하면 된다.

따라서 구하는 경우의 수는

$_5\Pi_3 = 5^3 = 125$

11 답 ④

> 다섯 개의 숫자 0, 1, 2, 3, 4에서 중복을 허락하여 만들 수 있는 **자연수를 크기가 작은 것부터 나열할 때**, 2300은 몇 번째 수인가?
> 한 자리, 두 자리, 세 자리로 된 수를 구한 후 천의 자릿수에 1 또는 2가 오는 네 자리 수를 생각하자.
>
> ① 310　　　　② 315　　　　③ 320
> ④ 325　　　　⑤ 330

1st 한 자리, 두 자리, 세 자리의 수의 개수를 구해보자.

한 자리의 수는 1, 2, 3, 4의 4개

두 자리의 수는

$4 \times {}_5\Pi_1 = 4 \times 5 = 20$(개) ▶ 십의 자리에 들어갈 수 있는 숫자는 0을 제외한 4개, 일의 자리에 들어갈 수 있는 숫자는 5개야.

세 자리의 수는

$4 \times {}_5\Pi_2 = 4 \times 5^2 = 100$(개) ▶ 백의 자리에 들어갈 수 있는 숫자는 0을 제외한 4개, 십의 자리와 일의 자리에 들어갈 수 있는 숫자는 각각 5개야.

2nd 네 자리의 수 중 천의 자리의 수가 1과 2인 경우를 나누어서 2300보다 작은 자연수의 개수를 구하자.

네 자리의 수 중 천의 자리의 수가 1인 네 자리의 자연수는

$_5\Pi_3 = 125$(개)

네 자리의 수 중 천의 자리의 수가 2, 백의 자리의 수가 0 또는 1 또는 2인 자연수는

$3 \times {}_5\Pi_2 = 75$(개) ▶ 백의 자리에 들어갈 수 있는 숫자는 3보다 작은 정수인 3개, 십의 자리와 일의 자리에 들어갈 수 있는 숫자는 각각 5개야.

즉, 2300보다 작은 수의 개수는

$4 + 20 + 100 + 125 + 75 = 324$(개)

따라서 2300은 325번째 수이다.

12 답 136

조건 (가)에 의해 $f(3)$의 값은 2, 4, 6 중 하나이다.

(ⅰ) $f(3) = 2$인 경우

공역 X의 원소 1을 $f(1)$, $f(2)$로 대응시키고,

공역 X의 원소 3, 4, 5, 6을 중복을 허락하여 각각 하나씩 $f(4)$, $f(5)$, $f(6)$으로 대응시키면 된다.

즉, 함수의 개수는

$_1\Pi_2 \times {}_4\Pi_3 = 4^3 = 64$(개)

(ⅱ) $f(3) = 4$인 경우

공역 X의 원소 1, 2, 3을 $f(1)$, $f(2)$로 대응시키고,

공역 X의 원소 5, 6을 $f(4)$, $f(5)$, $f(6)$으로 중복을 허락하여 각각 하나씩 대응시키면 된다.

즉, 함수의 개수는

$_3\Pi_2 \times {}_2\Pi_3 = 3^2 \times 2^3 = 72$(개)

(ⅲ) $f(3) = 6$인 경우, 조건 (다)를 만족하는 함수는 없다.

따라서 구하는 모든 함수의 개수는 $64 + 72 = 136$(개)이다.

13 답 ②

> parallel에 있는 8개의 문자를 일렬로 나열할 때, **모음끼리 이웃하도록** 나열하는 방법의 수는?
> 모음 a, a, e를 한 묶음으로 생각하여 나열해 보자. 이때, 모음끼리 자리 바꾸는 경우를 놓치지 말자.
>
> ① 352　　　　② 360　　　　③ 368
> ④ 376　　　　⑤ 382

1st aae를 한 문자로 생각하고 일렬로 나열하는 방법의 수를 구하자.

3개의 모음을 한 묶음으로 생각해야 해.

parallel의 모음은 a, a, e이므로 이 3개의 모음을 한 문자 □로 생각하면 □, p, r, l, l, l의 6개의 문자를 일렬로 배열하는 방법의 수는

[같은 것이 있는 순열]
n개 중에서 서로 같은 것이 각각 p개, q개, …, r개씩 있을 때, n개를 모두 일렬로 나열하는 순열의 수는

$\dfrac{6!}{3!} = 120$(가지)　　$\dfrac{n!}{p!q!\cdots r!}$ (단, $p+q+\cdots+r=n$)

2nd 모음끼리 자리를 바꾸는 방법의 수를 구하자.

이때, a, a, e를 일렬로 나열하는 방법의 수는

$\dfrac{3!}{2!} = 3$(가지)

따라서 구하는 방법의 수는

$120 \times 3 = 360$(가지)

14 답 ②

양 끝에 노란색 깃발을 놓으면 가운데 7개의 자리에는 노란색 깃발 2개, 빨간색 깃발 5개를 일렬로 나열하면 되므로 구하는 방법의 수는

$\dfrac{7!}{2!5!} = 7 \times 3 = 21$(가지)

15 답 6

다음 조건을 만족시키는 네 자연수 a, b, c, d로 이루어진 모든 순서쌍 (a, b, c, d)의 개수를 구하시오.

(가) $a+b+c+d=6$ 네 개의 자연수의 합이 6이 되는 경우를 따져보자.
(나) $a \times b \times c \times d$는 4의 배수이다. a, b, c, d 중 하나 이상이 4의 배수를 포함하던가 두 개 이상이 2의 배수라는 거야.

1st 조건 (가)를 만족하는 경우의 수를 구하자.

네 자연수의 합이 6인 경우는 $1+1+1+3$ 또는 $1+1+2+2$의 두 가지가 있다.

2nd 조건 (가)를 만족하는 경우 중 조건 (나)를 만족하는 경우를 찾아 순서쌍의 개수를 구하자.

(ⅰ) 네 자연수가 1, 1, 1, 3인 경우

이 자연수들의 곱은 $1 \times 1 \times 1 \times 3 = 3$으로 4의 배수가 아니므로 조건 (나)를 만족시키지 않는다.

(ⅱ) 네 자연수가 1, 1, 2, 2인 경우

이 자연수들의 곱은 $1 \times 1 \times 2 \times 2 = 4$로 4의 배수이므로 조건 (나)를 만족시킨다.

따라서 가능한 순서쌍 (a, b, c, d)의 개수는 1, 1, 2, 2로 만들 수 있는 순서쌍의 개수이므로 $\dfrac{4!}{2!2!} = 6$(개)

16 답 ③

s, u를 □, □로 놓고 □, t, □, d, e, n, t의 문자 7개를 일렬로 나열한 후, 첫 번째 □는 s로, 두 번째 □는 u로 바꾸면 된다.

따라서 구하는 방법의 수는 □와 t를 각각 2개씩 포함한 7문자를 나열하는 개수이므로 $\dfrac{7!}{2!2!} = 1260$(개)

17 답 ⑤

A $\longrightarrow$ P인 최단거리로 가는 경우의 수는

$\dfrac{4!}{2!2!} = 6$(가지)

P $\longrightarrow$ B인 최단거리로 가는 경우의 수는

$\dfrac{4!}{3!1!} = 4$(가지)

따라서 구하는 방법의 수는 $6 \times 4 = 24$(가지)

18 답 ②

꼭짓점 A와 이웃한 꼭짓점 중 B가 아닌 것은 꼭짓점 D, E이다.

(ⅰ) A $\longrightarrow$ D $\longrightarrow$ L로 가는 경우의 수

$1 \times \dfrac{3!}{2!} = 3$(가지)

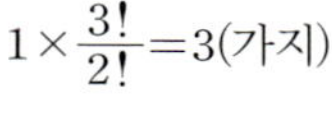

(ⅱ) A $\longrightarrow$ E $\longrightarrow$ L로 가는 경우의 수

$1 \times \dfrac{3!}{2!} = 3$(가지)

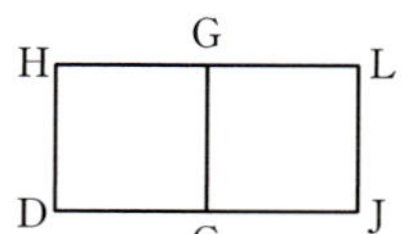

따라서 구하는 방법의 수는

$3+3 = 6$(가지)

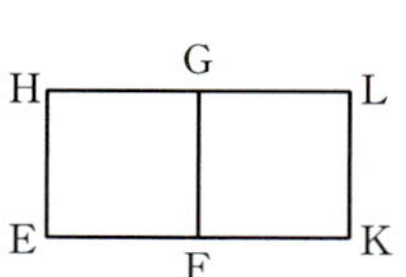

19 답 ②

오른쪽 그림과 같은 도로망이 있다. A 지점에서 B 지점까지 최단거리로 가는 방법의 수는?

도로가 끊긴 곳에 임시로 길을 연결하여 전체 방법의 수에서 임시로 연결한 길을 지나는 방법의 수를 빼자.

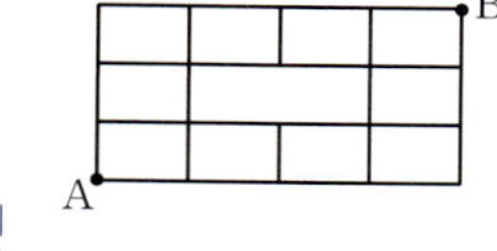

① 23 ② 26 ③ 29 ④ 32 ⑤ 35

1st 끊긴 곳을 임시로 연결시켜 A 지점에서 B 지점까지 최단거리로 가는 방법의 수를 구하자.

그림과 같이 주어진 도로에서 끊긴 도로의 양 끝점을 C, D라 하고 이 도로를 연결하자.

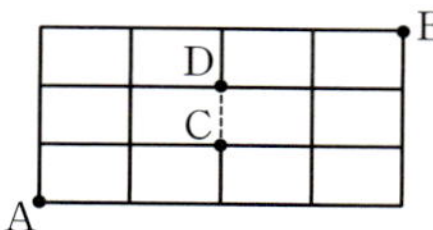

A 지점에서 B 지점까지 최단거리로 가는 방법의 수는

$\dfrac{7!}{4!3!} = 35$(가지)

2nd 임시로 연결한 도로를 반드시 지나는 방법의 수를 구하고 전체 경우의 수에서 빼자.

A $\longrightarrow$ C $\longrightarrow$ D $\longrightarrow$ B인 경우

$\dfrac{3!}{2!1!} \times 1 \times \dfrac{3!}{2!1!} = 9$(가지)

→ A → C인 경우의 수 : $\dfrac{3!}{2!1!}$
  C → D인 경우의 수 : 1
  D → B인 경우의 수 : $\dfrac{3!}{2!1!}$

따라서 구하는 최단거리로 가는 방법의 수는

$35 - 9 = 26$(가지)

20 답 ④

$_3H_6 = {}_{3+6-1}C_6 = {}_8C_6 = {}_8C_2 = \dfrac{8 \times 7}{2} = 28$,

$_4H_2 = {}_{4+2-1}C_2 = {}_5C_2 = \dfrac{5 \times 4}{2} = 10$이므로

$_3H_6 + {}_4H_2 = 28 + 10 = 38$

21 답 ②

세 명의 후보 중 한 사람씩 선택한 투표용지가 12장 나올 수 있는 경우의 수는 서로 다른 3개 중에 중복을 허락하여 12개를 뽑는 중복조합의 수와 같으므로

$_3H_{12} = {}_{3+12-1}C_{12} = {}_{14}C_{12} = {}_{14}C_2 = \dfrac{14 \times 13}{2} = 91$(가지)

다른 풀이

3명의 회장 후보가 각각 얻는 표의 수를 a, b, c라 하면 구하는 경우의 수는 방정식 $a+b+c=12$의 음이 아닌 정수해 (a, b, c)의 개수와 같다.

따라서 구하는 경우의 수는

$_3H_{12} = {}_{3+12-1}C_{12} = {}_{14}C_{12} = {}_{14}C_2 = \dfrac{14 \times 13}{2} = 91$(가지)

바구니에 빨간 장미 2송이, 분홍 장미 3송이, 흰 장미 4송이가 들어 있다. 이 9송이 장미를 세 명에게 나누어 주는 방법의 수는? (단, 같은 색의 장미꽃은 구별되지 않으며, 장미꽃을 받지 못한 학생이 있어도 된다.)

색깔별로 학생들에게 장미꽃을 나누어 주는 방법의 수를 구하면 돼.

① 810　　　② 840　　　③ 900
④ 980　　　⑤ 1080

1st 색깔별로 장미꽃을 나누어 주는 방법의 수를 구하자.

빨간 장미 2송이를 3명에게 나누어 주는 방법의 수는 세 명 중에서 중복을 허락하여 빨간 장미를 받을 2명을 택하는 중복조합의 수와 같다.

[중복조합]
서로 다른 n개에서 중복을 허락하여 r개를 택하는 중복조합의 수
$\Rightarrow {}_n\mathrm{H}_r = {}_{n+r-1}\mathrm{C}_r$

$\therefore {}_3\mathrm{H}_2 = {}_{3+2-1}\mathrm{C}_2 = {}_4\mathrm{C}_2 = 6$(가지)

마찬가지 방법으로 분홍 장미 3송이를 3명에게 나누어 주는 방법의 수는

$${}_3\mathrm{H}_3 = {}_{3+3-1}\mathrm{C}_3 = {}_5\mathrm{C}_3 = 10(가지)$$

같은 방법으로 흰 장미 4송이를 3명에게 나누어 주는 방법의 수는

$${}_3\mathrm{H}_4 = {}_{3+4-1}\mathrm{C}_4 = {}_6\mathrm{C}_4 = {}_6\mathrm{C}_2 = 15(가지)$$

2nd 구한 각각의 방법의 수의 곱을 구하자.

따라서 구하는 방법의 수는
$$6 \times 10 \times 15 = 900(가지)$$

23 답 36

$x = 2l$, $y = 2m$, $z = 2n$ (단, l, m, n은 자연수)라 하면
$2l + 2m + 2n = 20$에서 $l + m + n = 10$
이때, $l = l' + 1$, $m = m' + 1$, $n = n' + 1$으로 놓으면
$l + m + n = 10$을 만족시키는 양의 정수해의 개수는
$l' + m' + n' = 7$을 만족시키는 음이 아닌 정수해의 개수와 같으므로
$${}_3\mathrm{H}_7 = {}_{3+7-1}\mathrm{C}_7 = {}_9\mathrm{C}_7 = {}_9\mathrm{C}_2 = 36$$

24 답 ②

x, y, z가 -4보다 큰 정수이므로
$x \geq -3$, $y \geq -3$, $z \geq -3$
$x' = x + 3$, $y' = y + 3$, $z' = z + 3$으로 놓으면
$x' \geq 0$, $y' \geq 0$, $z' \geq 0$
$x + y + z = 1$을 만족시키는 -4보다 큰 정수해의 개수는
$x' + y' + z' = 10$을 만족시키는 음이 아닌 정수해의 개수와 같다.
$$\therefore {}_3\mathrm{H}_{10} = {}_{3+10-1}\mathrm{C}_{10} = {}_{12}\mathrm{C}_{10} = {}_{12}\mathrm{C}_2 = 66$$

TIP

x, y, z가 -4보다 큰 정수이므로 $x > -4$, $y > -4$, $z > -4$로 놓을 수 있지만 정수라는 조건에 의해 $x \geq -3$, $y \geq -3$, $z \geq -3$으로 놓을 수 있다. 만약 x, y, z가 유리수라면 이렇게 놓을 수 없다는 것에 유의하자.

25 답 ④

집합 $X = \{1,\ 2,\ 3,\ 4\}$와 집합 $Y = \{1,\ 2,\ 3,\ 4,\ 5,\ 6\}$에 대하여 다음 조건을 만족시키는 함수 $f : X \longrightarrow Y$의 개수는?

(가) $f(1) + f(2) = 6$
(나) 집합 X의 임의의 두 원소 a, b에 대하여 $a < b$이면 $f(a) \leq f(b)$

조건 (가)를 만족시키는 $f(1)$, $f(2)$의 값을 생각해보자.
조건 (나)에서 중복조합의 수를 이용하자.

① 4　　　② 9　　　③ 14
④ 19　　　⑤ 24

1st 집합 Y에서 조건 (가)와 (나)를 만족시키는 $f(1)$, $f(2)$의 값을 모두 찾아보자.

집합 Y의 원소인 1부터 6까지의 자연수 중에서 조건 (가)에서 $f(1) + f(2) = 6$이고, 조건 (나)에서 $f(1) \leq f(2)$이므로 두 조건을 만족시키는 경우는 $f(1) = 1$, $f(2) = 5$ 또는 $f(1) = 2$, $f(2) = 4$ 또는 $f(1) = f(2) = 3$의 세 가지뿐이다.

2nd 각각의 경우의 수를 구하자.

(i) $f(1) = 1$, $f(2) = 5$인 경우
조건 (나)에서 $f(2) = 5 \leq f(3) \leq f(4)$이므로 $f(3)$과 $f(4)$의 값을 결정하는 방법의 수는 5, 6 중에서 중복을 허락하여 2개를 선택하는 중복조합의 수와 같으므로

공역의 원소 5, 6 중에서 중복을 허락하여 두 개의 수를 고르면 작거나 같은 순서로 $f(3)$, $f(4)$에 대응시키면 돼.

$${}_2\mathrm{H}_2 = {}_{2+2-1}\mathrm{C}_2 = {}_3\mathrm{C}_2 = {}_3\mathrm{C}_1 = 3(가지)$$

(ii) $f(1) = 2$, $f(2) = 4$인 경우
$f(2) = 4 \leq f(3) \leq f(4)$이므로 $f(3)$과 $f(4)$의 값을 결정하는 방법의 수는 4, 5, 6 중에서 중복을 허락하여 2개를 선택하는 중복조합의 수와 같으므로
$${}_3\mathrm{H}_2 = {}_{3+2-1}\mathrm{C}_2 = {}_4\mathrm{C}_2 = 6(가지)$$

(iii) $f(1) = 3$, $f(2) = 3$인 경우
$3 \leq f(3) \leq f(4)$이므로 $f(3)$과 $f(4)$의 값을 결정하는 방법의 수는 3, 4, 5, 6 중에서 중복을 허락하여 2개를 택하는 중복조합의 수와 같으므로
$${}_4\mathrm{H}_2 = {}_{4+2-1}\mathrm{C}_2 = {}_5\mathrm{C}_2 = 10(가지)$$

(i), (ii), (iii)에 의해 구하는 함수의 개수는
$$3 + 6 + 10 = 19(개)$$

26 답 ⑤

$\left(x + \dfrac{1}{x^n}\right)^{10}$의 전개식의 일반항을 구하면
$${}_{10}\mathrm{C}_r x^{10-r}(x^{-n})^r = {}_{10}\mathrm{C}_r x^{10-(n+1)r} \ (0 \leq r \leq 10)$$
전개식에서 상수항, 즉
$10 - (n+1)r = 0 \Rightarrow (n+1)r = 10$을 만족시키는 순서쌍 $(n,\ r)$는 $(1,\ 5)$, $(4,\ 2)$, $(9,\ 1)$이다.
따라서 자연수 n의 값들의 합은 $9 + 4 + 1 = 14$이다.

27　답 ②

$(1+x)+(1+x)^2+(1+x)^3+\cdots+(1+x)^{10}$의 전개식에서 x^2의 계수는? *각각의 $(1+x)^n$의 전개식에서 x^2의 계수의 합을 구하면 되겠지?*

① 150　　②165　　③ 180

④ 195　　⑤ 210

1st 먼저 $(1+x)^n$의 전개식의 일반항을 이용해서 x^2의 계수부터 구하자.

$(1+x)^n$의 전개식의 일반항은 ${}_nC_rx^r$이므로 → $(a+b)^n$의 전개식의 일반항: ${}_nC_ra^{n-r}b^r$

$(1+x),\ (1+x)^2,\ (1+x)^3,\ \cdots,\ (1+x)^{10}$

각각의 식에서 x^2항의 계수를 구하면

$0,\ {}_2C_2,\ {}_3C_2,\ {}_4C_2,\ \cdots,\ {}_{10}C_2$

2nd 파스칼의 삼각형을 이용하여 이항계수의 합을 구하자.

주어진 식의 x^2의 계수는 ${}_2C_2+{}_3C_2+{}_4C_2+\cdots+{}_{10}C_2$

파스칼의 삼각형의 성질에 의해

$${}_2C_2+{}_3C_2+{}_4C_2+\cdots+{}_{10}C_2={}_{11}C_3=\frac{11\times10\times9}{3\times2\times1}=165$$

$$
\begin{array}{c}
{}_1C_0\ {}_1C_1\\
{}_2C_0\ {}_2C_1\ {}_2C_2\\
{}_3C_0\ {}_3C_1\ {}_3C_2\ {}_3C_3\\
{}_4C_0\ {}_4C_1\ {}_4C_2\ {}_4C_3\ {}_4C_4\\
\vdots\\
{}_{10}C_0\ {}_{10}C_1\ {}_{10}C_2\ \cdots\ {}_{10}C_{10}\\
{}_{11}C_0\ {}_{11}C_1\ {}_{11}C_2\ {}_{11}C_3\ \cdots\ {}_{10}C_{11}
\end{array}
$$

28　답 102

$(1-x)^4(2-x)^3$의 전개식의 일반항은

$${}_4C_r(-x)^r\cdot{}_3C_s2^{3-s}\cdot(-x)^s={}_4C_r\cdot{}_3C_s2^{3-s}\cdot(-x)^{r+s}$$

x^2의 계수는 $r+s=2$

(i) $r=0,\ s=2$일 때,

　　x^2의 계수는 ${}_4C_0\cdot{}_3C_2\cdot2=6$

(ii) $r=1,\ s=1$일 때,

　　x^2의 계수는 ${}_4C_1\cdot{}_3C_1\cdot2^2=48$

(iii) $r=2,\ s=0$일 때,

　　x^2의 계수는 ${}_4C_2\cdot{}_3C_0\cdot2^3=48$

(i)~(iii)에서 구하는 x^2의 계수는 $48+48+6=102$

29　답 ⑤

${}_nH_r={}_{n+r-1}C_r$이므로

$${}_4H_0+{}_4H_1+{}_4H_2+{}_4H_3+\cdots+{}_4H_{10}$$
$$={}_3C_0+{}_4C_1+{}_5C_2+{}_6C_3+\cdots+{}_{13}C_{10}$$
$$=({}_4C_0+{}_4C_1)+{}_5C_2+{}_6C_3+\cdots+{}_{13}C_{10}\ (\because {}_nC_0=1)$$
$$=({}_5C_1+{}_5C_2)+{}_6C_3+\cdots+{}_{13}C_{10}$$
$$=({}_6C_2+{}_6C_3)+\cdots+{}_{13}C_{10}$$
$$\vdots$$
$$={}_{13}C_9+{}_{13}C_{10}$$
$$={}_{14}C_{10}={}_{14}C_4\ (\because {}_nC_r={}_nC_{n-r})$$

30　답 ④

$(1+x)^n={}_nC_0+{}_nC_1x+{}_nC_2x^2+\cdots+{}_nC_nx^n$에서 $n=6,\ x=2$를 대입하면

$${}_6C_0+2\cdot{}_6C_1+2^2\cdot{}_6C_2+\cdots+2^6\cdot{}_6C_6=(1+2)^6=3^6$$

$$\therefore n=6$$

31　답 30

$\boxed{1},\ \boxed{2},\ \boxed{2},\ \boxed{3},\ \boxed{3}$에서 4개의 카드를 택하는 경우는

$\boxed{1},\ \boxed{2},\ \boxed{2},\ \boxed{3}\ /\ \boxed{1},\ \boxed{2},\ \boxed{3},\ \boxed{3}\ /\ \boxed{2},\ \boxed{2},\ \boxed{3},\ \boxed{3}$

의 세 가지이다.　　　　　… Ⅰ

(i) $\boxed{1},\ \boxed{2},\ \boxed{2},\ \boxed{3}$으로 만들 수 있는 네 자리의 자연수의 개수

　　$\dfrac{4!}{2!}=12$(개)

(ii) $\boxed{1},\ \boxed{2},\ \boxed{3},\ \boxed{3}$으로 만들 수 있는 네 자리의 자연수의 개수

　　$\dfrac{4!}{2!}=12$(개)

(ii) $\boxed{2},\ \boxed{2},\ \boxed{3},\ \boxed{3}$으로 만들 수 있는 네 자리의 자연수의 개수

　　$\dfrac{4!}{2!2!}=6$(개)　　　　　… Ⅱ

따라서 구하는 자연수의 개수는

$12+12+6=30$(개)　　　　　… Ⅲ

[채점기준표]

Ⅰ	1, 2, 2, 3, 3에서 4개의 숫자를 택하는 경우를 구한다.	30%
Ⅱ	각 경우의 수를 구한다.	60%
Ⅲ	구하는 자연수의 개수를 구한다.	10%

32　답 84

$(x+y+z)^5$의 전개식에서 서로 다른 항의 개수는 서로 다른 세 문자 $x,\ y,\ z$에서 중복을 허락하여 5개를 선택하는 경우의 수와 같으므로 서로 다른 항의 개수는

$${}_3H_5={}_{3+5-1}C_5={}_7C_5={}_7C_2=21(개)\qquad\cdots\ Ⅰ$$

한편, $(a+b)^3$의 전개식에서 서로 다른 항의 개수는 서로 다른 두 문자 $a,\ b$에서 중복을 허락하여 3개를 선택하는 경우의 수와 같으므로 서로 다른 항의 개수는

$${}_2H_3={}_{2+3-1}C_3={}_4C_3={}_4C_1=4(개)\qquad\cdots\ Ⅱ$$

따라서 주어진 전개식에서 서로 다른 항의 개수는

$21\times4=84$(개)　　　　　… Ⅲ

[채점기준표]

Ⅰ	$(x+y+z)^5$의 전개식에서 서로 다른 항의 개수를 구한다.	40%
Ⅱ	$(a+b)^3$의 전개식에서 서로 다른 항의 개수를 구한다.	40%
Ⅲ	주어진 전개식에서 서로 다른 항의 개수를 구한다.	20%

II 확률

Simple E 확률의 뜻과 활용

[개념 CHECK + 연산 연습] pp. 38~39

01 답 시행

02 답 합사건, $A \cup B$

03 답 곱사건, $A \cap B$

04 답 여사건, A^C

05 답 ×
사건 A와 사건 B가 서로 배반사건이면, $A \cap B = \varnothing$이다.

06 답 ○
두 사건 A, A^C은 항상 $A \cap A^C = \varnothing$이므로 배반사건이다.

07 답 ×
임의의 사건 A에 대하여 $0 \le \mathrm{P}(A) \le 1$이다.

08 답 ○
이 주사위를 100번 반복하여 던져서 1의 눈이 15번 나왔으므로
1의 눈이 나올 확률은 $\dfrac{15}{100} = \dfrac{3}{20}$이다.

09 답 $\{1, 2, 3, 4, 5, 6\}$

10 답 $\{1, 3, 5\}$

11 답 $\{2, 4, 6\}$

12 답 $\{1, 2, 4, 5, 6, 8, 10\}$
$A = \{2, 4, 6, 8, 10\}$, $B = \{1, 2, 5, 10\}$이므로
$A \cup B = \{1, 2, 4, 5, 6, 8, 10\}$

13 답 $\{2, 10\}$
$A = \{2, 4, 6, 8, 10\}$, $B = \{1, 2, 5, 10\}$이므로
$A \cap B = \{2, 10\}$

14 답 $A \cap B = \{2, 3\}$, 배반사건이 아니다.
$A = \{1, 2, 3, 6\}$, $B = \{2, 3, 5\}$에서 $A \cap B = \{2, 3\} \ne \varnothing$이므
로 배반사건이 아니다.

15 답 $\{4, 5\}$
$A = \{1, 2, 3, 6\}$이므로 $A^C = \{4, 5\}$

16 답 $\{1, 4, 6\}$
$B = \{2, 3, 5\}$이므로 $B^C = \{1, 4, 6\}$

17 답 $\dfrac{2}{3}$
표본공간 $S = \{1, 2, 3, 4, 5, 6\}$이고,
4 이하의 눈의 수가 나오는 사건을 A라 하면
$A = \{1, 2, 3, 4\}$
$\therefore \mathrm{P}(A) = \dfrac{n(A)}{n(S)} = \dfrac{4}{6} = \dfrac{2}{3}$

18 답 $\dfrac{2}{3}$
표본공간 $S = \{1, 2, 3, 4, 5, 6\}$이고,
2의 배수의 눈의 수가 나오는 사건을 A,
3의 배수의 눈의 수가 나오는 사건을 B라 하면
$A = \{2, 4, 6\}$, $B = \{3, 6\}$이므로
$A \cup B = \{2, 3, 4, 6\}$
$\therefore \mathrm{P}(A \cup B) = \dfrac{n(A \cup B)}{n(S)} = \dfrac{4}{6} = \dfrac{2}{3}$

19 답 $\dfrac{1}{3}$
표본공간 $S = \{1, 2, 3, 4, 5, 6\}$이고,
6의 약수의 눈의 수가 나오는 사건을 A,
3 이상의 눈의 수가 나오는 사건을 B라 하면
$A = \{1, 2, 3, 6\}$, $B = \{3, 4, 5, 6\}$이므로
$A \cap B = \{3, 6\}$
$\therefore \mathrm{P}(A \cap B) = \dfrac{n(A \cap B)}{n(S)} = \dfrac{2}{6} = \dfrac{1}{3}$

20 답 $\dfrac{1}{4}$
동전의 앞면을 H, 뒷면을 T라 할 때, 표본공간은
$S = \{(\mathrm{H, H}), (\mathrm{H, T}), (\mathrm{T, H}), (\mathrm{T, T})\}$이고,
모두 앞면이 나오는 사건을 A라 하면
$A = \{(\mathrm{H, H})\}$
$\therefore \mathrm{P}(A) = \dfrac{n(A)}{n(S)} = \dfrac{1}{4}$

21 답 $\dfrac{1}{2}$
동전의 앞면을 H, 뒷면을 T라 할 때, 표본공간은
$S = \{(\mathrm{H, H}), (\mathrm{H, T}), (\mathrm{T, H}), (\mathrm{T, T})\}$이고,
서로 다른 면이 나오는 사건을 A라 하면
$A = \{(\mathrm{H, T}), (\mathrm{T, H})\}$
$\therefore \mathrm{P}(A) = \dfrac{n(A)}{n(S)} = \dfrac{2}{4} = \dfrac{1}{2}$

22 답 $\dfrac{7}{15}$

600명 중 280명이 A사 휴대폰을 사용하고 있으므로 구하는 확

률은 $\dfrac{280}{600}=\dfrac{7}{15}$

23 답 $\dfrac{23}{30}$

B사 휴대폰을 사용할 확률은 $\dfrac{140}{600}=\dfrac{7}{30}$이므로 여사건의

확률은 $1-\dfrac{7}{30}=\dfrac{23}{30}$

> **유형 연습** [+ 내신 유형] ● 문제편 pp. 40~45

24 답 ④

2의 배수의 눈이 나오는 사건을 A, 3의 배수의 눈이 나오는 사건
을 B라 하면 2 또는 3의 배수의 눈이 나오는 사건은 $A \cup B$이다.
$A=\{2,\ 4,\ 6\}$, $B=\{3,\ 6\}$이므로 $A \cup B=\{2,\ 3,\ 4,\ 6\}$
따라서 사건 $A \cup B$의 근원사건의 개수는 4이다.

25 답 ②

짝수의 눈이 나오는 사건을 A, 8의 약수의 눈이 나오는 사건을
B라 하면 짝수이면서 8의 약수가 적혀 있는 공이 나오는 사건은
$A \cap B$이다.
$A=\{2,\ 4,\ 6,\ 8\}$, $B=\{1,\ 2,\ 4,\ 8\}$이므로 $A \cap B=\{2,\ 4,\ 8\}$
따라서 사건 $A \cap B$의 근원사건의 개수는 3이다.

26 답 ⑤

서로 다른 세 개의 동전을 한 번 던져서 나오는 모든 경우의 수는
$2 \times 2 \times 2=8$(가지)이다.
이 중에서 모두 뒷면이 나오는 경우는 (뒤, 뒤, 뒤)로 1가지이다.
따라서 적어도 하나의 동전에서 앞면이 나오는 근원사건의 개수는
$8-1=7$(가지)

> **TIP**
> 구해야 하는 사건보다 여사건을 구하는 게 더 간단할 때는
> $$n(A)=n(S)-n(A^C)$$
> 임을 이용하자.

27 답 ③

서로 다른 두 개의 주사위를 던져서 나오는 모든 경우의 수는
$6 \times 6=36$(가지)이다.
이 중에서 두 눈의 수의 합이 10보다 큰 경우는 (5, 6), (6, 5),
(6, 6)의 3가지이다.
따라서 두 눈의 수의 합이 10 이하인 근원사건의 개수는
$36-3=33$(개)이다.

28 답 ②

한 개의 주사위를 던지는 시행에서 홀수의 눈이 나오는 사건
$A=\{1,\ 3,\ 5\}$, 3의 배수의 눈이 나오는 사건 $B=\{3,\ 6\}$, 제곱수
의 눈이 나오는 사건 $C=\{1,\ 4\}$이다.
ㄱ. $A \cap B=\{3\}$이므로 사건 A와 B는 배반사건이 아니다.
ㄴ. $B \cap C=\varnothing$이므로 사건 B와 C는 서로 배반사건이다.
ㄷ. $A \cap C=\{1\}$이므로 사건 A와 C는 배반사건이 아니다.
따라서 서로 배반인 사건은 ㄴ뿐이다.

29 답 ④

전체 공의 개수는 $n+12$이고, 흰 공의 개수가 n이므로 흰 공이
나올 확률은
$$\dfrac{n}{n+12}=\dfrac{2}{5}$$
$$5n=2n+24$$
$$3n=24$$
$$\therefore\ n=8$$

30 답 ④

집합 A의 부분집합의 개수는 $2^3=8$(개)
원소 a가 포함되어 있는 부분집합의 개수는
$2^{3-1}=2^2=4$(개)
$$\therefore\ (구하는\ 확률)=\dfrac{4}{8}=\dfrac{1}{2}$$

31 답 ①

동전 한 개와 주사위 한 개를 던져서 나오는 모든 경우의 수는
$2 \times 6=12$(가지)
동전의 앞면을 H라고 하면 동전의 앞면과 주사위의 눈이 홀수가
나오는 경우는 (H, 1), (H, 3), (H, 5)의 3가지이다.
$$\therefore\ (구하는\ 확률)=\dfrac{3}{12}=\dfrac{1}{4}$$

32 답 ②

주사위 한 개를 두 번 던져 나오는 모든 경우의 수는
$6 \times 6=36$(가지)이다.
이때, $a>b$인 순서쌍 $(a,\ b)$는 다음과 같다.
(6, 5), (6, 4), (6, 3), (6, 2), (6, 1),
(5, 4), (5, 3), (5, 2), (5, 1),
(4, 3), (4, 2), (4, 1),
(3, 2), (3, 1),
(2, 1)
즉, $a>b$인 순서쌍 $(a,\ b)$의 개수는
$5+4+3+2+1=15$
$$\therefore\ (구하는\ 확률)=\dfrac{15}{36}=\dfrac{5}{12}$$

33 답 ⑤

3개의 주사위를 동시에 던질 때 나오는 모든 경우의 수는
$6 \times 6 \times 6 = 216$(가지)
3개의 주사위가 모두 다른 눈의 수가 나오는 경우는 서로 다른 6개에서 3개를 택하여 일렬로 나열하는 것과 같으므로
$_6P_3 = 6 \times 5 \times 4 = 120$(가지)이다.

$\therefore$ (구하는 확률)$= \dfrac{120}{216} = \dfrac{5}{9}$

34 답 ②

5개의 문자 a, b, c, d, e를 일렬로 나열하는 경우의 수는
$5!$(가지)이다.
a, b를 하나의 문자 $\square$로 보면 $\square$, c, d, e를 일렬로 나열하는 경우는 $4!$가지이고, 이때 a, b가 서로 자리를 바꾸는 경우는 2가지이므로 a, b가 이웃하는 경우는 $4! \times 2$가지이다.

$\therefore$ (구하는 확률)$= \dfrac{4! \times 2}{5!} = \dfrac{2}{5}$

35 답 $\dfrac{3}{10}$

5명의 주자의 순서를 정하는 경우의 수는 $5!$(가지)이다.
첫 번째 주자와 마지막 주자를 뽑는 방법의 수는 남학생 3명 중에서 2명을 뽑아 일렬로 나열하는 경우의 수이므로 $_3P_2$이고, 나머지 3명의 주자를 나열하는 경우의 수는 $3!$이므로 첫 번째 주자와 마지막 주자가 모두 남학생인 경우의 수는 $_3P_2 \times 3!$(가지)이다.

$\therefore$ (구하는 확률)$= \dfrac{_3P_2 \times 3!}{5!} = \dfrac{3 \times 2 \times 3 \times 2 \times 1}{5 \times 4 \times 3 \times 2 \times 1} = \dfrac{3}{10}$

36 답 ①

7장의 카드를 일렬로 나열하는 경우의 수는 $7!$(가지)이다.
홀수가 적힌 카드가 서로 이웃하지 않으려면 그림과 같이 홀수가 적힌 4장의 카드 사이에 짝수가 적힌 3장의 카드가 놓이면 된다.

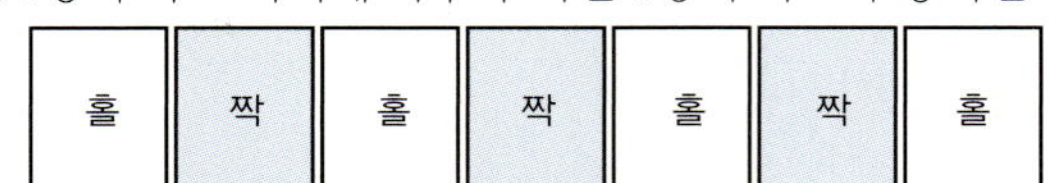

홀수가 적힌 카드를 일렬로 나열하는 경우의 수는 $4!$(가지)이고, 짝수가 적혀 있는 카드를 일렬로 나열하는 경우의 수는 $3!$(가지)이므로 홀수가 적힌 카드가 서로 이웃하지 않는 경우의 수는
$4! \times 3!$(가지)이다.

$\therefore$ (구하는 확률)$= \dfrac{4! \times 3!}{7!} = \dfrac{3 \times 2 \times 1}{7 \times 6 \times 5} = \dfrac{1}{35}$

37 답 ④

5명이 원탁에 둘러앉는 경우의 수는 $(5-1)! = 4!$(가지)이다.
A, B를 하나로 보고 원탁에 둘러앉는 경우의 수는
$(4-1)! = 3!$(가지)이고, 이때, A, B가 자리를 바꾸는 경우는 2가지이므로 A, B가 이웃하게 앉는 경우의 수는 $3! \times 2$(가지)이다.

$\therefore$ (구하는 확률)$= \dfrac{3! \times 2}{4!} = \dfrac{1}{2}$

38 답 ①

6명이 원탁에 둘러앉는 경우의 수는 $(6-1)! = 5!$(가지)이다.
남학생 3명과 여학생 3명을 각각 하나로 보면, 서로 다른 2명이 원탁에 둘러앉는 경우는 한 가지이고, 남학생 3명과 여학생 3명이 각각 자리를 바꾸는 경우는 각각 $3!$가지이므로 남학생끼리 여학생끼리 이웃하여 앉는 경우의 수는 $1 \times 3! \times 3!$(가지)

$\therefore$ (구하는 확률)$= \dfrac{1 \times 3! \times 3!}{5!} = \dfrac{3 \times 2 \times 1}{5 \times 4} = \dfrac{3}{10}$

39 답 $\dfrac{1}{4}$

(i) 두 가지 색의 잎으로 구성된 클로버의 개수

4가지 색 중에서 2개를 선택하면 되므로 $_4C_2 = 6$(개)

(ii) 세 가지 색의 잎으로 구성된 클로버의 개수

4가지 색 중에서 잎에 색칠된 3가지 색을 고르는 방법의 수는 $_4C_3$, 선택한 세 가지 색 중에서 다음과 같이 두 잎에 칠해진 색을 선택하는 방법의 수는 $_3C_1$이고, 남은 두 색은 각각 남은 한 잎씩 칠하면 되므로
$_4C_3 \times _3C_1 = 4 \times 3 = 12$(개)

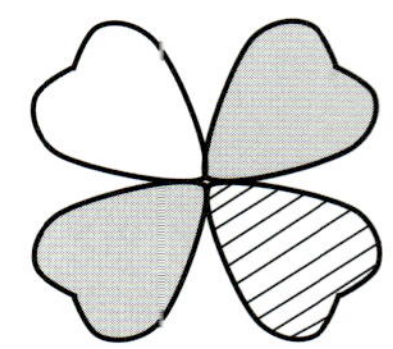

(iii) 4가지 색의 잎으로 구성된 클로버의 개수

4가지 색을 원형으로 배열하는 경우는 원순열과 같으므로
$(4-1)! = 3! = 6$(개)

$\therefore$ (당첨될 확률)$= \dfrac{6}{6+12+6} = \dfrac{6}{24} = \dfrac{1}{4}$

40 답 ④

3명의 학생이 시킬 수 있는 세트 메뉴의 수는
$_3\Pi_3 = 3^3 = 27$(가지)이고, 3명이 모두 같은 세트 메뉴 A 또는 B 또는 C를 시키는 경우의 수는 3이므로

(구하는 확률)$= \dfrac{3}{27} = \dfrac{1}{9}$

41 답 ②

세 자리의 자연수를 만드는 모든 경우의 수는
$_3\Pi_3 = 3^3 = 27$(가지)
각 자리의 숫자가 다른 경우의 수는 서로 다른 3개 중에서 3개를 뽑는 순열이므로 $3! = 6$(가지)

$\therefore$ (구하는 확률)$= \dfrac{6}{27} = \dfrac{2}{9}$

42 답 ③

집합 X에서 집합 Y로의 모든 함수의 개수는 $_2\Pi_4=2^4=16$(가지)
이고, 이 중에서 상수함수의 개수는 $f(x)=1$ 또는 $f(x)=2$인
경우이므로 2가지이다.

$\therefore$ (구하는 확률)$=\dfrac{2}{16}=\dfrac{1}{8}$

43 답 ④

여섯 개의 숫자 1, 2, 2, 2, 3, 3을 일렬로 나열하는 경우의 수는
$\dfrac{6!}{3!2!}=60$(가지)

2, 2, 2를 □로 보면 1, □, 3, 3을 일렬로 나열하는 경우의 수는
$\dfrac{4!}{2!}=12$(가지)

$\therefore$ (구하는 확률)$=\dfrac{12}{60}=\dfrac{1}{5}$

44 답 ②

흰 공 3개와 검은 공 3개를 일렬로 배열하는 모든 경우의
수는 $\dfrac{6!}{3!3!}=20$(가지)

흰 공 3개가 서로 이웃하는 경우의 수는 흰 공 3개를 하나로 보
고 나열하는 경우의 수와 같으므로
$\dfrac{4!}{3!}=4$(가지)

$\therefore$ (구하는 확률)$=\dfrac{4}{20}=\dfrac{1}{5}$

45 답 ④

A 지점에서 B 지점까지 최단거리로 가는 경우는 주어진 도로망
에서 오른쪽으로 4칸, 위로 4칸가면 되므로 구하는 경우의 수는
$\dfrac{8!}{4!4!}=70$(가지)

A 지점에서 C 지점을 거쳐 B 지점까지 최단거리로 가는 경우의
수는
$\dfrac{3!}{2!}\times\dfrac{5!}{2!3!}=3\times10=30$(가지)

$\therefore$ (구하는 확률)$=\dfrac{30}{70}=\dfrac{3}{7}$

46 답 ①

주머니에 있는 6개의 바둑돌 중에서 2개의 바둑돌을 꺼내
는 경우의 수는 $_6C_2=\dfrac{6\times5}{2\times1}=15$(가지)

꺼낸 공이 모두 흰 바둑돌일 경우의 수는 $_2C_2=1$(가지)

$\therefore$ (구하는 확률)$=\dfrac{1}{15}$

47 답 ⑤

주머니에 있는 5개의 구슬 중에서 2개의 구슬을 꺼내는 경우의
수는 $_5C_2=10$(가지)

노란 구슬 3개 중에서 1개를 꺼내고, 빨간 구슬 2개 중에서 1개
를 꺼내는 경우의 수는 $_3C_1\times_2C_1=6$(가지)

$\therefore$ (구하는 확률)$=\dfrac{6}{10}=\dfrac{3}{5}$

48 답 ⑤

10장의 카드에서 2장의 카드를 선택하는 경우의 수는
$_{10}C_2=\dfrac{10\times9}{2\times1}=45$(가지)

한편, 두 장의 카드에 적혀 있는 수의 합이 홀수이려면 홀수 카드
한 장과 짝수 카드 한 장을 꺼내는 경우이므로
$_5C_1\times_5C_1=25$(가지)

$\therefore$ (구하는 확률)$=\dfrac{25}{45}=\dfrac{5}{9}$

49 답 4

10개의 제비에서 2개를 뽑는 경우의 수는 $_{10}C_2=45$(가지), n개의
당첨제비에서 2개를 뽑는 경우의 수는 $_nC_2$(가지)

모두 당첨제비일 확률이 $\dfrac{2}{15}$이므로
$$\dfrac{_nC_2}{_{10}C_2}=\dfrac{2}{15}$$
$$\dfrac{_nC_2}{45}=\dfrac{2}{15}$$
$$_nC_2=\dfrac{2}{15}\times45=6$$
$$\dfrac{n(n-1)}{2}=6$$
$n(n-1)=12=4\times3$이므로 $n=4$

50 답 ②

여섯 개의 점 중에서 임의로 두 개를 택하는 경우의 수는
$_6C_2=\dfrac{6\times5}{2\times1}=15$(가지)

한편, 두 점 사이의 거리가 2인 경우의 수는 마주보는 점끼리 선
택한 경우이므로 3가지이다.

$\therefore$ (구하는 확률)$=\dfrac{3}{15}=\dfrac{1}{5}$

51 답 ⑤

여섯 개의 점 중에서 임의로 세 개를 택하는 경우의 수는
$_6C_3=\dfrac{6\times5\times4}{3\times2\times1}=20$(가지)

한편, 삼각형이 만들어지는 경우의 수는 전체 경우의 수에서 세
로줄에 일직선으로 놓인 세 점을 택하는 경우를 빼주면 되므로
$20-2=18$(가지)이다.

$\therefore$ (구하는 확률)$=\dfrac{18}{20}=\dfrac{9}{10}$

52 답 ②

8개의 점 중 세 점을 꼭짓점으로 하는 삼각형의 개수는

$$_8C_3 = \frac{8 \times 7 \times 6}{3 \times 2 \times 1} = 56(\text{개})$$

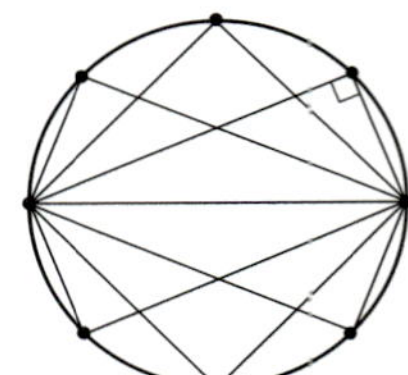

직각삼각형은 한 변이 원의 지름이어야 한다. 원의 지름의 양 끝
점을 택하는 방법은 4개이고, 나머지 다른 한 점을 택하는 방법
은 6개이므로 직각삼각형의 개수는 $4 \times 6 = 24(\text{개})$

$$\therefore (\text{구하는 확률}) = \frac{24}{56} = \frac{3}{7}$$

53 답 ③

네 개의 주사위를 던졌을 때 나온 눈의 수들은 자동으로 정렬되
므로 전체 경우의 수는 순서에 상관없이 서로 다른 6개의 숫자
중에 중복을 허락하여 4개를 뽑는 것이므로

$$_6H_4 = {}_{6+4-1}C_4 = {}_9C_4 = 126(\text{가지})$$

짝수의 눈만 나오는 경우의 수는 서로 다른 세 개의 수 2, 4, 6에
서 중복을 허락하여 4개를 뽑는 중복조합이므로

$$_3H_4 = {}_{3+4-1}C_4 = {}_6C_4 = {}_6C_2 = 15(\text{가지})$$

$$\therefore (\text{구하는 확률}) = \frac{15}{126} = \frac{5}{42}$$

54 답 ②

방정식 $x+y+z=5$를 만족하는 음이 아닌 정수해의 개수는 서
로 다른 세 종류의 문자 x, y, z에서 중복을 허락하여 5개를 택하
는 것이므로

$$_3H_5 = {}_{3+5-1}C_5 = {}_7C_5 = {}_7C_2 = 21(\text{가지})$$

즉, 집합 A의 원소의 개수는 21이다.

방정식 $x+y+z=5$의 자연수의 해는

$(1, 1, 3)$, $(1, 3, 1)$, $(3, 1, 1)$, $(1, 2, 2)$, $(2, 1, 2)$, $(2, 2, 1)$
로 6개이다.

$$\therefore (\text{구하는 확률}) = \frac{6}{21} = \frac{2}{7}$$

55 답 ②

같은 종류의 연필 7개를 3명 학생에게 남김없이 나누어 주는 경
우의 수는

$$_3H_7 = {}_{3+7-1}C_7 = {}_9C_7 = {}_9C_2 = 36(\text{가지})$$

한편, 3명이 모두 연필을 1개 이상 받는 경우의 수는 먼저 3명에
게 연필을 1개씩 나누어 주고 남은 4개의 연필을 3명에게 남김없
이 나누어 주면 되므로 서로 다른 3개에서 4개를 택하는 중복조
합의 수와 같다. 즉,

$$_3H_4 = {}_{3+4-1}C_4 = {}_6C_4 = {}_6C_2 = 15(\text{가지})$$

$$\therefore (\text{구하는 확률}) = \frac{15}{36} = \frac{5}{12}$$

56 답 ③

$X = \{a, b, c\}$에서 $Y = \{1, 2, 3, 4, 5\}$로의 함수 f의 개수는

$$_5\Pi_3 = 5^3 = 125(\text{개})$$

한편, $f(a) \leq f(b) \leq f(c)$인 함수의 개수는 공역의 원소인 5개의
숫자 중에서 중복을 허락하여 3개의 숫자를 뽑는 경우의 수와 같
으므로

$$_5H_3 = {}_{3+5-1}C_3 = {}_7C_3 = \frac{7 \times 6 \times 5}{3 \times 2 \times 1} = 35(\text{개})$$

$$\therefore (\text{구하는 확률}) = \frac{35}{125} = \frac{7}{25}$$

57 답 ④

1000개의 제품 중에 60개의 불량품이 있으므로 임의로 하나를
선택했을 때 그 제품이 불량품일 확률은

$$\frac{60}{1000} = \frac{3}{50}$$

58 답 ⑤

자유투 성공률이 80 %이므로

$$\frac{14+n}{20+n} = \frac{80}{100} = \frac{4}{5}$$

$$70+5n = 80+4n$$

$$\therefore n = 10$$

59 답 ④

상자 속에 들어 있는 흰 공의 개수를 n이라 할 때, 상자에서 동시
에 3개의 공을 꺼낼 때 3개 모두 흰 공일 확률이 $\frac{1}{6}$이므로

$$\frac{_nC_3}{_{10}C_3} = \frac{1}{6}$$

$$\frac{_nC_3}{120} = \frac{1}{6}$$

$$_nC_3 = \frac{1}{6} \times 120 = 20$$

$$\frac{n(n-1)(n-2)}{3 \times 2 \times 1} = 20$$

$$n(n-1)(n-2) = 120 = 6 \times 5 \times 4$$

$$\therefore n = 6$$

60 답 ②

$\overline{\text{OA}}$ 위의 임의의 점 P가 $\overline{\text{BC}}$ 위에 있을 확률은

$$\frac{(\overline{\text{BC}}\text{의 길이})}{(\overline{\text{OA}}\text{의 길이})}=\frac{2}{10}=\frac{1}{5}$$

61 답 ③

반지름의 길이가 5인 원판의 넓이는

$\pi \times 5^2 = 25\pi$

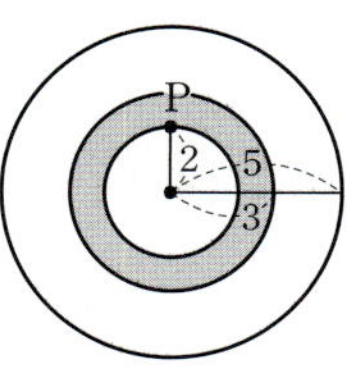

$2 \leq \overline{\text{OP}} \leq 3$을 만족하는 점 P의 영역의 넓이는 반지름의 길이가 3인 원의 넓이에서 반지름의 길이가 2인 원의 넓이를 빼면 되므로

$\pi \times 3^2 - \pi \times 2^2 = 9\pi - 4\pi = 5\pi$

$\therefore$ (구하는 확률)$=\dfrac{5\pi}{25\pi}=\dfrac{1}{5}$

62 답 $\dfrac{1}{8}$

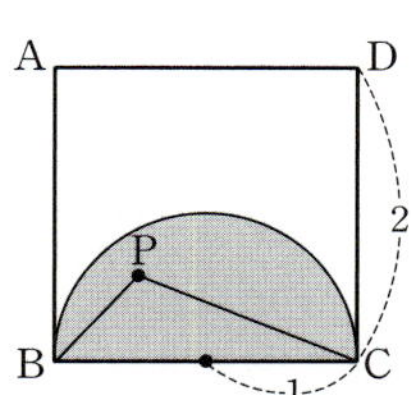

$\overline{\text{BC}}$를 지름으로 하는 반원을 그릴 때, 점 P가 반원 밖에 있으면 예각삼각형, 반원의 경계에 있으면 직각삼각형, 반원의 내부에 있으면 둔각삼각형이다. 즉, $\triangle \text{PBC}$가 둔각삼각형일 확률은

$$\frac{(\overline{\text{BC}}\text{를 지름으로 하는 반원의 넓이})}{(\square \text{ABCD의 넓이})}$$

$$=\frac{\frac{1}{2} \times \pi \times 1^2}{2 \times 2}=\frac{\pi}{8}$$

$\therefore k=\dfrac{1}{8}$

심플 정리

[기하학적 확률]

연속적인 변량을 크기로 갖는 표본공간의 영역 S 안에서 각각을 택할 가능성이 같을 때, 영역 S에 포함되어 있는 영역 A에 대하여 영역 S에서 임의로 택한 것이 영역 A에 속할 확률은

$$\text{P}(A)=\frac{(\text{영역 } A\text{의 크기})}{(\text{영역 } S\text{의 크기})}$$

Simple F 확률의 덧셈정리

[개념 CHECK + 연산 연습] pp. 46~47

01 답 0, 1

02 답 1, 0

03 답 $\text{P}(A \cap B)$

04 답 여사건

05 답 ○

06 답 ×

표본공간이 S인 임의의 두 사건 A, B에 대하여 $A \cup B \subset S$이므로

$0 \leq \text{P}(A \cup B) \leq \text{P}(S)=1$

07 답 ○

08 답 ○

사건 A의 여사건 A^C에 대하여

$A \cup A^C = S$이므로 $\text{P}(A \cup A^C)=\text{P}(S)=1$

또, $A \cap A^C = \varnothing$이므로

$\text{P}(A \cap A^C)=\text{P}(\varnothing)=0$

09 답 $\dfrac{1}{6}$

표본공간 $S=\{1,\ 2,\ 3,\ 4,\ 5,\ 6\}$이고 $a=1$일 사건은 $\{1\}$이므로 확률은 $\dfrac{1}{6}$

10 답 1

표본공간 $S=\{1,\ 2,\ 3,\ 4,\ 5,\ 6\}$이고 a가 6 이하일 사건은 전사건이므로 확률은 1

11 답 $\dfrac{1}{2}$

표본공간 $S=\{1,\ 2,\ 3,\ 4,\ 5,\ 6\}$이고 a가 홀수일 사건은 $\{1,\ 3,\ 5\}$이므로 확률은 $\dfrac{3}{6}=\dfrac{1}{2}$

12 답 0

표본공간 $S=\{1,\ 2,\ 3,\ 4,\ 5,\ 6\}$이고 $a=7$일 사건은 공사건이므로 확률은 0

13 답 $\dfrac{7}{10}$

꺼낸 카드가 2의 배수일 사건을 A, 3의 배수일 사건을 B라 하면
$A=\{2,\ 4,\ 6,\ 8,\ 10\}$이므로 $\mathrm{P}(A)=\dfrac{5}{10}$

$B=\{3,\ 6,\ 9\}$이므로 $\mathrm{P}(B)=\dfrac{3}{10}$

$A\cap B=\{6\}$이므로 $\mathrm{P}(A\cap B)=\dfrac{1}{10}$

$$\therefore \mathrm{P}(A\cup B)=\mathrm{P}(A)+\mathrm{P}(B)-\mathrm{P}(A\cap B)$$
$$=\dfrac{5}{10}+\dfrac{3}{10}-\dfrac{1}{10}=\dfrac{7}{10}$$

[다른 풀이]

10 이하의 자연수 중에서
2의 배수의 집합은 $\{2,\ 4,\ 6,\ 8,\ 10\}$이고,
3의 배수의 집합은 $\{3,\ 6,\ 9\}$이므로
2의 배수 또는 3의 배수의 집합은 $\{2,\ 3,\ 4,\ 6,\ 8,\ 9,\ 10\}$

$$\therefore (\text{구하는 확률})=\dfrac{7}{10}$$

14 답 $\dfrac{3}{5}$

꺼낸 카드가 6의 약수일 사건을 A, 10의 약수일 사건을 B라 하면
$A=\{1,\ 2,\ 3,\ 6\}$이므로 $\mathrm{P}(A)=\dfrac{4}{10}=\dfrac{2}{5}$

$B=\{1,\ 2,\ 5,\ 10\}$이므로 $\mathrm{P}(B)=\dfrac{4}{10}=\dfrac{2}{5}$

$A\cap B=\{1,\ 2\}$이므로 $\mathrm{P}(A\cap B)=\dfrac{2}{10}=\dfrac{1}{5}$

$$\therefore \mathrm{P}(A\cup B)=\mathrm{P}(A)+\mathrm{P}(B)-\mathrm{P}(A\cap B)$$
$$=\dfrac{2}{5}+\dfrac{2}{5}-\dfrac{1}{5}=\dfrac{3}{5}$$

15 답 $\dfrac{3}{5}$

꺼낸 카드가 5의 배수일 사건을 A, 8의 약수일 사건을 B라 하면
$A=\{5,\ 10\}$이므로 $\mathrm{P}(A)=\dfrac{2}{10}=\dfrac{1}{5}$

$B=\{1,\ 2,\ 4,\ 8\}$이므로 $\mathrm{P}(B)=\dfrac{4}{10}=\dfrac{2}{5}$

$A\cap B=\varnothing$이므로 $\mathrm{P}(A\cap B)=0$

$$\therefore \mathrm{P}(A\cup B)=\mathrm{P}(A)+\mathrm{P}(B)=\dfrac{2}{5}+\dfrac{1}{5}=\dfrac{3}{5}$$

16 답 $\dfrac{7}{12}$

$$\mathrm{P}(A\cup B)=\mathrm{P}(A)+\mathrm{P}(B)-\mathrm{P}(A\cap B)$$
$$=\dfrac{5}{6}-\dfrac{1}{4}=\dfrac{10-3}{12}=\dfrac{7}{12}$$

17 답 $\dfrac{5}{6}$

두 사건 A, B가 배반사건이면 $A\cap B=\varnothing$이므로
$$\mathrm{P}(A\cup B)=\mathrm{P}(A)+\mathrm{P}(B)=\dfrac{5}{6}$$

18 답 $\dfrac{15}{16}$

여사건의 확률을 구해보자. 동전의 앞면을 H, 뒷면을 T라 하면 4번 모두 뒷면이 나오는 경우는 (T, T, T, T)로 1가지이므로 4번 모두 뒷면이 나올 확률은 $\dfrac{1}{16}$이다.

따라서 앞면이 적어도 한 번 나올 확률은 $1-\dfrac{1}{16}=\dfrac{15}{16}$

19 답 $\dfrac{11}{16}$

뒷면이 한 번도 나오지 않는 경우는 (H, H, H, H)의 1가지, 4번 중에 뒷면이 한 번만 나오는 경우는
(T, H, H, H), (H, T, H, H), (H, H, T, H),
(H, H, H, T)의 4가지이다.

즉, 뒷면이 한 번도 나오지 않거나 한 번만 나올 확률은 $\dfrac{5}{16}$

따라서 뒷면이 2번 이상 나올 확률은
$$1-\dfrac{5}{16}=\dfrac{11}{16}$$

20 답 0.7

$\mathrm{P}(A^{C})=1-\mathrm{P}(A)=1-0.3=0.7$

21 답 0.4

$\mathrm{P}(B^{C})=1-\mathrm{P}(B)=1-0.6=0.4$

22 답 0.8

$$\mathrm{P}(A^{C}\cup B^{C})=\mathrm{P}((A\cap B)^{C})$$
$$=1-\mathrm{P}(A\cap B)=1-0.2=0.8$$

23 답 ⑤

꺼낸 공이 빨간색 공 또는 파란색 공일 사건은 전사건이므로 $a=1$, 꺼낸 공이 노란 공일 사건은 공사건이므로 $b=0$
$$\therefore a+b=1$$

24 답 ⑤

주사위 두 개를 던질 때 두 눈의 수의 합이 2 이상일 사건은 전사건이므로 $a=1$, 두 눈의 합이 1일 사건은 일어날 수 없으므로 $b=0$
$$\therefore a-b=1$$

25 답 ④

ㄱ. A가 공사건이면 $\mathrm{P}(A)=0$이고 A가 전사건이면 $\mathrm{P}(A)=1$이므로 $0\le\mathrm{P}(A)\le1$이다. (거짓)

ㄴ. $A=S$이면 A가 전사건이므로 $\mathrm{P}(A)=1$ (참)

ㄷ. 'P$(A)\neq 0$이면 $A\neq\varnothing$'의 대우는 '$A=\varnothing$이면 P$(A)=0$'이
　　고 대우가 참이므로 주어진 명제도 참이다. (참)
따라서 옳은 것은 ㄴ, ㄷ이다.

26　답 ①
P$(A\cup B)=$P$(A)+$P$(B)-$P$(A\cap B)$에서
$\dfrac{1}{2}=$P$(A)+2$P$(A)-\dfrac{1}{4}$
3P$(A)=\dfrac{3}{4}$
$\therefore$ P$(A)=\dfrac{1}{4}$

27　답 ②
P$(A\cup B)=$P$(A)+$P$(B)-$P$(A\cap B)$이므로
$0.7=0.5+0.4-$P$(A\cap B)$
$\therefore$ P$(A\cap B)=0.2$

28　답 ③
P$(A\cup B)=$P$(A)+$P$(B)-$P$(A\cap B)$이므로
$0.8=0.3+$P$(B)-0.2$에서 P$(B)=0.7$
$\therefore$ P$(B^c)=1-$P$(B)=0.3$

29　답 ③
두 사건 A, B가 서로 배반사건이므로
P$(A\cap B)=0$
즉, P$(A\cup B)=$P$(A)+$P(B)이므로
$\dfrac{1}{2}=\dfrac{1}{5}+P(B)$
$\therefore$ P$(B)=\dfrac{1}{2}-\dfrac{1}{5}=\dfrac{3}{10}$

30　답 ④
두 사건 A, B가 서로 배반사건이므로 P$(A\cap B)=0$
즉, P$(A\cup B)=$P$(A)+$P(B)이므로
P$(A)+$P$(B)=4$P$(A)-2$P(B)
$\therefore$ P$(A)=$P(B)
$A\cup B=S$이므로 P$(A\cup B)=1$
P$(A\cup B)=$P$(A)+$P$(B)=2$P$(A)=1$
$\therefore$ P$(A)=\dfrac{1}{2}$

31　답 ①
P$(A\cup B)=$P$(A)+$P$(B)-$P$(A\cap B)$이므로
P$(A\cup B)=\dfrac{2}{5}+\dfrac{2}{3}-P(A\cap B)$
$\qquad\qquad=\dfrac{16}{15}-P(A\cap B)$
이고, P$(A\cup B)\leq 1$이므로
$\dfrac{16}{15}-$P$(A\cap B)\leq 1$에서 $\dfrac{1}{15}\leq$P$(A\cap B)$
따라서 P$(A\cap B)$의 최솟값은 $\dfrac{1}{15}$이다.

32　답 ④
P$(A\cap B)=\dfrac{1}{5}$P$(A)=\dfrac{1}{3}$P(B)에서
P$(B)=\dfrac{3}{5}$P(A)
P$(A\cup B)=$P$(A)+$P$(B)-$P$(A\cap B)$
$\qquad\qquad=$P$(A)+\dfrac{3}{5}$P$(A)-\dfrac{1}{5}$P(A)
$\qquad\qquad=\dfrac{7}{5}P(A)$
이때, P$(A\cup B)\leq 1$이므로
$\dfrac{7}{5}$P$(A)\leq 1$
$\therefore$ P$(A)\leq\dfrac{5}{7}$
따라서 P(A)의 최댓값은 $\dfrac{5}{7}$이다.

33　답 ⑤
P$(A\cup B)=$P$(A)+$P$(B)-$P$(A\cap B)$이므로
P$(A\cup B)=\dfrac{1}{6}+\dfrac{2}{3}-P(A\cap B)$
$\qquad\qquad=\dfrac{5}{6}-P(A\cap B)$
(i) P$(A\cap B)=$P$(A)=\dfrac{1}{6}$일 때,
　　P$(A\cup B)$는 최솟값 $\dfrac{2}{3}$를 갖는다.　　$\therefore a=\dfrac{2}{3}$
(ii) P$(A\cap B)=0$일 때,
　　P$(A\cup B)$는 최댓값 $\dfrac{5}{6}$를 갖는다.　　$\therefore b=\dfrac{5}{6}$
$\therefore a+b=\dfrac{2}{3}+\dfrac{5}{6}=\dfrac{9}{6}=\dfrac{3}{2}$

34　답 ⑤
동전 한 개와 주사위 한 개를 동시에 던졌을 때 나올 수 있는 모
든 경우의 수는 $2\times 6=12$(가지)
동전의 앞면이 나오는 사건을 A라 하면 동전의 앞면이 나오고
주사위의 눈이 임의의 수가 나오면
되므로 P$(A)=\dfrac{6}{12}=\dfrac{1}{2}$
주사위의 짝수의 눈이 나오는 사건을 B라 하면 주사위의 눈이 짝
수가 나오고 동전은 앞면이나 뒷면이 나오면 되므로
P$(B)=\dfrac{3\times 2}{12}=\dfrac{1}{2}$
동전의 앞면이 나오고 주사위의 눈이 짝수가 나오는 사건은
$A\cap B$이고, P$(A\cap B)=\dfrac{1}{4}$이므로
P$(A\cup B)=$P$(A)+$P$(B)-$P$(A\cap B)$
$\qquad\qquad=\dfrac{1}{2}+\dfrac{1}{2}-\dfrac{1}{4}=\dfrac{3}{4}$

동전의 앞면 또는 주사위의 짝수의 눈이 나오는 사건의 여사건은 동전의 뒷면과 주사위의 홀수의 눈이 나오는 사건이다.

즉, 여사건의 확률은 $\dfrac{3}{12}=\dfrac{1}{4}$이므로

$$\therefore \text{(구하는 확률)}=1-\dfrac{1}{4}=\dfrac{3}{4}$$

35 답 ③

카드에 적혀 있는 수가 4로 나누어떨어질 사건을 A, 5로 나누어떨어질 사건을 B라 하면, 4와 5의 최소공배수인 20으로 나누어떨어질 사건은 $A \cap B$이다.

$A=\{4,\ 8,\ 12,\ \cdots,\ 100\}$이므로 $\mathrm{P}(A)=\dfrac{25}{100}$

$B=\{5,\ 10,\ 15,\ \cdots,\ 100\}$이므로 $\mathrm{P}(B)=\dfrac{20}{100}$

$A \cap B=\{20,\ 40,\ 60,\ 80,\ 100\}$이므로 $\mathrm{P}(A \cap B)=\dfrac{5}{100}$

$$\therefore \mathrm{P}(A \cup B)=\mathrm{P}(A)+\mathrm{P}(B)-\mathrm{P}(A \cap B)$$
$$=\dfrac{25}{100}+\dfrac{20}{100}-\dfrac{5}{100}$$
$$=\dfrac{40}{100}=\dfrac{2}{5}$$

36 답 ⑤

2장의 카드에 적혀 있는 수가 모두 짝수인 사건을 A라 하면 짝수 2, 4, 6, 8, 10이 적혀 있는 5장의 카드에서 2장의 카드를 뽑으면 되므로

$$\mathrm{P}(A)=\dfrac{_5\mathrm{C}_2}{_{10}\mathrm{C}_2}=\dfrac{10}{45}$$

2장의 카드에 적혀 있는 수가 모두 6의 약수인 사건을 B라 하면 1, 2, 3, 6이 적혀 있는 4장의 카드에서 2장의 카드를 뽑으면 되므로

$$\mathrm{P}(B)=\dfrac{_4\mathrm{C}_2}{_{10}\mathrm{C}_2}=\dfrac{6}{45}$$

사건 $A \cap B$는 2장의 카드에 적혀 있는 숫자가 짝수이고 6의 약수인 2, 6인 경우뿐이므로

$$\mathrm{P}(A \cap B)=\dfrac{1}{45}$$

$$\therefore \mathrm{P}(A \cup B)=\mathrm{P}(A)+\mathrm{P}(B)-\mathrm{P}(A \cap B)$$
$$=\dfrac{10}{45}+\dfrac{6}{45}-\dfrac{1}{45}=\dfrac{15}{45}=\dfrac{1}{3}$$

37 답 ⑤

두 개의 주사위를 던져서 나온 눈의 수를 각각 a, b라 하자. ab가 3의 배수가 되는 경우는 a가 3의 배수이거나 b가 3의 배수인 경우이다.

a가 3의 배수인 사건을 A라 하면 a는 3 또는 6의 눈이 나오고 b는 임의의 눈이 나와도 되므로 $2 \times 6=12$(가지)

$$\therefore \mathrm{P}(A)=\dfrac{12}{36}$$

b가 3의 배수인 사건을 B라 하면 b는 3 또는 6의 눈이 나오고 a는 임의의 눈이 나와도 되므로 $2 \times 6=12$(가지)

$$\therefore \mathrm{P}(B)=\dfrac{12}{36}$$

사건 $A \cap B$는 a와 b가 모두 3의 배수의 눈이 나오는 사건이므로 $2 \times 2=4$(가지)

$$\therefore \mathrm{P}(A \cap B)=\dfrac{4}{36}$$

$$\therefore \mathrm{P}(A \cup B)=\mathrm{P}(A)+\mathrm{P}(B)-\mathrm{P}(A \cap B)$$
$$=\dfrac{12}{36}+\dfrac{12}{36}-\dfrac{4}{36}$$
$$=\dfrac{20}{36}=\dfrac{5}{9}$$

38 답 ③

10 이하의 홀수 1, 3, 5, 7, 9로 중복을 허락하여 만들 수 있는 두 자리의 자연수의 개수는 $_5\Pi_2=5^2=25$이다.

3의 배수일 사건을 A라 하면 15, 51, 33, 39, 93, 57, 75, 99로 8가지이므로 $\mathrm{P}(A)=\dfrac{8}{25}$

5의 배수일 사건을 B라 하면 15, 35, 55, 75, 95로 5가지이므로 $\mathrm{P}(B)=\dfrac{5}{25}$

이때, 3과 5의 공배수가 되는 경우는 15, 75로 2가지이므로 $\mathrm{P}(A \cap B)=\dfrac{2}{25}$

$$\therefore \mathrm{P}(A \cup B)=\mathrm{P}(A)+\mathrm{P}(B)-\mathrm{P}(A \cap B)$$
$$=\dfrac{8}{25}+\dfrac{5}{25}-\dfrac{2}{25}=\dfrac{11}{25}$$

39 답 ⑤

x에 대한 이차방정식 $(2x-a)(5x-a)=0$

$$\therefore x=\dfrac{1}{2}a \text{ 또는 } x=\dfrac{1}{5}a$$

자연수 a가 2의 배수 또는 5의 배수이면 주어진 방정식은 적어도 하나의 정수해를 갖는다.

1부터 50까지의 자연수 중에서 2의 배수가 나오는 사건을 A라 하면 $\mathrm{P}(A)=\dfrac{25}{50}$

5의 배수가 나오는 사건을 B라 하면 $\mathrm{P}(B)=\dfrac{10}{50}$

사건 $A \cap B$는 10의 배수가 나오는 사건이므로 $\mathrm{P}(A \cap B)=\dfrac{5}{50}$

$$\therefore \mathrm{P}(A \cup B)=\mathrm{P}(A)+\mathrm{P}(B)-\mathrm{P}(A \cap B)$$
$$=\dfrac{25}{50}+\dfrac{10}{50}-\dfrac{5}{50}$$
$$=\dfrac{30}{50}=\dfrac{3}{5}$$

40 답 ①

이 학급의 학생 중에서 임의로 한 명을 택할 때, 이 학생이 야구 경기를 관람한 경험이 있는 학생일 사건을 A, 축구 경기를 관람한 경험이 있는 학생일 사건을 B라 하면

$$P(A)=\frac{11}{30},\ P(B)=\frac{15}{30},\ P(A\cup B)=\frac{20}{30}$$

$$\therefore\ P(A\cap B)=P(A)+P(B)-P(A\cup B)$$

$$=\frac{11}{30}+\frac{15}{30}-\frac{20}{30}$$

$$=\frac{6}{30}=\frac{1}{5}$$

41 답 ④

이 회사의 사람들 중에서 임의로 한 명을 택할 때, 이 사람이 지하철을 이용하는 사람일 사건을 A, 버스를 이용하는 사람일 사건을 B라고 하면

$$P(A\cup B)=0.81,\ P(A)=0.55,\ P(B)=0.40$$

$P(A\cup B)=P(A)+P(B)-P(A\cap B)$이므로

$$0.81=0.55+0.40-P(A\cap B)$$

$$\therefore\ P(A\cap B)=0.14$$

따라서 지하철 또는 버스 중 한 가지 대중교통만을 이용하는 사람일 확률은

$$P(A\cup B)-P(A\cap B)=0.81-0.14=0.67$$

42 답 ④

두 눈의 수의 합이 3이 되는 사건은

$\{(1,\,2),\,(2,\,1)\}$이므로 확률은 $\dfrac{2}{36}$

두 눈의 수의 합이 4가 되는 사건은

$\{(1,\,3),\,(2,\,2),\,(3,\,1)\}$이므로 확률은 $\dfrac{3}{36}$

두 사건은 배반사건이므로 확률의 덧셈정리에 의하여

$$(구하는\ 확률)=\frac{2}{36}+\frac{3}{36}=\frac{5}{36}$$

43 답 ①

서로 다른 주사위 3개를 동시에 던질 때, 나오는 모든 경우의 수는 $6\times 6\times 6=216$(가지)

눈의 수의 합이 5가 되는 경우는 다음과 같다.

(i) 세 눈의 수가 1, 1, 3이 나오는 사건을 A라 하면

$\dfrac{3!}{2!}=3$이므로 $P(A)=\dfrac{3}{216}$

(ii) 세 눈의 수가 1, 2, 2가 나오는 사건을 B라 하면

$\dfrac{3!}{2!}=3$이므로 $P(B)=\dfrac{3}{216}$

두 사건 A, B는 배반사건이므로

$$P(A\cup B)=P(A)+P(B)=\frac{6}{216}=\frac{1}{36}$$

44 답 ④

화살을 쏘아서 맞힌 숫자를 4로 나누었을 때 나머지가 1인 사건을 A, 나머지가 3인 사건을 B라 하면

$A=\{1,\,5,\,9\}$이므로 $P(A)=\dfrac{3}{10}$

$B=\{3,\,7\}$이므로 $P(B)=\dfrac{2}{10}$

두 사건 A, B는 배반사건이므로

$$P(A\cup B)=P(A)+P(B)$$

$$=\frac{3}{10}+\frac{2}{10}=\frac{5}{10}=\frac{1}{2}$$

45 답 ③

2명의 대표가 모두 남학생인 사건을 A, 모두 여학생인 사건을 B라 하면

$$P(A)=\frac{_4C_2}{_7C_2}=\frac{2}{7},\ P(B)=\frac{_3C_2}{_7C_2}=\frac{1}{7}$$

두 사건 A, B는 배반사건이므로

$$P(A\cup B)=P(A)+P(B)$$

$$=\frac{2}{7}+\frac{1}{7}=\frac{3}{7}$$

46 답 ①

2개의 공이 모두 파란 공인 사건을 A, 모두 노란 공인 사건을 B라 하면

$$P(A)=\frac{_2C_2}{_6C_2}=\frac{1}{15},\ P(B)=\frac{_3C_2}{_6C_2}=\frac{3}{15}=\frac{1}{5}$$

두 사건 A, B는 배반사건이므로

$$P(A\cup B)=P(A)+P(B)$$

$$=\frac{1}{15}+\frac{1}{5}=\frac{4}{15}$$

47 답 ②

뽑힌 2명이 모두 1학년인 사건을 A, 2명 모두 2학년인 사건을 B, 2명 모두 3학년인 사건을 C라 하면

$$P(A)=\frac{_4C_2}{_9C_2}=\frac{6}{36}=\frac{1}{6},\ P(B)=\frac{_3C_2}{_9C_2}=\frac{3}{36}=\frac{1}{12},$$

$$P(C)=\frac{_2C_2}{_9C_2}=\frac{1}{36}$$

세 사건 A, B, C는 서로 배반사건이므로

$$P(A\cup B\cup C)=P(A)+P(B)+P(C)$$

$$=\frac{1}{6}+\frac{1}{12}+\frac{1}{36}=\frac{10}{36}=\frac{5}{18}$$

48 답 ⑤

두 자리의 자연수를 만드는 모든 경우의 수는

$_5\Pi_2=5^2=25$(가지)

두 자리의 자연수가 3의 배수이려면 각 자리의 수의 합이 3의 배수가 되어야 한다.

(i) 각 자리의 수의 합이 3이 된 사건을 A라 하면

12, 21의 2가지이므로 $P(A)=\dfrac{2}{25}$

(ii) 각 자리의 수의 합이 6이 되는 사건을 B라 하면

15, 51, 24, 42, 33의 5가지이므로 $P(B)=\dfrac{5}{25}=\dfrac{1}{5}$

(iii) 각 자리의 수의 합이 9가 되는 사건을 C라 하면

45, 54의 2가지이므로 $P(C)=\dfrac{2}{25}$

세 사건 A, B, C는 배반사건이므로

$P(A\cup B\cup C)=P(A)+P(B)+P(C)$

$=\dfrac{2}{25}+\dfrac{1}{5}+\dfrac{2}{25}=\dfrac{9}{25}$

49 답 ③

6개의 문자 C, O, F, F, E, E를 일렬로 나열하는 경우의

수는 $\dfrac{6!}{2!2!}=180$(가지)

(i) 양 끝에 F, F가 오는 사건을 A라 하면

구하는 경우의 수는 가운데 C, O, E, E를 나열하는 것이므로

$\dfrac{4!}{2!}=12$(가지)

$\therefore P(A)=\dfrac{12}{180}=\dfrac{1}{15}$

(ii) 양 끝에 E, E가 오는 사건을 B라 하면

구하는 경우의 수는 가운데 C, O, F, F를 나열하는 것이므로

$\dfrac{4!}{2!}=12$(가지)

$\therefore P(B)=\dfrac{12}{180}=\dfrac{1}{15}$

두 사건 A, B는 배반사건이므로 구하는 확률은

$P(A\cup B)=P(A)+P(B)=\dfrac{1}{15}+\dfrac{1}{15}=\dfrac{2}{15}$

50 답 ③

9개의 꼭짓점 중에서 임의로 서로 다른 2개의 점을 선택하는 경우의 수는 $_9C_2=36$(가지)

(i) 두 점 사이의 거리가 $\sqrt{5}$인 사건을 A라 하면

이 경우는 8가지가 나오므로 $P(A)=\dfrac{8}{36}=\dfrac{2}{9}$

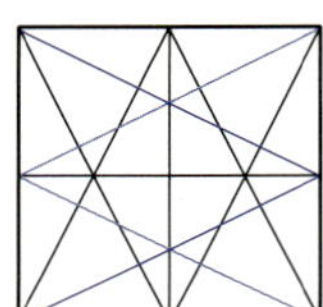

(ii) 두 점 사이의 거리가 $2\sqrt{2}$인 사건을 B라 하면

이 경우는 2가지가 나오므로 $P(B)=\dfrac{2}{36}=\dfrac{1}{18}$

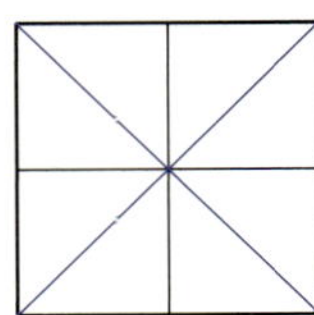

두 사건 A, B는 배반사건이므로

$P(A\cup B)=P(A)+P(B)$

$=\dfrac{2}{9}+\dfrac{1}{18}=\dfrac{5}{18}$

51 답 ④

8개의 꼭짓점 중에서 서로 다른 2개의 점을 임의로 선택하는 경우의 수는 $_8C_2=28$(가지)

(i) 두 점 사이의 거리가 2인 사건을 A라 하면

아래 그림에서 5가지가 나오므로 $P(A)=\dfrac{5}{28}$

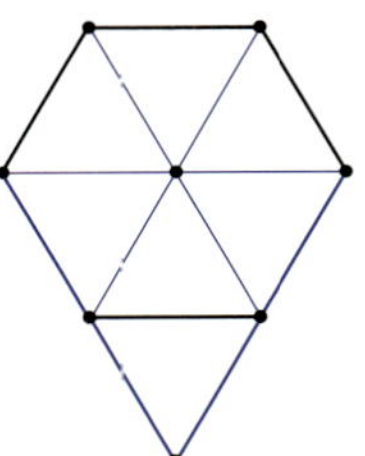

(ii) 두 점 사이의 거리가 2보다 큰 사건을 B라 하면

아래 그림에서 2가지가 나오므로 $P(B)=\dfrac{2}{28}=\dfrac{1}{14}$

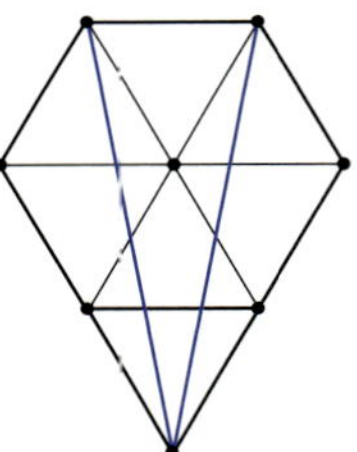

두 사건 A, B는 배반사건이므로

$P(A\cup B)=P(A)+P(B)$

$=\dfrac{5}{28}+\dfrac{1}{14}=\dfrac{7}{28}=\dfrac{1}{4}$

52 답 ⑤

'적어도 짝수가 하나 포함되는 사건'의 여사건은 '모두 홀수가 포함되는 사건'이다.

10 이하의 자연수 중에서 서로 다른 두 개의 숫자를 택할 때 서로 다른 두 홀수가 포함될 확률은

$\dfrac{_5C_2}{_{10}C_2}=\dfrac{10}{45}=\dfrac{2}{9}$

$\therefore$ (구하는 확률)$=1-\dfrac{2}{9}=\dfrac{7}{9}$

53 답 ②

'적어도 한 개의 당첨제비를 뽑을 사건'의 여사건은 '모두 당첨제비가 아닌 것을 뽑을 사건'이다.

모두 당첨제비가 아닌 것을 뽑을 확률은

$$\frac{_7C_2}{_{10}C_2}=\frac{21}{45}=\frac{7}{15}$$

$\therefore$ (구하는 확률)$=1-\frac{7}{15}=\frac{8}{15}$

54 답 ③

'적어도 한쪽 끝에는 남학생을 세울 사건'의 여사건은 '양쪽 끝에 모두 여학생을 세울 사건'이다.

양쪽 끝에 여학생 3명 중 2명을 택하여 일렬로 나열하는 경우는 $_3P_2$가지, 나머지 3명을 안쪽에 나열하는 경우는 3!가지이므로 양쪽 끝에 모두 여학생을 세울 경우의 수는 $_3P_2\times3!$(가지)

즉, 양쪽 끝에 모두 여학생을 세울 확률은

$$\frac{_3P_2\times3!}{5!}=\frac{3}{10}$$

$\therefore$ (구하는 확률)$=1-\frac{3}{10}=\frac{7}{10}$

55 답 ⑤

'적어도 한 명이 북한강을 선택할 사건'의 여사건은 '세 명 모두 북한강을 선택하지 않을 사건'이다.

세 명 모두 북한강을 선택하지 않을 확률, 즉 낙동강이나 금강을 선택할 확률은

$$\frac{_6C_3}{_{10}C_3}=\frac{20}{120}=\frac{1}{6}$$

$\therefore$ (구하는 확률)$=1-\frac{1}{6}=\frac{5}{6}$

56 답 ④

2개의 공 중에서 '검은 공이 적어도 하나 나올 사건'의 여사건은 '2개의 공이 모두 흰 공일 사건'이다.

2개의 공이 모두 흰 공일 확률은 $\dfrac{_3C_2}{_{n+3}C_2}$

즉, 검은 공이 적어도 하나 나올 확률은

$$1-\frac{_3C_2}{_{n+3}C_2}=\frac{11}{12}$$

$$\frac{_3C_2}{_{n+3}C_2}=\frac{1}{12}$$

$$\frac{\dfrac{3\times2}{2\times1}}{\dfrac{(n+3)(n+2)}{2\times1}}=\frac{1}{12}$$

$$\frac{6}{(n+3)(n+2)}=\frac{1}{12}$$

$(n+3)(n+2)=72=9\times8$이므로

$n+3=9$ $\therefore n=6$

57 답 ④

'서로 다른 눈이 나올 사건'의 여사건은 '서로 같은 눈이 나올 사건'이다.

서로 다른 주사위 2개를 던질 때, 나오는 모든 경우의 수는

$6\times6=36$(가지)

2개의 주사위의 눈이 서로 같은 경우는

$(1, 1)$, $(2, 2)$, $(3, 3)$, $(4, 4)$, $(5, 5)$, $(6, 6)$으로 6가지이다.

$\therefore$ (구하는 확률)$=1-\frac{6}{36}=\frac{30}{36}=\frac{5}{6}$

58 답 ①

'눈의 수의 합이 5 이상일 사건'의 여사건은 '눈의 수의 합이 5보다 작을 사건'이다.

서로 다른 주사위 2개를 동시에 던질 때, 나오는 모든 경우의 수는 $6\times6=36$(가지)

눈의 수의 합이 5보다 작을 경우의 수를 구하자.

(ⅰ) 눈의 수의 합이 2인 경우의 수 : $(1, 1)$의 1가지

(ⅱ) 눈의 수의 합이 3인 경우의 수 : $(1, 2)$, $(2, 1)$의 2가지

(ⅲ) 눈의 수의 합이 4인 경우의 수 : $(1, 3)$, $(2, 2)$, $(3, 1)$의 3가지

즉, 눈의 수의 합이 5보다 작을 경우의 수는 $1+2+3=6$(가지)이므로 눈의 수의 합이 5보다 작을 확률은 $\dfrac{6}{36}=\dfrac{1}{6}$

$\therefore$ (구하는 확률)$=1-\frac{1}{6}=\frac{5}{6}$

59 답 ③

'공에 적힌 수가 연속하는 자연수가 아닐 사건'의 여사건은 '공에 적힌 수가 연속하는 자연수일 사건'이다.

1부터 10까지의 자연수가 하나씩 적힌 10개의 공이 들어 있는 주머니에서 임의로 2개의 공을 꺼내는 모든 경우의 수는 $_{10}C_2=45$(가지)

공에 적혀 있는 두 수가 연속하는 두 자연수가 나오는 경우는

$(1, 2)$, $(2, 3)$, $(3, 4)$, $(4, 5)$, $(5, 6)$, $(6, 7)$, $(7, 8)$, $(8, 9)$, $(9, 10)$으로 9가지이다.

$\therefore$ (구하는 확률)$=1-\frac{9}{45}=1-\frac{1}{5}=\frac{4}{5}$

60 답 ①

'A, B가 이웃하지 않게 앉을 사건'의 여사건은 'A, B가 이웃하여 앉을 사건'이다.

5명이 원탁에 둘러앉는 경우의 수는 $(5-1)!=4!$(가지)

5명이 원탁에 앉을 때 A, B가 이웃하여 앉는 경우의 수는 A, B를 한 사람으로 생각하여 서로 다른 4명이 원탁에 앉는 경우의 수는 $(4-1)!=3!$(가지)이고, A, B가 서로 자리를 바꾸는 경우의 수 2를 곱한 $3!\times2$(가지)이다.

즉, A, B가 이웃하여 앉을 확률은 $\dfrac{3!\times2}{4!}=\dfrac{1}{2}$

$\therefore$ (구하는 확률)$=1-\frac{1}{2}=\frac{1}{2}$

61 답 ⑤

'양쪽 끝에 있는 두 수의 곱이 짝수일 사건'의 여사건은 '양쪽 끝에 있는 두 수의 곱이 홀수일 사건'이다.

6개의 숫자 2, 2, 2, 3, 3, 4를 일렬로 나열하는 방법의 수는

$$\frac{6!}{3!2!}=60(가지)$$

양쪽 끝에 있는 두 수의 곱이 홀수가 되는 것은 양쪽 끝에 홀수인 3이 있고 가운데에 2, 2, 2, 4를 나열하는 경우이므로

$$\frac{4!}{3!}=4(가지)$$

$$\therefore (구하는 확률)=1-\frac{4}{60}=1-\frac{1}{15}=\frac{14}{15}$$

62 답 ④

주사위를 두 번 던지는 경우의 수는 $6\times6=36$(가지)

처음 나온 눈의 수를 a, 두 번째 나온 눈의 수를 b라 할 때, 구해야 하는 사건의 여사건은 $\dfrac{b}{a}$가 자연수가 되는 사건이다. 이 경우를 순서쌍 (a, b)로 나타내면

$(1, 1)$, $(1, 2)$, $(1, 3)$, $(1, 4)$, $(1, 5)$, $(1, 6)$,
$(2, 2)$, $(2, 4)$, $(2, 6)$,
$(3, 3)$, $(3, 6)$,
$(4, 4)$, $(5, 5)$, $(6, 6)$

으로 14가지이다.

$$\therefore (구하는 확률)=1-\frac{14}{36}=1-\frac{7}{18}=\frac{11}{18}$$

63 답 ④

집합 X의 원소가 4개이므로 함수 $f : X \longrightarrow X$의 개수는

$$_4\Pi_4=4^4(개)$$

'역함수가 존재하지 않는 사건'의 여사건은 '역함수가 존재하는 사건'이고, 역함수가 존재하려면 함수가 일대일대응이어야 한다.

즉, 함수 $f : X \longrightarrow X$가 일대일대응이 되는 함수의 개수는 $4!$(개)

$$\therefore (구하는 확률)=1-\frac{4!}{4^4}=1-\frac{3}{32}=\frac{29}{32}$$

01 답 ④

$\dfrac{12}{n+1}$가 정수가 되기 위해서는 $n+1$이 12의 약수이어야 한다.

즉, $n+1$의 값은 1, 2, 3, 4, 6, 12이어야 하므로

$n=0, 1, 2, 3, 5, 11$

그런데 n이 10 이하의 자연수이므로 $n=1, 2, 3, 5$

$$\therefore (구하는 확률)=\frac{4}{10}=\frac{2}{5}$$

02 답 ②

한 개의 주사위를 두 번 던질 때 나온 눈의 수 a, b의 순서쌍 (a, b)의 개수는 $6\times6=36$(개)

x에 대한 다항식 x^3-ax+b를 $x-1$로 나누었을 때의 나머지가 3인 경우는 나머지정리에 의해 $1-a+b=3$

$$\therefore b=a+2$$

이 식을 만족하는 순서쌍 (a, b)는

$(1, 3)$, $(2, 4)$, $(3, 5)$, $(4, 6)$으로 4가지이다.

$$\therefore (구하는 확률)=\frac{4}{36}=\frac{1}{9}$$

> **[나머지정리]**   <심플 정리>
> (1) 다항식 $f(x)$를 $x-a$로 나눈 나머지는 $f(a)$이다.
> $$f(x)=(x-a)Q(x)+R \Rightarrow R=f(a)$$
> (2) 다항식 $f(x)$를 $ax+b$로 나눈 나머지는 $f\left(-\dfrac{b}{a}\right)$이다.

03 답 ③

서로 다른 5개의 문자를 일렬로 나열하는 경우의 수는 $5!$(가지)

C, D, E 중 A, B 사이에 들어가는 1개의 문자를 뽑는 경우의 수는 3이고, A, B와 그 사이에 들어 있는 문자를 하나로 생각하여 3개의 문자를 일렬로 세우는 방법의 수는 $3!$이다. 이때, A, B가 서로 자리를 바꾸는 방법의 수가 2이다.

$$\therefore (구하는 확률)=\frac{3\times3!\times2}{5!}=\frac{3}{10}$$

04 답 ②

5장의 카드를 일렬로 나열하여 네 자리의 자연수를 만드는 경우의 수는 $_5P_4$(가지)

자연수가 짝수가 되려면 일의 자리 숫자가 2 또는 4가 되어야 한다. 일의 자리 숫자가 2가 되는 네 자리의 자연수는 $_4P_3$이고, 일의 자리 숫자가 4가 되는 네 자리의 자연수도 $_4P_3$이다.

$$\therefore (구하는 확률)=\frac{2\times_4P_3}{_5P_4}=\frac{2\times4\times3\times2}{5\times4\times3\times2}=\frac{2}{5}$$

05 답 ①

> 원 모양의 연못 둘레에 향나무 4그루와 단풍나무 4그루를 심
> 으려고 한다. 이 8그루의 나무를 임의로 배열하여 같은 간격
> 으로 심을 때, 단풍나무끼리는 어느 것도 서로 이웃하지 않을
> 확률은?
>> 단풍나무끼리는 어느 것도 서로 이웃하지 않으려면
>> 향나무 사이사이에 단풍나무를 심어야 해.
>
> ① $\dfrac{1}{35}$　　　② $\dfrac{2}{35}$　　　③ $\dfrac{3}{35}$
>
> ④ $\dfrac{4}{35}$　　　⑤ $\dfrac{1}{7}$

1st 원 모양으로 나무를 심는 경우의 수는 원순열을 이용하여 구하자.

향나무 4그루와 단풍나무 4그루를 원 모양의 연못 둘레에 심는
모든 경우의 수는 $(8-1)!=7!$

> 서로 다른 n개를 원형으로 나열하는 원순열의 수는 $\dfrac{n!}{n}=(n-1)!$

2nd 먼저 향나무를 원순열로 배열한 후 단풍나무를 배열해야 해.

향나무 4그루를 원순열로 배열하는 경우의 수는
$(4-1)!=3!$(가지)이고, 향나무 사이의 4곳에 단풍나무를 심는
경우의 수는 $4!$(가지)이다. 이때, 단풍나무끼리는 이웃하지 않게

> 4그루의 단풍나무를 심는 경우의 수는 서
> 로 다른 4개를 일렬로 나열하는 순열의 수
> 와 같아.

되므로 경우의 수는 $3! \times 4!$이다.

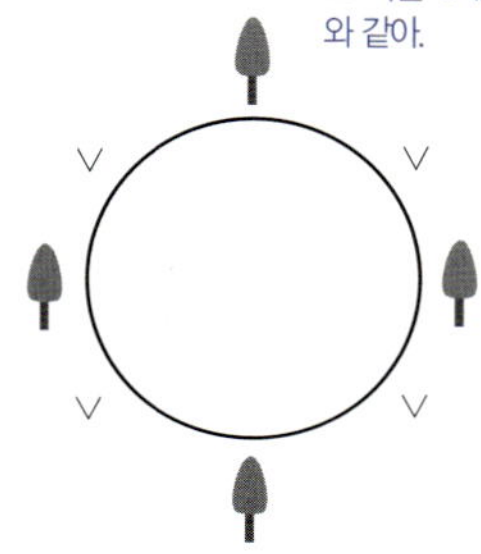

$\therefore$ (구하는 확률)$=\dfrac{3! \times 4!}{7!}=\dfrac{1}{35}$

06 답 ④

6개의 숫자 1, 1, 2, 2, 2, 3을 일렬로 나열하는 경우의 수
는 $\dfrac{6!}{2!3!}=60$(가지)

2, 2, 2를 A로 생각하여 1, 1, A, 3을 일렬로 나열하는 경
우의 수는 $\dfrac{4!}{2!}=12$(가지)

$\therefore$ (구하는 확률)$=\dfrac{12}{60}=\dfrac{1}{5}$

07 답 ①

주어진 10개의 문자를 나열하는 방법의 수는

$\dfrac{10!}{4!6!}=210$(가지)

A끼리는 어느 두 개도 서로 이웃하지 않도록 나열하는 방법의
수는 B를 먼저 나열하고, 그 사이의 7개 자리 ∨ 중에서 A가 들
어갈 자리 4개를 선택하는 조합의 수와 같으므로

$_7C_4=_7C_3=35$(가지)

$$\lor B \lor B \lor B \lor B \lor B \lor B \lor$$

$\therefore$ (구하는 확률)$=\dfrac{35}{210}=\dfrac{1}{6}$

08 답 ⑤

> 1부터 9까지의 자연수가 하나씩 적혀 있는 9개의 공이 들어
> 있는 주머니가 있다. 이 주머니에서 임의로 3개의 공을 동시
> 에 꺼낼 때, 꺼낸 공에 적혀 있는 세 수의 합이 짝수일 확률
> 은?
>> 세 수의 합이 짝수가 되는 경우는 세 수 중에서 홀수가 2개,
>> 짝수가 1개인 경우이거나 세 수가 모두 짝수인 경우야.
>
> ① $\dfrac{5}{14}$　　　② $\dfrac{8}{21}$　　　③ $\dfrac{3}{7}$
>
> ④ $\dfrac{10}{21}$　　　⑤ $\dfrac{11}{21}$

1st 순서를 고려하지 않아도 되므로 전체 경우의 수는 조합을 이용하여 구
해야 해.

서로 다른 9개의 공에서 3개의 공을 꺼내는 경우의 수는

$_9C_3=84$(가지)

2nd 세 수의 합이 짝수가 되는 경우를 생각해보자.

3개의 공에 적혀 있는 세 수의 합이 짝수가 되는 경우는 다음과
같다.

(ⅰ) 홀수 1, 3, 5, 7, 9가 적힌 공에서 2개, 짝수 2, 4, 6, 8이 적
힌 공에서 1개를 꺼내면 되므로

$_5C_2 \times _4C_1=10 \times 4=40$(가지)

> 곱사건의 경우의 수를 구한 거야.

(ⅱ) 짝수가 적힌 공에서 3개를 모두 꺼내면 되므로

$_4C_3=4$(가지)

(ⅰ)과 (ⅱ)의 사건은 서로 배반사건이므로 $40+4=44$(가지)

$\therefore$ (구하는 확률)$=\dfrac{40}{84}+\dfrac{4}{84}$

$$=\dfrac{44}{84}=\dfrac{11}{21}$$

09 답 ②

3부터 8까지의 자연수가 각각 하나씩 적혀 있는 6장의 카드에서
임의로 3장의 카드를 뽑는 경우의 수는

$_6C_3=20$(가지)

여기에서 가장 큰 수가 홀수될 수 있는 수는 5, 7이다.

(ⅰ) 가장 큰 수가 5인 사건을 A라 하면

3, 4의 수가 적힌 2장의 카드에서 2장을 꺼내는 방법의
수는 $_2C_2=1$이므로

$$P(A)=\dfrac{1}{20}$$

(ⅱ) 가장 큰 수가 7인 사건을 B라 하면

3, 4, 5, 6의 수가 적힌 4장의 카드에서 2장을 꺼내는
방법의 수는 $_4C_2=6$이므로

$$P(B)=\dfrac{6}{20}$$

(ⅰ), (ⅱ)에서 두 사건 A, B는 서로 배반사건이므로
$$P(A \cup B)=P(A)+P(B)$$

$$=\dfrac{1}{20}+\dfrac{6}{20}=\dfrac{7}{20}$$

10 답 ①

두 사건 A, B에 대하여

$$P(A)=\frac{3}{2}P(A\cap B),\ P(B)=\frac{5}{2}P(A\cap B)\ \cdots\ \text{㉠}$$

$P(A\cup B)=P(A)+P(B)-P(A\cap B)$에서

$$P(A\cup B)=\frac{3}{2}P(A\cap B)+\frac{5}{2}P(A\cap B)-P(A\cap B)\ (\because\ \text{㉠})$$
$$=3P(A\cap B)$$

$$\therefore\ \frac{P(A\cup B)}{P(A\cap B)}=\frac{3P(A\cap B)}{P(A\cap B)}=3$$

11 답 ①

사건 A가 일어날 확률은 $\frac{3}{4}$이고 사건 B가 일어날 확률은

$\frac{2}{3}$이므로

$$P(A)=\frac{3}{4},\ P(B)=\frac{2}{3}\ \cdots\ \text{㉠}$$

$$\therefore\ P(A\cup B)=P(A)+P(B)-P(A\cap B)$$
$$=\frac{3}{4}+\frac{2}{3}-P(A\cap B)\ (\because\ \text{㉠})$$
$$=\frac{17}{12}-P(A\cap B)$$

$P(A\cup B)\leq 1$이므로

$$P(A\cap B)\geq\frac{17}{12}-1=\frac{5}{12}\ \cdots\ \text{㉡}$$

$$P(A\cap B)\leq P(B)=\frac{2}{3}\ \cdots\ \text{㉢}$$

㉡, ㉢에 의해

$$\frac{5}{12}\leq P(A\cap B)\leq\frac{2}{3}$$

즉, $M=\frac{2}{3}$, $m=\frac{5}{12}$이므로

$$M-m=\frac{2}{3}-\frac{5}{12}=\frac{3}{12}=\frac{1}{4}$$

12 답 ③

1st 두 눈의 수의 합이 4 이하일 확률을 구해보자.

두 눈의 수의 합이 4 이하일 사건을 A, 두 눈의 수의 곱이 홀수일 사건을 B라 하자.

서로 다른 두 개의 주사위를 동시에 던질 때 나오는 두 눈의 수를 각각 a, b라 하고, 그 순서쌍을 (a,b)라 하면

$$A=\{(1,1),(1,2),(1,3),(2,1),(2,2),(3,1)\}$$

$$\therefore\ P(A)=\frac{6}{36}=\frac{1}{6}$$

2nd 두 눈의 수의 곱이 홀수일 확률을 구해 보자.

$$B=\{(1,1),(1,3),(1,5),(3,1),(3,3),(3,5),(5,1),$$
$$(5,3),(5,5)\}$$

$$\therefore\ P(B)=\frac{9}{36}=\frac{1}{4}$$

3rd 확률의 덧셈정리를 이용해.

$A\cap B=\{(1,1),(1,3),(3,1)\}$이므로
두 눈의 합이 4 이하이고, 두 눈의 수의 곱이 홀수인 사건이야.

$$P(A\cap B)=\frac{3}{36}=\frac{1}{12}$$

$$\therefore\ P(A\cup B)=P(A)+P(B)-P(A\cap B)$$
확률의 덧셈정리를 이용한 거야.
$$=\frac{1}{6}+\frac{1}{4}-\frac{1}{12}=\frac{12}{36}=\frac{1}{3}$$

13 답 ⑤

임의로 2개의 공을 동시에 꺼낼 때, '흰 공을 적어도 1개 이상 꺼낼 사건'의 여사건은 '모두 검은 공을 꺼낼 사건'이다.

주머니에서 임의로 2개의 공을 동시에 꺼내는 경우의 수는

$$_7C_2=21\text{(가지)}$$

주머니에서 2개의 검은 공을 동시에 꺼내는 경우의 수는

$$_4C_2=6\text{(가지)}$$

흰 공을 적어도 1개 이상 꺼내는 사건을 A라 하면 모두 검은 공을 꺼내는 사건은 A^c이다.

$$\therefore\ P(A)=1-P(A^c)=1-\frac{6}{21}=1-\frac{2}{7}=\frac{5}{7}$$

14 답 ⑤

8명 중 5명을 뽑는 경우의 수는 $_8C_5=_8C_3=56\text{(가지)}$

'A 또는 B가 뽑힐 사건'의 여사건은 'A, B가 모두 뽑히지 않을 사건'이고, 이 경우의 수는 $_6C_5=6\text{(가지)}$이므로 A, B가 모두 뽑히지 않을 확률은 $\frac{6}{56}=\frac{3}{28}$

따라서 A 또는 B가 뽑힐 확률은

$$1-\frac{3}{28}=\frac{25}{28}$$

15 답 ④

1st 집합 A의 부분집합 중에서 2개를 선택하는 경우의 수를 구해보자.

집합 $A=\{1,2,3,4\}$의 부분집합의 개수는 $2^4=16\text{(개)}$이다. 이 중에서 2개를 선택하는 경우의 수는
원소의 개수가 n개인 집합의 부분집합의 개수는 2^n이야.

$$_{16}C_2=\frac{16\times 15}{2\times 1}=120\text{(개)}$$

[2nd] 여사건의 확률을 이용하자.

'적어도 한 개의 부분집합에서 1을 포함하는 사건'의 여사건은 '두 개의 부분집합에서 모두 1을 포함하지 않는 사건'이다. 1을 포함하지 않는 부분집합의 개수는 $2^{4-1}=8$(개)이다. 이 중에서 2개를 선택하는 경우의 수는

$$_8C_2 = \frac{8 \times 7}{2 \times 1} = 28(\text{개})$$

즉, 구하는 사건의 여사건의 확률은 $\dfrac{28}{120} = \dfrac{7}{30}$

$$\therefore (\text{구하는 확률}) = 1 - \frac{7}{30} = \frac{23}{30}$$

16 [답] 14

$|a-b|>1$의 여사건은 $|a-b| \leq 1$이므로

$|a-b|=0$, $|a-b|=1$ $\qquad\qquad$ ⋯ Ⅰ

(i) $|a-b|=0$, 즉 $a=b$인 경우

순서쌍 (a, b)는

$(1, 1)$, $(2, 2)$, $(3, 3)$, $(4, 4)$, $(5, 5)$, $(6, 6)$

의 6가지

(ii) $|a-b|=1$인 경우

순서쌍 (a, b)는

$(1, 2)$, $(2, 1)$, $(2, 3)$, $(3, 2)$, $(3, 4)$, $(4, 3)$,

$(4, 5)$, $(5, 4)$, $(5, 6)$, $(6, 5)$의 10가지

(i), (ii)에서 $|a-b| \leq 1$의 경우의 수는 $6+10=16$(가지)이므로

$|a-b| \leq 1$인 확률은

$$\frac{16}{36} = \frac{4}{9} \qquad\qquad ⋯ Ⅱ$$

따라서 $|a-b|>1$일 확률은

$$1 - \frac{4}{9} = \frac{5}{9}$$

$$\therefore p=9,\ q=5 \Rightarrow p+q=14 \qquad\qquad ⋯ Ⅲ$$

[채점기준표]

Ⅰ	$|a-b|>1$의 여사건을 구한다.	20%
Ⅱ	$|a-b| \leq 1$인 확률을 구한다.	50%
Ⅲ	여사건의 확률을 이용하여 $|a-b|>1$의 확률을 구한다.	30%

[개념 CHECK + 연산 연습] pp. 56~57

01 [답] 조건부확률, $P(B|A)$

02 [답] $P(A \cap B)$

03 [답] 곱셈정리

04 [답] $P(B|A)$, $P(A|B)$

05 [답] ○

$$P(B|A) = \frac{P(A \cap B)}{P(A)}$$

$$= \frac{\dfrac{n(A \cap B)}{n(S)}}{\dfrac{n(A)}{n(S)}} = \frac{n(A \cap B)}{n(A)}$$

06 [답] ○

두 사건 A, B가 배반사건이면 $A \cap B = \varnothing$이므로

$P(A \cap B) = 0$

$$P(A|B) = \frac{P(A \cap B)}{P(B)} = 0,$$

$$P(B|A) = \frac{P(A \cap B)}{P(A)} = 0$$

$$\therefore P(A|B) = P(B|A) = 0$$

07 [답] ×

$P(A|B) = P(B|A)$이려면

$P(A \cap B) = 0$ 또는 $P(A) = P(B)$

08 [답] ×

두 사건 A, B에 대하여 $A \cap B$와 $A \cap B^C$는 배반사건이고, $A = (A \cap B) \cup (A \cap B^C)$이므로

$$P(A) = P((A \cap B) \cup (A \cap B^C))$$

$$= P(A \cap B) + P(A \cap B^C)$$

09 [답] $\dfrac{1}{2}$

$$P(A|B) = \frac{P(A \cap B)}{P(B)} = \frac{\dfrac{1}{3}}{\dfrac{2}{3}} = \frac{1}{2}$$

10 [답] $\dfrac{2}{3}$

$$P(B|A) = \frac{P(A \cap B)}{P(A)} = \frac{\dfrac{1}{3}}{\dfrac{1}{2}} = \frac{2}{3}$$

11 답 $\dfrac{3}{4}$

$$P(A|B)=\frac{P(A\cap B)}{P(B)}=\frac{\frac{1}{4}}{\frac{1}{3}}=\frac{3}{4}$$

12 답 $\dfrac{5}{8}$

$$P(B|A)=\frac{P(A\cap B)}{P(A)}=\frac{\frac{1}{4}}{\frac{2}{5}}=\frac{5}{8}$$

13 답 (가) : $\dfrac{1}{2}$, (나) : $\dfrac{1}{6}$, (다) : $\dfrac{1}{3}$

$A=\{2,\ 4,\ 6\}$, $B=\{3,\ 6\}$, $A\cap B=\{6\}$이므로

$$P(A)=\boxed{\frac{1}{2}},\ P(A\cap B)=\boxed{\frac{1}{6}}$$

$$\therefore\ P(B|A)=\frac{P(A\cap B)}{P(A)}=\frac{\frac{1}{6}}{\frac{1}{2}}=\boxed{\frac{1}{3}}$$

14 답 $\dfrac{1}{9}$

$$P(A\cap B)=P(A)P(B|A)=\frac{2}{3}\times\frac{1}{6}=\frac{1}{9}$$

15 답 $\dfrac{4}{9}$

$$P(A|B)=\frac{P(A\cap B)}{P(B)}=\frac{\frac{1}{9}}{\frac{1}{4}}=\frac{4}{9}$$

16 답 $\dfrac{3}{8}$

$$\frac{P(B|A)}{P(A|B)}=\frac{\dfrac{P(A\cap B)}{P(A)}}{\dfrac{P(A\cap B)}{P(B)}}=\frac{P(B)}{P(A)}=\frac{\frac{1}{4}}{\frac{2}{3}}=\frac{3}{8}$$

17 답 (가) : $\dfrac{3}{7}$, (나) : $\dfrac{1}{3}$, (다) : $\dfrac{1}{7}$

$P(A)$는 갑이 검은 공 3개, 흰 공 4개 중에서 검은 공 한 개를 꺼낼 확률이므로

$$P(A)=\boxed{\frac{3}{7}}$$

$P(B|A)$는 갑이 검은 공을 꺼낸 상황에서 을이 검은 공을 꺼낼 확률, 즉 검은 공 2개, 흰 공 4개 중에서 을이 검은 공을 꺼낼 확률이므로

$$P(B|A)=\frac{2}{6}=\boxed{\frac{1}{3}}$$

$$\therefore\ P(A\cap B)=P(A)P(B|A)=\frac{3}{7}\times\frac{1}{3}=\boxed{\frac{1}{7}}$$

18 답 ⑤

$$P(A|B)=\frac{P(A\cap B)}{P(B)}\text{이므로 } P(B)=\frac{P(A\cap B)}{P(A|B)}=\frac{\frac{1}{4}}{\frac{1}{3}}=\frac{3}{4}$$

19 답 ②

$$P(B)=1-P(B^C)=1-\frac{1}{3}=\frac{2}{3}\text{이므로}$$

$$P(A|B)=\frac{P(A\cap B)}{P(B)}=\frac{\frac{3}{8}}{\frac{2}{3}}=\frac{9}{16}$$

20 답 ③

$$P(A\cup B)=P(A)+P(B)-P(A\cap B)\text{에서}$$

$$P(A\cap B)=P(A)+P(B)-P(A\cup B)=\frac{3}{8}+\frac{1}{4}-\frac{1}{2}=\frac{1}{8}$$

$$\therefore\ P(B|A)=\frac{P(A\cap B)}{P(A)}=\frac{\frac{1}{8}}{\frac{3}{8}}=\frac{1}{3}$$

21 답 ②

한 학생을 택할 때, 그 학생이 영화 A를 본 사건을 A, 여학생일 사건을 W라 하면 구하는 확률은 $P(W|A)$이다.

$n(A)=10+6=16$, $n(A\cap W)=6$이므로

$$P(W|A)=\frac{n(A\cap W)}{n(A)}=\frac{6}{16}=\frac{3}{8}$$

22 답 ⑤

불량품이 나오는 사건을 X, B기계에서 만든 제품일 사건을 Y라 하면 구하는 확률은 $P(Y|X)$이다.

$n(X)=16$, $n(X\cap Y)=12$이므로

$$P(Y|X)=\frac{n(X\cap Y)}{n(X)}=\frac{12}{16}=\frac{3}{4}$$

23 답 ①

이 학급의 학생 중에서 임의로 선택한 1명이 교내 주말 스포츠클럽에 참여한 학생인 사건을 A, 여학생인 사건을 W라 하면 구하는 확률은 $P(W|A)$이다.

$n(A)=20$, $n(A\cap W)=6$이므로

$$P(W|A)=\frac{n(A\cap W)}{n(A)}=\frac{6}{20}=\frac{3}{10}$$

24 답 ③

임의로 선택한 한 명이 A 헬스클럽에 등록한 사람일 사건을 A, 남자인 사건을 M이라 하면

$$a=P(M|A)=\frac{n(M\cap A)}{n(A)}=\frac{12}{20}=\frac{3}{5}$$

임의로 선택한 한 명이 B 헬스클럽에 등록한 사람일 사건을 B, 여자인 사건을 W라 하면

$$b=P(W|B)=\frac{n(W\cap B)}{n(B)}=\frac{12}{30}=\frac{2}{5}\qquad \therefore\ a+b=\frac{3}{5}+\frac{2}{5}=1$$

25 답 ④

안경을 낀 학생을 선택할 사건을 A, 여학생을 선택할 사건을 W 라 하면 구하는 확률은 $\mathrm{P}(W|A)$이다.

$n(A)=10+5=15$, $n(A\cap W)=5$이므로

$$\mathrm{P}(W|A)=\frac{n(A\cap W)}{n(A)}=\frac{5}{15}=\frac{1}{3}$$

26 답 ③

1단계 시험에 합격하는 사건을 A, 2단계 전형에 합격하는 사건을 B라 하면

$$\mathrm{P}(A)=\frac{1}{5},\ \mathrm{P}(A\cap B)=\frac{1}{20}$$

$\mathrm{P}(A\cap B)=\mathrm{P}(A)\mathrm{P}(B|A)$에서

$$\frac{1}{20}=\frac{1}{5}\times\mathrm{P}(B|A)$$

$$\therefore\ \mathrm{P}(B|A)=\frac{5}{20}=\frac{1}{4}$$

27 답 ②

전체 방청객 중에서 남자에게 의견을 묻는 사건을 A, 일반인일 사건을 B라 하면 구하는 확률은 $\mathrm{P}(B|A)$이다.

$n(A)=14+18=32$, $n(A\cap B)=18$이므로

$$\mathrm{P}(B|A)=\frac{n(A\cap B)}{n(A)}=\frac{18}{32}=\frac{9}{16}$$

28 답 ③

$a>b$일 사건을 A, $a+b$가 짝수일 사건을 B라 하면 구하는 확률은 $\mathrm{P}(B|A)$이다.

$a>b$인 경우는 서로 다른 5개 숫자 카드 중 2개를 뽑아 큰 것을 a, 작은 것을 b로 놓으면 되므로

$$n(A)={}_5\mathrm{C}_2=10$$

사건 $A\cap B$는 $a>b$이고 $a+b$가 짝수인 경우이다. 즉,

$A\cap B=\{(3,\ 1),\ (4,\ 2),\ (5,\ 1),\ (5,\ 3)\}$이므로

$$n(A\cap B)=4$$

$$\therefore\ \mathrm{P}(B|A)=\frac{n(A\cap B)}{n(A)}=\frac{4}{10}=\frac{2}{5}$$

29 답 ②

A가 대표로 뽑힐 사건을 A, B가 대표로 뽑힐 사건을 B라 하면 구하는 확률은 $\mathrm{P}(A|B)$이다.

사건 B가 일어난 경우의 수는 B를 제외한 6명 중 2명의 대표를 뽑는 경우이므로 $n(B)={}_6\mathrm{C}_2=15$

사건 $A\cap B$가 일어난 경우의 수는 A, B를 제외한 5명 중 1명의 대표를 뽑는 경우이므로

$$n(A\cap B)={}_5\mathrm{C}_1=5$$

$$\therefore\ \mathrm{P}(A|B)=\frac{n(A\cap B)}{n(B)}=\frac{5}{15}=\frac{1}{3}$$

30 답 ④

인터넷 강의를 수강하는 학생인 사건을 A, 여학생일 사건을 W 라 하면 구하는 확률은 $\mathrm{P}(W|A)$이다.

$$\mathrm{P}(A)=\frac{3}{5},\ \mathrm{P}(A\cap W)=\frac{3}{8}$$

$$\mathrm{P}(W|A)=\frac{\mathrm{P}(A\cap W)}{\mathrm{P}(A)}=\frac{\frac{3}{8}}{\frac{3}{5}}=\frac{5}{8}$$

31 답 ③

비행기의 승객 중 임의로 선택한 한 명의 승객이 어른인 사건을 A, 여자일 사건을 B라 하면 구하는 확률은 $\mathrm{P}(B|A)$이다.

승객 전체의 40 %가 남자이므로 승객 전체의 60 %$\left(\dfrac{3}{5}\right)$가 여자 이다. 또, 여자 중에서 30 %가 어린이이므로 여자 중에서 70 %$\left(\dfrac{7}{10}\right)$가 어른이다.

$$\mathrm{P}(A)=\frac{4}{5},\ \mathrm{P}(A\cap B)=\frac{3}{5}\times\frac{7}{10}=\frac{21}{50}$$

$$\therefore\ \mathrm{P}(B|A)=\frac{\mathrm{P}(A\cap B)}{\mathrm{P}(A)}=\frac{\frac{21}{50}}{\frac{4}{5}}=\frac{21}{40}$$

다른 풀이

표를 만들어서 $\mathrm{P}(B|A)$로 구해보자.

전체 승객수를 100명으로 놓자.

	어른	어린이	계
남	38	2	40
여	42	18	60
계	80	20	100

$$\therefore\ n(A)=80,\ n(A\cap B)=42$$

$$\therefore\ \mathrm{P}(B|A)=\frac{n(A\cap B)}{n(A)}=\frac{42}{80}=\frac{21}{40}$$

32 답 ③

$\mathrm{P}(A)=1-\mathrm{P}(A^C)=1-\dfrac{1}{4}=\dfrac{3}{4}$이므로

$$\mathrm{P}(A\cap B)=\mathrm{P}(A)\mathrm{P}(B|A)$$

$$=\frac{3}{4}\times\frac{2}{3}=\frac{1}{2}$$

33 답 ③

$\mathrm{P}(A\cap B)=\mathrm{P}(A)\mathrm{P}(B|A)=\dfrac{5}{7}\times\dfrac{2}{5}=\dfrac{2}{7}$이므로

$$\mathrm{P}(A\cap B^C)=\mathrm{P}(A)-\mathrm{P}(A\cap B)=\frac{5}{7}-\frac{2}{7}=\frac{3}{7}$$

34 답 ②

$\mathrm{P}(A\cap B)=\mathrm{P}(B)\mathrm{P}(A|B)=\dfrac{3}{10}\times\dfrac{1}{3}=\dfrac{1}{10}$이므로

$$\mathrm{P}(B|A)=\frac{\mathrm{P}(A\cap B)}{\mathrm{P}(A)}=\frac{\frac{1}{10}}{\frac{1}{4}}=\frac{2}{5}$$

35 답 ④

$$P(A \cap B) = P(B)P(A|B) = \frac{1}{5} \times \frac{3}{5} = \frac{3}{25}$$

$$P(A \cap B) = P(A)P(B|A) \text{에서}$$

$$\frac{3}{25} = P(A) \times \frac{2}{5}$$

$$\therefore P(A) = \frac{3}{10}$$

36 답 ②

주머니 속에서 지원이가 흰 공을 꺼낼 사건을 A, 주희가 흰 공을 꺼낼 사건을 B라 하면

$$P(A) = \frac{3}{7}, \ P(B|A) = \frac{2}{6} = \frac{1}{3}$$

$$\therefore P(A \cap B) = P(A)P(B|A) = \frac{3}{7} \times \frac{1}{3} = \frac{1}{7}$$

37 답 ②

첫 번째 꺼낸 사탕이 딸기 맛 사탕일 사건을 A, 두 번째 꺼낸 사탕이 딸기 맛 사탕일 사건을 B라 하면

$$P(A) = \frac{3}{9} = \frac{1}{3}, \ P(B|A) = \frac{2}{8} = \frac{1}{4}$$

$$\therefore P(A \cap B) = P(A)P(B|A) = \frac{1}{3} \times \frac{1}{4} = \frac{1}{12}$$

38 답 ④

재경이가 당첨제비를 뽑을 사건을 A, 영석이가 당첨제비를 뽑을 사건을 B라고 하면

$$P(A) = \frac{3}{10}, \ P(B^C|A) = \frac{7}{9}$$

$$\therefore P(A \cap B^C) = P(A)P(B^C|A) = \frac{3}{10} \times \frac{7}{9} = \frac{7}{30}$$

39 답 ④

여학생을 선택할 사건을 A, 남학생을 선택할 사건을 B라고 하면

$$P(A) = \frac{4}{10} = \frac{2}{5}, \ P(B|A) = \frac{6}{9} = \frac{2}{3}$$

$$\therefore P(A \cap B) = P(A)P(B|A) = \frac{2}{5} \times \frac{2}{3} = \frac{4}{15}$$

40 답 ③

A 주머니를 선택하는 사건을 A, B 주머니를 선택하는 사건을 B라 하고, 꺼낸 바둑돌이 모두 검은 색일 사건을 E라고 하면 두 개의 주머니 중 하나를 택할 확률은 각각 $\frac{1}{2}$이므로

$$P(A \cap E) = \frac{1}{2} \times \frac{{}_3C_2}{{}_4C_2} = \frac{1}{2} \times \frac{3}{6} = \frac{1}{4},$$

$$P(B \cap E) = \frac{1}{2} \times \frac{{}_2C_2}{{}_4C_2} = \frac{1}{2} \times \frac{1}{6} = \frac{1}{12}$$

$$\therefore P(B|E) = \frac{P(B \cap E)}{P(E)} = \frac{P(B \cap E)}{P(A \cap E) + P(B \cap E)}$$

$$= \frac{\frac{1}{12}}{\frac{1}{4} + \frac{1}{12}} = \frac{1}{4}$$

41 답 ⑤

A 상자를 택하는 사건을 A, B 상자를 택하는 사건을 B라 하고, 흰 공 1개, 검은 공 1개가 나올 사건을 E라 하면 두 개의 주머니 중 하나를 선택할 확률은 각각 $\frac{1}{2}$이므로

$$P(A \cap E) = \frac{1}{2} \times \frac{{}_2C_1 \times {}_4C_1}{{}_6C_2} = \frac{1}{2} \times \frac{8}{15} = \frac{4}{15},$$

$$P(B \cap E) = \frac{1}{2} \times \frac{{}_3C_1 \times {}_2C_1}{{}_5C_2} = \frac{1}{2} \times \frac{6}{10} = \frac{3}{10}$$

$$\therefore P(A|E) = \frac{P(A \cap E)}{P(E)} = \frac{P(A \cap E)}{P(A \cap E) + P(B \cap E)}$$

$$= \frac{\frac{4}{15}}{\frac{4}{15} + \frac{3}{10}} = \frac{8}{17}$$

42 답 ④

A 생산라인에서 생산된 전구일 사건을 A, B 생산라인에서 생산된 전구일 사건을 B라 하고, 불량품일 사건을 E라고 하면

$$P(A \cap E) = \frac{7}{10} \times \frac{4}{100} = \frac{28}{1000} = \frac{7}{250}$$

$$P(B \cap E) = \frac{3}{10} \times \frac{2}{100} = \frac{6}{1000} = \frac{3}{500}$$

두 사건 $A \cap E$, $B \cap E$는 서로 배반사건이므로

$$P(A|E) = \frac{P(A \cap E)}{P(E)}$$

$$= \frac{P(A \cap E)}{P(A \cap E) + P(B \cap E)}$$

$$= \frac{\frac{7}{250}}{\frac{7}{250} + \frac{3}{500}} = \frac{\frac{14}{500}}{\frac{17}{500}} = \frac{14}{17}$$

심플 정리

[조건부확률]

(1) **조건부확률** : 사건 A가 일어났다고 가정할 때, 사건 B가 일어날 확률을 사건 A가 일어났을 때의 사건 B의 **조건부확률**이라 하고, 기호 $P(B|A)$로 나타낸다. (단, $P(A) \neq 0$)

(2) 사건 A가 일어났을 때, 사건 B의 조건부확률은

$$P(B|A) = \frac{P(A \cap B)}{P(A)} \ (\text{단, } P(A) > 0)$$

독립시행의 확률

01 답 독립, $P(B)$

02 답 독립사건

03 답 종속, 종속사건

04 답 독립시행

05 답 ○

06 답 ○

07 답 ×

08 답 ×

동전이나 주사위를 던지는 시행은 독립시행의 대표적인 예이다.

09 답 $\dfrac{1}{2}$

$A=\{1,\ 3,\ 5\}$이므로 $P(A)=\dfrac{1}{2}$

10 답 $\dfrac{1}{3}$

$B=\{1,\ 2\}$이므로 $P(B)=\dfrac{1}{3}$

11 답 $\dfrac{1}{6}$

$A\cap B=\{1\}$이므로 $P(A\cap B)=\dfrac{1}{6}$

12 답 독립

$P(A)P(B)=P(A\cap B)=\dfrac{1}{6}$이므로 두 사건 A와 B는 서로 독립이다.

13 답 독립

$P(A)=\dfrac{1}{2}$, $P(B)=\dfrac{1}{2}$

$A\cap B=\{1\}$에서 $P(A\cap B)=\dfrac{1}{4}$이므로

$P(A\cap B)=P(A)P(B)=\dfrac{1}{4}$ ∴ 독립

14 답 독립

$P(A)=\dfrac{1}{2}$, $P(B^C)=1-P(B)=1-\dfrac{1}{2}=\dfrac{1}{2}$

$A\cap B^C=\{1\}$에서 $P(A\cap B^C)=\dfrac{1}{4}$이므로

$P(A\cap B^C)=P(A)P(B^C)=\dfrac{1}{4}$ ∴ 독립

15 답 독립

$P(A^C)=1-P(A)=1-\dfrac{1}{2}=\dfrac{1}{2}$, $P(B)=\dfrac{1}{2}$

$A^C\cap B=\{4\}$에서 $P(A^C\cap B)=\dfrac{1}{4}$이므로

$P(A^C\cap B)=P(A^C)P(B)=\dfrac{1}{4}$ ∴ 독립

16 답 독립

$P(A^C)=\dfrac{1}{2}$, $P(B^C)=\dfrac{1}{2}$

$A^C\cap B^C=(A\cup B)^C=\{3\}$에서 $P(A^C\cap B^C)=\dfrac{1}{4}$이므로

$P(A^C\cap B^C)=P(A^C)P(B^C)=\dfrac{1}{4}$ ∴ 독립

17 답 $\dfrac{1}{3}$

$P(A\cap B)=P(A)P(B)=\dfrac{2}{3}\times\dfrac{1}{2}=\dfrac{1}{3}$

18 답 $\dfrac{5}{6}$

$P(A\cup B)=P(A)+P(B)-P(A\cap B)$
$=\dfrac{2}{3}+\dfrac{1}{2}-\dfrac{2}{3}\times\dfrac{1}{2}=\dfrac{4+3-2}{6}=\dfrac{5}{6}$

19 답 $\dfrac{1}{2}$

두 사건 A, B가 서로 독립이므로

$P(B\,|\,A)=P(B\,|\,A^C)=P(B)=\dfrac{1}{2}$

다른 풀이

$P(B\,|\,A)=\dfrac{P(A\cap B)}{P(A)}=\dfrac{\dfrac{1}{3}}{\dfrac{2}{3}}=\dfrac{1}{2}$

20 답 $\dfrac{1}{3}$

$A=\{1,\ 5\}$이므로 $P(A)=\dfrac{1}{3}$

21 답 $\dfrac{2}{9}$

${}_3C_2\left(\dfrac{1}{3}\right)^2\left(\dfrac{2}{3}\right)=3\times\dfrac{2}{3^3}=\dfrac{2}{9}$

22 답 $\dfrac{27}{4}$

2개의 동전이 모두 앞면이 나올 확률은 $\dfrac{1}{4}$이므로 두 개의 동전을 던지는 시행을 10번 반복했을 때, 두 개 모두 앞면이 나오는 경우가 3번일 확률은

${}_{10}C_{\boxed{3}}\left(\dfrac{1}{4}\right)^{\boxed{3}}\cdot\left(\boxed{\dfrac{3}{4}}\right)^7$

∴ (구하는 값) $=3+3+\dfrac{3}{4}=\dfrac{27}{4}$

23 답 ⑤

$A=\{2,\ 4,\ 6,\ 8,\ 10\}$, $B=\{5,\ 10\}$이므로

$A\cap B=\{10\}$

ㄱ. $\mathrm{P}(A)=\dfrac{5}{10}=\dfrac{1}{2}$ (참)

ㄴ. $\mathrm{P}(A\cap B)=\dfrac{1}{10}$ (참)

ㄷ. $\mathrm{P}(A)\mathrm{P}(B)=\dfrac{1}{2}\times\dfrac{1}{5}=\dfrac{1}{10}=\mathrm{P}(A\cap B)$이므로

　　A, B는 서로 독립이다. (참)

따라서 옳은 것은 ㄱ, ㄴ, ㄷ이다.

24 답 ③

$A=\{3,\ 6\}$, $B=\{1,\ 2,\ 3,\ 6\}$, $C=\{2,\ 3,\ 5\}$이므로

$A\cap B=\{3,\ 6\}$, $B\cap C=\{2,\ 3\}$

(가) $\mathrm{P}(A)=\dfrac{2}{6}=\dfrac{1}{3}$, $\mathrm{P}(B)=\dfrac{4}{6}=\dfrac{2}{3}$,

　　$\mathrm{P}(A\cap B)=\dfrac{2}{6}=\dfrac{1}{3}$이므로

　　$\mathrm{P}(A)\mathrm{P}(B)=\dfrac{1}{3}\times\dfrac{2}{3}=\dfrac{2}{9}\neq\mathrm{P}(A\cap B)$

　　즉, A와 B는 서로 $\boxed{\text{종속}}$이다.

(나) $\mathrm{P}(B)=\dfrac{2}{3}$, $\mathrm{P}(C)=\dfrac{3}{6}=\dfrac{1}{2}$,

　　$\mathrm{P}(B\cap C)=\dfrac{2}{6}=\dfrac{1}{3}$이므로

　　$\mathrm{P}(B)\mathrm{P}(C)=\dfrac{2}{3}\times\dfrac{1}{2}=\dfrac{1}{3}=\mathrm{P}(B\cap C)$

　　즉, B와 C는 서로 $\boxed{\text{독립}}$이다.

따라서 (가), (나)에 알맞은 말은 각각 종속, 독립이다.

25 답 ①

ㄱ. $\mathrm{P}(A\cap B)=\mathrm{P}(A)+\mathrm{P}(B)-\mathrm{P}(A\cup B)=\dfrac{2}{3}+\dfrac{1}{2}-\dfrac{5}{6}=\dfrac{1}{3}$

　　$\mathrm{P}(A)\mathrm{P}(B)=\dfrac{2}{3}\times\dfrac{1}{2}=\dfrac{1}{3}$

　　즉, $\mathrm{P}(A\cap B)=\mathrm{P}(A)\mathrm{P}(B)$이므로 두 사건 A, B는 서로
　　독립이다.

ㄴ. $\mathrm{P}(A\cap C)=\mathrm{P}(A)+\mathrm{P}(C)-\mathrm{P}(A\cup C)=\dfrac{2}{3}+\dfrac{2}{5}-1=\dfrac{1}{15}$

　　$\mathrm{P}(A)\mathrm{P}(C)=\dfrac{2}{3}\times\dfrac{2}{5}=\dfrac{4}{15}$

　　즉, $\mathrm{P}(A\cap C)\neq\mathrm{P}(A)\mathrm{P}(C)$이므로 두 사건 A, C는 서로
　　종속이다.

ㄷ. $\mathrm{P}(B\cap C)=\mathrm{P}(B)+\mathrm{P}(C)-\mathrm{P}(B\cup C)=\dfrac{1}{2}+\dfrac{2}{5}-\dfrac{9}{10}=0$

　　즉, $\mathrm{P}(B\cap C)\neq\mathrm{P}(B)\mathrm{P}(C)$이므로 두 사건 B, C는 서로
　　종속이다.

따라서 서로 독립인 사건은 ㄱ이다.

26 답 ②

두 사건 A, B가 서로 독립이므로

$\mathrm{P}(A\cap B)=\mathrm{P}(A)\mathrm{P}(B)$이다.

$\begin{aligned}
\mathrm{P}(A^{c}\cap B^{c})&=\mathrm{P}((A\cup B)^{c})\\
&=1-\mathrm{P}(A\cup B)\\
&=1-\{\mathrm{P}(A)+\mathrm{P}(B)-\boxed{\mathrm{P}(A\cap B)}\}\\
&=1-\{\mathrm{P}(A)+\mathrm{P}(B)-\mathrm{P}(A)\mathrm{P}(B)\}\\
&=1-\mathrm{P}(A)-\mathrm{P}(B)\{1-\mathrm{P}(A)\}\\
&=\{1-\mathrm{P}(A)\}\{1-\mathrm{P}(B)\}\\
&=\boxed{\mathrm{P}(A^{c})\mathrm{P}(B^{c})}
\end{aligned}$

따라서 두 사건 A^{c}과 B^{c}은 서로 독립이다.

27 답 ③

ㄱ. 두 사건 A, B가 서로 독립이면 사건 A가 일어나는 확률은
　　사건 B와 상관없이 일정하므로
　　$\mathrm{P}(A\,|\,B)=\mathrm{P}(A\,|\,B^{c})=\mathrm{P}(A)$ (참)

ㄴ. 두 사건 A, B가 서로 독립이면
　　$\mathrm{P}(A\cap B)=\mathrm{P}(A)\mathrm{P}(B)$
　　$\begin{aligned}
\mathrm{P}(A\cap B^{c})&=\mathrm{P}(A)-\mathrm{P}(A\cap B)\\
&=\mathrm{P}(A)-\mathrm{P}(A)\mathrm{P}(B)\ (\because A,\ B\text{가 서로 독립})\\
&=\mathrm{P}(A)(1-\mathrm{P}(B))\\
&=\mathrm{P}(A)\mathrm{P}(B^{c})
\end{aligned}$
　　즉, 두 사건 A와 B^{c}은 서로 독립이다. (거짓)

ㄷ. 두 사건 A, B가 서로 독립이면 ㄴ과 마찬가지 방법으로 두
　　사건 A^{c}와 B도 서로 독립이다. (참)

따라서 옳은 것은 ㄱ, ㄷ이다.

28 답 ⑤

두 사건 A, B가 서로 독립이므로

$\begin{aligned}
\mathrm{P}(A\cap B)&=\mathrm{P}(A)\mathrm{P}(B)\\
&=\dfrac{1}{4}\times\dfrac{1}{3}=\dfrac{1}{12}
\end{aligned}$

$\therefore p=12,\ q=1 \Rightarrow p+q=12+1=13$

29 답 ④

두 사건 A, B가 서로 독립이므로

$\mathrm{P}(A\,|\,B)=\mathrm{P}(A)=\dfrac{1}{3}$

$\begin{aligned}
\therefore \mathrm{P}(A\cup B)&=\mathrm{P}(A)+\mathrm{P}(B)-\mathrm{P}(A\cap B)\\
&=\mathrm{P}(A)+\mathrm{P}(B)-\mathrm{P}(A)\mathrm{P}(B)\\
&=\dfrac{1}{3}+\dfrac{1}{2}-\dfrac{1}{3}\times\dfrac{1}{2}=\dfrac{4}{6}=\dfrac{2}{3}
\end{aligned}$

30 답 ⑤

두 사건 A, B가 서로 독립이므로
$$\mathrm{P}(A\cap B)=\mathrm{P}(A)\mathrm{P}(B)$$
$$\mathrm{P}(A\cup B)=\mathrm{P}(A)+\mathrm{P}(B)-\mathrm{P}(A\cap B)$$
$$\qquad\qquad=\mathrm{P}(A)+\mathrm{P}(B)-\mathrm{P}(A)\mathrm{P}(B)$$

이므로
$$\frac{4}{5}=\frac{1}{2}+\mathrm{P}(B)-\frac{1}{2}\mathrm{P}(B)$$
$$\frac{1}{2}\mathrm{P}(B)=\frac{4}{5}-\frac{1}{2}=\frac{3}{10}$$
$$\therefore \mathrm{P}(B)=\frac{3}{5}$$

31 답 ⑤

$$\mathrm{P}(B)=1-\mathrm{P}(B^{C})=1-\frac{4}{7}=\frac{3}{7}$$

두 사건 A, B가 서로 독립이므로
$$\mathrm{P}(A\cap B)=\mathrm{P}(A)\mathrm{P}(B)=\frac{2}{5}\times\frac{3}{7}=\frac{6}{35}$$

32 답 ①

두 사건 A, B가 서로 독립이므로 두 사건 A^{C}, B도 서로 독립이다. 즉,
$$\mathrm{P}(A^{C}|B)=\mathrm{P}(A^{C}|B^{C})=\mathrm{P}(A^{C})=\frac{3}{4}$$
$$\therefore \mathrm{P}(A)=1-\mathrm{P}(A^{C})=1-\frac{3}{4}=\frac{1}{4}$$

또, $\mathrm{P}(B^{C})=\dfrac{5}{6}$에서
$$\mathrm{P}(B)=1-\mathrm{P}(B^{C})=1-\frac{5}{6}=\frac{1}{6}$$
$$\therefore \mathrm{P}(A\cap B)=\mathrm{P}(A)\mathrm{P}(B)=\frac{1}{4}\times\frac{1}{6}=\frac{1}{24}$$

33 답 ④

$\mathrm{P}(A)=\dfrac{1}{2}$에서 $\mathrm{P}(A^{C})=1-\mathrm{P}(A)=\dfrac{1}{2}$

한편, 두 사건 A, B가 서로 독립이므로 두 사건 A^{C}, B도 서로 독립이다. 즉,
$$\mathrm{P}(A^{C}\cap B)=\mathrm{P}(A^{C})\mathrm{P}(B)=\frac{1}{2}\mathrm{P}(B)=\frac{1}{5}$$
$$\therefore \mathrm{P}(B)=\frac{2}{5}$$

34 답 ②

$2\mathrm{P}(B)=\dfrac{2}{5}$에서 $\mathrm{P}(B)=\dfrac{1}{5}$

두 사건 A, B가 서로 독립이므로
$$\mathrm{P}(A\cup B)=\mathrm{P}(A)+\mathrm{P}(B)-\mathrm{P}(A\cap B)$$
$$\qquad\qquad=\mathrm{P}(A)+\mathrm{P}(B)-\mathrm{P}(A)\mathrm{P}(B)$$

에서
$$\frac{2}{5}=\mathrm{P}(A)+\frac{1}{5}-\frac{1}{5}\mathrm{P}(A)$$
$$\frac{4}{5}\mathrm{P}(A)=\frac{1}{5}\qquad \therefore \mathrm{P}(A)=\frac{1}{4}$$

35 답 ④

두 사건 A, B가 서로 배반사건일 때, $A\cap B=\varnothing$이므로
$$p=\mathrm{P}(A\cup B)=\mathrm{P}(A)+\mathrm{P}(B)=\frac{2}{3}+\frac{1}{6}=\frac{5}{6}$$

두 사건 A, B가 서로 독립일 때,
$$\mathrm{P}(A\cap B)=\mathrm{P}(A)\mathrm{P}(B)$$이므로
$$q=\mathrm{P}(A\cup B)=\mathrm{P}(A)+\mathrm{P}(B)-\mathrm{P}(A)\mathrm{P}(B)$$
$$\qquad=\frac{2}{3}+\frac{1}{6}-\frac{2}{3}\times\frac{1}{6}=\frac{5}{6}-\frac{1}{9}=\frac{13}{18}$$
$$\therefore \frac{q}{p}=\frac{\frac{13}{18}}{\frac{5}{6}}=\frac{13}{15}$$

36 답 ④

처음에 흰 공을 꺼내는 사건을 A, 두 번째에 흰 공을 꺼내는 사건을 B라고 하면 두 사건 A, B는 서로 독립이므로
$$\mathrm{P}(A)=\mathrm{P}(B)=\frac{4}{7}$$
$$\therefore \mathrm{P}(A\cap B)=\mathrm{P}(A)\mathrm{P}(B)=\frac{4}{7}\times\frac{4}{7}=\frac{16}{49}$$

> **TIP**
>
> 공을 꺼낸 후 색깔을 확인하고, 다시 넣는 시행(복원추출)은 다음에 뽑는 것에 영향을 주지 않으므로 독립이다. 하지만 공을 꺼낸 후 색깔을 확인하고 다시 넣지 않는다면(비복원추출), 처음에 꺼낸 공의 색깔에 따라 다음에 꺼내는 공에 영향을 주므로 종속이라고 할 수 있다.

37 답 ③

주사위의 홀수의 눈이 나올 사건을 A, 동전의 뒷면이 나올 사건을 B라 하면 두 사건 A, B는 서로 독립이다.
$$\mathrm{P}(A)=\frac{3}{6}=\frac{1}{2},\ \mathrm{P}(B)=\frac{1}{2}$$
$$\therefore \mathrm{P}(A\cap B)=\mathrm{P}(A)\mathrm{P}(B)=\frac{1}{2}\times\frac{1}{2}=\frac{1}{4}$$

38 답 ①

A가 자유투에 성공하는 사건을 A, B가 자유투에 성공하는 사건을 B라고 하면 두 사건 A, B는 독립이다.

A가 자유투에 성공할 확률은 $\dfrac{2}{3}$이므로 $\mathrm{P}(A)=\dfrac{2}{3}$

또, A와 B 중 적어도 한 사람이 자유투에 성공할 확률은 $\dfrac{3}{4}$이므로
$$\mathrm{P}(A\cup B)=\frac{3}{4}$$
$$\mathrm{P}(A\cup B)=\mathrm{P}(A)+\mathrm{P}(B)-\mathrm{P}(A\cap B)$$
$$\qquad\qquad=\mathrm{P}(A)+\mathrm{P}(B)-\mathrm{P}(A)\mathrm{P}(B)$$

에서
$$\frac{3}{4}=\frac{2}{3}+\mathrm{P}(B)-\frac{2}{3}\mathrm{P}(B)$$
$$\frac{1}{3}\mathrm{P}(B)=\frac{3}{4}-\frac{2}{3}=\frac{1}{12}$$
$$\therefore \mathrm{P}(B)=\frac{1}{4}$$

39 답 ⑤

정현이가 이 문제를 푸는 사건을 A, 연지가 이 문제를 푸는 사건을 B라고 하자. 두 사건 A, B는 서로 독립이므로 정현이와 연지가 모두 문제를 풀지 못하는 사건인 A^C, B^C도 서로 독립이다.

정현이와 연지가 문제를 풀 확률이 각각 $\dfrac{2}{3}$, $\dfrac{3}{4}$이므로

$$\mathrm{P}(A)=\frac{2}{3},\ \mathrm{P}(B)=\frac{3}{4}$$

즉, $\mathrm{P}(A^C)=1-\dfrac{2}{3}=\dfrac{1}{3}$, $\mathrm{P}(B^C)=1-\dfrac{3}{4}=\dfrac{1}{4}$이므로

$$\mathrm{P}(A^C \cap B^C)=\mathrm{P}(A^C)\mathrm{P}(B^C)=\frac{1}{3}\times\frac{1}{4}=\frac{1}{12}$$

따라서 '정현이와 연지 2명 중 적어도 한 명이 이 문제를 풀 사건'은 '정현이, 연지 모두 이 문제를 풀지 못할 사건'의 여사건이므로 구하는 확률은

$$1-\frac{1}{12}=\frac{11}{12}$$

40 답 ⑤

두 사격선수 A, B가 표적을 명중시키는 사건을 각각 A, B라 하자.

두 사격선수 A, B의 명중률이 각각 $\dfrac{4}{5}$, $\dfrac{3}{5}$이므로

$$\mathrm{P}(A)=\frac{4}{5},\ \mathrm{P}(B)=\frac{3}{5}$$

사격선수 A, B가 표적에 명중시키지 못하는 사건은 각각 A^C, B^C이므로

$$\mathrm{P}(A^C)=1-\mathrm{P}(A)=1-\frac{4}{5}=\frac{1}{5},$$

$$\mathrm{P}(B^C)=1-\mathrm{P}(B)=1-\frac{3}{5}=\frac{2}{5}$$

이때, 'A, B가 적어도 한 발이 표적에 명중시키는 사건'의 여사건은 'A, B 모두 표적에 명중시키지 못하는 사건'이므로 구하는 확률은

$$1-\mathrm{P}(A^C \cap B^C)=1-\mathrm{P}(A^C)\mathrm{P}(B^C)=1-\frac{1}{5}\times\frac{2}{5}=\frac{23}{25}$$

41 답 ②

처음에 흰 공이 나올 확률이 $\dfrac{3}{5}$이고, 두 번째에 검은 공이 나올 확률은 $\dfrac{2}{4}=\dfrac{1}{2}$이므로

$$a=\mathrm{P}(A)=\frac{3}{5}\times\frac{1}{2}=\frac{3}{10}$$

5개의 공에서 동시에 공 2개를 꺼내는 경우의 수는 $_5\mathrm{C}_2=10$(가지)이고, 흰 공과 검은 공이 각각 하나씩 나오는 경우의 수가 $_2\mathrm{C}_1\times{_3}\mathrm{C}_1=6$(가지)이므로

$$b=\mathrm{P}(B)=\frac{6}{10}=\frac{3}{5}$$

꺼낸 공을 다시 집어넣는 시행에서 첫 번째와 두 번째 시행으로 흰 공이 나오는 사건은 서로 독립이다.

흰 공이 나오는 확률이 $\dfrac{3}{5}$이고, 검은 공이 나오는 확률이 $\dfrac{2}{5}$이므로

$$c=\mathrm{P}(C)=\frac{2}{5}\times\frac{3}{5}+\frac{3}{5}\times\frac{2}{5}=\frac{12}{25}$$

$a=\dfrac{15}{50}$, $b=\dfrac{30}{50}$, $c=\dfrac{24}{50}$이므로 $a<c<b$

42 답 ①

한 번의 시행에서 불이 켜질 확률이 $\dfrac{1}{3}$이므로 다섯 번 시행에서 세 번만 불이 켜질 확률은

$$_5\mathrm{C}_3\left(\frac{1}{3}\right)^3\left(\frac{2}{3}\right)^2=10\times\frac{4}{3^5}=\frac{40}{3^5}$$

43 답 ②

한 번의 시행에서 흰 구슬이 나올 확률은 $\dfrac{4}{6}=\dfrac{2}{3}$이므로 3번의 시행에서 흰 구슬이 2번 나올 확률은

$$_3\mathrm{C}_2\left(\frac{2}{3}\right)^2\left(\frac{1}{3}\right)^1=3\times\frac{4}{9}\times\frac{1}{3}=\frac{4}{9}$$

44 답 ③

이 농구선수가 자유투 1회 시행에서 성공할 확률은 $\dfrac{8}{10}=\dfrac{4}{5}$이므로 성공하지 못할 확률은 $1-\dfrac{4}{5}=\dfrac{1}{5}$이다.

자유투는 독립시행이므로 5번 던져서 4번 성공할 확률은

$$_5\mathrm{C}_4\left(\frac{4}{5}\right)^4\left(\frac{1}{5}\right)^1=\left(\frac{4}{5}\right)^4$$

$$\therefore\ p=5,\ q=4 \Rightarrow p+q=9$$

45 답 ①

A가 B에게 이길 확률은 $\dfrac{3}{5}$이므로 질 확률은 $1-\dfrac{3}{5}=\dfrac{2}{5}$

매회 탁구시합을 하는 것은 독립시행이므로 탁구선수 A가 3번의 시합 중에서 2번 이길 확률은

$$_3\mathrm{C}_2\left(\frac{3}{5}\right)^2\left(\frac{2}{5}\right)=3\times\left(\frac{3}{5}\right)^2\times\frac{2}{5}=2\times\left(\frac{3}{5}\right)^3$$

$$\therefore\ k=2$$

46 답 ④

동전 1개를 던져 앞면이 나올 확률은 $\dfrac{1}{2}$이고, 동전을 던지는 시행은 독립시행이므로 한 개의 동전을 8번 던질 때 앞면이 n번 나올 확률은

$$_8\mathrm{C}_n\left(\frac{1}{2}\right)^n\left(\frac{1}{2}\right)^{8-n}={_8}\mathrm{C}_n\left(\frac{1}{2}\right)^8=\frac{7}{32}$$에서

$$_8\mathrm{C}_n\cdot\frac{1}{256}=\frac{7}{32}$$

$$_8\mathrm{C}_n=56$$

이때, $_8\mathrm{C}_3={_8}\mathrm{C}_5=56$이므로 $n=3$ 또는 $n=5$

따라서 모든 자연수 n의 값의 곱은 $3\times5=15$

47 답 ②

동전을 던지는 시행은 독립시행이므로 앞면이 2번 나올 확률은

$$\mathrm{P}(A)={}_n\mathrm{C}_2\left(\frac{1}{2}\right)^2\left(\frac{1}{2}\right)^{n-2}={}_n\mathrm{C}_2\left(\frac{1}{2}\right)^n$$

앞면이 3번 나올 확률은

$$\mathrm{P}(B)={}_n\mathrm{C}_3\left(\frac{1}{2}\right)^3\left(\frac{1}{2}\right)^{n-3}={}_n\mathrm{C}_3\left(\frac{1}{2}\right)^n$$

이때, $4\mathrm{P}(A)=3\mathrm{P}(B)$이므로

$$4\,{}_n\mathrm{C}_2\left(\frac{1}{2}\right)^n=3\,{}_n\mathrm{C}_3\left(\frac{1}{2}\right)^n \text{에서}$$

$$4\times\frac{n(n-1)}{2\times1}=3\times\frac{n(n-1)(n-2)}{3\times2\times1}$$

$$4=n-2 \qquad \therefore\ n=6$$

48 답 ⑤

6의 약수의 눈은 1, 2, 3, 6이므로 한 개의 주사위를 던질 때 6의

약수의 눈이 나올 확률은 $\frac{4}{6}=\frac{2}{3}$이므로 한 개의 주사위를 3회 던

졌을 때 6의 약수의 눈이 2회 나올 확률 $\mathrm{P}(A)=a$는

$$a={}_3\mathrm{C}_2\left(\frac{2}{3}\right)^2\left(\frac{1}{3}\right)=3\times\frac{4}{9}\times\frac{1}{3}=\frac{4}{9}$$

또, 한 개의 동전을 던질 때 동전의 앞면이 나올 확률은 $\frac{1}{2}$이므로

한 개의 동전을 5회 던졌을 때 동전의 앞면이 3회 나올 확률

$\mathrm{P}(B)=b$는

$$b={}_5\mathrm{C}_3\left(\frac{1}{2}\right)^3\left(\frac{1}{2}\right)^2=10\times\frac{1}{2^5}=\frac{5}{16}$$

$$\therefore\ ab=\frac{4}{9}\times\frac{5}{16}=\frac{5}{36}$$

49 답 ⑤

동전을 6번 던져서 앞면이 나오는 횟수를 a라 하면, 뒷면이 나오

는 횟수는 $6-a$이다.

앞면이 나오면 $+1$만큼, 뒷면이 나오면 -1만큼 이동하므로 6번

의 시행 후에 도착하는 점의 위치는

$$a+(-1)\cdot(6-a)=2$$

$$2a-6=2 \qquad \therefore\ a=4$$

즉, 앞면은 4번, 뒷면은 2번 나와야 한다.

$$\therefore\ (\text{구하는 확률})={}_6\mathrm{C}_4\left(\frac{1}{2}\right)^4\left(\frac{1}{2}\right)^2=15\times\frac{1}{2^6}=\frac{15}{64}$$

50 답 ④

1 또는 6의 눈이 나올 확률은 $\frac{2}{6}=\frac{1}{3}$, 1과 6 이외의 눈이 나올

확률은 $\frac{4}{6}=\frac{2}{3}$이다.

주사위를 4번 던져서 점 P가 점 $(2, 2)$의 위치에 있기 위해서는
두 번은 1 또는 6의 눈이 나와서 x축의 양의 방향으로 2만큼 움
직이고, 두 번은 1 또는 6 이외의 눈이 나와서 y축의 양의 방향으
로 2만큼 이동하면 된다.

$$\therefore\ (\text{구하는 확률})={}_4\mathrm{C}_2\left(\frac{1}{3}\right)^2\left(\frac{2}{3}\right)^2=\frac{8}{27}$$

51 답 ③

B가 방어에 성공할 확률은 A가 손으로 오른쪽을 가리킬 때 B가
고개를 왼쪽으로 돌리거나 A가 손으로 왼쪽을 가리킬 때 B가 고
개를 오른쪽으로 돌리는 경우의 확률이므로

$$\frac{1}{3}\times\frac{2}{5}+\frac{2}{3}\times\frac{3}{5}=\frac{8}{15}$$

즉, B가 방어에 성공하는 확률은 $\frac{8}{15}$이고, 두 번의 시행 중 1번

만 성공하는 확률은

$$_2\mathrm{C}_1\left(\frac{8}{15}\right)\left(\frac{7}{15}\right)=\frac{2\times8\times7}{15^2}=\frac{112}{225}$$

52 답 ②

A가 한 문제를 풀 수 있는 확률이 $\frac{2}{3}$이고, 각 문제를 푸는 경우는

독립시행이다.

5문제 중 4문제 이상을 풀어야 합격하므로 4문제 또는 5문제를
풀면 합격이다.

확률의 합을 구하면

$$_5\mathrm{C}_4\left(\frac{2}{3}\right)^4\left(\frac{1}{3}\right)+{}_5\mathrm{C}_5\left(\frac{2}{3}\right)^5$$

$$=80\times\left(\frac{1}{3}\right)^5+32\times\left(\frac{1}{3}\right)^5=\frac{112}{243}$$

$$\therefore\ k=112$$

53 답 ③

주사위 한 개를 던지는 시행에서 짝수의 눈이 나오는 확률과 홀수

의 눈이 나오는 확률은 모두 $\frac{1}{2}$이다.

주사위 한 개를 5번 던지는 시행에서 짝수의 눈이 나오는 횟수와
홀수의 눈이 나오는 횟수의 곱이 6이 되는 경우는 다음과 같다.

(ⅰ) 짝수의 눈이 2번 나오고 홀수의 눈이 3번 나오는 경우

$$_5\mathrm{C}_2\left(\frac{1}{2}\right)^2\left(\frac{1}{2}\right)^3=10\times\frac{1}{2^5}=\frac{5}{16}$$

(ⅱ) 짝수의 눈이 3번 나오고 홀수의 눈이 2번 나오는 경우

$$_5\mathrm{C}_3\left(\frac{1}{2}\right)^3\left(\frac{1}{2}\right)^2=10\times\frac{1}{2^5}=\frac{5}{16}$$

$$\therefore\ (\text{구하는 확률})=\frac{5}{16}+\frac{5}{16}=\frac{10}{16}=\frac{5}{8}$$

54 답 ④

(i) 한 개의 주사위를 던질 때 홀수의 눈이 나올 확률은 $\dfrac{1}{2}$이고,

동전을 3번 던져서 앞면이 2번 나올 확률은

$$_3\mathrm{C}_2\left(\dfrac{1}{2}\right)^2\left(\dfrac{1}{2}\right)^1$$

주사위의 홀수의 눈이 나온 후 동전을 3번 던져 앞면이 2번 나올 확률은

$$\dfrac{1}{2}\times{_3\mathrm{C}_2}\left(\dfrac{1}{2}\right)^2\left(\dfrac{1}{2}\right)^1=\dfrac{3}{16}$$

(ii) 한 개의 주사위를 던질 때 짝수의 눈이 나올 확률은 $\dfrac{1}{2}$이고,

동전을 2번 던져서 앞면이 2번 나올 확률은 $_2\mathrm{C}_2\left(\dfrac{1}{2}\right)^2$

주사위의 짝수의 눈이 나온 후 동전을 2번 던져 앞면이 2번 나올 확률은

$$\dfrac{1}{2}\times{_2\mathrm{C}_2}\left(\dfrac{1}{2}\right)^2=\dfrac{1}{8}$$

$\therefore$ (구하는 확률)$=\dfrac{3}{16}+\dfrac{1}{8}=\dfrac{5}{16}$

55 답 ⑤

주사위를 던져서 나온 눈의 수가 2 이하일 확률은 $\dfrac{1}{3}$이다.

(i) 주사위를 2회까지 던지고 멈추는 경우

두 번 모두 2 이하의 눈이 나와야 하므로

$$_2\mathrm{C}_2\left(\dfrac{1}{3}\right)^2=\dfrac{1}{9}$$

(ii) 주사위를 3회까지 던지고 멈추는 경우

앞의 두 번의 시행 중 1번만 2 이하의 눈이 나오고, 세 번째 시행에서 2 이하의 눈이 나와야 하므로

$$_2\mathrm{C}_1\left(\dfrac{1}{3}\right)\left(\dfrac{2}{3}\right)\times\dfrac{1}{3}=\dfrac{4}{27}$$

$\therefore$ (구하는 확률)$=\dfrac{1}{9}+\dfrac{4}{27}=\dfrac{7}{27}$

56 답 ②

(i) 3세트에서 A가 우승하는 경우

A가 3세트 모두 이겨야 하므로

$$_3\mathrm{C}_3\left(\dfrac{2}{3}\right)^3=\dfrac{8}{27}$$

(ii) 4세트까지 경기하여 A가 우승하는 경우

3세트 중 2세트를 A가 이기고, 4세트에서 A가 이겨야 하므로

$$_3\mathrm{C}_2\left(\dfrac{2}{3}\right)^2\left(\dfrac{1}{3}\right)\times\dfrac{2}{3}=\dfrac{8}{27}$$

$\therefore$ (구하는 확률)$=\dfrac{8}{27}+\dfrac{8}{27}=\dfrac{16}{27}$

57 답 ①

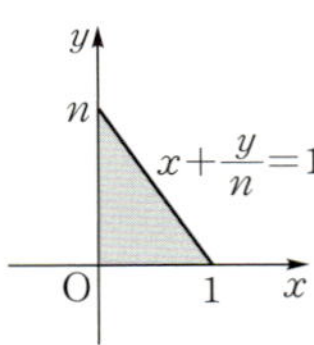

직선 $x+\dfrac{y}{n}=1$은 두 점 $(1,\,0)$, $(0,\,n)$을 지나는 직선으로 제1사분면에서 x축, y축과 이루는 도형은 밑변의 길이가 1이고 높이가 n인 직각삼각형이다.

이 삼각형의 넓이는 $\dfrac{1}{2}\times1\times n=\dfrac{n}{2}$이므로 이 값이 자연수가 되려면 n은 짝수이어야 한다.

'주사위를 6번 던질 때 짝수가 2회 이상 일어나는 사건'은 '주사위를 6번 던질 때 모두 홀수만 나오거나 짝수가 1회만 일어나는 사건'의 여사건이다.

$\therefore$ (구하는 확률)$=1-\left\{{_6\mathrm{C}_0}\left(\dfrac{1}{2}\right)^0\left(\dfrac{1}{2}\right)^6+{_6\mathrm{C}_1}\left(\dfrac{1}{2}\right)^1\left(\dfrac{1}{2}\right)^5\right\}$

$=1-\left(\dfrac{1}{64}+\dfrac{6}{64}\right)=\dfrac{57}{64}$

심플 정리

[직선의 방정식]

(1) 직선의 방정식의 표준형

① 기울기가 a이고 y절편이 b인 직선의 방정식은 $y=ax+b$

② 기울기가 m이고 한 점 $(x_1,\,x_2)$을 지나는 직선의 방정식은

$$y-y_1=m(x-x_1)$$

③ 두 점 $\mathrm{A}(x_1,\,y_1)$, $\mathrm{B}(x_2,\,y_2)$를 지나는 직선의 방정식은

$$y-y_1=\dfrac{y_2-y_1}{x_2-x_1}(x-x_1)\ (단,\ x_1\neq x_2)$$

특히, $x_1=x_2$일 때, 직선의 방정식은 $x=x_1$ (또는 $x=x_2$)

(2) 직선의 방정식의 일반형

일반적으로 직선의 방정식은 $x,\,y$에 대한 일차방정식 $ax+by+c=0$의 꼴로 나타낼 수 있다.

이를 직선의 방정식의 일반형이라 한다. (단, $a\neq0$ 또는 $b\neq0$)

(3) 두 직선의 교점 $ax+by+c=0$, $a'x+b'y+c'=0$을 지나는 직선의 방정식은

$$ax+by+c+k(a'x+b'y+c')=0\ (단,\ k는\ 임의의\ 실수)$$

(4) x절편이 p이고 y절편이 q인 직선의 방정식은

$$\dfrac{x}{p}+\dfrac{y}{q}=1\ (단,\ p\neq0,\ q\neq0)$$

01 답 ③

$$P(A \cap B) = P(A) - P(A \cap B^C)$$
$$= \frac{5}{12} - \frac{1}{3} = \frac{1}{12}$$

$$\therefore P(B|A) = \frac{P(A \cap B)}{P(A)} = \frac{\frac{1}{12}}{\frac{5}{12}} = \frac{1}{5}$$

02 답 ⑤

임의로 선택한 한 개의 공이 검은색일 사건을 A, 공에 적혀 있는 수가 짝수일 사건을 B라 하면

$n(A) = 9$, $n(A \cap B) = 4$이므로

$$P(B|A) = \frac{n(A \cap B)}{n(A)} = \frac{4}{9}$$

03 답 ④

서로 다른 두 개의 주사위를 동시에 던져서 나온 눈의 수를 각각 a, b라 하자. ab가 짝수일 때, $a+b$가 홀수일 확률은?
ab가 짝수인 조건에서 $a+b$가 홀수가 되는 조건부확률을 구하는 거야.

① $\frac{1}{6}$　　② $\frac{1}{3}$　　③ $\frac{1}{2}$

④ $\frac{2}{3}$　　⑤ $\frac{5}{6}$

1st 'ab가 짝수인 사건'의 확률을 여사건의 확률로 구해보자.

ab가 짝수가 나오는 사건을 A라 하면, → *ab가 홀수이려면 a, b가 모두 홀수 이어야 해.*

사건 A의 여사건 A^C은 'a, b가 모두 홀수가 나오는 사건'이므로

$$P(A) = 1 - P(A^C) = 1 - \frac{1}{2} \times \frac{1}{2} = \frac{3}{4}$$
→ *a와 b가 홀수일 확률은 둘 다 $\frac{3}{6} = \frac{1}{2}$이야.*
또, a, b가 나오는 사건은 서로 독립이야.

2nd 'ab가 짝수이고 $a+b$가 홀수인 사건'의 확률을 구해보자.

사건 $A \cap B$는 'a가 짝수이고 b가 홀수' 또는 'a가 홀수이고 b가 짝수'이므로
ab가 짝수이고, $a+b$가 홀수인 경우야.

$$P(A \cap B) = \frac{1}{2} \times \frac{1}{2} + \frac{1}{2} \times \frac{1}{2} = \frac{2}{4} = \frac{1}{2}$$

3rd 사건 A가 일어났을 때, 사건 B가 일어날 조건부확률을 구해야 해.

$$\therefore P(B|A) = \frac{P(A \cap B)}{P(A)} = \frac{\frac{1}{2}}{\frac{3}{4}} = \frac{2}{3}$$

04 답 ⑤

남학생 16명 중에서 테니스를 선택한 남학생이 6명이므로 골프를 선택한 남학생은 10명이다. 또 여학생 14명 중에서 골프를 선택한 여학생이 8명이므로 테니스를 선택한 여학생은 6명이다. 이것을 표로 나타내면 다음과 같다.

(단위 : 명)

	골프	테니스	계
남학생	10	6	16
여학생	8	6	14
계	18	12	30

이 학급의 학생 30명 중에서 임의로 한 명을 뽑았을 때 골프를 선택한 학생인 사건을 A, 남학생인 사건을 B라 하면 구하는 확률은 $P(B|A)$이고 $n(A) = 18$, $n(A \cap B) = 10$

따라서

$$P(B|A) = \frac{n(A \cap B)}{n(A)} = \frac{10}{18} = \frac{5}{9}$$

05 답 ⑤

첫 번째, 두 번째에 흰 구슬이 나오는 사건을 각각 A, B라고 하면

$$P(A) = \frac{2}{5}, \ P(B|A) = \frac{1}{4}$$

따라서 2개 모두 흰 구슬이 나오는 사건의 확률은

$$P(A \cap B) = P(A)P(B|A) = \frac{2}{5} \times \frac{1}{4} = \frac{1}{10}$$

TIP

흰 구슬 2개와 검은 구슬 3개가 들어 있는 주머니에서 첫 번째에 흰 구슬을 꺼낼 확률은 $P(A) = \frac{2}{5}$

흰 구슬을 꺼내고 난 후에는 흰 구슬 1개와 검은 구슬 3개가 있으므로 두 번째에 흰 구슬을 꺼낼 확률은 $P(B|A) = \frac{1}{4}$

06 답 ②

크기와 모양이 같은 공이 상자 A에는 검은 공 2개와 흰 공 2개, 상자 B에는 검은 공 1개와 흰 공 2개가 들어 있다. 두 상자 A, B 중 임의로 선택한 하나의 상자에서 공을 1개 꺼냈더니 검은 공이 나왔을 때, 그 상자에 남은 공이 모두 흰 공일 확률은?
상자 A에서 검은 공을 꺼낸 경우와 상자 B에서 검은 공을 꺼낸 경우로 나누어 생각해야 해.

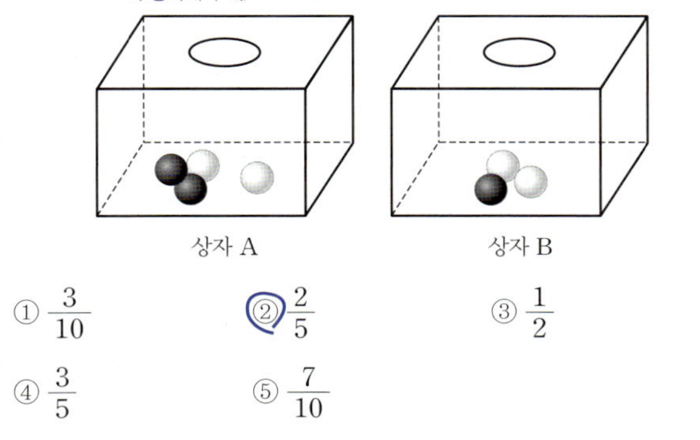

① $\frac{3}{10}$　　② $\frac{2}{5}$　　③ $\frac{1}{2}$

④ $\frac{3}{5}$　　⑤ $\frac{7}{10}$

1st 상자 A에서 꺼낸 공이 검은 공인 경우와 상자 B에서 꺼낸 공이 검은 공인 경우로 나누어 생각해야 해.

임의로 선택한 상자에서 공을 하나 꺼낼 때, 상자 A에서 공을 꺼낼 사건을 X, 상자 B에서 공을 꺼낼 사건을 Y, 꺼낸 공이 검은 공일 사건을 Z라 하면 상자 A를 선택해서 검은 공을 꺼낼 사건은 $X \cap Z$이고

$$P(X \cap Z) = \frac{1}{2} \times \frac{2}{4} = \frac{1}{4}$$
상자 A 또는 B를 선택할 확률은 각각 $\frac{1}{2}$이야.

상자 B를 선택해서 검은 공을 꺼낼 사건은 $Y \cap Z$이고

$$P(Y \cap Z) = \frac{1}{2} \times \frac{1}{3} = \frac{1}{6}$$

2nd 검은 공을 꺼낸 후 남은 공이 모두 흰 공이려면 사건 Y가 일어나야
해. 즉, 사건 Z가 일어났을 때, 사건 Y가 일어날 조건부확률을 구해야 해.

$P(Z)=P(X\cap Z)+P(Y\cap Z)$이므로

$$\therefore P(Y|Z)=\frac{P(Y\cap Z)}{P(Z)}$$

$$=\frac{P(Y\cap Z)}{P(X\cap Z)+P(Y\cap Z)}=\frac{\frac{1}{6}}{\frac{1}{4}+\frac{1}{6}}=\frac{2}{5}$$

07 답 ③

$S=\{1,\ 2,\ 3,\ 4,\ 5,\ 6\}$, $A=\{1,\ 2,\ 3,\ 4\}$라고 하면

$$P(A)=\frac{n(A)}{n(S)}=\frac{2}{3}$$

① $B_1=\{4,\ 6\}$이라 하면 $P(B_1)=\frac{1}{3}$이고,

$$P(A)P(B_1)=\frac{2}{3}\times\frac{2}{3}=\frac{2}{9}$$

한편, $A\cap B_1=\{4\}$이므로 $P(A\cap B_1)=\frac{1}{6}$

따라서 $P(A)P(B_1)\neq P(A\cap B_1)$이므로
두 사건 A, B_1은 종속사건이다.

② $B_2=\{5,\ 6\}$이라 하면 $P(B_2)=\frac{1}{3}$이고,

$$P(A)P(B_2)=\frac{2}{3}\times\frac{1}{3}=\frac{2}{9}$$

한편, $A\cap B_2=\varnothing$이므로 $P(A\cap B_2)=0$
따라서 $P(A)P(B_2)\neq P(A\cap B_2)$이므로
두 사건 A, B_2는 종속사건이다.

③ $B_3=\{3,\ 4,\ 5\}$이라 하면 $P(B_3)=\frac{1}{2}$이고,

$$P(A)P(B_3)=\frac{2}{3}\times\frac{1}{2}=\frac{1}{3}$$

한편, $A\cap B_3=\{3,\ 4\}$이므로 $P(A\cap B_3)=\frac{1}{3}$

따라서 $P(A)P(B_3)=P(A\cap B_3)$이므로
두 사건 A, B_3은 독립사건이다.

④ $B_4=\{4,\ 5,\ 6\}$이라 하면 $P(B_4)=\frac{1}{2}$이고,

$$P(A)P(B_4)=\frac{2}{3}\times\frac{1}{2}=\frac{1}{3}$$

한편, $A\cap B_4=\{4\}$이므로 $P(A\cap B_4)=\frac{1}{6}$

따라서 $P(A)P(B_4)\neq P(A\cap B_4)$이므로
두 사건 A, B_4는 종속사건이다.

⑤ $B_5=\{3,\ 4,\ 5,\ 6\}$이라 하면 $P(B_5)=\frac{2}{3}$이고,

$$P(A)P(B_5)=\frac{2}{3}\times\frac{2}{3}=\frac{4}{9}$$

한편, $A\cap B_5=\{3,\ 4\}$이므로 $P(A\cap B_5)=\frac{1}{3}$

따라서 $P(A)P(B_5)\neq P(A\cap B_5)$이므로
두 사건 A, B_5는 종속사건이다.

08 답 ③

ㄱ. 두 사건 A, B가 서로 독립이므로

$\quad P(B|A)=P(B|A^C)=P(B)$ (참)

ㄴ. 두 사건 A, B가 서로 독립이면 A^C과 B도 서로 독립이다.
$\quad$(거짓)

ㄷ. $P(A)P(B)+P(A^C)P(B)$

$\quad =\{P(A)+P(A^C)\}P(B)$

$\quad =P(B)\ (\because\ P(A)+P(A^C)=1)$ (참)

따라서 옳은 것은 ㄱ, ㄷ이다.

09 답 ④

$A=A\cap(B\cup B^C)=(A\cap B)\cup(A\cap B^C)$
이므로

$$P(A)=P(A\cap B)+P(A\cap B^C)=\frac{1}{4}+\frac{1}{3}=\frac{7}{12}$$

두 사건 A와 B는 서로 독립이므로

$$P(A\cap B)=P(A)P(B)$$에서 $\frac{1}{4}=\frac{7}{12}P(B)$

$$\therefore P(B)=\frac{12}{7}\times\frac{1}{4}=\frac{3}{7}$$

10 답 ⑤

N팀을 응원하는 여학생의 수를 x라 하고, 야구를 보러 온 학생
들을 응원하는 팀과 성별에 다라 표로 나타내면 다음과 같다.

(단위 : 명)

	M	**N**	계
남	4	10	14
여	8	x	$8+x$
계	12	$10+x$	$22+x$

M팀을 응원하는 학생을 선택하는 경우가 사건 A이므로

$$P(A)=\frac{12}{22+x}$$

여학생을 선택하는 경우가 사건 B이므로

$$P(B)=\frac{8+x}{22+x}$$

사건 $A\cap B$는 M팀을 응원하는 여학생이므로

$$P(A\cap B)=\frac{8}{22+x}$$

두 사건 A, B가 서로 독립이므로

$$P(A\cap B)=P(A)P(B)$$

즉, $\frac{8}{22+x}=\frac{12}{22+x}\times\frac{8+x}{22+x}$에서

$8(22+x)=12(8+x)$

$2(22+x)=3(8+x)$

$44+2x=24+3x$

$\therefore x=20$

11 답 ②

사건 A가 일어날 확률이 p이고, 사건 A가 일어나지 않을 확률이 $2p$이므로 $\mathrm{P}(A)+\mathrm{P}(A^C)=1$에서

$p+2p=1$

$3p=1 \qquad \therefore p=\dfrac{1}{3}$

한 번의 시행에서 사건 A가 일어날 확률이 $\dfrac{1}{3}$인 시행을 8회 반복할 때, 사건 A가 1회 일어날 확률은

$_8\mathrm{C}_1\left(\dfrac{1}{3}\right)^1\left(\dfrac{2}{3}\right)^7=8\times\dfrac{1}{3}\times\left(\dfrac{2}{3}\right)^7=4\times\left(\dfrac{2}{3}\right)^8$

$\therefore k=4$

12 답 ①

> 한 개의 주사위를 네 번 던지는 시행에서 짝수의 눈이 나온
> 주사위를 여러 번 던지는 시행은 각 시행의 결과가 다른 시행에 영향을 주지 않으니까 독립시행이야.
> 횟수가 홀수의 눈이 나온 횟수보다 많을 확률은?
>
> ① $\dfrac{5}{16}$ ② $\dfrac{3}{8}$ ③ $\dfrac{7}{16}$
>
> ④ $\dfrac{1}{2}$ ⑤ $\dfrac{9}{16}$

1st 짝수의 눈이 나온 횟수가 홀수의 눈이 나온 횟수보다 많은 경우를 모두 구해야 해.

주사위를 네 번 던지는 시행에서 짝수의 눈이 나온 횟수가 홀수의 눈이 나온 횟수보다 많은 경우는 네 번 모두 짝수의 눈이 나오거나 짝수의 눈이 3번, 홀수의 눈이 1번 나오는 경우로 나눌 수 있다.

2nd 독립시행의 확률을 이용해서 앞에서 구한 두 가지 경우의 확률을 각각 구해보자.

주사위를 한 번 던졌을 때 짝수의 눈이 나올 확률은 $\dfrac{1}{2}$

(ⅰ) 네 번 모두 짝수의 눈이 나올 확률

$_4\mathrm{C}_4\left(\dfrac{1}{2}\right)^4\left(\dfrac{1}{2}\right)^0=\dfrac{1}{16}$

> → 1회 시행에서 사건 A가 나올 확률이 p일 때, n회 독립시행에서 사건 A가 r번 나오는 독립시행의 확률은 $_n\mathrm{C}_r\,p^r(1-p)^{n-r}$이야.

(ⅱ) 짝수의 눈이 3번, 홀수의 눈이 1번 나올 확률

$_4\mathrm{C}_3\left(\dfrac{1}{2}\right)^3\left(\dfrac{1}{2}\right)^1=\dfrac{4}{16}$

(ⅰ), (ⅱ)에 의하여

(구하는 확률)$=\dfrac{1}{16}+\dfrac{4}{16}=\dfrac{5}{16}$

13 답 ②

앞면이 나오는 횟수를 a,

뒷면이 나오는 횟수를 b라 하면

$\begin{cases} a+b=7 \cdots \ ㉠ \\ a-b=3 \cdots \ ㉡ \end{cases}$

㉠과 ㉡을 연립하면 $a=5$, $b=2$

따라서 동전을 7번 던져서 앞면이 5번, 뒷면이 2번 나올 확률은

$_7\mathrm{C}_5\left(\dfrac{1}{2}\right)^5\left(\dfrac{1}{2}\right)^2=\,_7\mathrm{C}_2\left(\dfrac{1}{2}\right)^7=\dfrac{21}{128}$

14 답 2

$\mathrm{P}(A)=a$, $\mathrm{P}(B)=b\ (a>b)$라 하면

$\mathrm{P}(A\cup B)=\mathrm{P}(A)+\mathrm{P}(B)-\mathrm{P}(A\cap B)$에서

$\dfrac{5}{8}=a+b-\dfrac{1}{8}$

$\therefore a+b=\dfrac{3}{4} \cdots \ ㉠$

또, 두 사건 A, B가 독립이므로

$\mathrm{P}(A\cap B)=\mathrm{P}(A)\,\mathrm{P}(B)$

$\therefore ab=\dfrac{1}{8} \cdots \ ㉡$ ··· Ⅰ

㉠, ㉡을 연립하여 풀어보자.

a와 b의 합과 곱이 주어졌으므로 두 근을 a, b로 가지는 이차방정식은

$x^2-\dfrac{3}{4}x+\dfrac{1}{8}=0$

$8x^2-6x+1=(4x-1)(2x-1)=0$

$\therefore x=\dfrac{1}{4}$ 또는 $x=\dfrac{1}{2}$

즉, $a=\dfrac{1}{2}$, $b=\dfrac{1}{4}\ (\because a>b)$ ··· Ⅱ

$\therefore \dfrac{\mathrm{P}(A)}{\mathrm{P}(B)}=\dfrac{\frac{1}{2}}{\frac{1}{4}}=2$ ··· Ⅲ

[채점기준표]

Ⅰ	$\mathrm{P}(A\cap B)$와 $\mathrm{P}(A\cup B)$로 $\mathrm{P}(A)$와 $\mathrm{P}(B)$에 대한 식을 구한다.	40%
Ⅱ	구한 방정식을 풀어서 $\mathrm{P}(A)$와 $\mathrm{P}(B)$의 값을 구한다.	40%
Ⅲ	$\dfrac{\mathrm{P}(A)}{\mathrm{P}(B)}$ 의 값을 계산한다.	20%

> [이차방정식]   **심플 정리**
>
> (1) 근과 계수의 관계
> 이차방정식 $ax^2+bx+c=0$의 두 근을 α, β라 하면
> $\alpha+\beta=-\dfrac{b}{a}$, $\alpha\beta=\dfrac{c}{a}$
> $|\alpha-\beta|=\dfrac{\sqrt{b^2-4ac}}{|a|}$ (단, α, β는 실수)
>
> (2) 이차식의 인수분해
> 이차방정식 $ax^2+bx+c=0$의 두 근을 α, β라 하면
> $ax^2+bx+c=a(x-\alpha)(x-\beta)$
>
> (3) 이차방정식의 작성
> 두 수 α, β를 근으로 하고 x^2의 계수가 1인 이차방정식은
> $(x-\alpha)(x-\beta)=0$
> $x^2-(\alpha+\beta)x+\alpha\beta=0$

01 답 ④

동전의 앞면을 H, 뒷면을 T라 할 때, 표본공간을 S라 하면
$S=\{(H, H), (H, T), (T, H), (T, T)\}$이다.
앞면이 한 번만 나오는 사건을 A라 하면 A^C는 앞면이 두 번 나오거나 뒷면이 두 번 나오는 사건이드로
$A^C=\{(H, H), (T, T)\}$
두 번째 던진 동전이 앞면이 나오는 사건을 B라 하면
$B=\{(H, H), (T, H)\}$
$\therefore A^C \cup B=\{(H, H), (T, H), (T, T)\}$
따라서 사건 $A^C \cup B$의 근원사건의 수는 3이다.

02 답 ③

$a=1$일 때 : $b=2, 3, 4, 5, 6$으로 5가지
$a=2$일 때 : $b=3, 4, 5, 6$으로 4가지
$a=3$일 때 : $b=4, 5, 6$으로 3가지
$a=4$일 때 : $b=5, 6$으로 2가지
$a=5$일 때 : $b=6$으로 1가지
즉, $a<b$인 경우의 수는
$5+4+3+2+1=15$
$\therefore$ (구하는 확률)$=\dfrac{15}{36}=\dfrac{5}{12}$

03 답 ④

5장의 카드 중에서 차례로 두 장을 뽑아 일렬로 나열하는 경우의 수는 $_5P_2=20$
30보다 큰 두 자리의 홀수가 되는 경우는
(ⅰ) 일의 자리의 숫자는 1
    십의 자리의 숫자는 3, 4, 5가 될 수 있으므로 3가지
(ⅱ) 일의 자리의 숫자가 3
    십의 자리의 숫자는 4, 5가 될 수 있으므로 2가지
(ⅲ) 일의 자리의 숫자가 5
    십의 자리의 숫자는 3, 4가 될 수 있으므로 2가지
(ⅰ)~(ⅲ)에서
(구하는 확률)$=\dfrac{3+2+2}{20}=\dfrac{7}{20}$

04 답 ②

7명의 학생을 원형으로 나열하는 경우의 수는
$(7-1)!=6!$
여학생 3명을 하나로 보고 원형으로 나열하는 경우의 수는
$(5-1)!=4!$이고, 여학생 3명을 일렬로 나열하는 경우의 수는 $3!$
따라서 구하는 확률은
$\therefore$ (구하는 확률)$=\dfrac{4! \times 3!}{6!}=\dfrac{1}{5}$

05 답 ③

세 자리의 자연수를 만들 수 있는 경우의 수는
$_3\Pi_3=3^3=27$
(ⅰ) 백의 자리 숫자가 2인 경우
    ① 십의 자리 숫자가 2일 때, 일의 자리 숫자가 2, 3이 될 수 있으므로 2가지
    ② 십의 자리 숫자가 3일 때, 일의 자리 숫자가 1, 2, 3이 될 수 있으므로 3가지
(ⅱ) 백의 자리 숫자가 3인 경우
    십의 자리와 일의 자리 숫자로 1, 2, 3 중에 중복하여 선택할 수 있으므로
    $_3\Pi_2=3^2=9$
(ⅰ), (ⅱ)에서
(구하는 확률)$=\dfrac{2+3+9}{27}$
$=\dfrac{14}{27}$

06 답 ③

0부터 9까지의 정수로 중복을 허락하여 네 자리의 비밀번호를 만들 때, 0101, 1133, 1313, 7722, 2772 등과 같이 **두 가지 숫자가 두 개씩 있는** 비밀번호를 만들 수 있는 확률은 $\left(\dfrac{q}{p}\right)^3$
4자리 숫자 중에 두 가지 숫자가 두 개씩 있으므로 같은 것이 있는 순열로 구해야 해.
이다. 이때, $p+q$의 값은? (단, p, q는 서로소인 자연수이다.)

① 11　　　　② 12　　　　③ 13
④ 14　　　　⑤ 15

1st 네 자리의 비밀번호를 만드는 모든 경우의 수는 중복순열을 이용해.
네 자리의 비밀번호를 만들 수 있는 모든 경우는 10개의 수 중에서 중복을 허락하여 4개의 수를 뽑는 중복순열의 수이므로
$_{10}\Pi_4=10^4$

2nd 10개의 수 중에서 임의로 2개의 수를 뽑은 후 같은 것이 있는 순열을 이용해.
서로 다른 두 가지 숫자 a, b를 선택하는 경우의 수는
$_{10}C_2=45$
두 가지 숫자 a, b로 이루어진 4개의 수
a, a, b, b를 일렬로 나열하는 경우의 수는
a와 b가 각각 2개씩 있으므로 같은 것이 있는 순열이야.
$\dfrac{4!}{2!2!}=6$(가지)
$\therefore$ (구하는 확률)$=\dfrac{45 \times 6}{10000}$
$=\dfrac{27}{1000}=\left(\dfrac{3}{10}\right)^3$
즉, $p=10$, $q=3$이므로 $p+q=13$

07 답 16

흰 공 2개, 빨간 공 4개가 주머니에 들어있으므로 공 2개를 꺼내는 전체 경우의 수는

$$_6C_2=\frac{6\times5}{2\times1}=15$$

꺼낸 공이 모두 흰 공인 경우의 수는 $_2C_2=1$(가지)

$\therefore$ (구하는 확률)$=\dfrac{1}{15}$

즉, $p=15$, $q=1$이므로 $p+q=16$

08 답 ④

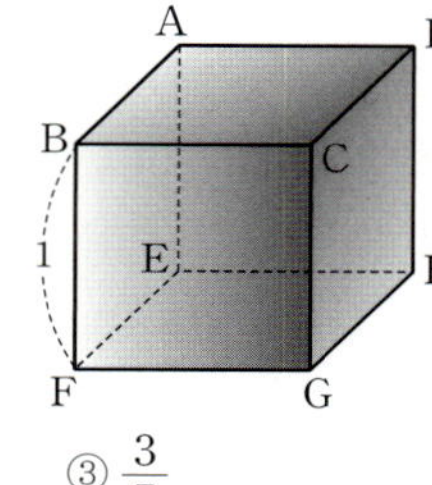

오른쪽 그림과 같은 한 모서리의 길이가 1인 정육면체에서 임의로 서로 다른 두 꼭짓점을 택할 때, 두 점 사이의 거리가 무리수일 확률은?

서로 다른 두 꼭짓점 사이의 거리가 무리수가 되는 것은 $\sqrt{2}$와 $\sqrt{3}$인 경우가 있어.

① $\dfrac{1}{7}$ ② $\dfrac{2}{7}$ ③ $\dfrac{3}{7}$

④ $\dfrac{4}{7}$ ⑤ $\dfrac{5}{5}$

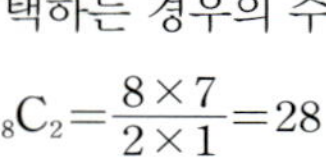 정육면체의 꼭짓점에서 서로 다른 2개의 점을 택하는 경우의 수는 조합의 개수를 이용해야 해.

그림과 같이 정육면체 ABCD$-$EFGH의 꼭짓점은 8개이므로 8개의 점에서 서로 다른 2개의 점을 택하는 경우의 수는

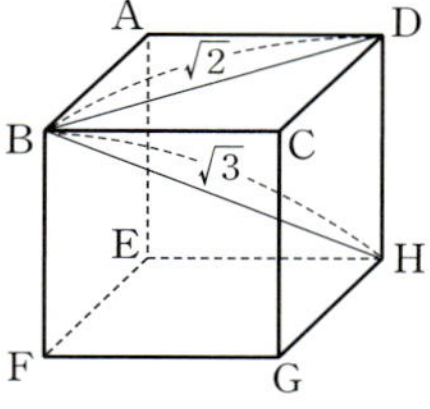

$$_8C_2=\frac{8\times7}{2\times1}=28$$

2nd 두 점 사이의 거리는 1, $\sqrt{2}$, $\sqrt{3}$이 될 수 있고 이 중에서 무리수는 $\sqrt{2}$, $\sqrt{3}$이야.

(i) 선분의 길이가 $\sqrt{2}$인 경우

정육면체의 한 면 ABFE에는 선분 AF, BE와 같이 길이가 $\sqrt{2}$인 대각선이 2개 존재한다. 정육면체는 면이 6개이고 각 면에는 대각선이 각각 2개씩 있으므로

$$6\times2=12$$

(ii) 선분의 길이가 $\sqrt{3}$인 경우

선분 AG, BH, CE, DF의 4가지

(i), (ii)에서

(구하는 확률)$=\dfrac{12+4}{28}=\dfrac{16}{28}=\dfrac{4}{7}$

09 답 ⑤

$\mathrm{P}(B)=1-\mathrm{P}(B^c)=1-\dfrac{1}{3}=\dfrac{2}{3}$이므로

$\mathrm{P}(A\cup B)=\mathrm{P}(A)+\mathrm{P}(B)-\mathrm{P}(A\cap B)$

$$=\frac{1}{2}+\frac{2}{3}-\frac{1}{4}=\frac{11}{12}$$

10 답 ②

두 눈의 수의 합이 4의 배수인 사건을 A, 6의 배수인 사건을 B라 하면 두 눈의 수의 합이 12의 배수인 사건은 $A\cap B$이다.

두 개의 주사위를 던져서 나온 눈의 수를 각각 a, b라 하자.

(i) $a+b$가 4의 배수가 되는 경우

　i) $a+b=4$인 경우의 수

　　$(1, 3)$, $(2, 2)$, $(3, 1)$로 3가지

　ii) $a+b=8$인 경우의 수

　　$(2, 6)$, $(3, 5)$, $(4, 4)$, $(5, 3)$, $(6, 2)$로 5가지

　iii) $a+b=12$인 경우의 수

　　$(6, 6)$으로 1가지

　즉, $a+b$가 4의 배수가 되는 경우의 수는

　$3+5+1=9$(가지)

　$\therefore \mathrm{P}(A)=\dfrac{9}{36}$

(ii) $a+b$가 6의 배수가 되는 경우

　i) $a+b=6$인 경우의 수

　　$(1, 5)$, $(2, 4)$, $(3, 3)$, $(4, 2)$, $(5, 1)$로 5가지

　ii) $a+b=12$인 경우의 수

　　$(6, 6)$으로 1가지

　즉, $a+b$가 6의 배수가 되는 경우의 수는

　$5+1=6$(가지)

　$\therefore \mathrm{P}(B)=\dfrac{6}{36}$

(iii) $a+b$가 12의 배수가 되는 경우

　$(6, 6)$으로 1가지

　$\therefore \mathrm{P}(A\cap B)=\dfrac{1}{36}$

$\therefore \mathrm{P}(A\cup B)=\mathrm{P}(A)+\mathrm{P}(B)-\mathrm{P}(A\cap B)$

$$=\frac{9}{36}+\frac{6}{36}-\frac{1}{36}$$

$$=\frac{14}{36}=\frac{7}{18}$$

11 답 ②

흰 공 6개와 빨간 공 4개가 들어 있는 주머니에서 임의로 4개의 공을 동시에 꺼낼 때, 꺼낸 4개의 공 중 흰 공의 개수가 3 이상인 경우는 흰 공의 개수가 3, 4일 때이다.

(i) 흰 공의 개수가 3일 확률은

$$\frac{_6C_3\times_4C_1}{_{10}C_4}=\frac{20\times4}{210}=\frac{80}{210}$$

(ii) 흰 공의 개수가 4일 확률은

$$\frac{_6C_4}{_{10}C_4}=\frac{15}{210}$$

$\therefore$ (구하는 확률)$=\dfrac{80}{210}+\dfrac{15}{210}=\dfrac{95}{210}=\dfrac{19}{42}$

12 답 ①

같은 색의 공이 연속하여 나오지 않는 경우는
'검은 공 → 흰 공 → 검은 공' 또는 '흰 공 → 검은 공 → 흰 공'의
순서로 꺼내는 두 가지 경우가 있다.

(i) '검은 공 → 흰 공 → 검은 공'으로 나올 확률

$$\frac{2}{5}\times\frac{3}{4}\times\frac{1}{3}=\frac{1}{10}$$

(ii) '흰 공 → 검은 공 → 흰 공'으로 나올 확률

$$\frac{3}{5}\times\frac{2}{4}\times\frac{2}{3}=\frac{1}{5}$$

(i), (ii)에 의해

$$(\text{구하는 확률})=\frac{1}{10}+\frac{1}{5}=\frac{3}{10}$$

13 답 ③

(i) 1회에 흰 공 1개, 검은 공 1개를 뽑으면 상자에는 흰 공만 4
개가 남으므로

$$\frac{_5C_1\times{}_1C_1}{_6C_2}\times1=\frac{1}{3}$$

(ii) 1회에 흰 공 2개를 뽑으면 상자에는 흰 공 3개, 검은 공 1개
가 남으므로

$$\frac{_5C_2}{_6C_2}\times\frac{_3C_2}{_4C_2}=\frac{1}{3}$$

(i), (ii)에 나오는 사건은 배반사건이므로

$$(\text{구하는 확률})=\frac{1}{3}+\frac{1}{3}=\frac{2}{3}$$

14 답 ④

'적어도 한 사람이 검은 공을 꺼내는 사건'의 여사건은 '두 사람이
모두 흰 공을 꺼내는 사건'이다.

주머니 속에서 갑이 흰 공을 꺼낼 사건을 A, 을이 흰 공을 꺼낼
사건을 B라 하면

$$P(A)=\frac{4}{7},\ P(B|A)=\frac{3}{6}=\frac{1}{2}$$

$$P(A\cap B)=P(A)P(B|A)=\frac{4}{7}\times\frac{1}{2}=\frac{2}{7}$$

$$\therefore (\text{구하는 확률})=1-\frac{2}{7}=\frac{5}{7}$$

15 답 ④

5장의 카드를 5명에게 나눠주는 모든 경우의 수는 5!

홀수 1, 3, 5가 적혀 있는 카드를 남학생 2명에게 나누어 주는 방
법의 수는 $_3P_2$, 남은 3장의 카드를 여학생 3명에게 나누어 주는
방법의 수는 3!이므로

두 명의 남학생 모두 홀수가 적혀 있는 카드를 받을 확률은

$$\frac{_3P_2\times3!}{5!}=\frac{3}{10}$$

따라서 적어도 한 명의 남학생이 짝수가 적혀 있는 카드를 받을
확률은

$$1-\frac{3}{10}=\frac{7}{10}$$

16 답 ⑤

7개의 의자가 일렬로 놓여 있다. 이 7개의 의자에 남학생 4
명, 여학생 3명이 임의로 앉을 때, **2명 이상의 여학생이 서로
이웃하게 앉을 확률은?**

이 사건의 여사건은 '여학생 중 어느 2명도
서로 이웃하지 않게 앉는 사건'이야.

① $\dfrac{1}{7}$ ② $\dfrac{2}{7}$ ③ $\dfrac{3}{7}$

④ $\dfrac{4}{7}$ ⑤ $\dfrac{5}{7}$

1st 7명의 학생을 의자에 앉히는 경우의 수를 구하자.

7명의 학생이 일렬로 나열된 7개의 의자에 앉는 경우의 수는 7!

2nd 여학생 어느 2명도 이웃하지 않도록 앉는 방법을 구하자.

'두 명 이상의 여학생이 서로 이웃하게 앉을 사건'의 여사건은 '여
학생 어느 2명도 이웃하지 않게 앉는 사건'이다.

여학생끼리 어느 2명도 서로 이웃하지 않도록 앉는 경우는 먼저
4개의 의자에 남학생 4명을 앉힌 후, 남학생이 앉은 의자 사이와
양 끝에 여학생이 앉을 의자를 3개 놓는 경우의 수는 $_5P_3$

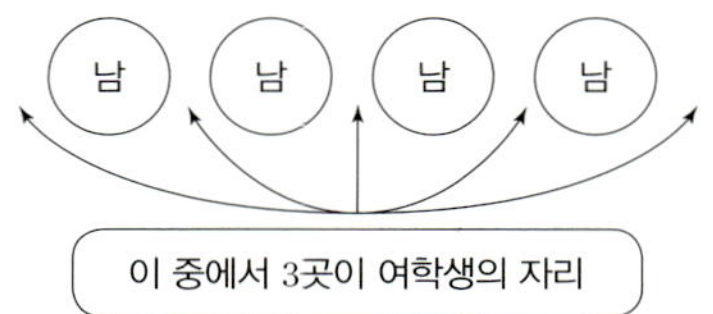

즉, 여학생끼리 어느 2명도 이웃하지 않도록 의자에 앉

을 확률은 $\dfrac{4!\times{}_5P_3}{7!}=\dfrac{2}{7}$ 남학생 4명을 앉히는 경우의 수는 4!이고 그림에서 표시된 5자리에 3명의 여학생이 앉는 경우의 수는 $_5P_3$이다.

3rd $P(A)=1-P(A^C)$을 이용해.

따라서 2명 이상의 여학생이 서로 이웃하게 앉을 확률은

$$1-\frac{2}{7}=\frac{5}{7}$$

17 답 80

A회사 휴대폰을 선택한 남자 직원이 60 %이므로

$$300\times\frac{60}{100}=180$$

A회사 휴대폰을 선택한 여자 직원의 수를 x라 하면 A회사 휴대
폰을 선택한 전체 직원의 수는 $180+x$이다.

	남	여	계
A	180	x	$180+x$
B	120	$200-x$	$320-x$
계	300	200	500

이때, 500명의 직원 중에서 임의로 뽑은 한 명이 A회사 휴대폰을
선택한 사람이었을 때 이 사람이 여자 직원일 확률이 $\dfrac{2}{5}$이므로

$$\frac{x}{180+x}=\frac{2}{5},\ 5x=360+2x,\ 3x=360$$

$$\therefore x=120$$

따라서 B회사 휴대폰을 선택한 여자 직원의 수는

$$200-120=80$$

18 답 ②

두 눈의 수를 각각 a, b라 할 때, $a+b$가 소수가 되는 순서쌍은

$a+b=2$인 경우의 수

$(1, 1)$로 1개

$a+b=3$인 경우의 수

$(1, 2)$, $(2, 1)$로 2개

$a+b=5$인 경우의 수

$(1, 4)$, $(2, 3)$, $(3, 2)$, $(4, 1)$로 4개

$a+b=7$인 경우의 수

$(1, 6)$, $(2, 5)$, $(3, 4)$, $(4, 3)$, $(5, 2)$, $(6, 1)$로 6개

$a+b=11$인 경우의 수

$(5, 6)$, $(6, 5)$로 2개

즉, 두 눈의 수의 합이 소수인 경우의 개수는

$1+2+4+6+2=15$(개)

이 중에서 a, b가 모두 소수인 순서쌍은

$(2, 3)$, $(3, 2)$, $(2, 5)$, $(5, 2)$로 4개

$\therefore$ (구하는 확률)$=\dfrac{4}{15}$

19 답 ③

한 개의 주사위를 두 번 던진다. 6의 눈이 한 번도 나오지 않을 때, 나온 두 눈의 수의 합이 4의 배수일 확률은?

6의 눈이 한 번도 나오지 않은 상황에서 두 눈의 수의 합이 4의 배수가 되는 조건부확률을 구해야 해.

① $\dfrac{4}{25}$　　② $\dfrac{1}{5}$　　③ $\dfrac{6}{25}$

④ $\dfrac{7}{25}$　　⑤ $\dfrac{8}{25}$

1st 6의 배수의 눈이 한 번도 나오지 않을 확률과 두 눈의 수가 6의 배수가 아니고 합이 4의 배수인 확률을 구하자.

한 개의 주사위를 두 번 던질 때, 6의 눈이 한 번도 나오지 않는 사건을 A, 나온 두 눈의 수의 합이 4의 배수인 사건을 B라 하자.

$P(A)=\dfrac{5}{6}\times\dfrac{5}{6}=\dfrac{25}{36}$ ← 주사위를 한 번 던져 6의 눈이 한 번도 나오지 않을 확률은 $\dfrac{5}{6}$이고, 주사위를 두 번 던지는 시행에서 나오는 사건은 서로 독립이야.

한 개의 주사위를 두 번 던질 때 나오는 눈의 수를 차례대로 a, b라 하자. 6의 눈이 한 번도 나오지 않으면서 두 눈의 수의 합이 4의 배수인 사건 $A\cap B$를 순서쌍 (a, b)로 나타내면

$\{(1, 3), (2, 2), (3, 1), (3, 5), (4, 4), (5, 3)\}$

$\therefore P(A\cap B)=\dfrac{6}{36}$

2nd 주사위 한 개를 두 번 던져 6의 배수가 한 번도 나오지 않은 조건에서 두 눈의 수의 합이 4의 배수가 되는 조건부확률을 구해.

구하는 확률은 사건 A가 일어날 때, 사건 B가 일어날 조건부확률이므로

$P(B|A)=\dfrac{P(A\cap B)}{P(A)}=\dfrac{\dfrac{6}{36}}{\dfrac{25}{36}}=\dfrac{6}{25}$

20 답 ②

확률의 곱셈정리에 의하여

$P(A\cap B)=P(A)P(B|A)=\dfrac{5}{8}\times\dfrac{1}{10}=\dfrac{1}{16}$

$\therefore P(A\cap B^{c})=P(A)-P(A\cap B)=\dfrac{5}{8}-\dfrac{1}{16}=\dfrac{9}{16}$

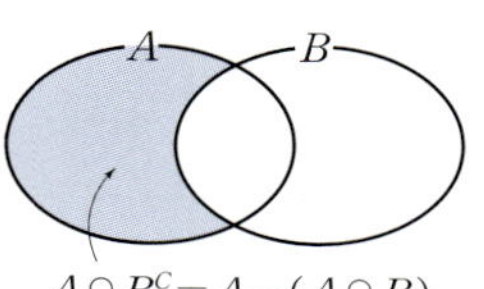

21 답 ①

처음 뽑힌 학생이 남학생일 경우와 여학생일 경우의 확률을 각각 구한다.

처음에 뽑힌 학생이 남학생인 사건을 A, 두 번째 뽑힌 학생이 여학생인 사건을 B라 하면

$P(B)=P(A\cap B)+P(A^{c}\cap B)$

$\qquad=P(A)P(B|A)+P(A^{c})P(B|A^{c})$

$\qquad=\dfrac{4}{6}\times\dfrac{2}{5}+\dfrac{2}{6}\times\dfrac{1}{5}=\dfrac{8+2}{30}=\dfrac{10}{30}=\dfrac{1}{3}$

22 답 ④

A가 동전을 2개 던져서 나온 앞면의 개수만큼 B가 동전을 던진다. B가 던져서 나온 앞면의 개수가 1일 때, A가 던져서 나온 앞면의 개수가 2일 확률은?

A가 동전 2개를 던져서 나온 앞면의 개수는 0, 1, 2이고 각각의 경우에 B가 던질 수 있는 동전의 개수가 결정되는 거야.

① $\dfrac{1}{6}$　　② $\dfrac{1}{5}$　　③ $\dfrac{1}{4}$

④ $\dfrac{1}{3}$　　⑤ $\dfrac{1}{2}$

1st A가 동전 2개를 던져 나올 수 있는 앞면의 개수는 0, 1, 2야. 각각의 경우에 B가 동전을 던져 앞면이 1개 나올 확률을 구해보자.

A가 동전 2개를 던져서 앞면이 n개 나오는 사건을 X_n(단, $n=0, 1, 2$)이라 하고, 두 번째로 B가 동전을 던져 앞면이 한 번 나오는 사건을 Y라 하자.

(i) A가 던진 동전의 앞면이 0개이면

　　B가 동전을 던질 수 없으므로 $P(X_0\cap Y)=0$

(ii) A가 던진 동전의 앞면이 1개이면

　　B가 한 번 동전을 던질 수 있으므로

$P(X_1\cap Y)={}_2C_1\left(\dfrac{1}{2}\right)\left(\dfrac{1}{2}\right)\times\left(\dfrac{1}{2}\right)=\dfrac{1}{4}$

(A가 던진 2개의 동전 중 한 개가 앞면이 나올 확률)
× (B가 던진 1개의 동전이 앞면이 나올 확률)

(iii) A가 던진 동전의 앞면이 2개이면

　　B가 두 번 동전을 던질 수 있으므로

$P(X_2\cap Y)={}_2C_2\left(\dfrac{1}{2}\right)^2\times{}_2C_1\left(\dfrac{1}{2}\right)\left(\dfrac{1}{2}\right)=\dfrac{1}{8}$

(A가 던진 2개의 동전 중 2개가 앞면이 나올 확률)
× (B가 던진 2개의 동전 중 1개가 앞면이 나올 확률)

따라서 B가 던진 동전의 앞면의 개수가 1일 때, A가 던진 동전의 앞면의 개수가 2개일 확률은

$$P(X_2|Y) = \frac{P(X_2 \cap Y)}{P(X_0 \cap Y) + P(X_1 \cap Y) + P(X_2 \cap Y)}$$

$$= \frac{\dfrac{1}{8}}{\dfrac{1}{4} + \dfrac{1}{8}} = \frac{1}{3}$$

23 답 ③

두 양궁선수 A, B가 과녁을 향하여 각각 한 개씩 화살을 쏠 때 명중시키는 사건을 각각 X, Y라 하자.

(ⅰ) A가 쏜 화살은 명중되고, B가 쏜 화살은 명중되지 않을 확률은

$$P(X \cap Y^C) = P(X)P(Y^C) = \frac{3}{4} \times \left(1 - \frac{4}{5}\right) = \frac{3}{20}$$

(ⅱ) A가 쏜 화살은 명중되지 않고, B가 쏜 화살은 명중될 확률은

$$P(X^C \cap Y) = P(X^C)P(Y) = \left(1 - \frac{3}{4}\right) \times \frac{4}{5} = \frac{4}{20}$$

∴ (구하는 확률)

$$= \frac{P(X \cap Y^C)}{P(X \cap Y^C) + P(X^C \cap Y)} = \frac{\dfrac{3}{20}}{\dfrac{3}{20} + \dfrac{4}{20}} = \frac{3}{7}$$

24 답 ④

$A = \{1, 3, 5\}$, $B = \{3, 6\}$, $C = \{2, 3, 5\}$이므로

$P(A) = \dfrac{1}{2}$, $P(B) = \dfrac{1}{3}$, $P(C) = \dfrac{1}{2}$

ㄱ. $A \cap B = \{3\} \neq \varnothing$이므로 A와 B는 배반사건이 아니다. (거짓)

ㄴ. $P(A)P(C) = \dfrac{1}{2} \times \dfrac{1}{2} = \dfrac{1}{4}$

$A \cap C = \{3, 5\}$이므로 $P(A \cap C) = \dfrac{1}{3}$

$P(A)P(C) \neq P(A \cap C)$이므로 A와 C는 서로 종속이다.
(참)

ㄷ. $P(B)P(C) = \dfrac{1}{3} \times \dfrac{1}{2} = \dfrac{1}{6}$

$B \cap C = \{3\}$이므로 $P(B \cap C) = \dfrac{1}{6}$

$P(B)P(C) = P(B \cap C)$이므로 B와 C는 서로 독립이다.
(참)

따라서 옳은 것은 ㄴ, ㄷ이다.

25 답 ④

$P(B) = P(A \cup B) - P(A \cap B^C)$이므로

$P(B) = \dfrac{2}{3} - \dfrac{1}{6} = \dfrac{1}{2}$

두 사건 A, B가 독립이므로, 두 사건 A, B^C도 독립이다. 즉,

$P(A \cap B^C) = P(A)P(B^C) = P(A)\{1 - P(B)\}$

$\dfrac{1}{6} = P(A) \times \dfrac{1}{2}$에서 $P(A) = \dfrac{1}{3}$

26 답 ⑤

한 개의 동전을 던져 뒷면이 나올 확률은 $\dfrac{1}{2}$이다.

뒷면이 4번 이상 나올 확률은 뒷면이 4번, 앞면이 1번 나오거나 5번 모두 뒷면이 나올 확률이므로

$$(구하는 확률) = {}_5C_4 \left(\frac{1}{2}\right)^4 \left(\frac{1}{2}\right)^1 + {}_5C_5 \left(\frac{1}{2}\right)^5$$

$$= \frac{5}{32} + \frac{1}{32} = \frac{6}{32} = \frac{3}{16}$$

27 답 ③

> 흰 공 3개, 검은 공 2개가 들어 있는 상자에서 임의로 2개의 공을 꺼내어 같은 색의 공이면 동전을 3회 던지고, 다른 색의 공이면 동전을 4회 던진다. 이때, 동전의 앞면이 3회 나올 확률은?
>
> 동전을 던지는 시행은 독립시행이고 동전을 한 번 던지는 시행에서 앞면이 나올 확률은 $\dfrac{1}{2}$임을 이용해야 해.
>
> ① $\dfrac{1}{15}$ ② $\dfrac{1}{10}$ ③ $\dfrac{1}{5}$
>
> ④ $\dfrac{2}{5}$ ⑤ $\dfrac{3}{5}$

1st 상자에 있는 5개의 공에서 임의로 2개의 공을 꺼낼 때, 같은 색이 나올 확률과 다른 색이 나올 확률을 구하자.

상자에서 두 개의 공을 꺼낼 때, 같은 색의 공이 나올 확률은

$$\frac{{}_3C_2 + {}_2C_2}{{}_5C_2} = \frac{3+1}{10} = \frac{2}{5}$$

> $\dfrac{{}_3C_2}{{}_5C_2}$ 는 흰 공이 두 개 나오는 확률이고, $\dfrac{{}_2C_2}{{}_5C_2}$ 는 검은 공이 두 개 나오는 확률이야.

즉, 다른 색의 공이 나올 확률은

$$1 - \frac{2}{5} = \frac{3}{5}$$

2nd 동전을 3회 또는 4회 던졌을 때 앞면이 3회 나올 확률은 독립시행의 확률로 구해야 해.

(ⅰ) 꺼낸 두 개의 공이 같은 색인 경우

$$\frac{2}{5} \times {}_3C_3 \left(\frac{1}{2}\right)^3 = \frac{1}{20}$$

> 동전을 3회 던져서 앞면이 3회 나올 확률은 동전을 한 번 던져서 앞면이 나올 확률은 $\dfrac{1}{2}$이므로 동전을 3회 던져서 앞면이 3회 나오는 독립시행의 확률이야.

(ⅱ) 꺼낸 두 개의 공이 다른 색인 경우

$$\frac{3}{5} \times {}_4C_3 \left(\frac{1}{2}\right)^3 \left(\frac{1}{2}\right)^1 = \frac{3}{20}$$

> 동전을 4회 던져서 앞면이 3회 나올 확률은 동전을 한 번 던져서 앞면과 뒷면이 나올 확률은 각각 $\dfrac{1}{2}$이므로 동전을 4회 던져서 앞면이 3회 나오는 독립시행의 확률이야.

(ⅰ), (ⅱ)에 의하여

$$(구하는 확률) = \frac{1}{20} + \frac{3}{20} = \frac{4}{20} = \frac{1}{5}$$

28 답 ⑤

한 개의 주사위를 던져서 나온 눈의 수가 3의 배수일 확률은 $\dfrac{1}{3}$이고, 이 시행은 독립시행이다.

점 P가 시계반대방향으로 1만큼 움직이는 횟수를 a, 시계반대 방향으로 2만큼 움직이는 횟수를 b라고 하면, 주사위를 6번 던지는 시행이므로 $a + b = 6$

이때, 점 P가 꼭짓점 A에서 출발하여 꼭짓점 B에 있게 되려면 움직인 거리인 $a+2b$는 1, 4, 7, 10, …등과 같이 3의 배수보다 1 큰 수가 나와야 한다.

(i) $a+2b=1$ 또는 4인 경우, $a+b=6$을 동시에 만족하는 자연수의 해가 없다.

(ii) $\begin{cases} a+b=6 \\ a+2b=7 \end{cases}$인 경우

$a=5$, $b=1$이므로 이때의 확률은 $_6C_5\left(\dfrac{1}{3}\right)^5\left(\dfrac{2}{3}\right)=\dfrac{4}{3^5}$

(iii) $\begin{cases} a+b=6 \\ a+2b=10 \end{cases}$인 경우

$a=2$, $b=4$이므로 이때의 확률은

$_6C_2\left(\dfrac{1}{3}\right)^2\left(\dfrac{2}{3}\right)^4=\dfrac{15\times16}{3^6}=\dfrac{80}{3^5}$

(iv) $a+2b=13$ 또는 그 이상의 자연수인 경우

$a+b=6$을 동시에 만족하는 자연수의 해가 없다.

(i)~(iv)에 의하여

(구하는 확률)$=\dfrac{80+4}{3^5}=\dfrac{28}{81}$

29 답 23

흰 공을 W, 검은 공을 B, 빨간 공을 R, 초록 공을 G라 하자. W, W, B, B, R, G의 6개의 문자를 모두 일렬로 배열하는 경우의 수는

$\dfrac{6!}{2!2!}=180$(가지)   … ❶

흰 공끼리 이웃하는 사건을 X, 검은 공끼리 이웃하는 사건을 Y라 하자.

(i) 흰 공끼리 이웃하는 경우의 수는 WW를 하나로 보고 WW, B, B, R, G의 5개를 일렬로 배열하는 것이므로

$\dfrac{5!}{2!}=60$

$\therefore \mathrm{P}(X)=\dfrac{60}{180}=\dfrac{1}{3}$

(ii) 검은 공끼리 이웃하는 경우의 수는 BB를 하나로 보고 W, W, BB, R, G의 5개를 일렬로 배열하는 것이므로

$\dfrac{5!}{2!}=60$

$\therefore \mathrm{P}(Y)=\dfrac{60}{180}=\dfrac{1}{3}$

(iii) 흰 공끼리 이웃하고, 검은 공끼리 이웃하는 경우의 수는 WW와 BB를 하나로 보고 WW, BB, R, G의 4개를 일렬로 나열한 것이므로

$4!=24$(가지)

$\therefore \mathrm{P}(X\cap Y)=\dfrac{24}{180}=\dfrac{2}{15}$ … ❷

(i)~(iii)에서

$\mathrm{P}(X\cup Y)=\mathrm{P}(X)+\mathrm{P}(Y)-\mathrm{P}(X\cap Y)=\dfrac{1}{3}+\dfrac{1}{3}-\dfrac{2}{15}=\dfrac{8}{15}$

즉, $p=15$, $q=8$이므로 $p+q=23$ … ❸

30 답 60

임의로 한 명을 택할 때, 학생인 사건을 A, 기숙사 건립에 반대하는 사람인 사건을 B라 하면

$\mathrm{P}(A)=\dfrac{100}{200}=\dfrac{1}{2}$, $\mathrm{P}(B)=\dfrac{3b+20}{200}$,

$\mathrm{P}(A\cap B)=\dfrac{2b}{200}$ … ❶

두 사건 A, B가 서로 독립이므로

$\mathrm{P}(A)\mathrm{P}(B)=\mathrm{P}(A\cap B)$에서

$\dfrac{1}{2}\times\dfrac{3b+20}{200}=\dfrac{2b}{200}$

$3b+20=4b$

$\therefore b=20$ … ❷

$a+2b=100$이므로

$a+40=100$

$\therefore a=60$ … ❸

Simple 1 확률변수와 확률분포

[개념 CHECK + 연산 연습] pp. 78~79

01 답 확률변수, $\mathrm{P}(X=x)$

02 답 이산확률변수

03 답 확률분포

04 답 0, 1, 1

05 답 ×

동전의 앞면을 H, 뒷면을 T라 하면, 동전을 두 번 던지는 시행의 표본공간은 {(H, H), (H, T), (T, H), (T, T)}이므로 앞면이 0번 나올 확률은 $\mathrm{P}(X=0)=\dfrac{1}{4}$

06 답 ×

시간은 연속적으로 셀 수 있는 값이 아니므로 이산확률변수가 아니다.

07 답 ○

흰 공 2개, 파란 공 3개가 들어 있는 주머니에서 임의로 2개의 공을 꺼낼 때, 흰 공이 x개일 확률은

$$\dfrac{\left(\begin{array}{c}\text{흰 공 2개 중}\\x\text{개를 선택하는}\\\text{경우의 수}\end{array}\right)\times\left(\begin{array}{c}\text{파란 공 3개 중}\\(2-x)\text{개를 선택하는}\\\text{경우의 수}\end{array}\right)}{\left(\begin{array}{c}\text{주머니 안의 5개의 공 중에서}\\\text{임의로 2개를 선택하는 경우의 수}\end{array}\right)}$$

08 답 ㄱ, ㄴ, ㄹ

이산확률변수는 확률변수 X가 셀 수 있을 때이다. ㄷ의 출근 시간은 셀 수 없으므로 이산확률변수가 아니다.

09 답 $X=0, 1, 2, 3, 4$

4개의 동전을 던질 때 앞면이 나오는 동전의 개수 X는 0(4개의 동전 모두 뒷면이 나오는 경우)부터 4(4개의 동전 모두 앞면이 나오는 경우)까지 나올 수 있다.

10 답 $X=0, 1, 2$

검은 공 3개와 노란 공 4개가 들어 있는 주머니에서 임의로 2개를 꺼낼 때 나오는 노란 공의 개수 X는 0(검은 공만 2개 나오는 경우)부터 2(노란 공만 2개 나오는 경우)까지 나올 수 있다.

11 답 $X=0, 1, 2, 3, 4, 5$

5번의 사격으로 과녁을 맞히는 개수 X는 0(모두 과녁을 맞히지 못하는 경우)부터 5(모두 과녁을 맞히는 경우)까지 나올 수 있다.

12 답 $X=1, 2, 3, 4, 5, 6$

주사위 하나를 던질 때 나오는 눈의 수 X는 1부터 6까지의 자연수이다.

13 답 $X=0, 1, 2$

빨간 공 2개와 파란 공 4개가 들어 있는 주머니에서 동시에 2개의 공을 꺼낼 때 나오는 빨간 공의 개수 X는 0부터 2까지의 정수이다.

14 답 x, 4, 6

6개의 공이 들어 있는 주머니에서 동시에 2개를 꺼내는 경우의 수는 $_6\mathrm{C}_2$이다. 이때, 꺼낸 2개의 공들 중에서 빨간 공이 x개이면 파란 공은 $(2-x)$개이고, 그 경우의 수는 $_2\mathrm{C}_x\cdot{}_4\mathrm{C}_{2-x}$이다.

따라서 확률변수 X의 확률질량함수는

$$\mathrm{P}(X=x)=\dfrac{_2\mathrm{C}_{\boxed{x}}\cdot{}_{\boxed{4}}\mathrm{C}_{2-x}}{_{\boxed{6}}\mathrm{C}_2}$$

15 답 해설 참조

확률변수 X의 확률질량함수는

$$\mathrm{P}(X=x)=\dfrac{_2\mathrm{C}_x\cdot{}_4\mathrm{C}_{2-x}}{_6\mathrm{C}_2}$$

$x=0, 1, 2$를 대입하면

$$\mathrm{P}(X=0)=\dfrac{_2\mathrm{C}_0\cdot{}_4\mathrm{C}_2}{_6\mathrm{C}_2}=\dfrac{6}{15}=\dfrac{2}{5}$$

$$\mathrm{P}(X=1)=\dfrac{_2\mathrm{C}_1\cdot{}_4\mathrm{C}_1}{_6\mathrm{C}_2}=\dfrac{8}{15}$$

$$\mathrm{P}(X=2)=\dfrac{_2\mathrm{C}_2\cdot{}_4\mathrm{C}_0}{_6\mathrm{C}_2}=\dfrac{1}{15}$$

이므로

X	0	1	2	합계
$\mathrm{P}(X=x)$	$\dfrac{2}{5}$	$\dfrac{8}{15}$	$\dfrac{1}{15}$	1

16 답 $\dfrac{14}{15}$

$$\begin{aligned}\mathrm{P}(0\le X\le 1)&=\mathrm{P}(X=0)+\mathrm{P}(X=1)\\&=\dfrac{2}{5}+\dfrac{8}{15}=\dfrac{14}{15}\end{aligned}$$

17 답 $\dfrac{3}{8}$

확률의 총합이 1이므로

$a+\dfrac{1}{4}+a=1$에서 $2a=\dfrac{3}{4}$

$\therefore a=\dfrac{3}{8}$

18 답 $\dfrac{3}{4}$

$$\begin{aligned}\mathrm{P}(X^2=1)&=\mathrm{P}(X=-1 \text{ 또는 } X=1)\\&=\mathrm{P}(X=-1)+\mathrm{P}(X=1)\\&=\dfrac{3}{8}+\dfrac{3}{8}=\dfrac{3}{4}\end{aligned}$$

19 답 $\dfrac{5}{8}$

$$\begin{aligned}
\mathrm{P}(X^2+X=0)&=\mathrm{P}(X(X+1)=0)\\
&=\mathrm{P}(X=-1 \text{ 또는 } X=0)\\
&=\mathrm{P}(X=-1)+\mathrm{P}(X=0)\\
&=\dfrac{3}{8}+\dfrac{1}{4}=\dfrac{5}{8}
\end{aligned}$$

> **유형 연습** [+ 내신 유형]   문제편 pp. 80~83

20 답 ④

④ 공부 시간은 셀 수 없기 때문에 이산확률변수가 될 수 없다.

21 답 ⑤

흰 공 4개, 검은 공 3개가 들어 있는 주머니에서 3개의 공을 동시에 꺼내는 시행이므로 나오는 흰 공의 개수 X는 0부터 3까지 정수 값을 가질 수 있다.

22 답 $X=0, 1, 2$

빨간 공 5개, 파란 공 2개가 들어 있는 주머니에서 임의로 3개의 공을 꺼내는 시행이므로 나오는 파란 공의 개수 X는 0부터 2까지의 정수 값을 가질 수 있다.

23 답 11

농구에서 자유투를 10번 던져서 성공한 횟수를 X라 할 때, 확률변수 $X=0, 1, 2, \cdots, 10$이므로 그 개수는 11이다.

24 답 ①

확률변수 X의 확률분포표에서

$$\mathrm{P}(X=3)=\dfrac{1}{9}$$

25 답 ②

확률변수 X의 확률분포표에서

$$\mathrm{P}(X=1)=\dfrac{3}{28},\ \mathrm{P}(X=5)=\dfrac{1}{14}$$ 이므로

$$\mathrm{P}(X=1)+\mathrm{P}(X=5)=\dfrac{3}{28}+\dfrac{1}{14}=\dfrac{5}{28}$$

26 답 해설 참조

한 개의 주사위를 두 번 던질 때, 소수의 눈이 나오는 횟수를 확률변수 X라 하므로 $X=0, 1, 2$

한 개의 주사위를 두 번 던질 때, 나오는 모든 경우의 수는 $6\times6=36$(가지)이다.

(i) $X=0$일 때,

소수의 눈이 아닌 눈은 1, 4, 6이므로 한 개의 주사위를 두 번 던질 때, 소수의 눈이 하나도 나오지 않는 경우의 수는 $3\times3=9$(가지)

$$\therefore \mathrm{P}(X=0)=\dfrac{9}{36}=\dfrac{1}{4}$$

(ii) $X=1$일 때,

한 개의 주사위를 두 번 던질 때, 소수의 눈이 나오는 횟수가 1인 경우는 첫 번째에 소수의 눈이 나오고 두 번째에 소수가 아닌 눈이 나오거나 첫 번째에 소수가 아닌 눈이 나오고 두 번째에 소수의 눈이 나오는 경우이다. 소수의 눈은 2, 3, 5이고, 소수가 아닌 눈은 1, 4, 6이므로 이 경우의 수는 $(3\times3)\times2=18$(가지)

$$\therefore \mathrm{P}(X=1)=\dfrac{18}{36}=\dfrac{1}{2}$$

(iii) $X=2$일 때,

한 개의 주사위를 두 번 던질 때, 소수의 눈이 둘다 나오는 경우의 수는 $3\times3=9$(가지)

$$\therefore \mathrm{P}(X=2)=\dfrac{9}{36}=\dfrac{1}{4}$$

따라서 X의 확률분포표는 다음과 같다.

X	0	1	2	합계
$\mathrm{P}(X=x)$	$\dfrac{1}{4}$	$\dfrac{1}{2}$	$\dfrac{1}{4}$	1

> **다른 풀이**

주사위를 던지는 것은 독립사건이므로 독립시행의 확률로 구해 보자.

한 개의 주사위를 던질 때, 소수의 눈 2, 3, 5가 나오는 확률은 $\dfrac{1}{2}$이다.

(i) $X=0$일 때,

두 번 중 소수의 눈이 0번 나올 확률은

$$_2\mathrm{C}_0\left(\dfrac{1}{2}\right)^2=\dfrac{1}{4}$$

(ii) $X=1$일 때,

두 번 중 소수의 눈이 1번 나올 확률은

$$_2\mathrm{C}_1\left(\dfrac{1}{2}\right)\left(\dfrac{1}{2}\right)=\dfrac{1}{2}$$

(iii) $X=2$일 때,

두 번 중 소수의 눈이 2번 나올 확률은

$$_2\mathrm{C}_2\left(\dfrac{1}{2}\right)^2=\dfrac{1}{4}$$

27 답 $\dfrac{1}{4}, \dfrac{1}{2}$

동전의 앞면을 H, 뒷면을 T라 할 때,

한 개의 동전을 두 번 던지는 시행의 표본공간은

$$\{(\mathrm{H, H}), (\mathrm{H, T}), (\mathrm{T, H}), (\mathrm{T, T})\}$$

앞면이 나오는 횟수를 확률변수 X라 하므로 $X=0$ 또는 $X=2$일 확률은 각각 $\dfrac{1}{4}$이고, $X=1$일 확률은 $\dfrac{1}{2}$이다.

$$\therefore \mathrm{P}(X=x)=\begin{cases}\dfrac{1}{4} & (x=0, 2)\\[2mm]\dfrac{1}{2} & (x=1)\end{cases}$$

28 답 $\mathrm{P}(X=x)=\dfrac{{}_3\mathrm{C}_x\cdot{}_7\mathrm{C}_{3-x}}{{}_{10}\mathrm{C}_3}\ (x=0,\ 1,\ 2,\ 3)$

10개의 제비 중 3개의 제비를 뽑는 경우의 수는 ${}_{10}\mathrm{C}_3$이다. 임의로 뽑은 3개의 제비 중에 당첨제비가 x개이면 당첨제비가 아닌 제비는 $(3-x)$개이고, 그 경우의 수는 ${}_3\mathrm{C}_x\cdot{}_7\mathrm{C}_{3-x}$

$$\therefore \mathrm{P}(X=x)=\dfrac{{}_3\mathrm{C}_x\cdot{}_7\mathrm{C}_{3-x}}{{}_{10}\mathrm{C}_3}\ (x=0,\ 1,\ 2,\ 3)$$

29 답 ④

한 종류의 책 5권 중에 임의로 2권의 책을 뽑는 경우의 수는 ${}_5\mathrm{C}_2$이고, 뽑은 2권의 책 중에 저자의 싸인이 들어 있는 책이 x개 포함되는 경우의 수는 ${}_3\mathrm{C}_x\cdot{}_2\mathrm{C}_{2-x}$이므로 X의 확률질량함수는

$$\mathrm{P}(X=x)=\dfrac{{}_3\mathrm{C}_x\cdot{}_2\mathrm{C}_{2-x}}{{}_5\mathrm{C}_2}\ (x=0,\ 1,\ 2)$$

즉, $a=3$, $b=2$, $c=5$이므로

$$a+b+c=10$$

30 답 ③

한 개의 주사위를 던질 때, 눈의 수가 4보다 큰 수가 나오는 경우는 눈의 수가 5 또는 6일 때이므로 이때의 확률은 $\dfrac{1}{3}$이다.

$\mathrm{P}(X=x)$는 10번 중에 주사위의 눈의 수가 5 또는 6인 경우가 x번 나올 확률이므로 X의 확률질량함수는

$$\mathrm{P}(X=x)={}_{10}\mathrm{C}_x\left(\dfrac{1}{3}\right)^x\left(\dfrac{2}{3}\right)^{10-x}$$
$$={}_{10}\mathrm{C}_x\times\dfrac{2^{10-x}}{3^{10}}\,(x=0,\ 1,\ 2,\ \cdots,\ 10)$$

즉, $f(x)=10-x$, $a=3$이므로

$$f(a)=f(3)=7$$

31 답 ⑤

확률의 총합이 1이므로

$$\mathrm{P}(X=1)+\mathrm{P}(X=2)+\mathrm{P}(X=3)=1$$
$$\dfrac{1}{k}+\dfrac{2}{k}+\dfrac{3}{k}=\dfrac{6}{k}=1 \qquad \therefore k=6$$

32 답 ②

확률의 총합이 1이므로

$$\mathrm{P}(X=1)+\mathrm{P}(X=3)+\mathrm{P}(X=5)=1$$
$$\dfrac{k}{1}+\dfrac{k}{3}+\dfrac{k}{5}=k\left(\dfrac{15+5+3}{15}\right)=\dfrac{23}{15}k=1 \qquad \therefore k=\dfrac{15}{23}$$

33 답 ⑤

확률의 총합이 1이므로

$$5a+2a+3a=1 \qquad \therefore a=\dfrac{1}{10}$$

34 답 ①

확률의 총합은 1이므로

$$\dfrac{1}{2}+\dfrac{1}{3}+a=1$$
$$\therefore a=\dfrac{1}{6}$$

35 답 ①

동전의 앞면을 H, 뒷면을 T라 하면 모든 경우는
$(\mathrm{H},\ \mathrm{H},\ \mathrm{H}),\ (\mathrm{H},\ \mathrm{H},\ \mathrm{T}),\ (\mathrm{H},\ \mathrm{T},\ \mathrm{H}),\ (\mathrm{T},\ \mathrm{H},\ \mathrm{H}),$
$(\mathrm{T},\ \mathrm{T},\ \mathrm{H}),\ (\mathrm{T},\ \mathrm{H},\ \mathrm{T}),\ (\mathrm{H},\ \mathrm{T},\ \mathrm{T}),\ (\mathrm{T},\ \mathrm{T},\ \mathrm{T})$
확률변수 X가 가질 수 있는 값은 0, 1, 2, 3이고, 그 확률은 각각

$$a=\mathrm{P}(X=0)=\dfrac{1}{8},\ b=\mathrm{P}(X=2)=\dfrac{3}{8}$$이므로

$$\therefore b^2-a^2=\dfrac{9}{64}-\dfrac{1}{64}=\dfrac{8}{64}=\dfrac{1}{8}$$

동전을 던지는 것은 독립시행의 확률로 구해 보자.

한 개의 동전을 던질 때, 뒷면이 나올 확률은 $\dfrac{1}{2}$이고,

확률변수 X는 세 개의 동전을 던질 때 뒷면이 나올 횟수이다.

$\mathrm{P}(X=0)$은 세 개의 동전이 모두 앞면이 나올 확률이므로

$$a={}_3\mathrm{C}_0\left(\dfrac{1}{2}\right)^3=\dfrac{1}{8}$$

$\mathrm{P}(X=2)$는 세 개의 동전 중 두 개가 뒷면, 하나가 앞면이 나올 확률이므로

$$b={}_3\mathrm{C}_2\left(\dfrac{1}{2}\right)^2\left(\dfrac{1}{2}\right)=\dfrac{3}{8}$$

$$\therefore b^2-a^2=\dfrac{9}{64}-\dfrac{1}{64}=\dfrac{1}{8}$$

36 답 ②

확률의 총합이 1이므로

$$a+\dfrac{1}{10}+b+\dfrac{1}{10}+\dfrac{1}{5}=1$$
$$\therefore a+b=\dfrac{3}{5}$$

37 답 ④

확률의 총합이 1이므로

$$\dfrac{1}{8}+\dfrac{3}{8}+a+\dfrac{1}{8}=1 \qquad \therefore a=\dfrac{3}{8}$$

$$\therefore \mathrm{P}(X\leq 3a)=\mathrm{P}\left(X\leq\dfrac{9}{8}\right)$$
$$=\mathrm{P}(X=0)+\mathrm{P}(X=1)$$
$$=\dfrac{1}{8}+\dfrac{3}{8}=\dfrac{4}{8}=\dfrac{1}{2}$$

38 답 ③

확률의 총합이 1이므로

$$\frac{a}{2}+\frac{1}{2}+a^2=1$$

$$2a^2+a-1=0$$

$$(a+1)(2a-1)=0 \qquad \therefore a=\frac{1}{2}\ (\because 0\leq a\leq 1)$$

$$\begin{aligned}
\therefore \ \mathrm{P}(X^2-X=0)&=\mathrm{P}(X(X-1)=0)\\
&=\mathrm{P}(X=0\ \text{또는}\ X=1)\\
&=\mathrm{P}(X=0)+\mathrm{P}(X=1)\\
&=\frac{1}{2}+\frac{1}{4}=\frac{3}{4}
\end{aligned}$$

39 답 ③

확률변수 X가 가질 수 있는 값은 0, 1, 2이고, 그 확률은

$$\mathrm{P}(X=0)=\frac{1}{4},\ \mathrm{P}(X=1)=\frac{1}{2},\ \mathrm{P}(X=2)=\frac{1}{4}$$

$$\therefore \ \mathrm{P}(X=1\ \text{또는}\ X=2)=\mathrm{P}(X=1)+\mathrm{P}(X=2)=\frac{3}{4}$$

다른 풀이

두 개의 동전을 던져서 앞면이 나오는 횟수가 X이므로

$$\mathrm{P}(X=1)+\mathrm{P}(X=2)$$

$$={}_2\mathrm{C}_1\left(\frac{1}{2}\right)\left(\frac{1}{2}\right)+{}_2\mathrm{C}_2\left(\frac{1}{2}\right)^2$$

$$=\frac{2}{4}+\frac{1}{4}=\frac{3}{4}$$

40 답 ⑤

참치김밥의 개수 X가 가질 수 있는 값은 0, 1, 2이고, 그 확률은

$$\mathrm{P}(X=0)=\frac{{}_4\mathrm{C}_2}{{}_6\mathrm{C}_2}=\frac{6}{15}=\frac{2}{5}$$

$$\mathrm{P}(X=1)=\frac{{}_2\mathrm{C}_1\times{}_4\mathrm{C}_1}{{}_6\mathrm{C}_2}=\frac{8}{15}$$

$$\mathrm{P}(X=2)=\frac{{}_2\mathrm{C}_2}{{}_6\mathrm{C}_2}=\frac{1}{15}$$

X	0	1	2	합계
$\mathrm{P}(X=x)$	$\frac{2}{5}$	$\frac{8}{15}$	$\frac{1}{15}$	1

$$\therefore \ \mathrm{P}(X>1)=\mathrm{P}(X=2)=\frac{1}{15}$$

41 답 ⑤

1부터 5까지의 자연수에서 두 개의 숫자를 뽑아서 큰 수에서 작은 수를 뺀 값을 X라 하면 X는 1부터 4까지의 값을 가진다.

$$\mathrm{P}(1\leq X\leq 3)$$

$$=\mathrm{P}(X=1)+\mathrm{P}(X=2)+\mathrm{P}(X=3)$$

$$=1-\mathrm{P}(X=4)=1-\frac{1}{10}$$

$$=\frac{9}{10}$$

42 답 ③

주사위를 던져서 짝수가 나올 확률은 $\frac{1}{2}$이고, 확률변수 X는 주사위를 다섯 번 던졌을 때 짝수가 나오는 횟수이므로

$$\begin{aligned}
\mathrm{P}(0\leq X\leq 1)&=\mathrm{P}(X=0)+\mathrm{P}(X=1)\\
&={}_5\mathrm{C}_0\left(\frac{1}{2}\right)^5+{}_5\mathrm{C}_1\left(\frac{1}{2}\right)\left(\frac{1}{2}\right)^4\\
&=\frac{1}{32}+\frac{5}{32}=\frac{6}{32}=\frac{3}{16}
\end{aligned}$$

43 답 ④

3번 타석에 들어섰을 때 안타를 치는 개수를 확률변수 X라 하므로 X가 가질 수 있는 값은 0, 1, 2, 3이다.

한편, $X^2+3\geq 4X$에서

$$X^2-4X+3=(X-1)(X-3)\geq 0$$

$$\therefore \ X\leq 1\ \text{또는}\ X\geq 3$$

$$\begin{aligned}
\mathrm{P}(X^2+3\geq 4X)&=\mathrm{P}(X\leq 1)+\mathrm{P}(X\geq 3)\\
&=\mathrm{P}(X=0)+\mathrm{P}(X=1)+\mathrm{P}(X=3)\\
&=1-\mathrm{P}(X=2)\\
&=1-{}_3\mathrm{C}_2\left(\frac{2}{5}\right)^2\left(\frac{3}{5}\right)\\
&=1-\frac{3\times 2^2\times 3}{5^3}=1-\frac{36}{125}=\frac{89}{125}
\end{aligned}$$

44 답 ③

흰 공 4개, 검은 공 3개가 들어 있는 주머니에서 3개의 공을 꺼낼 때 (흰 공 0개, 검은 공 3개), (흰 공 1개, 검은 공 2개), (흰 공 2개, 검은 공 1개), (흰 공 3개, 검은 공 0개)의 네 가지 경우가 있으므로 흰 공의 개수 X가 가질 수 있는 값은 0, 1, 2, 3이다.

X의 각 값에 대한 확률을 구해보면

$$\mathrm{P}(X=0)=\frac{{}_4\mathrm{C}_0\cdot{}_3\mathrm{C}_3}{{}_7\mathrm{C}_3}=\frac{1}{35},\ \mathrm{P}(X=1)=\frac{{}_4\mathrm{C}_1\cdot{}_3\mathrm{C}_2}{{}_7\mathrm{C}_3}=\frac{12}{35},$$

$$\mathrm{P}(X=2)=\frac{{}_4\mathrm{C}_2\cdot{}_3\mathrm{C}_1}{{}_7\mathrm{C}_3}=\frac{18}{35},\ \mathrm{P}(X=3)=\frac{{}_4\mathrm{C}_3\cdot{}_3\mathrm{C}_0}{{}_7\mathrm{C}_3}=\frac{4}{35}$$

이것을 확률분포표로 나타내면 다음과 같다.

X	0	1	2	3	합계
$\mathrm{P}(X=x)$	$\frac{1}{35}$	$\frac{12}{35}$	$\frac{18}{35}$	$\frac{4}{35}$	1

확률분포표에서 $\mathrm{P}(X=2)$가 최댓값을 가지므로 $a=2$

45 답 1

빨간 공 2개, 파란 공 5개가 들어 있는 주머니에서 3개의 공을 꺼낼 때

(빨간 공 0개, 파란 공 3개), (빨간 공 1개, 파란 공 2개),

(빨간 공 2개, 파란 공 1개)

의 세 가지 경우가 있으므로 빨간 공의 개수 X가 가질 수 있는 값은 0, 1, 2이다.

X의 각 값에 대한 확률을 구해보면

$$P(X=0)=\frac{{}_2C_0\cdot{}_5C_3}{{}_7C_3}=\frac{10}{35}=\frac{2}{7}$$

$$P(X=1)=\frac{{}_2C_1\cdot{}_5C_2}{{}_7C_3}=\frac{20}{35}=\frac{4}{7}$$

$$P(X=2)=\frac{{}_2C_2\cdot{}_5C_1}{{}_7C_3}=\frac{5}{35}=\frac{1}{7}$$

이것을 확률분포표로 나타내면 다음과 같다.

X	0	1	2	합계
$P(X=x)$	$\frac{2}{7}$	$\frac{4}{7}$	$\frac{1}{7}$	1

$$P(X\geq1)=P(X=1)+P(X=2)$$
$$=\frac{4}{7}+\frac{1}{7}=\frac{5}{7}$$

따라서 정수 m의 값은 1이다.

46 답 ②

정사면체 모양의 주사위를 두 번 던져서 나온 수를 각각 a, b라 하면 $a+b$는 2부터 8까지의 자연수를 가질 수 있다. 각각의 경우에 대해 순서쌍 (a, b)를 구해보면

$a+b=2$: $(1, 1)$

$a+b=3$: $(1, 2)$, $(2, 1)$

$a+b=4$: $(1, 3)$, $(2, 2)$, $(3, 1)$

$a+b=5$: $(1, 4)$, $(2, 3)$, $(3, 2)$, $(4, 1)$

$a+b=6$: $(2, 4)$, $(3, 3)$, $(4, 2)$

$a+b=7$: $(3, 4)$, $(4, 3)$

$a+b=8$: $(4, 4)$

전체 경우의 수는

$$1+2+3+4+3+2+1=16$$

이것을 확률분포표로 나타내면 다음과 같다.

X	2	3	4	5	6	7	8	합계
$P(X=x)$	$\frac{1}{16}$	$\frac{2}{16}$	$\frac{3}{16}$	$\frac{4}{16}$	$\frac{3}{16}$	$\frac{2}{16}$	$\frac{1}{16}$	1

$$P(X\leq4)=P(X=2)+P(X=3)+P(X=4)$$
$$=\frac{1+2+3}{16}=\frac{6}{16}=\frac{3}{8}$$

따라서 정수 m의 값은 4이다.

01 답 $x_1p_1+x_2p_2+x_3p_3-\cdots+x_np_n$

02 답 $X-m$, $E(X^2)$

03 답 $V(X)$

04 답 a, b

05 답 $|a|$

06 답 ○

07 답 ×

$$m=-1\times\frac{1}{4}+0\times\frac{1}{2}+1\times\frac{1}{4}=-\frac{1}{4}+\frac{1}{4}=0$$

08 답 ×

$$E(3X-2)=3E(X)-2=3\times5-2=13$$

09 답 ○

$$\sigma(-4X+5)=|-4|\sigma(X)=4\times7=28$$

10 답 5

$$m=E(X)=2\times\frac{1}{3}+5\times\frac{1}{3}+8\times\frac{1}{3}=\frac{15}{3}=5$$

11 답 6

X	2	5	8
$P(X=x)$	$\frac{1}{3}$	$\frac{1}{3}$	$\frac{1}{3}$
$(X-m)^2$	$(2-5)^2=9$	$(5-5)^2=0$	$(8-5)^2=9$

$$\therefore V(X)=9\times\frac{1}{3}+0\times\frac{1}{3}+9\times\frac{1}{3}=\frac{18}{3}=6$$

다른 풀이

분산을 구할 때, $V(X)=E(X^2)-m^2$으로 계산하는 것이 편할 때가 많다.

주어진 확률분포표에서

X^2	4	25	64
$P(X=x)$	$\frac{1}{3}$	$\frac{1}{3}$	$\frac{1}{3}$

$$\therefore E(X^2)=4\times\frac{1}{3}+25\times\frac{1}{3}+64\times\frac{1}{3}=\frac{93}{3}=31$$

$E(X)=5$이므로

$$V(X)=E(X^2)-m^2=31-5^2=6$$

12 답 $\sqrt{6}$

$$\sigma(X)=\sqrt{V(X)}=\sqrt{6}$$

13 답 해설 참조

주머니 안의 6개의 공들 중에서 2개의 공을 꺼내는 시행이므로 전체 경우의 수는 $_6C_2$이고, 꺼낸 공들 중에서 빨간 공의 개수가 확률변수 X이므로 X가 가질 수 있는 값은 0, 1, 2이다.

이에 대응하는 확률은 각각

$$P(X=0)=\frac{_2C_0 \cdot {}_4C_2}{_6C_2}=\frac{6}{15}=\frac{2}{5}$$

$$P(X=1)=\frac{_2C_1 \cdot {}_4C_1}{_6C_2}=\frac{8}{15}$$

$$P(X=2)=\frac{_2C_2 \cdot {}_4C_0}{_6C_2}=\frac{1}{15}$$

따라서 확률변수 X의 확률분포표는 다음과 같다.

X	0	1	2	합계
$P(X=x)$	$\frac{2}{5}$	$\frac{8}{15}$	$\frac{1}{15}$	1

14 답 $\frac{2}{3}$

$$m=E(X)=0\times\frac{2}{5}+1\times\frac{8}{15}+2\times\frac{1}{15}=\frac{10}{15}=\frac{2}{3}$$

15 답 $\frac{16}{45}$

$$V(X)=E(X^2)-m^2$$
$$=\left(0^2\times\frac{2}{5}+1^2\times\frac{8}{15}+2^2\times\frac{1}{15}\right)-\left(\frac{2}{3}\right)^2=\frac{16}{45}$$

16 답 $\frac{4\sqrt5}{15}$

$$\sigma(X)=\sqrt{V(X)}=\sqrt{\frac{16}{45}}=\frac{4\sqrt5}{15}$$

17 답 7

$$E(3X+1)=3E(X)+1=3\times2+1=7$$

18 답 16

$$V(-2X-50)=(-2)^2\,V(X)=4\times4=16$$

19 답 6

$\sigma(X)=\sqrt{V(X)}=\sqrt4=2$이므로
$$\sigma(-3X-2)=|-3|\,\sigma(X)=3\times2=6$$

20 답 $E(X)=1$, $V(X)=\frac{1}{2}$, $\sigma(X)=\frac{\sqrt2}{2}$

확률변수 X의 확률분포표는 다음과 같다.

X	0	1	2	합계
$P(X=x)$	$\frac{1}{4}$	$\frac{1}{2}$	$\frac{1}{4}$	1

$$E(X)=0\times\frac{1}{4}+1\times\frac{1}{2}+2\times\frac{1}{4}=1$$

$$V(X)=\left(0^2\times\frac{1}{4}+1^2\times\frac{1}{2}+2^2\times\frac{1}{4}\right)-1^2=\frac{1}{2}$$

$$\sigma(X)=\sqrt{\frac{1}{2}}=\frac{\sqrt2}{2}$$

21 답 1

$$E(Y)=E(2X-1)=2E(X)-1=2\times1-1=1$$

22 답 2

$$V(Y)=V(2X-1)=2^2V(X)=4\times\frac{1}{2}=2$$

23 답 $\sqrt2$

$$\sigma(Y)=\sigma(2X-1)=|2|\,\sigma(X)=2\times\frac{\sqrt2}{2}=\sqrt2$$

24 답 ①

확률의 합은 1이므로
$$\frac{1}{2}+a+b=1$$
$$\therefore a+b=\frac{1}{2}\ \cdots\ ㉠$$

X의 기댓값이 $\frac{3}{4}$이므로
$$E(X)=0\times\frac{1}{2}+1\times a+2\times b=\frac{3}{4}$$
$$\therefore a+2b=\frac{3}{4}\ \cdots\ ㉡$$

㉠, ㉡을 연립하면 $a=\frac{1}{4}$, $b=\frac{1}{4}$
$$\therefore ab=\frac{1}{4}\times\frac{1}{4}=\frac{1}{16}$$

25 답 ①

확률변수 X에 대하여
$$E(X)=1\times\frac{1}{10}+2\times\frac{2}{10}+3\times\frac{3}{10}+4\times\frac{4}{10}=\frac{30}{10}=3$$

$$E(X^2)=1^2\times\frac{1}{10}+2^2\times\frac{2}{10}+3^2\times\frac{3}{10}+4^2\times\frac{4}{10}=\frac{100}{10}=10$$

$$\therefore V(X)=E(X^2)-\{E(X)\}^2$$
$$=10-3^2=1$$

다른 풀이

$$V(X)=E((X-m)^2)$$
$$=(1-3)^2\times\frac{1}{10}+(2-3)^2\times\frac{2}{10}$$
$$\qquad\qquad+(3-3)^2\times\frac{3}{10}+(4-3)^2\times\frac{4}{10}$$
$$=\frac{4}{10}+\frac{2}{10}+0+\frac{4}{10}=\frac{10}{10}=1$$

26 답 ④

$E(X)=(-1)\times\dfrac{1}{3}+1\times\dfrac{1}{3}+3\times\dfrac{1}{3}=1$,

$E(X^2)=(-1)^2\times\dfrac{1}{3}+1^2\times\dfrac{1}{3}+3^2\times\dfrac{1}{3}=\dfrac{11}{3}$이므로

$V(X)=E(X^2)-\{(E(X)\}^2=\dfrac{11}{3}-1^2=\dfrac{8}{3}$

$\therefore \sigma(X)=\sqrt{\dfrac{8}{3}}=\dfrac{2\sqrt{6}}{3}$

27 답 ①

확률변수 X의 확률질량함수는

$P(X=x)={}_2C_x\left(\dfrac{1}{2}\right)^x\left(\dfrac{1}{2}\right)^{2-x}\ (x=0,\ 1,\ 2)$

X의 확률분포표는 다음과 같다.

X	0	1	2	합계
$P(X=x)$	$\dfrac{1}{4}$	$\dfrac{1}{2}$	$\dfrac{1}{4}$	1

$\therefore E(X)=0\times\dfrac{1}{4}+1\times\dfrac{1}{2}+2\times\dfrac{1}{4}=1$

28 답 ③

확률변수 $X=0$, 100, 200이고, X의 확률분포표는 다음과 같다.

X	0	100	200	합계
$P(X=x)$	$\dfrac{1}{4}$	$\dfrac{1}{2}$	$\dfrac{1}{4}$	1

X의 기댓값(평균)은

$E(X)=0\times\dfrac{1}{4}+100\times\dfrac{1}{2}+200\times\dfrac{1}{4}$

$\qquad =100$

29 답 ④

빨간 공 3개, 파란 공 4개가 들어 있는 주머니에서 동시에 2개의 공을 꺼낼 때, 나오는 빨간 공의 개수 $X=0$, 1, 2이고, 각각의 확률을 구하면

$P(X=0)=\dfrac{{}_4C_2}{{}_7C_2}=\dfrac{6}{21}=\dfrac{2}{7}$

$P(X=1)=\dfrac{{}_3C_1\times{}_4C_1}{{}_7C_2}=\dfrac{12}{21}=\dfrac{4}{7}$

$P(X=2)=\dfrac{{}_3C_2}{{}_7C_2}=\dfrac{3}{21}=\dfrac{1}{7}$

X의 확률분포표는 다음과 같다.

X	0	1	2	합계
$P(X=x)$	$\dfrac{2}{7}$	$\dfrac{4}{7}$	$\dfrac{1}{7}$	1

$E(X)=0\times\dfrac{2}{7}+1\times\dfrac{4}{7}+2\times\dfrac{1}{7}=\dfrac{6}{7}$,

$E(X^2)=0^2\times\dfrac{2}{7}+1^2\times\dfrac{4}{7}+2^2\times\dfrac{1}{7}=\dfrac{8}{7}$이므로

$V(X)=E(X^2)-\{E(X)\}^2=\dfrac{8}{7}-\left(\dfrac{6}{7}\right)^2=\dfrac{20}{49}$

30 답 ③

5개의 제비 중에서 임의로 2개의 제비를 뽑을 때, 나오는 당첨제비의 개수 $X=0$, 1, 2이고, 각각의 확률을 구하면

$P(X=0)=\dfrac{{}_3C_0\cdot{}_2C_2}{{}_5C_2}=\dfrac{1}{10}$

$P(X=1)=\dfrac{{}_3C_1\cdot{}_2C_1}{{}_5C_2}=\dfrac{6}{10}=\dfrac{3}{5}$

$P(X=2)=\dfrac{{}_3C_2\cdot{}_2C_0}{{}_5C_2}=\dfrac{3}{10}$

X의 확률분포표는 다음과 같다.

X	0	1	2	합계
$P(X=x)$	$\dfrac{1}{10}$	$\dfrac{3}{5}$	$\dfrac{3}{10}$	1

$E(X)=0\times\dfrac{1}{10}+1\times\dfrac{3}{5}+2\times\dfrac{3}{10}=\dfrac{6}{5}$,

$E(X^2)=0^2\times\dfrac{1}{10}+1^2\times\dfrac{3}{5}+4^2\times\dfrac{3}{10}=\dfrac{9}{5}$이므로

$V(X)=E(X^2)-\{E(X)\}^2=\dfrac{9}{5}-\left(\dfrac{6}{5}\right)^2=\dfrac{9}{25}$

$\therefore \sigma(X)=\sqrt{V(X)}=\sqrt{\dfrac{9}{25}}=\dfrac{3}{5}$

31 답 ⑤

$E(Y)=E(2X-1)=2E(X)-1=2\times1-1=1$,

$V(Y)=V(2X-1)=2^2V(X)=4\times1=4$이므로

$E(Y)+V(Y)=1+4=5$

32 답 ①

$E(2X^2+3)=2E(X^2)+3$이므로 $E(X^2)$의 값을 구하자.

$V(X)=E(X^2)-\{E(X)\}^2$에서 $E(X)=2$이고, $V(X)=3$이므로

$3=E(X^2)-2^2 \qquad \therefore E(X^2)=7$

$\therefore E(2X^2+3)=2E(X^2)+3=2\times7+3=17$

33 답 ①

$E(X)=1$이고, $E(Y)=1$이므로

$E(aX+b)=aE(X)+b=1$

$\therefore a+b=1 \cdots \bigcirc$

또, $V(X)=4$, $V(Y)=1$이므로

$V(Y)=V(aX+b)=a^2V(X)=a^2\times4=1$

$\therefore a=\dfrac{1}{2}\ (\because a>0)$

이 값을 $\bigcirc$에 대입하면 $b=\dfrac{1}{2}$

$\therefore a-b=0$

34 답 ④

$V(X)=E(X^2)-\{E(X)\}^2$에서 $E(X)=1$, $V(X)=1$이므로

$1=E(X^2)-1^2 \qquad \therefore E(X^2)=2$

$\therefore E(Y)=E(X^2+X+1)$

$\qquad =E(X^2)+E(X)+1$

$\qquad =2+1+1=4$

35 답 ②

$$E(X)=1\times\frac{1}{4}+2\times\frac{1}{2}+3\times\frac{1}{4}=2,$$

$$E(X^2)=1^2\times\frac{1}{4}+2^2\times\frac{1}{2}+3^2\times\frac{1}{4}=\frac{9}{2}$$이므로

$$V(X)=E(X^2)-\{E(X)\}^2=\frac{9}{2}-2^2=\frac{1}{2}$$

$$\therefore V(2X+1)=2^2V(X)=4\times\frac{1}{2}=2$$

36 답 ④

확률의 총합은 1이므로

$$2a+2a+a=1\qquad\therefore a=\frac{1}{5}$$

$$E(X)=0\times\frac{2}{5}+1\times\frac{2}{5}+2\times\frac{1}{5}=\frac{4}{5},$$

$$E(X^2)=0^2\times\frac{2}{5}+1^2\times\frac{2}{5}+2^2\times\frac{1}{5}=\frac{6}{5}$$이므로

$$V(X)=E(X^2)-\{E(X)\}^2$$
$$=\frac{6}{5}-\left(\frac{4}{5}\right)^2=\frac{14}{25}$$

$$\therefore V(5X-1)=5^2V(X)=25\times\frac{14}{25}=14$$

37 답 ④

확률변수 X의 확률질량함수는

$$P(X=i)=\frac{1}{6}\,(i=1,\,2,\,3,\,4,\,5,\,6)$$

X의 평균을 구하면

$$E(X)=\frac{1+2+3+4+5+6}{6}=\frac{21}{6}=\frac{7}{2}$$

$$\therefore E(2X-3)=2E(X)-3=2\times\frac{7}{2}-3=4$$

38 답 ⑤

흰 공 5개, 검은 공 4개가 들어 있는 주머니에서 동시에 2개의 공을 꺼낼 때, 나오는 흰 공의 개수 $X=0,\,1,\,2$이고, 각각의 확률을 구하면

$$P(X=0)=\frac{{}_5C_0\times{}_4C_2}{{}_9C_2}=\frac{6}{36}=\frac{1}{6}$$

$$P(X=1)=\frac{{}_5C_1\times{}_4C_1}{{}_9C_2}=\frac{20}{36}=\frac{5}{9}$$

$$P(X=2)=\frac{{}_5C_2\times{}_4C_0}{{}_9C_2}=\frac{10}{36}=\frac{5}{18}$$

X의 확률분포표는 다음과 같다.

X	0	1	2	합계
$P(X=x)$	$\frac{1}{6}$	$\frac{5}{9}$	$\frac{5}{18}$	1

$$E(X)=0\times\frac{1}{6}+1\times\frac{5}{9}+2\times\frac{5}{18}=\frac{10}{9},$$

$$E(X^2)=0^2\times\frac{1}{6}+1^2\times\frac{5}{9}+2^2\times\frac{5}{18}=\frac{5}{3}$$이므로

$$V(X)=E(X^2)-\{E(X)\}^2$$
$$=\frac{5}{3}-\left(\frac{10}{9}\right)^2=\frac{35}{81}$$

$$\therefore V(9X-5)=9^2V(X)=81\times\frac{35}{81}=35$$

01 답 $ {}_nC_x p^x q^{n-x}$

02 답 $np,\ npq,\ \sqrt{npq}$

03 답 $\dfrac{X}{n},\ p$

04 답 ○

05 답 ×

3의 배수는 3, 6이므로 주사위를 한 번 던져서 3의 배수가 나올 확률은 $\dfrac{2}{6}=\dfrac{1}{3}$이다. 주사위를 100번 던져서 3의 배수의 눈이 나오는 횟수를 확률변수 X라 하면 X는 이항분포 $B\!\left(100,\,\dfrac{1}{3}\right)$을 따른다.

06 답 ○

동전을 던져서 앞면이 나올 확률은 $\dfrac{1}{2}$이다. 동전을 50번 던져서 앞면이 나오는 횟수를 확률변수 X라 하면 X는 이항분포 $B\!\left(50,\,\dfrac{1}{2}\right)$을 따른다.

$$\therefore E(X)=50\times\frac{1}{2}=25$$

07 답 $B(4,\,0.2)$

08 답 $B(100,\,0.2)$

09 답 $B\!\left(3,\,\dfrac{1}{2}\right)$

10 답 $B\!\left(600,\,\dfrac{1}{6}\right)$

11 답 $n=5,\ p=\dfrac{3}{4}$

$0.75=\dfrac{3}{4}$이고, $B\!\left(5,\,\dfrac{3}{4}\right)$이므로 $n=5,\ p=\dfrac{3}{4}$

12 답 $P(X=x)={}_5C_x\left(\dfrac{3}{4}\right)^x\left(\dfrac{1}{4}\right)^{5-x}\ (x=0,\,1,\,\cdots,\,5)$

13 답 $\dfrac{135}{512}$

$$P(X=3)={}_5C_3\left(\frac{3}{4}\right)^3\left(\frac{1}{4}\right)^2=\frac{135}{512}$$

14 답 60

$$E(X)=180\times\frac{1}{3}=60$$

15 답 40

$$V(X)=180\times\frac{1}{3}\times\frac{2}{3}=40$$

16 답 $2\sqrt{10}$

$$\sigma(X)=\sqrt{180\times\frac{1}{3}\times\frac{2}{3}}=\sqrt{40}=2\sqrt{10}$$

17 답 50

X는 이항분포 $\mathrm{B}\left(100,\ \frac{1}{2}\right)$을 따른다.

$$\mathrm{E}(X)=100\times\frac{1}{2}=50$$

18 답 25

$$\mathrm{V}(X)=100\times\frac{1}{2}\times\frac{1}{2}=25$$

19 답 5

$$\sigma(X)=\sqrt{100\times\frac{1}{2}\times\frac{1}{2}}=\sqrt{25}=5$$

20 답 $\dfrac{1}{3}$

주사위 한 개를 던지는 시행횟수 n이 충분히 크면 큰수의 법칙에 의해 통계적 확률 $\dfrac{X}{n}$는 수학적 확률 p와 같아진다.

4보다 큰 5, 6의 눈이 나올 수학적 확률 $p=\dfrac{2}{6}=\dfrac{1}{3}$

21 답 $\dfrac{1}{2}$

동전 한 개를 던지는 시행횟수 n이 충분히 크면 큰수의 법칙에 의해 통계적 확률 $\dfrac{X}{n}$는 수학적 확률 p와 같아진다.

동전의 앞면이 나올 수학적 확률 $p=\dfrac{1}{2}$

> **유형 연습** [+ 내신 유형] ──▶ 문제편 pp. 90~93

22 답 ④

이항분포 $\mathrm{B}\left(720,\ \frac{1}{6}\right)$을 따르는 확률변수 X의 확률질량함수는

$$\mathrm{P}(X=x)={}_{720}\mathrm{C}_x\left(\frac{1}{6}\right)^x\left(\frac{5}{6}\right)^{720-x}\ (x=0,\ 1,\ \cdots,\ 720)$$

$x=20$을 대입하면

$$\mathrm{P}(X=20)={}_{720}\mathrm{C}_{20}\left(\frac{1}{6}\right)^{20}\left(\frac{5}{6}\right)^{700}=\frac{{}_{720}\mathrm{C}_{20}\times5^{700}}{6^{720}}$$

즉, $a=720,\ b=5,\ c=6$

$\therefore\ a+b+c=720+5+6=731$

23 답 ①

ㄱ. 동전의 앞면이 나올 확률은 $\dfrac{1}{2}$이고, 동시에 8개의 동전을 던지는 시행이므로 이항분포 $\mathrm{B}\left(8,\ \frac{1}{2}\right)$을 따른다.

ㄴ. 주사위의 눈의 수가 2가 나올 확률은 $\dfrac{1}{6}$이고, 주사위를 8번 던지는 시행이므로 이항분포 $\mathrm{B}\left(8,\ \frac{1}{6}\right)$을 따른다.

ㄷ. 확률변수 X_3는 흰 공 2개를 포함하여 8개의 공이 들어 있는 주머니에서 공 2개를 꺼낼 때 나오는 흰 공의 개수이므로 X_3의 확률질량함수는 $\dfrac{{}_2\mathrm{C}_x\cdot{}_6\mathrm{C}_{2-x}}{{}_8\mathrm{C}_2}\ (x=0,\ 1,\ 2)$이므로 독립시행의 확률이 아니다.

따라서 이항분포 $\mathrm{B}\left(8,\ \frac{1}{2}\right)$을 따르는 것은 ㄱ이다.

24 답 ②

이항분포 $\mathrm{B}(10,\ 0.1)$을 따르는 확률변수 X의 확률질량함수는

$$\mathrm{P}(X=x)={}_{10}\mathrm{C}_x\left(\frac{1}{10}\right)^x\left(\frac{9}{10}\right)^{10-x}\ (x=0,\ 1,\ \cdots,\ 10)$$

$$\begin{aligned}\therefore\ \mathrm{P}(|X|\leq1)&=\mathrm{P}(-1\leq X\leq1)\\&=\mathrm{P}(X=0)+\mathrm{P}(X=1)\\&={}_{10}\mathrm{C}_0\left(\frac{9}{10}\right)^{10}+{}_{10}\mathrm{C}_1\left(\frac{1}{10}\right)\left(\frac{9}{10}\right)^{9}\\&=\frac{9^{10}+10\times9^9}{10^{10}}=\frac{19\times9^9}{10^{10}}\end{aligned}$$

25 답 ④

자유투 성공률이 75 %이므로 $p=\dfrac{3}{4}$이고, 50번의 독립시행이므로 확률변수 X는 이항분포 $\mathrm{B}\left(50,\ \frac{3}{4}\right)$을 따른다.

즉, $n=50,\ p=\dfrac{3}{4}$

$$\therefore\ n+p=50+\frac{3}{4}=\frac{203}{4}$$

26 답 ④

$\mathrm{E}(X)=10p=2\qquad\therefore\ p=\dfrac{1}{5}$

확률변수 X는 이항분포 $\mathrm{B}\left(10,\ \frac{1}{5}\right)$을 따르므로

$$\mathrm{V}(X)=10\times\frac{1}{5}\times\frac{4}{5}=\frac{8}{5}$$

27 답 ②

$a=\mathrm{E}(X)=450\times\dfrac{1}{3}=150,$

$b=\sigma(X)=\sqrt{450\times\dfrac{1}{3}\times\dfrac{2}{3}}=\sqrt{100}=10$이므로

$a+b=150+10=160$

28 답 ③

확률변수 X가 이항분포 $\mathrm{B}\!\left(48,\dfrac{3}{4}\right)$을 따르므로

$$\sigma(X)=\sqrt{48\times\dfrac{3}{4}\times\dfrac{1}{4}}=\sqrt{9}=3$$

$$\therefore \sigma(3X+2)=|3|\,\sigma(X)=3\times3=9$$

29 답 ⑤

확률변수 X가 이항분포 $\mathrm{B}\!\left(50,\dfrac{1}{5}\right)$을 따르므로

$$\mathrm{E}(X)=50\times\dfrac{1}{5}=10,\ \mathrm{V}(X)=50\times\dfrac{1}{5}\times\dfrac{4}{5}=8$$

$\sigma(X)=\mathrm{E}(X^2)-\{\mathrm{E}(X)\}^2$이므로

$$8=\mathrm{E}(X^2)-10^2 \quad \therefore \mathrm{E}(X^2)=108$$

30 답 ④

$$\mathrm{E}(X)=np=8 \cdots \ㄱ$$
$$\mathrm{V}(X)=np(1-p)=4 \cdots \ㄴ$$

㉠을 ㉡에 대입하면

$$8(1-p)=4 \Rightarrow 1-p=\dfrac{1}{2} \quad \therefore p=\dfrac{1}{2}$$

31 답 ③

이항분포 $\mathrm{B}(n,\,p)$에서

$$\mathrm{E}(X)=np=0.75 \cdots \ㄱ$$

$\sigma(X)=\sqrt{np(1-p)}=0.75$에서

$$np(1-p)=0.75^2 \cdots \ㄴ$$

㉠을 ㉡에 대입하면

$$0.75(1-p)=0.75^2$$
$$1-p=0.75 \quad \therefore p=0.25$$

이것을 ㉠에 대입하면

$$n\times0.25=0.75 \quad \therefore n=3$$

32 답 ②

확률변수 X의 확률질량함수가

$$\mathrm{P}(X=x)={}_{125}\mathrm{C}_x\!\left(\dfrac{1}{5}\right)^{\!x}\!\left(\dfrac{4}{5}\right)^{\!125-x}\ (x=0,\,1,\,2,\,\cdots,\,125)$$

이므로 확률변수 X는 이항분포 $\mathrm{B}\!\left(125,\dfrac{1}{5}\right)$을 따른다.

$$\mathrm{E}(X)=125\times\dfrac{1}{5}=25,\ \mathrm{V}(X)=125\times\dfrac{1}{5}\times\dfrac{4}{5}=20$$

$$\therefore \mathrm{E}(X)+\mathrm{V}(X)=25+20=45$$

33 답 ②

확률변수 X는 이항분포 $\mathrm{B}\!\left(240,\dfrac{1}{4}\right)$을 따르므로

$$\mathrm{E}(X)=240\times\dfrac{1}{4}=60$$

$$\mathrm{V}(X)=240\times\dfrac{1}{4}\times\dfrac{3}{4}=45$$

$k\times\mathrm{V}(X)=\{\mathrm{E}(X)\}^2$에서

$$45k=3600 \quad \therefore k=80$$

$\mathrm{E}(X)=np$, $\mathrm{V}(X)=npq$이고,

$k\times\mathrm{V}(X)=\{\mathrm{E}(X)\}^2$에서 $k\times npq=(np)^2 \Rightarrow kq=np$

$n=240$, $p=\dfrac{1}{4}$, $q=\dfrac{3}{4}$이므로

$$k\times\dfrac{3}{4}=240\times\dfrac{1}{4} \quad \therefore k=60\times\dfrac{4}{3}=80$$

34 답 ④

확률변수 X의 확률질량함수가

$$\mathrm{P}(X=x)={}_{30}\mathrm{C}_x\dfrac{2^x}{3^{30}}={}_{30}\mathrm{C}_x\!\left(\dfrac{2}{3}\right)^{\!x}\!\left(\dfrac{1}{3}\right)^{\!30-x}\ (x=0,\,1,\,\cdots,\,30)$$

확률변수 X는 이항분포 $\mathrm{B}\!\left(30,\dfrac{2}{3}\right)$를 따른다.

$$\mathrm{E}(X)=30\times\dfrac{2}{3}=20$$

$$\mathrm{V}(X)=30\times\dfrac{2}{3}\times\dfrac{1}{3}=\dfrac{20}{3}$$

$\mathrm{V}(X)=\mathrm{E}(X^2)-\{\mathrm{E}(X)\}^2$이므로

$$\dfrac{20}{3}=\mathrm{E}(X^2)-20^2$$

$$\therefore \mathrm{E}(X^2)=400+\dfrac{20}{3}=\dfrac{1220}{3}$$

35 답 ③

$\mathrm{E}(X)=np=4p$이므로 $n=4$

또, $\mathrm{V}(2X)=4\mathrm{V}(X)=4p$이므로

$$4\times4p(1-p)=4p$$

$$1-p=\dfrac{1}{4} \quad \therefore p=\dfrac{3}{4}$$

즉, 확률변수 X는 이항분포 $\mathrm{B}\!\left(4,\dfrac{3}{4}\right)$을 따른다.

$$\therefore \mathrm{P}(X=n-1)=\mathrm{P}(X=3)$$
$$={}_4\mathrm{C}_3\!\left(\dfrac{3}{4}\right)^{\!3}\!\left(\dfrac{1}{4}\right)=\dfrac{4\times27}{4^4}=\dfrac{27}{64}$$

36 답 ②

$$\mathrm{E}(X)=np=\dfrac{12}{5} \cdots \ㄱ$$

$$\{\sigma(X)\}^2=\mathrm{V}(X)=npq=\dfrac{12}{5}q\ (\because \ㄱ)$$

$\mathrm{V}(X)=\dfrac{36}{25}$이므로

$$\dfrac{12}{5}q=\dfrac{36}{25}$$

$$\therefore q=\dfrac{3}{5},\ p=1-q=\dfrac{2}{5}$$

$\mathrm{E}(X)=\dfrac{2n}{5}=\dfrac{12}{5}$에서 $n=6$

확률변수 X는 이항분포 $\mathrm{B}\!\left(6,\dfrac{2}{5}\right)$를 따르므로

$$\dfrac{\mathrm{P}(X=4)}{\mathrm{P}(X=1)}=\dfrac{{}_6\mathrm{C}_4\!\left(\dfrac{2}{5}\right)^{\!4}\!\left(\dfrac{3}{5}\right)^{\!2}}{{}_6\mathrm{C}_1\!\left(\dfrac{2}{5}\right)^{\!1}\!\left(\dfrac{3}{5}\right)^{\!5}}=\dfrac{15\times2^3}{6\times3^3}=\dfrac{20}{27}$$

즉, $a=27$, $b=20$

$$\therefore a+b=27+20=47$$

37 답 ③

ㄱ. $E(X)=E(Y)=np$ (참)

ㄴ. 확률변수 X는 이항분포 $B(n, p)$를 따르므로

$$V(X)=np(1-p)$$

$k=2$일 때, 확률변수 Y는 이항분포 $B\left(4n, \dfrac{p}{4}\right)$를 따르므로

$$V(Y)=4n\times\dfrac{p}{4}\left(1-\dfrac{p}{4}\right)=np\left(1-\dfrac{p}{4}\right)$$

$$V(X)-V(Y)=np\left\{(1-p)-\left(1-\dfrac{p}{4}\right)\right\}=np\left(-\dfrac{3p}{4}\right)$$

$0<p\leq1$이므로

$$-\dfrac{3}{4}\leq-\dfrac{3p}{4}<0$$

$$\therefore\ V(X)-V(Y)<0\ (거짓)$$

ㄷ. $V\left(\dfrac{1}{2}X\right)=\dfrac{1}{4}V(X)=\dfrac{1}{4}np(1-p)$

$k=1$일 때, 확률변수 Y는 이항분포 $B\left(2n, \dfrac{p}{2}\right)$를 따르므로

$$V(Y)=2n\times\dfrac{p}{2}\left(1-\dfrac{p}{2}\right)=np\left(1-\dfrac{p}{2}\right)$$

$$V\left(\dfrac{1}{2}X\right)-V(Y)=np\left\{\dfrac{1}{4}(1-p)-\left(1-\dfrac{p}{2}\right)\right\}$$

$$=np\left(-\dfrac{3}{4}+\dfrac{p}{4}\right)$$

$0<p\leq1$이므로

$$-\dfrac{3}{4}<-\dfrac{3}{4}+\dfrac{p}{4}\leq-\dfrac{1}{2}$$

$$\therefore\ V\left(\dfrac{1}{2}X\right)-V(Y)<0\ (참)$$

따라서 옳은 것은 ㄱ, ㄷ이다.

38 답 ⑤

명중률이 90%, 즉 $\dfrac{90}{100}=\dfrac{9}{10}$인 미사일을 100번 발사할 때, 명중한 미사일의 개수인 확률변수 X는 이항분포 $B\left(100, \dfrac{9}{10}\right)$를 따르므로

$$E(X)=100\times\dfrac{9}{10}=90$$

39 답 ⑤

두 개의 동전을 던질 때, 나오는 모든 경우는 {(앞, 앞), (앞, 뒤), (뒤, 앞), (뒤, 뒤)}이므로 두 개의 동전을 던져서 둘 다 앞면이 나올 확률은 $\dfrac{1}{4}$이다. 두 개의 동전을 300번 던질 때, 둘 다 앞면이 나오는 횟수가 확률변수 X이므로 X는 이항분포 $B\left(300, \dfrac{1}{4}\right)$을 따른다.

$$\sigma(X)=\sqrt{300\times\dfrac{1}{4}\times\dfrac{3}{4}}$$

$$=\sqrt{\dfrac{900}{16}}=\dfrac{30}{4}=\dfrac{15}{2}$$

40 답 ③

발아될 확률이 90 %, 즉 $\dfrac{90}{100}=\dfrac{9}{10}$인 씨앗을 100개 심었을 때, 발아되는 씨앗의 개수를 확률변수 X라 하면 확률변수 X는 이항분포 $B\left(100, \dfrac{9}{10}\right)$를 따른다.

$$a=E(X)=100\times\dfrac{9}{10}=90,$$

$$b=V(X)=100\times\dfrac{9}{10}\times\dfrac{1}{10}=9$$이므로

$$\therefore\ a+b=90+9=99$$

41 답 ④

한 개의 주사위를 던질 때, 3의 배수인 3, 6이 나올 확률은 $\dfrac{2}{6}=\dfrac{1}{3}$이므로 한 개의 주사위를 90번 던질 때, 3의 배수의 눈이 나오는 횟수를 확률변수 X라 하면 확률변수 X는 이항분포 $B\left(90, \dfrac{1}{3}\right)$을 따른다.

$$V(X)=90\times\dfrac{1}{3}\times\dfrac{2}{3}=20$$이므로

$$V(2X+3)=2^{2}V(X)=4\times20=80$$

42 답 ②

흰 공 3개, 검은 공 2개가 들어 있는 주머니에서 한 개의 공을 꺼낼 때 흰 공이 나오는 확률은 $\dfrac{3}{5}$이므로 그 주머니에서 한 개의 공을 꺼내어 색깔을 확인하고 다시 넣는 일을 100번 반복할 때 확률변수 X는 이항분포 $B\left(100, \dfrac{3}{5}\right)$을 따른다.

$$\sigma(X)=\sqrt{V(X)}=\sqrt{100\times\dfrac{3}{5}\times\dfrac{2}{5}}=\sqrt{24}=2\sqrt{6}$$

43 답 ⑤

불량품이 생산될 확률이 20 %, 즉 $\dfrac{20}{100}=\dfrac{1}{5}$인 기계가 100개의 제품을 생산할 때, 불량품의 개수를 확률변수 X라고 하면 X는 이항분포 $B\left(100, \dfrac{1}{5}\right)$을 따른다.

$$E(X)=100\times\dfrac{1}{5}=20,\ V(X)=100\times\dfrac{1}{5}\times\dfrac{4}{5}=16$$

$$V(X)=E(X^{2})-\{E(X)\}^{2}에서$$

$$16=E(X^{2})-20^{2}\qquad\therefore\ E(X^{2})=416$$

44 답 ③

이항분포 $B(n, p)$를 따르는 확률변수 X의 평균은

$$E(X)=np=1$$이므로 $p=\dfrac{1}{n}$ $\cdots$ ㉠

$$\{\sigma(X)\}^{2}=V(X)=npq=q=\dfrac{98}{100}=\dfrac{49}{50}$$이므로

$$p=1-q=\dfrac{1}{50}=\dfrac{1}{n}\ (\because\ ㉠)$$

$$\therefore\ n=50$$

45 답 ②

서로 다른 두 개의 주사위를 던질 때 나오는 전체 경우의 수는 36이고, 두 눈의 수의 합이 10 또는 12가 되는 경우는 두 눈의 수가 $(4, 6)$, $(5, 5)$, $(6, 4)$, $(6, 6)$인 경우이므로 이때의 확률은 $\dfrac{4}{36}=\dfrac{1}{9}$

즉, 주어진 확률변수 X는 이항분포 $B\left(n, \dfrac{1}{9}\right)$을 따른다.

$\sigma(X)=\sqrt{n\times\dfrac{1}{9}\times\dfrac{8}{9}}=\dfrac{2\sqrt{2n}}{9}=4$에서

$\sqrt{2n}=18$

$2n=324$ $\therefore n=162$

46 답 ③

한 개의 동전을 던질 때 앞면이 나올 확률은 $\dfrac{1}{2}$이므로 동전을 8번 던지는 시행에서 앞면이 나오는 횟수를 확률변수 X라 하면 X는 이항분포 $B\left(8, \dfrac{1}{2}\right)$을 따른다.

$m=\mathrm{E}(X)=8\times\dfrac{1}{2}=4,$

$\sigma(X)=\sqrt{\mathrm{V}(X)}=\sqrt{8\times\dfrac{1}{2}\times\dfrac{1}{2}}=\sqrt{2}$이므로

$$\begin{aligned}
\mathrm{P}\left(\dfrac{|X-m|}{\sigma}<\dfrac{1}{\sqrt{2}}\right)&=\mathrm{P}\left(\dfrac{|X-4|}{\sqrt{2}}<\dfrac{1}{\sqrt{2}}\right)\\
&=\mathrm{P}(-1<X-4<1)\\
&=\mathrm{P}(3<X<5)\\
&=\mathrm{P}(X=4)\\
&={}_8\mathrm{C}_4\left(\dfrac{1}{2}\right)^4\left(\dfrac{1}{2}\right)^4\\
&=\dfrac{35}{128}
\end{aligned}$$

47 답 ④

$\left|\dfrac{X}{10}-\dfrac{1}{6}\right|<0.1$에서 $-0.1<\dfrac{X}{10}-\dfrac{1}{6}<0.1$

$\dfrac{1}{6}-0.1<\dfrac{X}{10}<\dfrac{1}{6}+0.1$

$0.66\cdots<X<2.66\cdots$

확률변수 X는 횟수이므로 정수이다.

$$\begin{aligned}
\therefore \mathrm{P}(0.66\cdots<X<2.66\cdots)&=\mathrm{P}(X=1)+\mathrm{P}(X=2)\\
&=0.323+0.291\\
&=0.614
\end{aligned}$$

48 답 ㄱ, ㄷ, ㄴ, ㄹ

〈보기〉에서 주어진 식은 이항분포 $B(n,\ p)$를 따르는 확률변수 X에 대하여 $\mathrm{P}\left(\left|\dfrac{X}{n}-p\right|<0.1\right)$의 값을 의미한다.

ㄱ. 100번의 시행 중 어떤 사건이 일어나는 횟수를 확률변수 X라 하고 그 사건이 일어날 확률이 $\dfrac{1}{2}$인 경우 X는 이항분포 $B\left(100, \dfrac{1}{2}\right)$을 따른다.

ㄴ. 400번의 시행 중 어떤 사건이 일어나는 횟수를 확률변수 Y라 하고 그 사건이 일어날 확률이 $\dfrac{1}{2}$인 경우 Y는 이항분포 $B\left(400, \dfrac{1}{2}\right)$을 따른다.

ㄷ. 200번의 시행 중 어떤 사건이 일어나는 횟수를 확률변수 Z라 하고 그 사건이 일어날 확률이 $\dfrac{1}{2}$인 경우 Z는 이항분포 $B\left(200, \dfrac{1}{2}\right)$을 따른다.

ㄹ. 1000번의 시행 중 어떤 사건이 일어나는 횟수를 확률변수 W라 하고 그 사건이 일어날 확률이 $\dfrac{1}{2}$인 경우 W는 이항분포 $B\left(1000, \dfrac{1}{2}\right)$을 따른다.

큰수의 법칙에 의하여 n이 커질수록 확률은 1에 가까워진다.

따라서 작은 것부터 차례로 나열하면 ㄱ, ㄷ, ㄴ, ㄹ이다.

> **[큰수의 법칙]** 심플 정리
>
> 어떤 시행에서 사건 A가 일어날 수학적 확률이 p이고, n번의 독립시행에서 사건 A가 일어나는 횟수를 X라 하면 임의의 양수 h에 대하여 n이 충분히 크면
>
> 확률 $\mathrm{P}\left(\left|\dfrac{X}{n}-p\right|<h\right)$는 1에 가까워진다.
>
> 즉, 시행횟수 n이 커지면 통계적 확률 $\dfrac{X}{n}$는 수학적 확률 p에 가까워진다.

01 답 ⑤

⑤ 버스를 기다리는 시간을 X분이라 하면 확률변수 X가 가질 수 있는 값은 $0 \leq X \leq 10$인 모든 실수이므로 셀 수 없다. 따라서 이산확률변수가 아니다.

02 답 ④

확률의 총합은 1이므로

$$\frac{3}{10}+p+\frac{1}{10}+p+p=1$$

$$3p=\frac{6}{10}=\frac{3}{5}$$

$$\therefore p=\frac{1}{5}$$

03 답 ⑤

$\mathrm{P}(3 \leq X \leq 4)=\mathrm{P}(X=3)+\mathrm{P}(X=4)$이므로

먼저 $\mathrm{P}(X=3)$, $\mathrm{P}(X=4)$를 각각 구하자.

(i) 나오는 눈의 수의 합이 3인 경우는

$\quad$ $(1, 2)$, $(2, 1)$이므로 $\mathrm{P}(X=3)=\dfrac{2}{36}$

(ii) 나오는 눈의 수의 합이 4인 경우는

$\quad$ $(1, 3)$, $(2, 2)$, $(3, 1)$이므로 $\mathrm{P}(X=4)=\dfrac{3}{36}$

$\therefore \mathrm{P}(3 \leq X \leq 4)=\dfrac{2}{36}+\dfrac{3}{36}=\dfrac{5}{36}$

04 답 ⑤

$X^2-3X+2=(X-1)(X-2) \leq 0$에서 $1 \leq X \leq 2$

$\therefore \mathrm{P}(X^2-3X+2 \leq 0)=\mathrm{P}(1 \leq X \leq 2)$

$\qquad\qquad\qquad\qquad\quad =\mathrm{P}(X=1)+\mathrm{P}(X=2)$

$\mathrm{P}(X=1)=\dfrac{{}_4\mathrm{C}_1 \times {}_3\mathrm{C}_2}{{}_7\mathrm{C}_3}=\dfrac{12}{35}$,

$\mathrm{P}(X=2)=\dfrac{{}_4\mathrm{C}_2 \times {}_3\mathrm{C}_1}{{}_7\mathrm{C}_3}=\dfrac{18}{35}$이므로

$\mathrm{P}(1 \leq X \leq 2)=\dfrac{12}{35}+\dfrac{18}{35}=\dfrac{30}{35}=\dfrac{6}{7}$

05 답 ③

확률의 총합이 1이므로

$$a+\frac{1}{4}+b=1$$

$$\therefore a+b=\frac{3}{4} \cdots \bigcirc$$

$\mathrm{E}(X)=1 \times a+3 \times \dfrac{1}{4}+7 \times b=5$에서

$$a+7b=\frac{17}{4} \cdots \bigcirc\!\bigcirc$$

$\bigcirc\!\bigcirc-\bigcirc$을 연립하여 a를 소거하면

$$6b=\frac{14}{4}=\frac{7}{2} \qquad \therefore b=\frac{7}{12}$$

06 답 ③

주사위를 한 번 던져 나오는 눈의 수를 4로 나눈 나머지를 확률변수 X라 하자. X의 평균은?

$\qquad$ 4로 나눈 나머지가 확률변수이므로 $X=0, 1, 2, 3$이지?

$\qquad$ (단, 주사위의 각 눈이 나올 확률은 모두 같다.)

① 2 $\qquad$ ② $\dfrac{5}{3}$ $\qquad$ ③ $\dfrac{3}{2}$

④ $\dfrac{4}{3}$ $\qquad$ ⑤ 1

$\qquad$ X가 이산확률변수니까 확률분포표를 구하여 평균을 구해.

1st 확률변수 X의 확률분포표를 만들어 보자.

주사위의 눈을 4로 나눈 나머지는 0부터 3까지이므로 확률변수 X가 취할 수 있는 값은 $X=0, 1, 2, 3$이다.

X의 확률분포표는 다음과 같다.

주사위 눈	4	1, 5	2, 6	3	
X	0	1	2	3	합계
$\mathrm{P}(X=x)$	$\dfrac{1}{6}$	$\dfrac{1}{3}$	$\dfrac{1}{3}$	$\dfrac{1}{6}$	1

2nd 이산확률분포의 평균의 정의를 이용해서 $\mathrm{E}(X)$를 구해.

$$\mathrm{E}(X)=0 \times \frac{1}{6}+1 \times \frac{1}{3}+2 \times \frac{1}{3}+3 \times \frac{1}{6}=\frac{3}{2}$$

[평균의 정의]
$\mathrm{E}(X)=x_1 p_1+x_2 p_2+\cdots+x_n p_n$

07 답 ②

$\mathrm{E}(X)=3$, $\mathrm{V}(X)=5$이고,

$\mathrm{V}(X)=\mathrm{E}(X^2)-\{\mathrm{E}(X)\}^2$에서

$5=\mathrm{E}(X^2)-3^2 \qquad \therefore \mathrm{E}(X^2)=14$

$\therefore \mathrm{E}((2X-1)^2)=\mathrm{E}(4X^2-4X+1)$

$\qquad\qquad\qquad\quad =4\mathrm{E}(X^2)-4\mathrm{E}(X)+1$

$\qquad\qquad\qquad\quad =4 \times 14-4 \times 3+1$

$\qquad\qquad\qquad\quad =56-12+1=45$

08 답 ③

확률변수 X의 확률분포표가 다음과 같다.

확률의 총합이 1이라는 것으로부터 a와 b의 관계식을 찾아.

X	-1	0	1	2	계
$\mathrm{P}(X=x)$	a^2	$\dfrac{1}{3}$	b	$\dfrac{1}{6}$	1

X의 분산이 최댓값을 가질 때, $12a$의 값은?

구해야 하는 것이 a의 값이니까 분산을 a의 함수로 나타내보자.

① $\sqrt{15}$ $\qquad$ ② $\dfrac{3\sqrt{15}}{2}$ $\qquad$ ③ $2\sqrt{15}$

④ $\dfrac{5\sqrt{15}}{2}$ $\qquad$ ⑤ $3\sqrt{15}$

1st 확률의 총합이 1임을 이용하여 a와 b의 관계식을 찾자.

확률의 총합이 1이므로 $a^2+\dfrac{1}{3}+b+\dfrac{1}{6}=1$에서

$a^2+b=\dfrac{1}{2}$이므로 $b=\dfrac{1}{2}-a^2 \cdots \bigcirc$

2nd $V(X)=E(X^2)-\{E(X)\}^2$을 이용해서 분산을 a와 b의 식으로 나타내보자.

$$E(X)=(-1)\times a^2+0\times\frac{1}{3}+1\times b+2\times\frac{1}{6}$$

$$=-a^2+b+\frac{1}{3}$$

$$=-a^2+\left(\frac{1}{2}-a^2\right)+\frac{1}{3}\ (\because \bigcirc)$$

$$=-2a^2+\frac{5}{6}$$

$$E(X^2)=(-1)^2\times a^2+0\times\frac{1}{3}+1^2\times b+2^2\times\frac{1}{6}$$

$$=a^2+b+\frac{2}{3}$$

$$=\frac{7}{6}\ (\because \bigcirc)$$

이므로

$$V(X)=E(X^2)-\{E(X)\}^2=\frac{7}{6}-\left(-2a^2+\frac{5}{6}\right)^2$$

이때, 분산이 최댓값을 가지려면 $-2a^2+\frac{5}{6}=0$이어야 한다.

즉, $a^2=\frac{5}{12}$

$0\le a\le 1$이므로 $a=\frac{2\sqrt{15}}{12}$
a는 확률값이야.

$\therefore 12a=2\sqrt{15}$

다른 풀이

확률의 총합이 1이므로 $a^2+b=\frac{1}{2}\Rightarrow a^2=\frac{1}{2}-b\ \cdots\ \bigcirc$

$$E(X)=-a^2+b+\frac{1}{3}$$

$$=-\left(\frac{1}{2}-b\right)+b+\frac{1}{3}(\because \bigcirc)$$

$$=2b-\frac{1}{2}+\frac{1}{3}=2b-\frac{1}{6}$$

$$E(X^2)=a^2+b+\frac{2}{3}=\frac{1}{2}+\frac{2}{3}=\frac{7}{6}(\because \bigcirc)$$

$$V(X)=E(X^2)-\{E(X)\}^2$$

$$=\frac{7}{6}-\left(2b-\frac{1}{6}\right)^2$$

$$=\frac{7}{6}-4\left(b-\frac{1}{12}\right)^2$$

분산이 최댓값을 가지려면 $b=\frac{1}{12}$이어야 한다.

이것을 $\bigcirc$에 대입하면

$$a^2=\frac{1}{2}-\frac{1}{12}=\frac{5}{12}$$

$$\therefore a=\frac{2\sqrt{15}}{12}(\because a>0)$$

$$\therefore 12a=2\sqrt{15}$$

09 답 ③

확률변수 X가 이항분포 $B\left(n, \frac{3}{10}\right)$을 따르므로

$$E(X)=\frac{3}{10}n=30\qquad\therefore n=100$$

$$\therefore V(X)=100\times\frac{3}{10}\times\frac{7}{10}=21$$

10 답 ②

확률변수 X는 이항분포 $B\left(125, \frac{1}{5}\right)$을 따르므로

$$\sigma(X)=\sqrt{np(1-p)}=\sqrt{125\times\frac{1}{5}\times\frac{4}{5}}=2\sqrt{5}$$

11 답 ⑤

$E(2X-5)=2E(X)-5=175$에서 $E(X)=np=90$

$\sigma(2X-5)=2\sigma(X)=12$에서 $\sigma(X)=\sqrt{npq}=6$

즉, $npq=90q=36$에서 $q=\frac{36}{90}=\frac{2}{5}$

$$\therefore p=1-q=\frac{3}{5}$$

$E(X)=n\times\frac{3}{5}=90$에서

$$n=90\times\frac{5}{3}=150$$

12 답 ⑤

주어진 식은 확률질량함수가

$$P(X=x)={}_8C_x\left(\frac{3}{4}\right)^x\left(\frac{1}{4}\right)^{8-x}\ (x=0,\ 1,\ \cdots,\ 8)$$

으로 주어진 확률변수 X의 평균을 구하는 식이다.

이때, 확률변수 X는 이항분포 $B\left(8, \frac{3}{4}\right)$을 따르므로

$$E(X)=8\times\frac{3}{4}=6$$

13 답 ⑤

주어진 그래프에서 $f(m)$이 0보다 크려면 주사위의 눈의 수가 1 또는 2가 나와야 한다. 즉, 한 개의 주사위를 던졌을 때 사건 A가 일어날 확률은 $\frac{2}{6}=\frac{1}{3}$이고, 이 시행을 15회 반복하므로 확률변수 X는 이항분포 $B\left(15, \frac{1}{3}\right)$을 따른다.

$$E(X)=15\times\frac{1}{3}=5$$

14 답 7

$V(X)=E(X^2)-\{E(X)\}^2$에서

$16=8E(X)-\{E(X)\}^2$

즉, $\{E(X)-4\}^2=0\qquad\therefore E(X)=4$

$$\therefore E(3X-5)=3E(X)-5=3\times4-5=7$$

15 답 300

동전을 두 번 던질 때, 나오는 경우와 상금은 다음과 같다.

(H : 앞면, T : 뒷면)

(H, H) : $100+100=200$(원)

(H, T) : $100+200=300$(원)

(T, H) : $200+100=300$(원)

(T, T) : $200+200=400$(원)

즉, X가 취할 수 있는 값은 200, 300, 400이고, 이에 대응하는

확률은 각각 $\dfrac{1}{4}$, $\dfrac{1}{2}$, $\dfrac{1}{4}$이다.

X	200	300	400	합계
$\mathrm{P}(X=x)$	$\dfrac{1}{4}$	$\dfrac{1}{2}$	$\dfrac{1}{4}$	1

$\therefore \mathrm{E}(X)=200\times\dfrac{1}{4}+300\times\dfrac{1}{2}+400\times\dfrac{1}{4}=300$

16 답 4

확률변수 X는 이항분포 $\mathrm{B}\!\left(n, \dfrac{1}{2}\right)$을 따르므로

$\mathrm{V}(X)=n\times\dfrac{1}{2}\times\dfrac{1}{2}=\dfrac{1}{4}n$

확률변수 Y는 이항분포 $\mathrm{B}\!\left(3n, \dfrac{1}{6}\right)$을 따르므로

$\mathrm{V}(Y)=3n\times\dfrac{1}{6}\times\dfrac{5}{6}=\dfrac{5}{12}n$

확률변수 Z는 이항분포 $\mathrm{B}\!\left(n, \dfrac{1}{3}\right)$을 따르므로

$\mathrm{V}(Z)=n\times\dfrac{1}{3}\times\dfrac{2}{3}=\dfrac{2}{9}n$　　　　 … Ⅰ

세 개의 분산의 크기를 비교하기 위해 모두의 분모를 36으로 하
면

$\mathrm{V}(X)=\dfrac{9}{36}n,\ \mathrm{V}(Y)=\dfrac{15}{36}n,\ \mathrm{V}(Z)=\dfrac{8}{36}n$

이 중 가장 작은 값은 $m=\dfrac{8}{36}n=\dfrac{2}{9}n$　　　　 … Ⅱ

$\therefore \dfrac{\mathrm{V}(X)+\mathrm{V}(Y)+\mathrm{V}(Z)}{m}=\dfrac{\dfrac{9}{36}n+\dfrac{15}{36}n+\dfrac{8}{36}n}{\dfrac{8}{36}n}$

$=\dfrac{9+15+8}{8}=\dfrac{32}{8}$

$=4$　　　　 … Ⅲ

[채점기준표]

Ⅰ	세 확률변수 X, Y, Z의 분산을 구한다.	60%
Ⅱ	m을 구한다.	20%
Ⅲ	주어진 식의 값을 계산한다.	20%

01 답 연속확률변수

02 답 1

03 답 $\mathrm{N}(m, \sigma^2)$

04 답 ○

05 답 ○

06 답 ×

정규분포곡선은 직선 $x=m$에 대하여 대칭이다.

07 답 $\dfrac{1}{10}$

확률밀도함수가 정의된 구간에서 확
률밀도함수와 x축 사이의 넓이는 1
이므로

$10\times k=1$

$\therefore k=\dfrac{1}{10}$

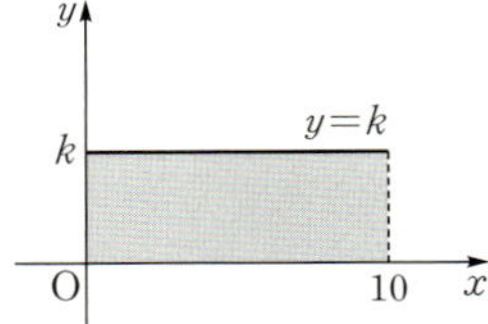

08 답 $\dfrac{1}{5}$

$\mathrm{P}(2\leq X\leq 4)$

$=(4-2)\times\dfrac{1}{10}=\dfrac{1}{5}$

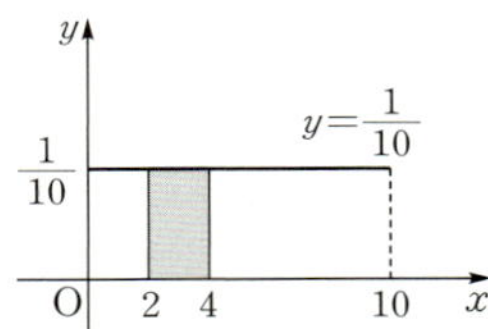

09 답 1

$-1\leq x\leq 1$에서 함수 $f(x)$와 x축 사이
의 넓이가 1이므로

$\dfrac{1}{2}\times 2\times k=1$

$\therefore k=1$

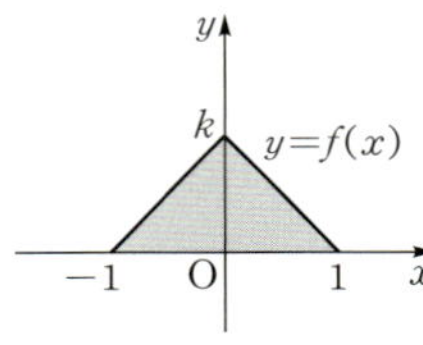

10 답 $\dfrac{1}{2}$

$\mathrm{P}(-1\leq X\leq 0)$

$=\dfrac{1}{2}\times 1\times 1=\dfrac{1}{2}$

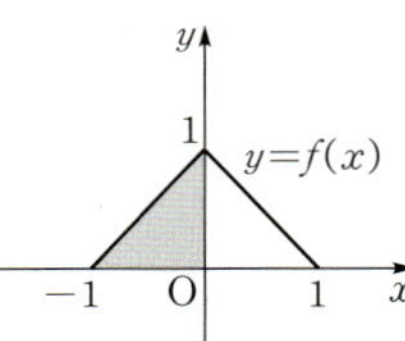

11 답 $\dfrac{1}{8}$

$\mathrm{P}\!\left(\dfrac{1}{2}\leq X\leq 1\right)$

$=\dfrac{1}{2}\times\dfrac{1}{2}\times\dfrac{1}{2}=\dfrac{1}{8}$

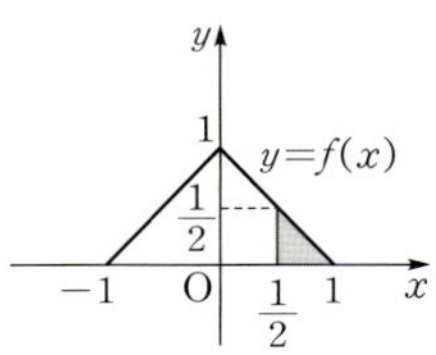

12 답 1

확률밀도함수가 정의된 구간에서 확률밀도함수와 x축 사이의 넓이가 1이므로

$$\frac{1}{2}\times 2\times k=1$$

$$\therefore k=1$$

13 답 $\frac{1}{4}$

$$P(1\leq X\leq 2)=\frac{1}{2}\times 1\times\frac{1}{2}$$

$$=\frac{1}{4}$$

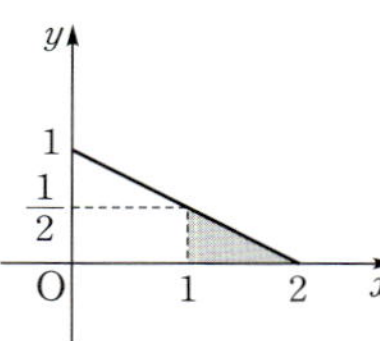

14 답 $\frac{3}{4}$

$$P(0\leq X\leq 1)=1-P(1\leq X\leq 2)$$

$$=1-\frac{1}{4}=\frac{3}{4}$$

15 답 $N(5, 4)$ 또는 $N(5, 2^2)$

16 답 $N(3, 2)$ 또는 $N(3, (\sqrt{2})^2)$

17 답 $N(0, 1)$

18 답 $E(X_1)<E(X_2)<E(X_3)$

정규분포곡선의 대칭축은 평균을 의미하므로 오른쪽에 있을수록 확률변수의 평균값이 크다.

$$\therefore E(X_1)<E(X_2)<E(X_3)$$

19 답 $V(X_1)=V(X_2)=V(X_3)$

정규분포곡선의 모양이 같으므로 분산의 값은 모두 같다.

즉, $V(X_1)=V(X_2)=V(X_3)$

20 답 $E(X_4)=E(X_5)<E(X_6)$

정규분포곡선의 대칭축은 평균을 의미하므로 오른쪽에 있을수록 확률변수의 평균값이 크다.

$$\therefore E(X_4)=E(X_5)<E(X_6)$$

21 답 $\sigma(X_5)=\sigma(X_6)<\sigma(X_4)$

정규분포곡선이 낮고 폭이 넓어질수록 표준편차의 값은 커진다.

$$\therefore \sigma(X_5)=\sigma(X_6)<\sigma(X_4)$$

22 답 ⑤

앞면이 나오는 횟수는 셀 수 있으므로 이산확률변수이다.

23 답 ㄴ, ㄷ

ㄱ. 제품의 개수는 이산확률변수이다.

24 답 ①

$0\leq x\leq 2$에서 $y=f(x)$와 x축과 이루는 넓이가 1이므로

$$\frac{1}{2}\times 2\times 2a=1$$

$$\therefore a=\frac{1}{2}$$

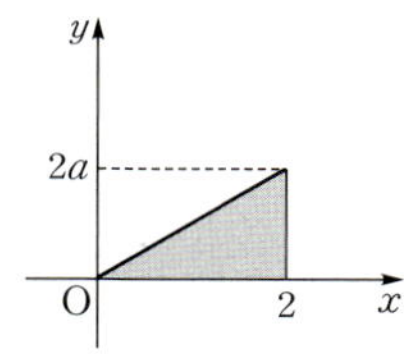

25 답 ②

$-1\leq x\leq 4$에서 함수 $f(x)$와 x축 사이의 넓이가 1이므로

$$\frac{1}{2}\times 5\times k=1 \qquad \therefore k=\frac{2}{5}$$

26 답 ⑤

$0\leq x\leq 3$에서 $y=f(x)$와 x축 사이의 넓이가 구하는 확률이므로

$$\frac{1}{2}\times 3\times\frac{3}{8}=\frac{9}{16}$$

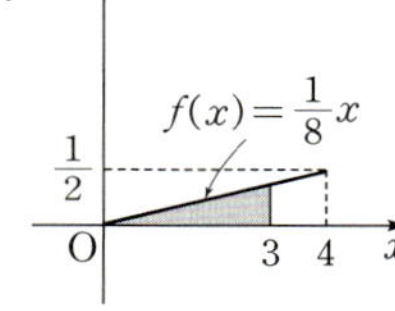

27 답 ④

$-1\leq x\leq 1$에서 $f(x)$와 x축 사이의 넓이가 1이므로

$$\frac{1}{2}\times 2\times(3k+k)=4k=1 \qquad \therefore k=\frac{1}{4}$$

확률밀도함수는 두 점 $\left(-1, \frac{3}{4}\right), \left(1, \frac{1}{4}\right)$을 지나는 직선이므로

$$y=\frac{\frac{1}{4}-\frac{3}{4}}{1-(-1)}(x-1)+\frac{1}{4}$$

$$\therefore f(x)=y=-\frac{1}{4}x+\frac{1}{2} \ (-1\leq x\leq 1)$$

확률 $P(0\leq X\leq 1)$은 구간 $0\leq x\leq 1$에서 $f(x)$와 x축 사이의 넓이이므로

$$\frac{1}{2}\times 1\times\left(\frac{1}{2}+\frac{1}{4}\right)=\frac{3}{8}$$

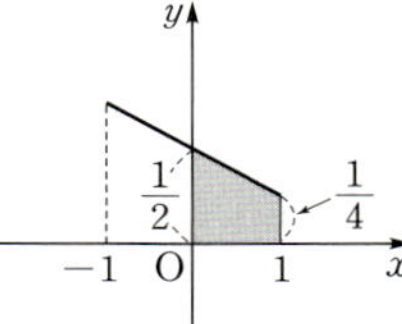

[직선의 방정식]

(1) 기울기가 m이고 한 점 (x_1, y_1)을 지나는 직선의 방정식은
$$y=m(x-x_1)+y_1$$

(2) 두 점 $(x_1, y_1), (x_2, y_2)$를 지나는 직선의 방정식은
$$y=\frac{y_2-y_1}{x_2-x_1}(x-x_1)+y_1 \ (x_1\neq x_2)$$

28 답 ④

④ σ의 값이 클수록 가운데 부분의 높이는 낮아지고 폭이 넓어진
다.

29 답 ④

정규분포곡선은 직선 $x=m$에 대하여
대칭이므로
$\mathrm{P}(X\leq 9)=\mathrm{P}(X\geq 15)$에서
$$m=\frac{9+15}{2}=12$$

30 답 ④

정규분포 $\mathrm{N}(10,\ 3^2)$을 따르는 정규분포
곡선은 직선 $x=10$에 대하여 대칭이고
$\mathrm{P}(8\leq X\leq a)=2\mathrm{P}(8\leq X\leq 10)$이므로
$$\frac{8+a}{2}=10$$
$$8+a=20$$
$$\therefore\ a=12$$

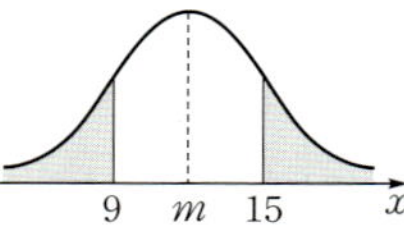

31 답 ①

정규분포곡선의 대칭축은 확률변수의 평균을 의미하고, 그 값이
작을수록 왼쪽에 위치한다. 즉, 평균이 가장 작은 확률변수는 곡
선이 가장 왼쪽에 위치한 X_1이다.
정규분포곡선의 곡선의 모양은 분산의 크기에 따라 달라지고, 그
값이 클수록 높이가 낮고 폭이 넓어진다. 즉, 분산이 가장 큰 확
률변수는 가장 높이가 낮은 곡선인 X_2이다.

32 답 ④

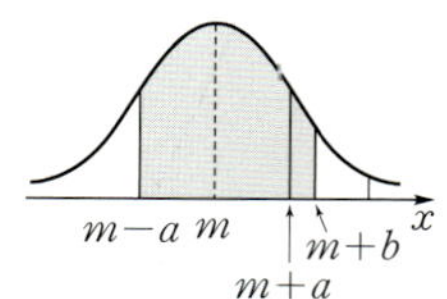

$\mathrm{P}(m-a\leq X\leq m+b)$
$=\mathrm{P}(m-a\leq X\leq m)+\mathrm{P}(m\leq X\leq m+b)$
$=\mathrm{P}(m\leq X\leq m+a)+\mathrm{P}(m\leq X\leq m+b)(\because$ 대칭성$)$
$=0.2+0.3=0.5$

33 답 ①

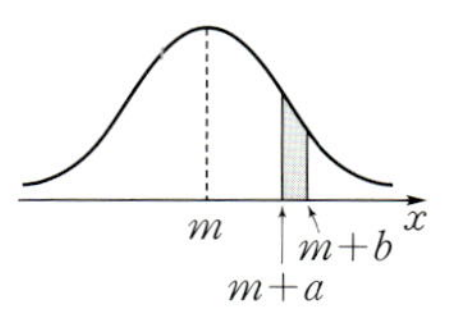

$\mathrm{P}(m+a\leq X\leq m+b)$
$=\mathrm{P}(m\leq X\leq m+b)-\mathrm{P}(m\leq X\leq m+a)$
$=0.3-0.2=0.1$

34 답 ③

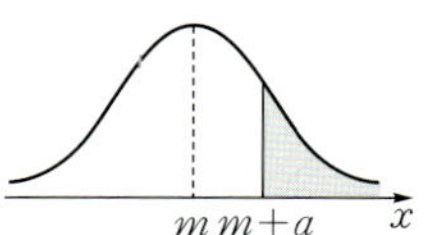

$\mathrm{P}(m+a\leq X)$
$=\mathrm{P}(m\leq X)-\mathrm{P}(m\leq X\leq m+a)$
$=0.5-0.2=0.3$

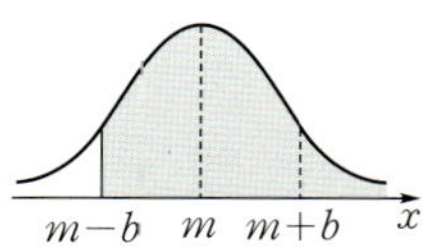

$\mathrm{P}(m-b\leq X)$
$=\mathrm{P}(m-b\leq X\leq m)+\mathrm{P}(m\leq X)$
$=\mathrm{P}(m\leq X\leq m+b)+0.5$
$=0.3+0.5=0.8$
$\therefore\ \mathrm{P}(m+a\leq X)+\mathrm{P}(m-b\leq X)$
　$=0.3+0.8=1.1$

01　답 표준정규분포

02　답 $z=0$

03　답 $\dfrac{X-m}{\sigma}$

04　답 $\mathrm{N}(np,\ npq)$

05　답 ×

$\mathrm{N}(10,\ 4)=\mathrm{N}(10,\ 2^2)$이므로 확률변수 $Z=\dfrac{X-10}{2}$은 표준정규분포 $\mathrm{N}(0,\ 1)$을 따른다.

06　답 ○

07　답 ×

$\mathrm{E}(X)=100\times\dfrac{1}{5}=20,\ \mathrm{V}(X)=100\times\dfrac{1}{5}\times\dfrac{4}{5}=16$

08　답 1.23

z	$\cdots$	**0.03**	**0.04**	$\cdots$
0.0	$\cdots$	.0120	.0160	$\cdots$
$\vdots$		$\vdots$	$\vdots$	
1.2	$\cdots$	.3907	.3925	$\cdots$
1.3	$\cdots$	.4082	.4099	$\cdots$
$\vdots$		$\vdots$	$\vdots$	

위의 표준정규분포표에서 확률의 값 0.3907이 있는 왼쪽 끝 숫자가 1.2이고, 위쪽 끝 숫자가 0.03이므로 $a=1.23$

09　답 0.4099

z	$\cdots$	**0.03**	**0.04**	$\cdots$
0.0	$\cdots$	.0120	.0160	$\cdots$
$\vdots$		$\vdots$	$\vdots$	
1.2	$\cdots$	.3907	.3925	$\cdots$
1.3	$\cdots$	.4082	.4099	$\cdots$
$\vdots$		$\vdots$	$\vdots$	

위의 표준정규분포표에서 왼쪽 끝 숫자가 1.3인 위쪽 끝 숫자가 0.04인 세로줄이 만나는 곳에 있는 숫자가 구하는 확률의 값 b이므로 $b=0.4099$

10　답 $\mathrm{P}(-1\leq Z\leq 0)$

$m=6,\ \sigma=3$이므로

$$\mathrm{P}(3\leq X\leq 6)=\mathrm{P}\left(\dfrac{3-6}{3}\leq\dfrac{X-6}{3}\leq\dfrac{6-6}{3}\right)$$
$$=\mathrm{P}(-1\leq Z\leq 0)$$

11　답 $\mathrm{P}(-2\leq Z\leq 2)$

$m=100,\ \sigma=5$이므로

$$\mathrm{P}(90\leq X\leq 110)$$
$$=\mathrm{P}\left(\dfrac{90-100}{5}\leq\dfrac{X-100}{5}\leq\dfrac{110-100}{5}\right)$$
$$=\mathrm{P}(-2\leq Z\leq 2)$$

12　답 $\mathrm{P}(1\leq Z\leq 2)$

$m=100,\ \sigma=\sqrt{0.01}=0.1$이므로

$$\mathrm{P}(0.4\leq X\leq 0.5)$$
$$=\mathrm{P}\left(\dfrac{0.4-0.3}{0.1}\leq\dfrac{X-0.3}{0.1}\leq\dfrac{0.5-0.3}{0.1}\right)$$
$$=\mathrm{P}(1\leq Z\leq 2)$$

13　답 0.6826

$$\mathrm{P}(-1\leq Z\leq 1)=2\mathrm{P}(0\leq Z\leq 1)$$
$$=2\times 0.3413$$
$$=0.6826$$

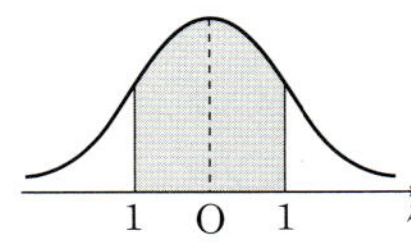

14　답 0.1359

$$\mathrm{P}(1\leq Z\leq 2)$$
$$=\mathrm{P}(0\leq Z\leq 2)-\mathrm{P}(0\leq Z\leq 1)$$
$$=0.4772-0.3413$$
$$=0.1359$$

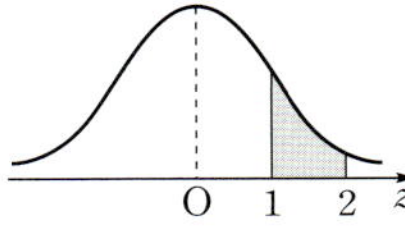

15　답 0.8413

$$\mathrm{P}(Z\geq -1)$$
$$=\mathrm{P}(0\leq Z\leq 1)+0.5$$
$$=0.3413+0.5$$
$$=0.8413$$

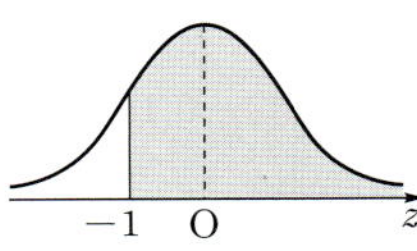

16　답 0.0228

$$\mathrm{P}(Z\leq -2)$$
$$=0.5-\mathrm{P}(0\leq Z\leq 2)$$
$$=0.5-0.4772$$
$$=0.0228$$

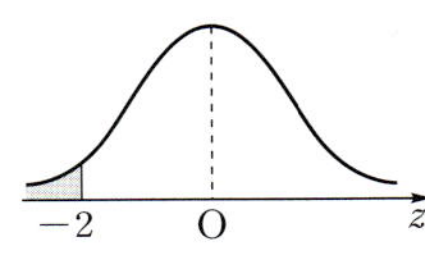

17　답 $\mathrm{E}(X)=5,\ \sigma(X)=2$

X가 이항분포 $\mathrm{B}\left(25,\ \dfrac{1}{5}\right)$을 따르므로

$$\begin{cases}\mathrm{E}(X)=25\times\dfrac{1}{5}=5\\[2mm]\sigma(X)=\sqrt{25\times\dfrac{1}{5}\times\dfrac{4}{5}}=2\end{cases}$$

18　답 $\mathrm{N}(5,\ 2^2)$

확률변수 X가 이항분포 $\mathrm{B}\left(25,\ \dfrac{1}{5}\right)$을 따르고, $n=25$가 충분히 크므로 X의 분포는 근사적으로

$\mathrm{N}\left(25\times\dfrac{1}{5},\ 25\times\dfrac{1}{5}\times\dfrac{4}{5}\right)$, 즉 $\mathrm{N}(5,\ 2^2)$을 따른다.

19 답 ①

$P(Z \le a)$의 값이 0.5보다 작으므로 a는 음수이다.

$P(Z \le a) = 0.0228$에서

$P(Z \le a)$

$= 0.5 - P(0 \le Z \le |a|)$

$= 0.0228$

즉, $P(0 \le Z \le |a|) = 0.4772$

$P(0 \le Z \le 2) = 0.4772$이므로 $|a| = 2$

$\therefore a = -2 \ (\because a < 0)$

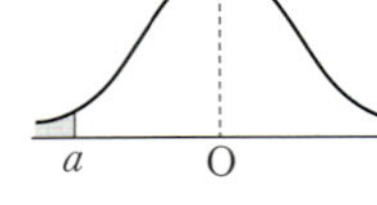

20 답 ④

$P(-2 \le Z \le 1)$

$= P(-2 \le Z \le 0) + P(0 \le Z \le 1)$

$= P(0 \le Z \le 2) + P(0 \le Z \le 1)$

$= 0.4772 + 0.3413$

$= 0.8185$

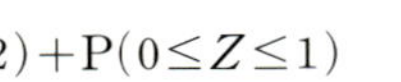

21 답 ④

$P(Z \le 0.5) + P(1.5 \le Z)$

$= 1 - P(0.5 \le Z \le 1.5)$

이고,

$P(0.5 \le Z \le 1.5)$

$= P(0 \le Z \le 1.5) - P(0 \le Z \le 0.5)$

$= 0.4332 - 0.1915$

$= 0.2417$

이므로

$P(Z \le 0.5) + P(1.5 \le Z) = 1 - 0.2417 = 0.7583$

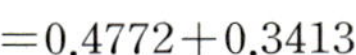

22 답 ④

$E(X) = 100$, $\sigma(X) = 5$이므로

$E(Z) = E\left(\dfrac{1}{5}X - 20\right) = \dfrac{1}{5}E(X) - 20$

$\qquad = \dfrac{1}{5} \times 100 - 20 = 0$

$\sigma(Z) = \sigma\left(\dfrac{1}{5}X - 20\right) = \dfrac{1}{5}\sigma(X) = \dfrac{1}{5} \times 5 = 1$

$\therefore E(Z) + \sigma(Z) = 0 + 1 = 1$

23 답 ④

정규분포 $N(30, 2^2)$을 따르는 확률변수 X에 대하여

$Z = \dfrac{X-30}{2}$으로 표준화하면

$P(27 \le X \le 33) = P\left(\dfrac{27-30}{2} \le \dfrac{X-30}{2} \le \dfrac{33-30}{2}\right)$

$\qquad\qquad\qquad = P(-1.5 \le Z \le 1.5)$

$\qquad\qquad\qquad = 2 \times P(0 \le Z \le 1.5)$

$\qquad\qquad\qquad = 2 \times 0.4332 = 0.8664$

24 답 ③

정규분포 $N(40, 8^2)$을 따르는 확률변수 X에 대하여

$Z = \dfrac{X-40}{8}$으로 표준화하면

$P(24 \le X \le 32)$

$= P\left(\dfrac{24-40}{8} \le \dfrac{X-40}{8} \le \dfrac{32-40}{8}\right)$

$= P(-2 \le Z \le -1)$

$= P(1 \le Z \le 2)$

$= P(0 \le Z \le 2) - P(0 \le Z \le 1)$

$= 0.4772 - 0.3413$

$= 0.1359$

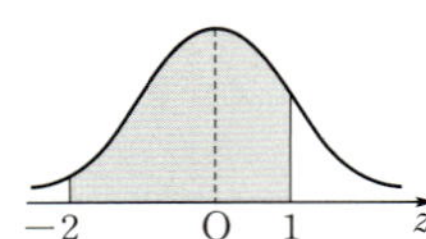

25 답 ④

정규분포 $N(45, 5^2)$을 따르는 확률변수 X에 대하여

$Z = \dfrac{X-45}{5}$로 표준화하면

$P(45 \le X \le k)$

$= P\left(\dfrac{45-45}{5} \le \dfrac{X-45}{5} \le \dfrac{k-45}{5}\right)$

$= P\left(0 \le Z \le \dfrac{k-45}{5}\right) = 0.4772$

이때, $P(0 \le Z \le 2) = 0.4772$이므로

$\dfrac{k-45}{5} = 2$

$\therefore k = 55$

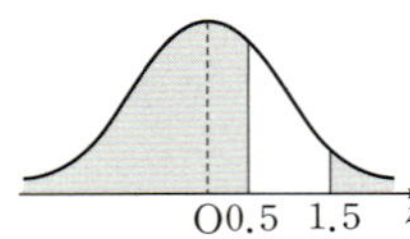

26 답 ③

정규분포 $N(15, 3^2)$을 따르는 확률변수 X에 대하여

$Z = \dfrac{X-15}{3}$로 표준화하면

$P(X \ge 15 + \alpha)$

$= P\left(\dfrac{X-15}{3} \ge \dfrac{(15+\alpha)-15}{3}\right) = P\left(Z \ge \dfrac{\alpha}{3}\right) = 0.1587$

이때, $P\left(Z \ge \dfrac{\alpha}{3}\right)$의 값이 0.5보다 작으므로 α는 양수이다.

$P\left(0 \le Z \le \dfrac{\alpha}{3}\right)$

$= P(Z \ge 0) - P\left(Z \ge \dfrac{\alpha}{3}\right)$

$= 0.5 - 0.1587 = 0.3413$

이때, $P(0 \le Z \le 1) = 0.3413$이므로

$\dfrac{\alpha}{3} = 1 \quad \therefore \alpha = 3$

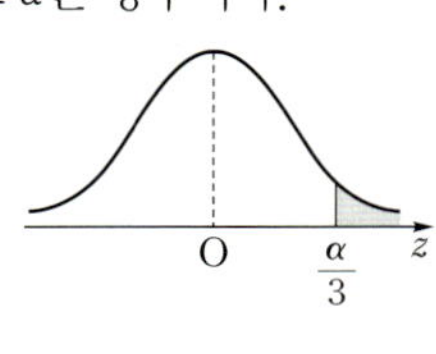

27 답 ③

두 확률변수 X, Y가 각각 정규분포 $N(10, 2^2)$, $N(10, 4^2)$

을 따르므로 $Z_X = \dfrac{X-10}{2}$, $Z_Y = \dfrac{Y-10}{4}$으로 표준화하면

$P(12 \le X \le 16) = P(14 \le Y \le a)$에서

$$P\left(\dfrac{12-10}{2} \le \dfrac{X-10}{2} \le \dfrac{16-10}{2}\right)$$
$$= P\left(\dfrac{14-10}{4} \le \dfrac{Y-10}{4} \le \dfrac{a-10}{4}\right)$$

즉, $P(1 \le Z_X \le 3) = P\left(1 \le Z_Y \le \dfrac{a-10}{4}\right)$이므로

$$\dfrac{a-10}{4} = 3 \qquad \therefore a = 22$$

28 답 ①

$E(X) = 9$, $V(X) = 1^2$이므로

$E(Y) = E(2X-1) = 2E(X) - 1 = 2 \times 9 - 1 = 17$

$V(Y) = V(2X-1) = 2^2 V(X) = 2^2 \times 1^2 = 2^2$

이때, X가 정규분포 $N(9, 1^2)$을 따를 때, Y는 정규분포

$N(17, 2^2)$을 따른다.

$Z = \dfrac{Y-17}{2}$로 놓으면 Z는 표준정규분포 $N(0, 1)$을 따르므로

$$P(19 \le Y \le 20) = P\left(\dfrac{19-17}{2} \le \dfrac{Y-17}{2} \le \dfrac{20-17}{2}\right)$$
$$= P(1 \le Z \le 1.5)$$
$$= P(0 \le Z \le 1.5) - P(0 \le Z \le 1)$$
$$= 0.4332 - 0.3413$$
$$= 0.0919$$

29 답 ①

$X > 30$이면 지각하므로 구하는 확률은

$P(X > 30)$

$= P\left(\dfrac{X-20}{5} > \dfrac{30-20}{5}\right)$ 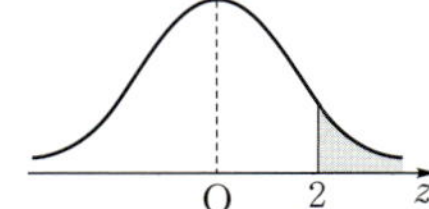

$= P(Z > 2) = P(Z \ge 2)$

$= 0.5 - P(0 \le Z \le 2)$

$= 0.5 - 0.4772$

$= 0.0228$

30 답 ⑤

국어 성적은 정규분포 $N(60, 20^2)$을 따르므로 이 학생의 국어

점수를 표준화하면

$$Z(\text{국어}) = \dfrac{80-60}{20} = 1$$

수학 성적은 정규분포 $N(60, 18^2)$을 따르므로 이 학생의 수학

점수를 표준화하면

$$Z(\text{수학}) = \dfrac{82-60}{18} = \dfrac{22}{18} = \dfrac{11}{9} = 1.22\cdots$$

영어 성적은 정규분포 $N(80, 9^2)$을 따르므로 이 학생의 영어 점

수를 표준화하면

$$Z(\text{영어}) = \dfrac{90-80}{9} = \dfrac{10}{9} = 1.11\cdots$$

역사 성적은 정규분포 $N(55, 7^2)$을 따르므로 이 학생의 역사 점

수를 표준화하면

$$Z(\text{역사}) = \dfrac{70-55}{7} = \dfrac{15}{7} = 2.14\cdots$$

음악 성적은 정규분포 $N(50, 3^2)$을 따르므로 이 학생의 음악 점

수를 표준화하면

$$Z(\text{음악}) = \dfrac{58-50}{3} = \dfrac{8}{3} = 2.66\cdots$$

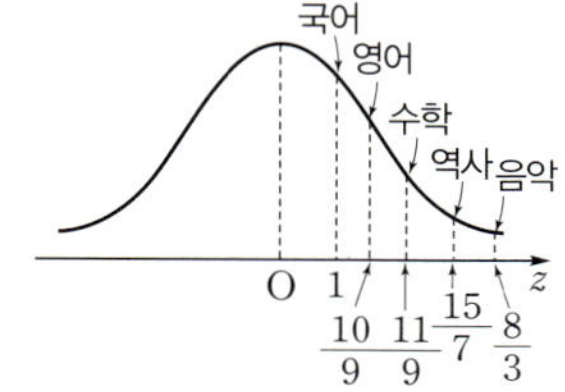

따라서 상대적으로 가장 높은 점수의 과목은 '음악'이다.

31 답 ③

통학 거리를 확률변수 X라 하면 X는 정규분포 $N(3, 0.5^2)$을 따

른다.

$Z = \dfrac{X-3}{0.5}$으로 표준화하면

$P(X \le 3.5)$ 

$= P\left(\dfrac{X-3}{0.5} \le \dfrac{3.5-3}{0.5}\right)$

$= P(Z \le 1)$

$= 0.5 + P(0 \le Z \le 1)$

$= 0.5 + 0.34$

$= 0.84$

따라서 통학 거리가 3.5 km 이내인 학생들은 전체 학생의 84 %

이다.

32 답 ②

수학 성적을 확률변수 X라 하면 X는 정규분포 $N(60, 15^2)$을 따

른다.

$Z = \dfrac{X-60}{15}$으로 표준화하면

$P(X \ge 75)$

$= P\left(\dfrac{X-60}{15} \ge \dfrac{75-60}{15}\right)$

$= P(Z \ge 1)$

$= 0.5 - P(0 \le Z \le 1)$

$= 0.5 - 0.3413$

$= 0.1587$

따라서 수학 성적이 75점인 학생이 15.87 %이므로 수학 성적이

75점인 학생은 2등급이다.

33 [답] ②

수학 서술형 수행평가 점수를 확률변수 X라 하면 X는 정규분포 $N(8,\ 0.8^2)$을 따른다.

$Z=\dfrac{X-8}{0.8}$로 표준화하면

$P(X\geq 9)$

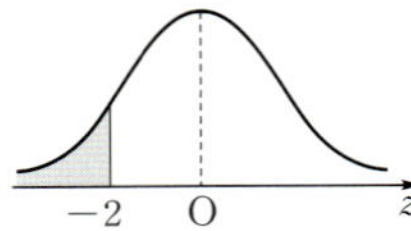

$=P\left(\dfrac{X-8}{0.8}\geq\dfrac{9-8}{0.8}\right)$

$=P(Z\geq 1.25)$

$=0.5-P(0\leq Z\leq 1.25)$

$=0.5-0.3944=0.1056$

전체 학생이 100명이므로 이 서술형 수행평가 결과가 9점 이상인 학생은 $100\times 0.1056=10.56$(명) 이하, 즉 10명이다.

34 [답] ③

우유의 무게를 확률변수 X라 하면 X는 정규분포 $N(200,\ 5^2)$을 따른다.

$Z=\dfrac{X-200}{5}$으로 표준화하면

$P(X\leq 190)$

$=P\left(\dfrac{X-200}{5}\leq\dfrac{190-200}{5}\right)$

$=P(Z\leq -2)$

$=0.5-P(0\leq Z\leq 2)$

$=0.5-0.4772=0.0228$

하루에 생산되는 우유의 개수가 10000개이므로 중량 미달 우유는 $10000\times 0.0228=228$(개)이다.

35 [답] ③

상위 20 %의 경계가 되는 점수를 k라 하자.

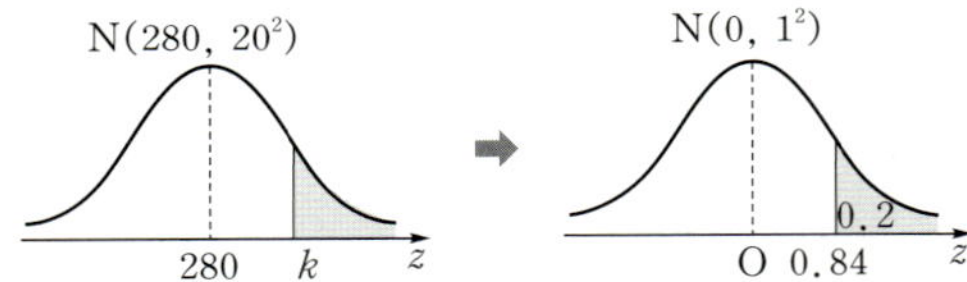

$P(X\geq k)=0.2$이면 $P(280\leq X\leq k)=0.3$

확률변수 X를 $Z=\dfrac{X-280}{20}$으로 표준화하면

$P(280\leq X\leq k)$

$=P\left(\dfrac{280-280}{20}\leq\dfrac{X-280}{20}\leq\dfrac{k-280}{20}\right)$

$=P\left(0\leq Z\leq\dfrac{k-280}{20}\right)=0.3$

표준정규분포표에서 $P(0\leq Z\leq 0.84)=0.3$이므로

$\dfrac{k-280}{20}=0.84$

$\therefore\ k=280+20\times 0.84=296.8$(점)

따라서 입사시험의 점수는 정수이므로 면접 대상자가 되기 위해서는 최소 297점 이상이어야 한다.

36 [답] ⑤

확률변수 X는 이항분포 $B\left(162,\ \dfrac{2}{3}\right)$를 따르므로

$E(X)=162\times\dfrac{2}{3}=108,$

$V(X)=162\times\dfrac{2}{3}\times\dfrac{1}{3}=36$

n은 충분히 크므로 X는 근사적으로 정규분포 $N(108,\ 6^2)$을 따른다.

$Z=\dfrac{X-108}{6}$로 표준화하면

$P(X\geq 102)$

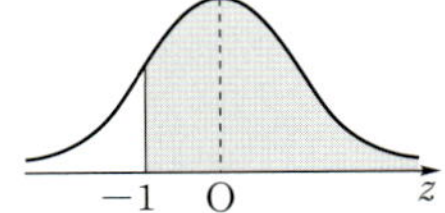

$=P\left(\dfrac{X-108}{6}\geq\dfrac{102-108}{6}\right)$

$=P(Z\geq -1)$

$=P(-1\leq Z\leq 0)+P(Z\geq 0)$

$=P(0\leq Z\leq 1)+0.5$

$=0.3413+0.5$

$=0.8413$

37 [답] ①

주사위를 한 번 던질 때 3의 눈이 나올 확률이 $\dfrac{1}{6}$이므로 확률변수 X는 이항분포 $B\left(180,\ \dfrac{1}{6}\right)$을 따른다.

$E(X)=180\times\dfrac{1}{6}=30,$

$V(X)=180\times\dfrac{1}{6}\times\dfrac{5}{6}=25$

n은 충분히 크므로 확률변수 X는 정규분포 $N(30,\ 5^2)$을 따른다.

$Z=\dfrac{X-30}{5}$으로 표준화하면

$P(X\geq 40)$

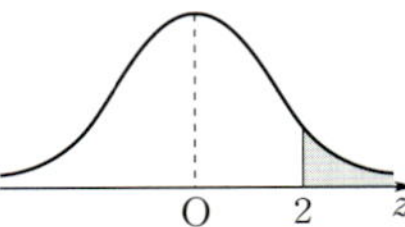

$=P\left(\dfrac{X-30}{5}\geq\dfrac{40-30}{5}\right)$

$=P(Z\geq 2)$

$=P(Z\geq 0)-P(0\leq Z\leq 2)$

$=0.5-0.4772=0.0228$

38 [답] ②

두 개의 주사위를 던지는 시행에서 두 눈의 수가 같게 나오는 횟수를 확률변수 X라 하자. 두 눈의 수가 같은 경우는 $(1,\ 1)$, $(2,\ 2),\ \cdots,\ (6,\ 6)$으로 6가지이므로 이 경우가 일어날 확률은 $\dfrac{6}{36}=\dfrac{1}{6}$이다.

이때, 확률변수 X는 이항분포 $B\left(720,\ \dfrac{1}{6}\right)$를 따른다.

$E(X)=720\times\dfrac{1}{6}=120,$

$V(X)=720\times\dfrac{1}{6}\times\dfrac{5}{6}=100$

n은 충분히 크므로 X는 근사적으로 정규분포 $N(120,\ 10^2)$을 따른다.

$Z=\dfrac{X-120}{10}$으로 표준화하면

$P(110\leq X\leq 140)$

$=P\left(\dfrac{110-120}{10}\leq\dfrac{X-120}{10}\leq\dfrac{140-120}{10}\right)$

$=P(-1\leq Z\leq 2)$

$=P(-1\leq Z\leq 0)+P(0\leq Z\leq 2)$

$=P(0\leq Z\leq 1)+P(0\leq Z\leq 2)$

$=0.3413+0.4772$

$=0.8185$

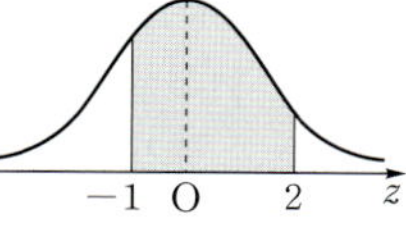

39 답 ②

버스가 운행표대로 A정류장에 도착하는 횟수를 확률변수 X라 하면 X는 이항분포 $B\left(400,\ \dfrac{9}{10}\right)$를 따른다.

$E(X)=400\times\dfrac{9}{10}=360,$

$V(X)=400\times\dfrac{9}{10}\times\dfrac{1}{10}=6^2$

n은 충분히 크므로 X는 근사적으로 정규분포 $N(360,\ 6^2)$을 따른다.

$Z=\dfrac{X-360}{6}$으로 표준화하면

$P(363\leq X\leq 369)$

$=P\left(\dfrac{363-360}{6}\leq\dfrac{X-360}{6}\leq\dfrac{369-360}{6}\right)$

$=P(0.5\leq Z\leq 1.5)$

$=P(0\leq Z\leq 1.5)-P(0\leq Z\leq 0.5)$

$=0.4332-0.1915$

$=0.2417$

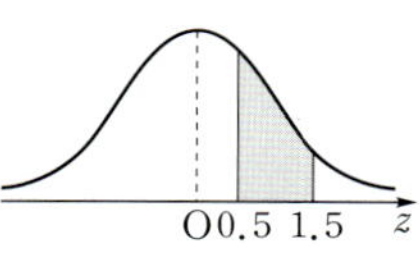

40 답 ①

이 기계에서 생산된 불량품의 개수를 확률변수 X라 하면 X는 이항분포 $B\left(100,\ \dfrac{1}{10}\right)$을 따른다.

$E(X)=100\times\dfrac{1}{10}=10,$

$V(X)=100\times\dfrac{1}{10}\times\dfrac{9}{10}=3^2$

n은 충분히 크므로 X는 근사적으로 정규분포 $N(10,\ 3^2)$을 따른다.

$Z=\dfrac{X-10}{3}$으로 표준화하면

$P(X\leq 7)$

$=P\left(\dfrac{X-10}{3}\leq\dfrac{7-10}{3}\right)$

$=P(Z\leq -1)$

$=0.5-P(0\leq Z\leq 1)$

$=0.5-0.3413$

$=0.1587$

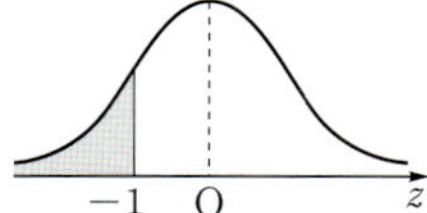

41 답 ①

하프라인에서 72회 슛을 시도하여 성공한 횟수를 확률변수 X라 하면 X는 이항분포 $B\left(72,\ \dfrac{2}{3}\right)$를 따른다.

$E(X)=72\times\dfrac{2}{3}=48,\ V(X)=72\times\dfrac{2}{3}\times\dfrac{1}{3}=4^2$

n은 충분히 크므로 X는 근사적으로 정규분포 $N(48,\ 4^2)$을 따른다.

$Z=\dfrac{X-48}{4}$로 표준화하면

$P(X\geq 54)$

$=P\left(\dfrac{X-48}{4}\geq\dfrac{54-48}{4}\right)$

$=P(Z\geq 1.5)$

$=0.5-P(0\leq Z\leq 1.5)$

$=0.5-0.4332=0.0668$

42 답 ③

흰 공 2개, 파란 공 2개가 들어 있는 주머니에서 흰 공 1개, 파란 공 1개를 뽑을 확률은 $\dfrac{{}_2C_1\cdot{}_2C_1}{{}_4C_2}=\dfrac{4}{6}=\dfrac{2}{3}$이므로 확률변수 X는 이항분포 $B\left(450,\ \dfrac{2}{3}\right)$를 따른다.

$E(X)=450\times\dfrac{2}{3}=300,\ V(X)=450\times\dfrac{2}{3}\times\dfrac{1}{3}=10^2$

n은 충분히 크므로 X는 근사적으로 정규분포 $N(300,\ 10^2)$을 따른다.

$Z=\dfrac{X-300}{10}$으로 표준화하면

$P(288\leq X\leq 296)$

$=P\left(\dfrac{288-300}{10}\leq\dfrac{X-300}{10}\leq\dfrac{296-300}{10}\right)$

$=P(-1.2\leq Z\leq -0.4)$

$=P(0\leq Z\leq 1.2)-P(0\leq Z\leq 0.4)$

$=0.3849-0.1554$

$=0.2295$

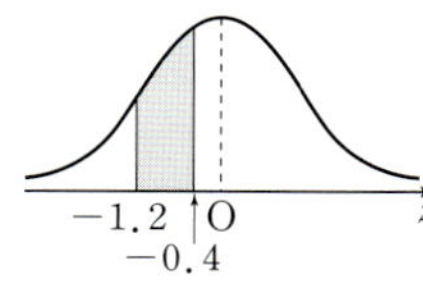

43 답 ①

400명의 시청자 중 이 드라마를 시청하는 사람의 수를 확률변수 X라 하면 X는 이항분포 $B(400,\ 0.2)$를 따른다.

$E(X)=400\times 0.2=80,\ V(X)=400\times 0.2\times 0.8=8^2$

n은 충분히 크므로 확률변수 X는 근사적으로 정규분포 $N(80,\ 8^2)$을 따른다.

$Z=\dfrac{X-80}{8}$으로 표준화하면

$P(X\geq 84)$

$=P\left(\dfrac{X-80}{8}\geq\dfrac{84-80}{8}\right)$

$=P(Z\geq 0.5)$

$=0.5-P(0\leq Z\leq 0.5)$

$=0.5-0.1915=0.3085$

44 답 ④

(ⅰ) 동전의 앞면이 나오는 횟수를 확률변수 X라 하면 X는

이항분포 $\mathrm{B}\left(100,\ \dfrac{1}{2}\right)$을 따른다.

$\mathrm{E}(X)=100\times\dfrac{1}{2}=50,$

$\mathrm{V}(X)=100\times\dfrac{1}{2}\times\dfrac{1}{2}=5^2$

n은 충분히 큰 수이므로 X는 근사적으로 정규분포 $\mathrm{N}(50,\ 5^2)$

을 따른다.

$Z=\dfrac{X-50}{5}$으로 표준화하면

$\mathrm{P}(X\geq60)=\mathrm{P}\left(\dfrac{X-50}{5}\geq\dfrac{60-50}{5}\right)=\mathrm{P}(Z\geq2)$

(ⅱ) 주사위의 짝수의 눈이 나오는 횟수를 확률변수 Y라 하

면 Y는 이항분포 $\mathrm{B}\left(1600,\ \dfrac{1}{2}\right)$을 따른다.

$\mathrm{E}(Y)=1600\times\dfrac{1}{2}=800,$

$\mathrm{V}(Y)=1600\times\dfrac{1}{2}\times\dfrac{1}{2}=20^2$

n은 충분히 큰 수이므로 Y는 근사적으로 정규분포

$\mathrm{N}(800,\ 20^2)$을 따른다.

$Z=\dfrac{Y-800}{20}$으로 표준화하면

$\mathrm{P}(Y\geq a)=\mathrm{P}\left(\dfrac{Y-800}{20}\geq\dfrac{a-800}{20}\right)=\mathrm{P}\left(Z\geq\dfrac{a-800}{20}\right)$

(ⅰ), (ⅱ)에서 확률이 같다고 하므로

$\dfrac{a-800}{20}=2$

$a-800=40$

$\therefore\ a=840$

45 답 ④

(ⅰ) 동전의 앞면이 나오는 횟수를 확률변수 X라 하면 X는 이항

분포 $\mathrm{B}\left(256,\ \dfrac{1}{2}\right)$을 따른다.

$\mathrm{E}(X)=256\times\dfrac{1}{2}=128,$

$\mathrm{V}(X)=256\times\dfrac{1}{2}\times\dfrac{1}{2}=8^2$

n은 충분히 큰 수이므로 X는 근사적으로 정규분포

$\mathrm{N}(128,\ 8^2)$을 따른다.

$Z=\dfrac{X-128}{8}$로 표준화하면

$\mathrm{P}(X\leq120)=\mathrm{P}\left(\dfrac{X-128}{8}\leq\dfrac{120-128}{8}\right)$

$\qquad\qquad\quad=\mathrm{P}(Z\leq-1)$

(ⅱ) 동전을 2개를 던져서 2개 모두 앞면이 나오는 횟수를 확률변

수 Y라 하면 Y는 이항분포 $\mathrm{B}\left(1200,\ \dfrac{1}{4}\right)$을 따른다.

$\mathrm{E}(Y)=1200\times\dfrac{1}{4}=300,$

$\mathrm{V}(Y)=1200\times\dfrac{1}{4}\times\dfrac{3}{4}=15^2$

n은 충분히 큰 수이므로 Y는 근사적으로 정규분포

$\mathrm{N}(300,\ 15^2)$을 따른다.

$Z=\dfrac{Y-300}{15}$으로 표준화하면

$\mathrm{P}(Y\geq a)=\mathrm{P}\left(\dfrac{Y-300}{15}\geq\dfrac{a-300}{15}\right)$

$\qquad\qquad\quad=\mathrm{P}\left(Z\geq\dfrac{a-300}{15}\right)$

한편, (ⅰ)에서 $\mathrm{P}(Z\leq-1)=\mathrm{P}(Z\geq1)$이므로

$\dfrac{a-300}{15}=1$

$a-300=15$

$\therefore\ a=315$

01 답 ④

확률밀도함수가 정의된 구간에서

$y=f(x)$와 x축 사이의 넓이가 1이므로

$\dfrac{1}{2}\times2\times2a+\dfrac{1}{2}\times1\times a$

$=\dfrac{5}{2}a=1$

$\therefore\ a=\dfrac{2}{5}$

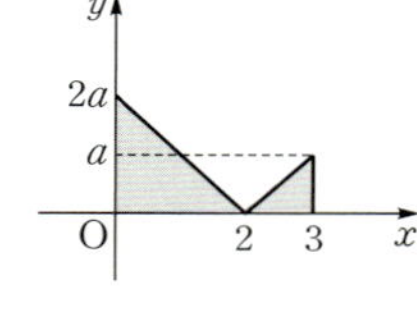

02 답 ①

$0\leq x\leq5$에서 정의된 확률밀도함수 $y=f(x)$와 x축 사이의 넓이

가 1이므로

$\dfrac{1}{2}\times(5+1)\times k=3k=1$

$\therefore\ k=\dfrac{1}{3}$

$\therefore\ \mathrm{P}(0\leq X\leq2)=\dfrac{1}{2}\times(2+1)\times\dfrac{1}{3}=\dfrac{1}{2}$

TIP

(사다리꼴의 넓이)

$=\dfrac{1}{2}\times$(윗변의 길이+밑변의 길이)$\times$(높이)

$=\dfrac{1}{2}(a+b)h$

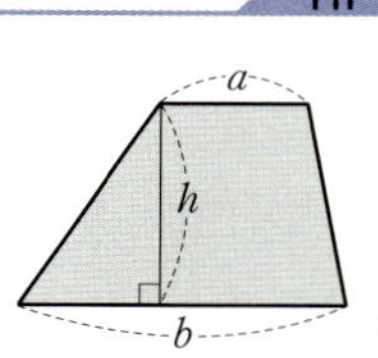

03 답 ③

확률밀도함수 $f(x)$의 그림은 다음과 같다.

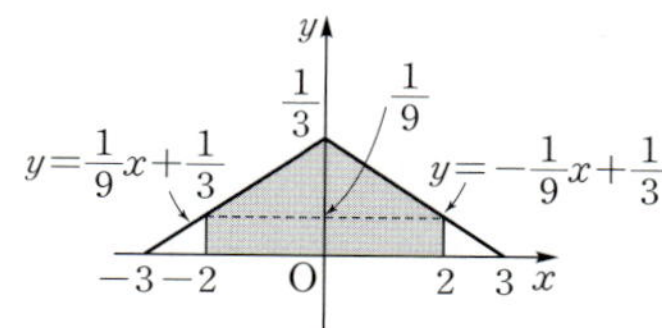

이때, $f(2)=f(-2)=\dfrac{1}{9}$ 이고 $f(x)$는 y축에 대하여 대칭이다.

즉, 구하는 확률은 전체의 넓이인 1에서 양 끝의 삼각형의 넓이를 빼서 구할 수 있다.

$$\therefore \ \mathrm{P}(-2\leq X\leq 2)=1-2\times \mathrm{P}(2\leq X\leq 3)$$
$$=1-2\times\left(\dfrac{1}{2}\times 1\times\dfrac{1}{9}\right)$$
$$=1-\dfrac{1}{9}=\dfrac{8}{9}$$

04 답 ③

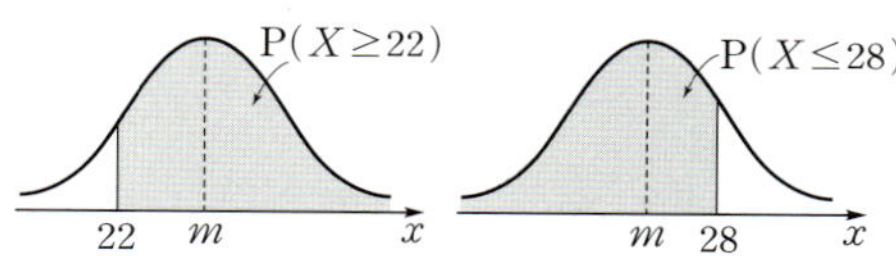

정규분포곡선은 직선 $x=m$에 대하여 대칭이므로

$\mathrm{P}(X\geq 22)=\mathrm{P}(X\leq 28)$에서

$$m=\dfrac{22+28}{2}=\dfrac{50}{2}=25$$

05 답 ①

확률변수 X가 정규분포 $\mathrm{N}(22,\ 4^2)$을 따른다.

$Z=\dfrac{X-22}{4}$로 표준화하면

$\mathrm{P}(17\leq X\leq 28)$

$$=\mathrm{P}\left(\dfrac{17-22}{4}\leq\dfrac{X-22}{4}\leq\dfrac{28-22}{4}\right)$$
$$=\mathrm{P}(-1.25\leq Z\leq 1.5)$$
$$=\mathrm{P}(0\leq Z\leq 1.25)+\mathrm{P}(0\leq Z\leq 1.5)$$
$$=0.3944+0.4332$$
$$=0.8276$$

06 답 ①

확률변수 X가 이항분포 $\mathrm{B}\left(1800,\ \dfrac{1}{3}\right)$을 따르므로

$$\mathrm{E}(X)=1800\times\dfrac{1}{3}=600,$$
$$\mathrm{V}(X)=1800\times\dfrac{1}{3}\times\dfrac{2}{3}=20^2$$

n은 충분히 크므로 X는 근사적으로 정규분포 $\mathrm{N}(600,\ 20^2)$을 따른다.

$Z=\dfrac{X-600}{20}$으로 표준화하면

$\mathrm{P}(X\leq 560)$

$$=\mathrm{P}\left(\dfrac{X-600}{20}\leq\dfrac{560-600}{20}\right)$$
$$=\mathrm{P}(Z\leq -2)$$
$$=0.5-\mathrm{P}(0\leq Z\leq 2)$$
$$=0.5-0.4772$$
$$=0.0228$$

07 답 ④

계란 한 개의 무게를 확률변수 X라 하면 X가 정규분포를 따른다는 거야.

어느 양계장에서 생산하는 계란 1개의 무게는 평균이 52 g, 표준편차가 8 g인 정규분포를 따른다고 한다.

이 양계장에서 생산하는 계란 중 임의로 1개를 선택할 때, 이 계란의 무게가 60 g 이상이고 68 g 이하일 확률을 오른쪽 표준정규분포표를 이용하여 구한 것은?

확률변수 X를 표준화하면 표준정규분포를 이용해서 확률을 구할 수 있어.

Z	$\mathrm{P}(0\leq Z\leq z)$
1.0	0.3413
1.5	0.4332
2.0	0.4772
2.5	0.4938
3.0	0.4987

① 0.0440　② 0.0655　③ 0.0919

④ 0.1359　⑤ 0.1525

1st 계란 1개의 무게를 확률변수 X라 하고 X가 따르는 분포를 나타내보자.

이 양계장에서 생산하는 계란 1개의 무게를 확률변수 X라 하면 확률변수 X는 정규분포 $\mathrm{N}(52,\ 8^2)$을 따른다.

2nd 이제 표준화하여 확률을 구하자.

$Z=\dfrac{X-52}{8}$라 하면 확률변수 Z는 표준정규분포 $\mathrm{N}(0,\ 1)$을 따른다.

확률변수 X가 정규분포 $\mathrm{N}(m,\ \sigma^2)$을 따를 때, 확률변수 $Z=\dfrac{X-m}{\sigma}$은 표준정규분포 $\mathrm{N}(0,1)$을 따른다.

즉, 임의로 선택한 1개의 계란의 무게가 60 g 이상이고 68 g 이하일 확률은

$\mathrm{P}(60\leq X\leq 68)$

$$=\mathrm{P}\left(\dfrac{60-52}{8}\leq\dfrac{X-52}{8}\leq\dfrac{68-52}{8}\right)$$
$$=\mathrm{P}(1\leq Z\leq 2)$$
$$=\mathrm{P}(0\leq Z\leq 2)-\mathrm{P}(0\leq Z\leq 1)$$
$$=0.4772-0.3413=0.1359$$

TIP

정규분포에 대한 실생활 문제는 다음과 같은 순서로 해결하자.

(ⅰ) 문제의 뜻을 이해하여 확률변수 X를 정한 후 X가 따르는 정규분포 $\mathrm{N}(m,\ \sigma^2)$을 구하자.

(ⅱ) X를 $Z=\dfrac{X-m}{\sigma}$으로 표준화하자.

(ⅲ) 구하는 확률을 식으로 나타낸 후 표준정규분포표를 이용하여 확률을 구하자.

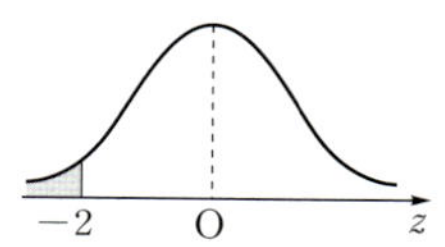

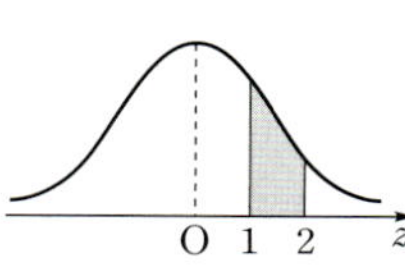

08 답 ④

$P(0 \leq X \leq a) = \dfrac{1}{3}$이므로

$$\dfrac{1}{2} \times a \times 1 = \dfrac{1}{3} \qquad \therefore a = \dfrac{2}{3}$$

$P(0 \leq X \leq b) = 1$이므로

$$\dfrac{1}{2} \times b \times 1 = 1 \qquad \therefore b = 2$$

$$\therefore \dfrac{b}{a} = \dfrac{2}{\dfrac{2}{3}} = 3$$

09 답 ②

세탁하는데 걸리는 시간을 확률변수 X라 하면 X는 정규분포 $N(30, 2^2)$을 따른다.

$Z = \dfrac{X-30}{2}$으로 표준화하면

$$\begin{aligned}
P(X \geq 33) &= P\left(\dfrac{X-30}{2} \geq \dfrac{33-30}{2}\right) \\
&= P(Z \geq 1.5) \\
&= 0.5 - P(0 \leq Z \leq 1.5) \\
&= 0.5 - 0.4332 = 0.0668
\end{aligned}$$

10 답 ④

$\dfrac{20}{1000} = 0.02$이므로 2% 이내에 들어야 입사시험에 합격한다.

합격자의 최저 점수를 a점이라고 하면, 정규분포 $N(70, 10^2)$에서 $P(X \geq a) = 0.02$를 만족하는 상수 a의 값을 구하면 된다.

$Z = \dfrac{X-70}{10}$으로 표준화하면

$$\begin{aligned}
&P(X \geq a) \\
&= P\left(\dfrac{X-70}{10} \geq \dfrac{a-70}{10}\right) \\
&= P\left(Z \geq \dfrac{a-70}{10}\right) = 0.02 \\
&\therefore P\left(0 \leq Z \leq \dfrac{a-70}{10}\right) = 0.5 - 0.02 = 0.48
\end{aligned}$$

주어진 표준정규분포표에서 $P(0 \leq Z \leq 2) = 0.48$이므로

$$\dfrac{a-70}{10} = 2 \qquad \therefore a = 90$$

TIP

정규분포에 $N(m, \sigma^2)$을 따르는 확률변수 X에 대한 확률이 주어질 때, 미지수는 다음과 같은 순서로 구하자.

(i) X를 $Z = \dfrac{X-m}{\sigma}$으로 표준화하자.

(ii) 주어진 확률을 Z에 대한 확률로 나타내자.

(iii) (ii)식을 표준정규분포표에 나오는 확률을 이용할 수 있도록 변형하자.

(iv) 표준정규분포표의 확률을 만족시키는 Z의 범위를 이용하여 미지수의 값을 구하자.

11 답 155

확률변수 X가 평균이 m, 표준편차가 σ인 정규분포를 따르고
$$P(X \leq 3) = P(3 \leq X \leq 80) = 0.3$$
일 때, $m + \sigma$의 값을 구하시오. 확률변수 X가 정규분포 $N(m, \sigma^2)$을 따르므로 이를 표준화하여 식을 세운 다음 연립방정식을 풀어 봐.

(단, Z가 표준정규분포를 따르는 확률변수일 때, $P(0 \leq Z \leq 0.25) = 0.1$, $P(0 \leq Z \leq 0.52) = 0.2$로 계산한다.)

1st 정규분포 $N(m, \sigma^2)$을 따르는 확률변수 X에 대하여 $P(X \leq 3) = 0.3$을 표준화해보자.

확률변수 X가 정규분포 $N(m, \sigma^2)$을 따르므로 이를 표준화하면

주어진 표준정규분포의 확률값을 이용하기 위해서 확률변수 X를 표준화해야 해.

$$\begin{aligned}
P(X \leq 3) &= P\left(\dfrac{X-m}{\sigma} \leq \dfrac{3-m}{\sigma}\right) \\
&= P\left(Z \leq \dfrac{3-m}{\sigma}\right) = 0.3
\end{aligned}$$

표준정규분포 곡선에서 $\dfrac{3-m}{\sigma}$의 위치는 다음과 같다.

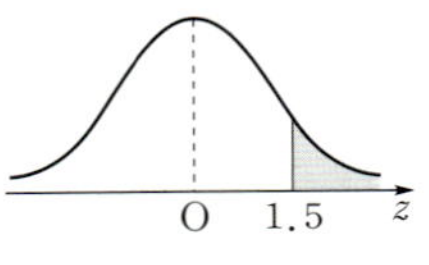

즉, $P\left(\dfrac{3-m}{\sigma} \leq Z \leq 0\right) = P\left(0 \leq Z \leq \dfrac{m-3}{\sigma}\right) = 0.2 \cdots$ ㉠

$P(0 \leq Z \leq 0.52) = 0.2$이므로

$$\dfrac{m-3}{\sigma} = 0.52$$

$$\therefore m = 3 + 0.52\sigma \cdots ㉡$$

2nd 같은 방법으로 $P(3 \leq X \leq 80)$을 표준화해보자.

$$\begin{aligned}
&P(3 \leq X \leq 80) \\
&= P\left(\dfrac{3-m}{\sigma} \leq \dfrac{X-m}{\sigma} \leq \dfrac{80-m}{\sigma}\right) \\
&= P\left(\dfrac{3-m}{\sigma} \leq Z \leq \dfrac{80-m}{\sigma}\right) \\
&= P\left(\dfrac{3-m}{\sigma} \leq Z \leq 0\right) + P\left(0 \leq Z \leq \dfrac{80-m}{\sigma}\right) \\
&= 0.2 + P\left(0 \leq Z \leq \dfrac{80-m}{\sigma}\right) \ (\because ㉠) \\
&= 0.3
\end{aligned}$$

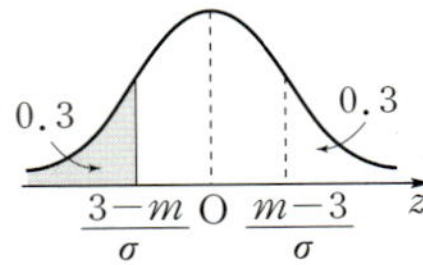

즉, $P\left(0 \leq Z \leq \dfrac{80-m}{\sigma}\right) = 0.1$

$P(0 \leq Z \leq 0.25) = 0.1$이므로

$$\dfrac{80-m}{\sigma} = 0.25$$

$$\therefore m = 80 - 0.25\sigma \cdots ㉢$$

3rd 연립방정식을 풀어서 m과 σ의 값을 구해보자.

㉡을 ㉢에 대입하면

$$3 + 0.52\sigma = 80 - 0.25\sigma$$

$$0.77\sigma = 77 \qquad \therefore \sigma = 100$$

이것을 ㉡에 대입하면

$$m = 3 + 0.52 \times 100 = 55$$

$$\therefore m + \sigma = 55 + 100 = 155$$

12 답 ③

확률변수 X는 평균이 m, 표준편차가 σ인 정규분포를 따르고 다음 등식을 만족시킨다.

$$P(m \le X \le m+12) - P(X \le m-12) = 0.3664$$

오른쪽 표준정규분포표를 이용하여 σ의 값을 구한 것은?

① 4 ② 6 ③ 8 ④ 10 ⑤ 12

Z	$P(0 \le Z \le z)$
0.5	0.1915
1.0	0.3413
1.5	0.4332
2.0	0.4772

1st 확률변수 X를 표준화하여 $P(m \le X \le m+12)$와 $P(X \le m-12)$를 확률변수 Z로 나타내보자.

확률변수 X가 정규분포 $N(m, \sigma^2)$을 따르므로

$Z = \dfrac{X-m}{\sigma}$으로 표준화하면

$P(m \le X \le m+12)$

$= P\left(\dfrac{m-m}{\sigma} \le \dfrac{X-m}{\sigma} \le \dfrac{(m+12)-m}{\sigma}\right)$

$= P\left(0 \le Z \le \dfrac{12}{\sigma}\right)$

$P(X \le m-12) = P\left(\dfrac{X-m}{\sigma} \le \dfrac{(m-12)-m}{\sigma}\right)$

$\qquad\qquad\qquad = P\left(Z \le -\dfrac{12}{\sigma}\right)$

이때, $P\left(0 \le Z \le \dfrac{12}{\sigma}\right) = p$라 하면

표준정규분포곡선의 성질에 의해

$P\left(Z \le -\dfrac{12}{\sigma}\right) = 0.5 - p$

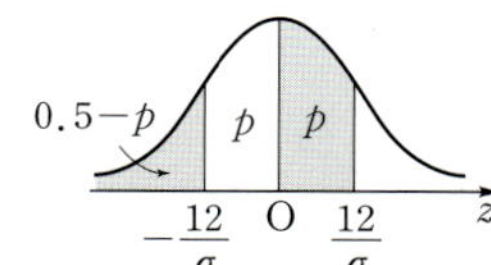

2nd 구한 확률을 주어진 조건에 대입하여 σ의 값을 구해.

$P(m \le X \le m+12) - P(X \le m-12)$

$= P\left(0 \le Z \le \dfrac{12}{\sigma}\right) - P\left(Z \le -\dfrac{12}{\sigma}\right)$

$= p - (0.5 - p)$

$= 2p - 0.5 = 0.3664$

$\therefore p = \dfrac{1}{2} \times (0.5 + 0.3664) = 0.4332$

즉, $p = P\left(0 \le Z \le \dfrac{12}{\sigma}\right) = 0.4332$

$P(0 \le Z \le 1.5) = 0.4332$이므로

$\dfrac{12}{\sigma} = 1.5 \qquad \therefore \sigma = \dfrac{12}{1.5} = 8$

13 답 55

(i) 한 개의 주사위를 450번 던질 때 5 이상의 숫자가 나오는 횟수를 확률변수 X라 하면 X는 이항분포 $B\left(450, \dfrac{1}{3}\right)$을 따른다.

$E(X) = 450 \times \dfrac{1}{3} = 150$,

$V(X) = 450 \times \dfrac{1}{3} \times \dfrac{2}{3} = 10^2$

n은 충분히 크므로 X는 근사적으로 정규분포 $N(150, 10^2)$을 따른다.

$Z = \dfrac{X-150}{10}$으로 표준화하면

$P(X \ge 160)$

$= P\left(\dfrac{X-150}{10} \ge \dfrac{160-150}{10}\right)$

$= P(Z \ge 1)$ $\cdots$ Ⅰ

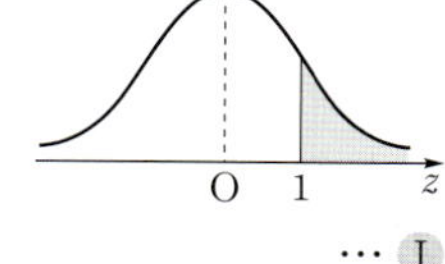

(ii) 한 개의 주사위를 100번 던질 때 소수의 눈이 나오는 횟수를 확률변수 Y라 하면 Y는 이항분포 $B\left(100, \dfrac{1}{2}\right)$을 따른다.

$E(Y) = 100 \times \dfrac{1}{2} = 50$,

$V(Y) = 100 \times \dfrac{1}{2} \times \dfrac{1}{2} = 5^2$

n은 충분히 크므로 Y는 근사적으로 정규분포 $N(50, 5^2)$을 따른다.

$Z = \dfrac{Y-50}{5}$으로 표준화하면

$P(Y \le k)$

$= P\left(\dfrac{Y-50}{5} \le \dfrac{k-50}{5}\right) = P\left(Z \le \dfrac{k-50}{5}\right)$ $\cdots$ Ⅱ

(i), (ii)에서 $P(Z \ge 1) + P\left(Z \le \dfrac{k-50}{5}\right) = 1$이므로

$\dfrac{k-50}{5} = 1 \qquad \therefore k = 55$ $\cdots$ Ⅲ

[채점기준표]

Ⅰ	첫 번째 확률을 표준화하여 나타낸다.	40%
Ⅱ	두 번째 확률을 표준화하여 나타낸다.	40%
Ⅲ	두 확률의 합이 1이 되는 조건을 찾는다.	20%

01 답 표본조사

02 답 $N\left(m, \dfrac{\sigma^2}{n}\right)$

03 답 $2k \times \dfrac{\sigma}{\sqrt{n}}$

04 답 ○

공장에서 생산되는 제품의 경우, 조사과정에서 상품가치가 떨어지고 비효율적이므로 전수조사보다는 표본조사가 적합하다.

05 답 ×

표본평균의 평균은 표본의 크기와 상관없이 $E(\overline{X})=m$으로 일정하다.

06 답 ○

신뢰구간의 길이는 $2k \times \dfrac{\sigma}{\sqrt{n}}$이고, n이 일정할 때 신뢰도가 높아지면 k의 값이 커지므로 신뢰구간의 길이도 길어진다.

07 답 전수조사

08 답 표본조사

09 답 모집단 : 유권자 전체, 표본: 성인남녀 2000명

10 답 모집단 : 어느 공장에서 생산하는 전구 전체,
　　　　표본 : 전구 200개

11 답 $E(\overline{X})=30, \ \sigma(\overline{X})=2$

$\sigma(\overline{X})=\dfrac{10}{\sqrt{25}}=2$

12 답 $E(\overline{X})=10, \ \sigma(\overline{X})=\dfrac{1}{2}$

$\sigma(\overline{X})=\dfrac{5}{\sqrt{100}}=\dfrac{1}{2}$

13 답 $E(\overline{X})=20, \ \sigma(\overline{X})=1$

모표준편차가 $\sqrt{16}=4$이므로 $\sigma(\overline{X})=\dfrac{4}{\sqrt{16}}=1$

14 답 $E(\overline{X})=40, \ \sigma(\overline{X})=\dfrac{3}{5}$

모표준편차가 $\sqrt{9}=3$이므로 $\sigma(\overline{X})=\dfrac{3}{\sqrt{25}}=\dfrac{3}{5}$

15 답 거짓

표본의 크기에 관계없이 표본평균의 평균은 항상 모평균과 같다.

16 답 참

표본평균 $\overline{X}$에 대하여 $\sigma(\overline{X})=\dfrac{\sigma}{\sqrt{n}}$이므로 표본의 크기 n이 커지면 표준편차는 작아진다.

17 답 $19.608 \leq m \leq 20.392$

$20-1.96 \times \dfrac{1}{\sqrt{25}} \leq m \leq 20+1.96 \times \dfrac{1}{\sqrt{25}}$

이때, $1.96 \times \dfrac{1}{\sqrt{25}}=0.392$이므로

$20-0.392 \leq m \leq 20+0.392$

$\therefore \ 19.608 \leq m \leq 20.392$

18 답 $49.484 \leq m \leq 50.516$

$50-2.58 \times \dfrac{1}{\sqrt{25}} \leq m \leq 50+2.58 \times \dfrac{1}{\sqrt{25}}$

이때, $2.58 \times \dfrac{1}{\sqrt{25}}=0.516$이므로

$50-0.516 \leq m \leq 50+0.516$

$\therefore \ 49.484 \leq m \leq 50.516$

19 답 $49.02 \leq m \leq 50.98$

$50-1.96 \times \dfrac{2}{\sqrt{16}} \leq m \leq 50+1.96 \times \dfrac{2}{\sqrt{16}}$

이때, $1.96 \times \dfrac{2}{\sqrt{16}}=1.96 \times \dfrac{1}{2}=0.98$이므로

$50-0.98 \leq m \leq 50+0.98$

$\therefore \ 49.02 \leq m \leq 50.98$

20 답 $48.71 \leq m \leq 51.29$

$50-2.58 \times \dfrac{2}{\sqrt{16}} \leq m \leq 50+2.58 \times \dfrac{2}{\sqrt{16}}$

이때, $2.58 \times \dfrac{2}{\sqrt{16}}=2.58 \times \dfrac{1}{2}=1.29$이므로

$50-1.29 \leq m \leq 50+1.29$

$\therefore \ 48.71 \leq m \leq 51.29$

21 답 0.196

$2 \times 1.96 \times \dfrac{0.5}{\sqrt{100}}=2 \times 1.96 \times \dfrac{0.5}{10}=0.196$

22 답 0.258

$2 \times 2.58 \times \dfrac{0.5}{\sqrt{100}}=2 \times 2.58 \times \dfrac{0.5}{10}=0.258$

23 답 ㄱ, ㄷ, ㅁ, ㅂ

ㄴ. 전수조사는 시간과 비용이 많이 든다.

ㄹ. 조사 대상 전체 중 일부분을 선출하여 전체를 조사하는 방법
은 표본조사이다.

24 답 ⑤

ㄱ. 공장에서 생산되는 제품의 경우, 조사과정에서 상품가치가
떨어지고 비효율적이므로 표본조사를 하고 그 결과로부터 모
집단을 추측한다.

ㄴ, ㄷ, ㅁ. 전수조사는 시간이 오래 걸리고 비용이 많이 드는 단
점이 있다. 따라서 시청률이나 휴대전화 사용시간, 독서량
등은 표본조사를 하고, 그 결과로부터 모집단을 추측한다.

ㄹ. 인구 주택 총 조사는 전수조사의 대표적인 예이다. 이것으로
부터 모집단의 양상을 파악해 국가 정책 수립의 기초자료를
제공할 수 있다.

TIP

전수조사는 모집단 전체를 조사하기 때문에, 모집단에 존재하는 다
양하고 구체적인 특성을 파악할 수 있다.
모든 자료를 전수조사하는 것이 매우 정확할 것이라고 생각할 수도
있지만, 실제로는 오차가 발생하기도 한다. 인구 주택 총 조사의 경
우에도 조사 과정에서 정보가 누락되거나 잘못 조사되는 경우가 있
다. 또한 조사 시간이 오래 걸리기 때문에, 시간이 지남에 따라 초기
자료와 최종 자료에 차이가 발생하기도 한다.
전수조사가 불가능한 경우도 있다. 예를 들어 식품의 신선도 유지기
간을 알아보기 위해 전수조사를 한다면, 그 식품들은 전부 판매할
수 없을 것이다.
특별한 경우를 제외하고는 대부분의 사회 조사는 표본조사로 이루
어지며, 그것으로부터 모집단을 추측한다.

25 답 ⑤

복원추출하는 방법의 수는

$4 \times 4 = 16$(가지)

26 답 ③

모집단의 확률분포표는 다음과 같다.

X	1	2	3	합계
$P(X=x)$	$\dfrac{1}{3}$	$\dfrac{1}{3}$	$\dfrac{1}{3}$	1

확률변수 X의 평균과 분산을 구하면

$$m = E(X) = 1 \times \dfrac{1}{3} + 2 \times \dfrac{1}{3} + 3 \times \dfrac{1}{3}$$

$$= \dfrac{1}{3} \times (1+2+3) = 2$$

$$\sigma^2 = V(X) = E(X^2) - \{E(X)\}^2$$

$$= \left(1^2 \times \dfrac{1}{3} + 2^2 \times \dfrac{1}{3} + 3^2 \times \dfrac{1}{3} \right) - 2^2$$

$$= \dfrac{1}{3} \times (1+4+9) - 4 = \dfrac{14}{3} - 4 = \dfrac{2}{3}$$

따라서 이 모집단에서 크기가 2인 표본을 임의추출할 때, 표본평
균 $\overline{X}$의 평균과 분산은

$$a = E(\overline{X}) = m = 2, \quad b = V(\overline{X}) = \dfrac{\sigma^2}{2} = \dfrac{2}{3} \times \dfrac{1}{2} = \dfrac{1}{3}$$

$$\therefore a + 3b = 2 + 3 \times \dfrac{1}{3} = 3$$

다른 풀이

모집단 $\{1, 2, 3\}$에서 크기가 2인 표본을 복원추출하는 방법의
수는 $3 \times 3 = 9$

$\overline{X} = 1$인 경우 : $(1, 1)$

$\overline{X} = 1.5$인 경우 : $(1, 2), (2, 1)$

$\overline{X} = 2$인 경우 : $(1, 3), (2, 2), (3, 1)$

$\overline{X} = 2.5$인 경우 : $(2, 3), (3, 2)$

$\overline{X} = 3$인 경우 : $(3, 3)$

이므로

$$P(\overline{X}=1) = \dfrac{1}{9}, \ P(\overline{X}=1.5) = \dfrac{2}{9}, \ P(\overline{X}=2) = \dfrac{3}{9} = \dfrac{1}{3}$$

$$P(\overline{X}=2.5) = \dfrac{2}{9}, \ P(\overline{X}=3) = \dfrac{1}{9}$$

$\overline{X}$	1	1.5	2	2.5	3	합계
$P(\overline{X}=x)$	$\dfrac{1}{9}$	$\dfrac{2}{9}$	$\dfrac{1}{3}$	$\dfrac{2}{9}$	$\dfrac{1}{9}$	1

표본평균 $\overline{X}$의 확률분포표로부터 직접 확률과 평균을 구해보자.

$$E(\overline{X}) = 1 \times \dfrac{1}{9} + 1.5 \times \dfrac{2}{9} + 2 \times \dfrac{1}{3} + 2.5 \times \dfrac{2}{9} + 3 \times \dfrac{1}{9}$$

$$= \dfrac{1}{9} \times (1+3+6+5+3) = \dfrac{18}{9} = 2$$

$$V(\overline{X}) = E(X^2) - \{E(X)\}^2$$

$$= \left(1^2 \times \dfrac{1}{9} + 1.5^2 \times \dfrac{2}{9} + 2^2 \times \dfrac{1}{3} + 2.5^2 \times \dfrac{2}{9} + 3^2 \times \dfrac{1}{9} \right) - 2^2$$

$$= \dfrac{1}{9} \times (1 + 2.25 \times 2 + 4 \times 3 + 6.25 \times 2 + 9) - 4$$

$$= \dfrac{1}{9} \times (1 + 4.5 + 12 + 12.5 + 9) - 4$$

$$= \dfrac{13}{3} - 4 = \dfrac{1}{3}$$

따라서 $a = E(\overline{X}) = 2, \ b = V(\overline{X}) = \dfrac{1}{3}$

$$\therefore a + 3b = 2 + 3 \times \dfrac{1}{3} = 3$$

27 답 ③

확률변수 X의 평균을 m, 분산을 σ^2이라 하면

$$E(Y) = E(\overline{X} + 10) = E(\overline{X}) + 10 = m + 10 > m$$

즉, 확률변수 Y의 평균은 모평균 m보다 크다.

$$V(Y) = V(\overline{X} + 10) = V(\overline{X}) = \dfrac{\sigma^2}{n} = \dfrac{\sigma^2}{5} < \sigma^2$$

즉, 확률변수 Y의 분산은 모분산 σ^2보다 작다. 이때 분산이 작아
지면 정규분포곡선은 곡선의 높이가 높아지고 폭이 좁아지므로
$Y = \overline{X} + 10$의 분포를 나타내는 그래프의 개형은 C이다.

Ⅲ

N

28 답 ②

모평균 m과 모표준편차 σ가 모두 10이고, 표본의 크기가 25이
므로 표본평균 $\overline{X}$에 대하여

$$\mathrm{E}(\overline{X})=m=10,\ \sigma(\overline{X})=\frac{\sigma}{\sqrt{25}}=\frac{10}{\sqrt{25}}=2$$

$$\therefore\ \mathrm{E}(\overline{X})+\sigma(\overline{X})=10+2=12$$

29 답 ①

모집단이 정규분포 $\mathrm{N}(100,\ 2^2)$을 따르고 표본의 크기가 4이므로
표본평균 $\overline{X}$는 정규분포 $\mathrm{N}\!\left(100,\ \dfrac{2^2}{4}\right)$, 즉 $\mathrm{N}(100,\ 1)$을 따른다.

30 답 ④

모집단이 정규분포 $\mathrm{N}(50,\ 4^2)$을 따르고 표본의 크기가 4이므로
표본평균 $\overline{X}$에 대하여

$$\mathrm{E}(\overline{X})=50,\ \mathrm{V}(\overline{X})=\frac{4^2}{4}=4$$

$$\therefore\ \mathrm{E}(\overline{X})+\mathrm{V}(\overline{X})=50+4=54$$

31 답 ②

모집단의 평균과 분산이 각각 120과 100이므로 크기가 25인 표
본을 임의추출하면 표본평균 $\overline{X}$의 평균과 분산은

$$\mathrm{E}(\overline{X})=120,\ \mathrm{V}(\overline{X})=\frac{100}{25}=4$$

즉, 표본평균 $\overline{X}$는 정규분포 $\mathrm{N}(120,\ 2^2)$을 따른다.

$Z=\dfrac{\overline{X}-120}{2}$으로 표준화하면

$$\mathrm{P}(117\le\overline{X}\le124)$$
$$=\mathrm{P}\!\left(\frac{117-120}{2}\le\frac{\overline{X}-120}{2}\le\frac{124-120}{2}\right)$$
$$=\mathrm{P}(-1.5\le Z\le2)$$
$$=\mathrm{P}(0\le Z\le1.5)+\mathrm{P}(0\le Z\le2)$$
$$=0.4332+0.4772=0.9104$$

32 답 ②

모집단이 정규분포 $\mathrm{N}(60,\ 5^2)$을 따르고 표본의 크기가 100이므
로 표본평균을 $\overline{X}$라 하면

$$\mathrm{E}(\overline{X})=60,\ \mathrm{V}(\overline{X})=\frac{5^2}{10^2}=\left(\frac{1}{2}\right)^2$$

즉, 표본평균 $\overline{X}$는 정규분포 $\mathrm{N}\!\left(60,\ \left(\dfrac{1}{2}\right)^2\right)$을 따른다.

$Z=\dfrac{\overline{X}-60}{0.5}$으로 표준화하면

$$\mathrm{P}(\overline{X}\ge60.6)$$
$$=\mathrm{P}\!\left(\frac{\overline{X}-60}{0.5}\ge\frac{60.6-60}{0.5}\right)$$
$$=\mathrm{P}(Z\ge1.2)$$
$$=0.5-\mathrm{P}(0\le Z\le1.2)$$
$$=0.5-0.3849=0.1151$$

33 답 ④

모집단이 정규분포 $\mathrm{N}(360,\ 100^2)$을 따르고 표본의 크기가 25이
므로 표본평균을 $\overline{X}$라 하면

$$\mathrm{E}(\overline{X})=360,\ \mathrm{V}(\overline{X})=\frac{100^2}{5^2}=20^2$$

즉, 표본평균 $\overline{X}$는 정규분포 $\mathrm{N}(360,\ 20^2)$을 따른다.

$Z=\dfrac{\overline{X}-360}{20}$으로 표준화하면

$$\mathrm{P}(\overline{X}\le396)=\mathrm{P}\!\left(\frac{\overline{X}-360}{20}\le\frac{396-360}{20}\right)$$
$$=\mathrm{P}(Z\le1.8)$$
$$=0.5+\mathrm{P}(0\le Z\le1.8)$$
$$=0.5+0.4641$$
$$=0.9641$$

34 답 ②

표본평균이 100, 모표준편차가 4, 표본의 크기가 16이므로 모평
균 m의 신뢰도 95 %의 신뢰구간은

$$100-2\times\frac{4}{\sqrt{16}}\le m\le100+2\times\frac{4}{\sqrt{16}}$$
$$100-2\le m\le100+2$$
$$\therefore\ 98\le m\le102$$

35 답 ⑤

표본평균이 4.5, 모표준편차가 0.2, 표본의 크기가 400이므로 모
평균 m의 신뢰도 95 %의 신뢰구간은

$$4.5-2\times\frac{0.2}{\sqrt{400}}\le m\le4.5+2\times\frac{0.2}{\sqrt{400}}$$
$$4.5-0.02\le m\le4.5+0.02$$
$$\therefore\ 4.48\le m\le4.52$$

36 답 ③

표본평균이 3, 모표준편차가 1, 표본의 크기가 100이므로 모평
균 m의 신뢰도 99 %의 신뢰구간은

$$3-2.58\times\frac{1}{\sqrt{100}}\le m\le3+2.58\times\frac{1}{\sqrt{100}}$$
$$3-0.258\le m\le3+0.258$$
$$\therefore\ 2.742\le m\le3.258$$

37 답 ③

표본의 크기 121은 충분히 크므로 모표준편차 대신 표본표준편
차 11을 사용하자.

표본평균이 20이므로 신뢰도 95%로 모평균 m을 추정하면

$$20-1.96\times\frac{11}{\sqrt{121}}\le m\le20+1.96\times\frac{11}{\sqrt{121}}$$
$$20-1.96\le m\le20+1.96$$
$$\therefore\ 18.04\le m\le21.96$$

38 답 ③

표본의 크기 100은 충분히 크므로 모표준편차 대신 표본표준편차 20을 사용하자.

표본평균이 100이므로 모평균 m을 신뢰도 95%로 신뢰구간을 추정하면

$$100-2\times\frac{20}{\sqrt{100}}\leq m\leq 100+2\times\frac{20}{\sqrt{100}}$$

$$100-4\leq m\leq 100+4$$

$$\therefore\ 96\leq m\leq 104$$

39 답 ②

표본의 크기 400은 충분히 크므로 모표준편차 대신 표본표준편차 20을 사용하자.

표본평균이 50이므로 모평균 m을 신뢰도 99%로 신뢰구간을 추정하면

$$50-2.5\times\frac{20}{\sqrt{400}}\leq m\leq 50+2.5\times\frac{20}{\sqrt{400}}$$

$$50-2.5\leq m\leq 50+2.5$$

$$\therefore\ 47.5\leq m\leq 52.5$$

> **TIP**
>
> 표본의 크기가 크게 되면 정규분포를 따르게 된다. 표본의 크기가 충분히 크면 모표준편차와 표본표준편차의 오차가 충분히 줄어들기 때문에 모표준편차 대신 표본표준편차를 사용할 수 있는 것이다.

40 답 ④

$$2\times 2.58\times\frac{10}{\sqrt{400}}=2\times 2.58\times\frac{1}{2}=2.58$$

> **TIP**
>
> 모평균의 신뢰도에 따른 신뢰구간은
>
> $$\overline{X}-k\times\frac{\sigma}{\sqrt{n}}\leq m\leq\overline{X}+k\times\frac{\sigma}{\sqrt{n}}$$
>
> $$\therefore\ \left(\overline{X}+k\times\frac{\sigma}{\sqrt{n}}\right)-\left(\overline{X}-k\times\frac{\sigma}{\sqrt{n}}\right)=2\times k\times\frac{\sigma}{\sqrt{n}}$$

41 답 ③

정규분포 $N(m,\sigma^2)$을 따르는 모집단에서 크기가 n인 표본을 추출하여 추정한 모평균의 신뢰구간의 길이는

$2k\times\dfrac{\sigma}{\sqrt{n}}$ (단, k는 상수)

ㄱ. 표본의 크기가 일정할 때, 신뢰도가 높아지면 신뢰도 계수 k가 커지므로 신뢰구간의 길이는 길어진다. (참)

ㄴ. 신뢰도가 일정할 때, 표본의 크기가 커지면 분모 $\sqrt{n}$의 값이 커지므로 신뢰구간의 길이는 짧아진다. (참)

ㄷ. 신뢰도를 낮추면 k의 값이 작아지고, 표본의 크기를 크게 하면 분모 $\sqrt{n}$의 값이 커지므로 신뢰구간의 길이는 짧아진다. (거짓)

따라서 옳은 것은 ㄱ, ㄴ이다.

42 답 ⑤

모표준편차가 8이고, 신뢰도가 99%인 모평균의 신뢰구간의 길이가 2 이하이어야 하므로

$$2\times 2.5\times\frac{8}{\sqrt{n}}\leq 2$$

$$20\leq\sqrt{n}$$

$$\therefore\ n\geq 400$$

따라서 n의 최솟값은 400이다.

43 답 ④

정규분포 $N(m,5^2)$을 따르는 모집단에서 크기가 n인 표본을 추출할 때, 표본평균 $\overline{X}$는 정규분포 $N\left(m,\dfrac{5^2}{n}\right)$을 따른다.

$Z=\dfrac{\overline{X}-m}{\frac{5}{\sqrt{n}}}$으로 표준화하면

$$P(m-1\leq\overline{X}\leq m+1)$$

$$=P\left(\frac{(m-1)-m}{\frac{5}{\sqrt{n}}}\leq\frac{\overline{X}-m}{\frac{5}{\sqrt{n}}}\leq\frac{(m+1)-m}{\frac{5}{\sqrt{n}}}\right)$$

$$=P\left(-\frac{\sqrt{n}}{5}\leq Z\leq\frac{\sqrt{n}}{5}\right)$$

$$=2\times P\left(0\leq Z\leq\frac{\sqrt{n}}{5}\right)=0.8904$$

즉, $P\left(0\leq Z\leq\dfrac{\sqrt{n}}{5}\right)=0.4452$

표준정규분포표에서 $P(0\leq Z\leq 1.6)=0.4452$이므로

$$\frac{\sqrt{n}}{5}=1.6$$

$$\sqrt{n}=1.6\times 5=8$$

$$\therefore\ n=64$$

44 답 ②

표본의 크기가 256이고, 모표준편차가 8이므로 신뢰도 95%로 추정한 모평균의 신뢰구간의 길이는

$$2\times 1.96\times\frac{8}{\sqrt{256}}=2\times 1.96\times\frac{8}{16}=1.96$$

45 답 ①

모표준편차가 20이고, 신뢰도 95%로 추정한 모평균의 신뢰구간의 길이는 $104-96=8$이므로

$$2\times 2\times\frac{20}{\sqrt{n}}=8$$

$$\sqrt{n}=10$$

$$\therefore\ n=100$$

01 답 ①

$E(\overline{X})=E(X)=18$이므로

$$E(X)=10\times\frac{1}{2}+20a+30\left(\frac{1}{2}-a\right)$$
$$=20-10a=18$$

$10a=2$

$$\therefore a=\frac{1}{5}$$

02 답 ①

탁구공에 적힌 숫자를 X라 하면

$$P(X=x)=\frac{1}{5}\ (x=1,\ 2,\ 3,\ 4,\ 5)$$

$$\therefore E(X)=1\times\frac{1}{5}+2\times\frac{1}{5}+3\times\frac{1}{5}+4\times\frac{1}{5}+5\times\frac{1}{5}$$
$$=\frac{15}{5}=3$$

이때, $E(\overline{X})=E(X)$이므로 $E(\overline{X})=3$

$$\therefore E(4\overline{X}+3)=4E(\overline{X})+3=4\times3+3=15$$

03 답 ④

어떤 모집단의 확률변수 X의 확률분포가 아래 표와 같다. 이 모집단에서 크기가 5인 표본을 복원추출할 때, 표본평균 $\overline{X}$ 의 평균을 a, 분산을 b라 하면 ab의 값은?
확률변수 X와 표본평균 $\overline{X}$의 평균, 분산의 관계를 이용해봐.

X	1	2	3	합계
$P(X=x)$	$\frac{1}{4}$	$\frac{1}{2}$	$\frac{1}{4}$	1

①$\frac{1}{2}$ ②$\frac{1}{3}$ ③$\frac{1}{4}$

④$\frac{1}{5}$ ⑤$\frac{1}{6}$

1st 우선 주어진 확률분포표를 이용하여 확률변수 X의 평균과 분산을 구하자.

$$E(X)=1\times\frac{1}{4}+2\times\frac{1}{2}+3\times\frac{1}{4}=\frac{8}{4}=2,$$

$$E(X^2)=1\times\frac{1}{4}+4\times\frac{1}{2}+9\times\frac{1}{4}=\frac{18}{4}=\frac{9}{2}$$

$$\therefore V(X)=\frac{9}{2}-2^2=\frac{1}{2}$$
$V(X)=E(X^2)-\{E(X)\}^2$을 이용한 거야.
$$\therefore m=2,\ \sigma^2=\frac{1}{2}$$

2nd 표본평균의 성질을 이용하여 표본평균 $\overline{X}$의 평균과 분산을 구하자.

표본의 크기 $n=5$이므로

$$a=E(\overline{X})=m=2,\ b=V(\overline{X})=\frac{\sigma^2}{n}=\frac{\frac{1}{2}}{5}=\frac{1}{10}$$

[확률변수 X와 크기가 n인 표본의 표본평균 $\overline{X}$의 관계]
$$\therefore ab=2\times\frac{1}{10}=\frac{1}{5}$$
①$E(\overline{X})=m$ ②$V(\overline{X})=\frac{\sigma^2}{n}$ ③$\sigma(\overline{X})=\frac{\sigma}{\sqrt{n}}$

04 답 ⑤

모분산이 0.5, 표본의 크기가 n이므로 표본평균 $\overline{X}$에 대하여

$$V(\overline{X})=\frac{0.5}{n}\geq0.02\qquad\therefore n\leq\frac{0.5}{0.02}=25$$

따라서 n의 최댓값은 25이다.

05 답 ②

야구공의 무게를 확률변수 X라 하면 X은 정규분포 $N(144.9,\ 6^2)$을 따르지?
어느 회사에서 생산된 야구공의 무게는 평균이 144.9 g, 표준편차가 6 g인 정규분포를 따른다고 한다. 이 회사에서 생산된 야구공 중 임의로 선택한 야구공 9개 무게의 표본평균이 141.7 g 이상 148.9 g 이하일 확률을 오른쪽 표준정규분포표를 이용하여 구한 것은?

z	$P(0\leq Z\leq z)$
1.6	0.4452
1.7	0.4554
1.8	0.4641
1.9	0.4713
2.0	0.4772

① 0.9165 ② 0.9224 ③ 0.9267

④ 0.9282 ⑤ 0.9413

1st 표본평균 $\overline{X}$의 평균과 표준편차를 구하자.

어느 회사에서 생산된 야구공의 무게를 확률변수 X라고 하자.
임의로 선택한 야구공 9개 무게의 표본평균을 $\overline{X}$라 하면 $\overline{X}$의 평균과 분산은

$$E(\overline{X})=144.9,\ V(\overline{X})=\frac{6^2}{9}=4$$

모평균이 m, 모분산이 σ^2인 모집단에서 크기가 n인 표본을 임의로 추출할 때, 표본평균 $\overline{X}$의 평균은 모평균과 같고, $\overline{X}$의 분산은 모분산보다 작다. 즉,
①$E(\overline{X})=m$ ②$V(\overline{X})=\frac{\sigma^2}{n}$ ③$\sigma(\overline{X})=\frac{\sigma}{\sqrt{n}}$
즉, 표본평균 $\overline{X}$는 정규분포 $N(144.9,\ 2^2)$을 따른다.

2nd 표준정규분포표를 이용하여 표본평균 $\overline{X}$가 141.7 g 이상 148.9 g 이하일 확률을 구해보자.

$$Z=\frac{\overline{X}-144.9}{2}$$로 표준화하면

$$P(141.7\leq\overline{X}\leq148.9)$$
$$=P\left(\frac{141.7-144.9}{2}\leq\frac{\overline{X}-144.9}{2}\leq\frac{148.9-144.9}{2}\right)$$
$$=P(-1.6\leq Z\leq2)$$
$$=P(0\leq Z\leq1.6)+P(0\leq Z\leq2)$$
$$=0.4452+0.4772=0.9224$$

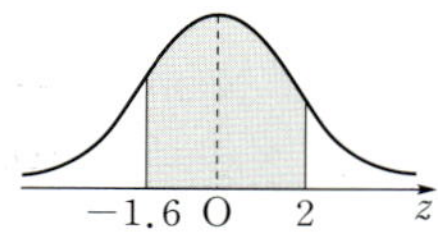

06 답 ③

표본의 크기가 400으로 충분히 크므로 모표준편차 대신 표본표준편차 10을 사용하자.

표본평균이 168이므로 모평균 m의 신뢰도 95%의 신뢰구간은

$$168-2\times\frac{10}{\sqrt{400}}\leq m\leq168+2\times\frac{10}{\sqrt{400}}$$

$$168-1\leq m\leq168+1$$

$$\therefore 167\leq m\leq169$$

07 답 ③

표본의 크기 100은 충분히 크므로 모표준편차 대신 표본표준편차 20을 사용하자.

즉, $\sigma=20$, $n=100$이고 표본평균 $\overline{X}=245$이므로 모평균 m에 대한 신뢰도 95 %의 신뢰구간은

$$245-1.96\times\frac{20}{\sqrt{100}}\le m\le245+1.96\times\frac{20}{\sqrt{100}}$$

$$245-3.92\le m\le245+3.92$$

$$\therefore\ 241.08\le m\le248.92$$

따라서 신뢰구간에 속하는 정수는

242, 243, 244, 245, 246, 247, 248의 7개이다.

08 답 ②

신뢰구간의 길이는 $2k\times\dfrac{\sigma}{\sqrt{n}}$ … ㉠이므로 신뢰도에 따라 k의 값이 정해진다.

ㄱ. 신뢰도를 크게 하면 ㉠에서 k의 값이 커지므로 신뢰구간의 길이는 10보다 커진다. (거짓)

ㄴ. 두 표본의 신뢰도에 따른 k의 값을 각각 k_1, k_2라 하자. 두 표본의 크기가 $n_1=n_2=n$이면 ㉠에서

$$2k_1\times\frac{\sigma}{\sqrt{n}}=10,\ 2k_2\times\frac{\sigma}{\sqrt{n}}=8$$

$$k_1=\frac{5\sqrt{n}}{\sigma},\ k_2=\frac{4\sqrt{n}}{\sigma}$$

$$\therefore\ k_1>k_2\ \Rightarrow\ \alpha_1>\alpha_2\ (참)$$

ㄷ. 두 표본의 신뢰도가 같으면 ㉠에서 k의 값도 같다.

이때,

$$2k\times\frac{\sigma}{\sqrt{n_1}}=10,\ 2k\times\frac{\sigma}{\sqrt{n_2}}=8에서$$

$$\sqrt{n_1}=\frac{2k\sigma}{10},\ \sqrt{n_2}=\frac{2k\sigma}{8}$$

$$\therefore\ n_1<n_2\ (거짓)$$

따라서 옳은 것은 ㄴ이다.

09 답 ①

회사에서 생산된 핸드볼 공의 무게를 확률변수 X라 하면 X는 정규분포 $N(350,\ 16^2)$을 따른다. 이때 임의로 추출된 핸드볼 공 64개의 무게의 평균을 표본평균 $\overline{X}$라 하면

$$E(\overline{X})=350,\ V(\overline{X})=\frac{16^2}{64}=2^2$$

즉, 표본평균 $\overline{X}$는 정규분포 $N(350,\ 2^2)$을 따른다.

$Z=\dfrac{\overline{X}-350}{2}$으로 표준화하면

$$P(\overline{X}\le346\ 또는\ \overline{X}\ge355)$$

$$=P(\overline{X}\le346)+P(\overline{X}\ge355)$$

$$=P\!\left(\frac{\overline{X}-350}{2}\le\frac{346-350}{2}\right)+P\!\left(\frac{\overline{X}-350}{2}\ge\frac{355-350}{2}\right)$$

$$=P(Z\le-2)+P(Z\ge2.5)$$

$$=P(Z\ge2)+P(Z\ge2.5)$$

$$=(0.5-0.4772)+(0.5-0.4938)$$

$$=0.0228+0.0062$$

$$=0.0290$$

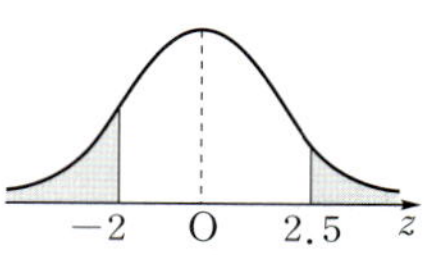

10 답 25

> 대중교통을 이용하여 출근하는 어느 지역 직장인의 월 교통비는 평균이 8이고 표준편차가 1.2인 정규분포를 따른다고 한다. 대중교통을 이용하여 출근하는 이 지역 직장인 중 임의 추출한 n명의 월 교통비의 표본평균을 $\overline{X}$라 할 때,
> n이 충분히 크면 표본평균 $\overline{X}$의 분포는 모집단의 분포 형태와 관계없이 정규분포를 따름이 알려져 있어.
>
> $$P(7.76\le\overline{X}\le8.24)\ge0.6826$$
>
> 이 되기 위한 n의 최솟값을 오른쪽 표준정규분포표를 이용하여 구하시오. (단, 교통비의 단위는 만 원이다.)

z	$P(0\le Z\le z)$
0.5	0.1915
1.0	0.3413
1.5	0.4332
2.0	0.4772

1st 표본평균 $\overline{X}$의 평균과 표준편차를 구하자.

월 교통비를 확률변수 X라고 하면 X는 정규분포 $N(8,\ 1.2^2)$을 따른다. 임의추출한 n명의 월 교통비의 표본평균을 $\overline{X}$라 하면 $\overline{X}$의 평균과 분산은

$$E(\overline{X})=8,\ V(\overline{X})=\frac{1.2^2}{n}$$

[표본평균의 평균, 분산, 표준편차]
모평균이 m, 모분산이 σ^2인 모집단에서 크기가 n인 표본을 임의로 추출할 때, 표본평균 $\overline{X}$에 대하여
① $E(\overline{X})=m$ ② $V(\overline{X})=\dfrac{\sigma^2}{n}$ ③ $\sigma(\overline{X})=\dfrac{\sigma}{\sqrt{n}}$

즉, 표본평균 $\overline{X}$는 정규분포 $N\!\left(8,\ \left(\dfrac{1.2}{\sqrt{n}}\right)^2\right)$을 따른다.

2nd 표준정규분포표를 이용하여 최솟값 n을 구해보자.

$Z=\dfrac{\overline{X}-8}{\dfrac{1.2}{\sqrt{n}}}$로 표준화하면

$$P(7.76\le\overline{X}\le8.24)$$

$$=P\!\left(\frac{7.76-8}{\frac{1.2}{\sqrt{n}}}\le\frac{\overline{X}-8}{\frac{1.2}{\sqrt{n}}}\le\frac{8.24-8}{\frac{1.2}{\sqrt{n}}}\right)$$

$$=P\!\left(-\frac{\sqrt{n}}{5}\le Z\le\frac{\sqrt{n}}{5}\right)$$

$$=2P\!\left(0\le Z\le\frac{\sqrt{n}}{5}\right)\ge0.6826$$

즉, $P\!\left(0\le Z\le\dfrac{\sqrt{n}}{5}\right)\ge0.3413$

표준정규분포표에서 $P(0\le Z\le1)=0.3413$이므로

$$\frac{\sqrt{n}}{5}\ge1\qquad\therefore\ n\ge25$$

따라서 구하는 n의 최솟값은 25이다.

11　답 25

어느 회사에서 생산하는 초콜릿 한 개의 무게는 평균이 m, 표준편차가 σ인 정규분포를 따른다고 한다. 이 회사에서 생산하는 초콜릿 중에서 임의추출한, 크기가 49인 표본을 조사하였더니 초콜릿 무게의 표본평균의 값이 $\overline{x}$이었다. 이 결과를 이용하여, 이 회사에서 생산하는 초콜릿 한 개의 무게의 평균 m에 대한 신뢰도95 %의 신뢰구간을 구하면 $1.73 \leq m \leq 1.87$이다.

신뢰도 95%의 신뢰구간은 $\overline{x}-1.96\dfrac{\sigma}{\sqrt{n}} \leq m \leq \overline{x}+1.96\dfrac{\sigma}{\sqrt{n}}$이므로 이 범위의 양 끝을 $1.73 \leq m \leq 1.87$과 비교하면 2개의 연립방정식을 세울 수 있어. 이를 이용해 $\overline{x}$와 σ 값을 구할 수 있겠지?

$\dfrac{\sigma}{\overline{x}}=k$일 때, $180k$의 값을 구하시오.

(단, 무게의 단위는 g이고, Z가 표준정규분포를 따르는 확률변수일 때 $\mathrm{P}(0 \leq Z \leq 1.96)=0.475$로 계산한다.)

1st 신뢰도 95 %의 신뢰구간이 $\overline{x}-1.96\dfrac{\sigma}{\sqrt{n}} \leq m \leq \overline{x}+1.96\dfrac{\sigma}{\sqrt{n}}$인 것을 이용하여 $\overline{x}$와 σ의 값을 포함한 범위를 구해보자.

어느 회사에서 생산하는 초콜릿 한 개의 무게를 확률변수 X라 하면 X는 정규분포 $\mathrm{N}(m,\ \sigma^2)$을 따른다. 임의추출한 크기가 49인 표본의 표본평균을 $\overline{X}$라 하면 $\overline{x}$의 평균과 분산은

$$\mathrm{E}(\overline{X})=m,\quad \mathrm{V}(\overline{X})=\frac{\sigma^2}{49}=\left(\frac{\sigma}{7}\right)^2$$

$\overline{X}=\overline{x}$일 때,

모평균 m에 대한 신뢰도 95%의 신뢰구간은

$$\overline{x}-1.96\times\frac{\sigma}{7} \leq m \leq \overline{x}+1.96\times\frac{\sigma}{7}$$

이다.

[신뢰구간]
$$\overline{x}-k\times\frac{\sigma}{\sqrt{n}} \leq m \leq \overline{x}+k\times\frac{\sigma}{\sqrt{n}}$$
① 신뢰도 95%일 때, $k=1.96$
② 신뢰도 99%일 때, $k=2.58$

2nd 구한 범위와 문제에서 주어진 범위의 양 끝값을 비교하여 연립방정식을 풀자.

이를 주어진 신뢰구간 $1.73 \leq m \leq 1.87$의 양 끝값과 비교하면

$$\overline{x}-1.96\times\frac{\sigma}{7}=1.73 \cdots \text{㉠}$$

$$\overline{x}+1.96\times\frac{\sigma}{7}=1.87 \cdots \text{㉡}$$

㉠+㉡을 하면

$$2\overline{x}=3.6 \quad \therefore \overline{x}=1.8$$

㉡-㉠을 하면

$$2\times1.96\times\frac{\sigma}{7}=0.14 \quad \therefore \sigma=0.25$$

$$k=\frac{\sigma}{\overline{x}}=\frac{0.25}{1.8}=\frac{25}{180}$$이므로

$$\therefore 180k=180\times\frac{25}{180}=25$$

12　답 2

주어진 확률분포표에서

$$\mathrm{E}(X)=0\times\frac{1}{8}+1\times\frac{3}{8}+2\times\frac{3}{8}+3\times\frac{1}{8}=\frac{12}{8}=\frac{3}{2} \quad \cdots \text{I}$$

$$\mathrm{V}(X)=\mathrm{E}(X^2)-\{\mathrm{E}(X)\}^2$$

$$=\left(0^2\times\frac{1}{8}+1^2\times\frac{3}{8}+2^2\times\frac{3}{8}+3^2\times\frac{1}{8}\right)-\left(\frac{3}{2}\right)^2$$

$$=3-\frac{9}{4}$$

$$=\frac{3}{4} \quad \cdots \text{II}$$

표본의 크기가 n일 때, 표본평균 $\overline{X}$의 분산이 $\dfrac{3}{8}$이므로

$$\mathrm{V}(\overline{X})=\frac{\mathrm{V}(X)}{n}=\frac{\frac{3}{4}}{n}=\frac{3}{8}$$

$$\therefore n=2 \quad \cdots \text{III}$$

[채점기준표]

I	확률분포표를 이용하여 평균을 구한다.	30%
II	확률분포표를 이용하여 분산을 구한다.	40%
III	$\mathrm{V}(\overline{X})=\dfrac{\sigma^2}{n}$을 이용하여 n의 값을 구한다.	30%

심플 정리

[모평균의 추정]

(1) 모평균의 신뢰구간

정규분포 $\mathrm{N}(m,\ \sigma^2)$을 따르는 모집단에서 크기가 n인 표본을 임의추출할 때의 표본평균을 $\overline{X}$라고 할 때, 모평균 m의 신뢰구간은 다음과 같다.

① 신뢰도 95%의 신뢰구간

$$\overline{X}-1.96\frac{\sigma}{\sqrt{n}} \leq m \leq \overline{X}+1.96\frac{\sigma}{\sqrt{n}}$$

② 신뢰도 99%의 신뢰구간

$$\overline{X}-2.58\frac{\sigma}{\sqrt{n}} \leq m \leq \overline{X}+2.58\frac{\sigma}{\sqrt{n}}$$

(2) 모평균의 신뢰구간의 길이 : $2k\times\dfrac{\sigma}{\sqrt{n}}$

신뢰도 95%일 때 $k=1.96$, 신뢰도 99%일 때 $k=2.58$

01　답 ②

100원짜리 동전 한 개와 10원짜리 동전 한 개를 던져 앞면이 나온 동전의 금액의 합을 확률변수 X라 하면 둘 다 뒷면이 나오는 경우, 10원짜리만 앞면이 나오는 경우, 100원짜리만 앞면이 나오는 경우, 둘 다 앞면이 나오는 경우의 확률이 모두 $\dfrac{1}{4}$이다.

확률변수 X의 확률분포표는 다음과 같다.

X	0	10	100	110	합계
$\mathrm{P}(X=x)$	$\dfrac{1}{4}$	$\dfrac{1}{4}$	$\dfrac{1}{4}$	$\dfrac{1}{4}$	1

$$\therefore \mathrm{E}(X)=0\times\frac{1}{4}+10\times\frac{1}{4}+100\times\frac{1}{4}+110\times\frac{1}{4}=55$$

02　답 ③

X의 확률분포표는 다음과 같다.

X	0	100	1000	5000	합계
$\mathrm{P}(X=x)$	$\dfrac{58}{100}$	$\dfrac{30}{100}$	$\dfrac{10}{100}$	$\dfrac{2}{100}$	1

$$\mathrm{P}(X\geq 1000)=\mathrm{P}(X=1000)+\mathrm{P}(X=5000)$$
$$=\frac{10}{100}+\frac{2}{100}=\frac{12}{100}=\frac{3}{25}$$

03　답 ①

확률의 총합이 1이므로

$$a+\frac{a}{2}+a^2=1$$
$$2a^2+3a-2=0$$
$$(2a-1)(a+2)=0 \quad \therefore a=\frac{1}{2}\ (\because\ 0\leq a\leq 1)$$
$$\mathrm{E}(X)=(-1)\times\frac{1}{2}+0\times\frac{1}{4}+1\times\left(\frac{1}{2}\right)^2=-\frac{1}{4}$$이므로
$$\therefore \mathrm{E}(2X+3)=2\mathrm{E}(X)+3=2\times\left(-\frac{1}{4}\right)+3=\frac{5}{2}$$

04　답 ④

확률의 총합은 1이므로

$$\frac{{}_5\mathrm{C}_1}{k}+\frac{{}_5\mathrm{C}_2}{k}+\frac{{}_5\mathrm{C}_3}{k}=\frac{5+10+10}{k}=\frac{25}{k}=1 \quad \therefore k=25$$

따라서 확률변수 X의 확률분포표는 다음과 같다.

X	−1	0	1	계
$\mathrm{P}(X=x)$	$\dfrac{1}{5}$	$\dfrac{2}{5}$	$\dfrac{2}{5}$	1

$$\mathrm{E}(X)=(-1)\times\frac{1}{5}+0\times\frac{2}{5}+1\times\frac{2}{5}=\frac{1}{5},$$
$$\mathrm{E}(X^2)=(-1)^2\times\frac{1}{5}+0^2\times\frac{2}{5}+1^2\times\frac{2}{5}=\frac{3}{5}$$이므로
$$\mathrm{V}(X)=\mathrm{E}(X^2)-\{\mathrm{E}(X)\}^2=\frac{3}{5}-\left(\frac{1}{5}\right)^2=\frac{15-1}{25}=\frac{14}{25}$$
$$\therefore \mathrm{V}(5X+3)=5^2\mathrm{V}(X)=25\times\frac{14}{25}=14$$

05　답 ④

주머니 안의 공의 개수는

$$1+2+3+\cdots+10=55(개)이므로$$

확률변수 X의 확률분포는 다음과 같다.

X	1	2	3	⋯	10	합계
$\mathrm{P}(X=x)$	$\dfrac{1}{55}$	$\dfrac{2}{55}$	$\dfrac{3}{55}$	⋯	$\dfrac{10}{55}$	1

$$\therefore \mathrm{E}(X)=\frac{1}{55}\times(1^2+2^2+3^2+\cdots+10^2)$$
$$=\frac{1}{55}\times(1+4+9+16+25+36+49+64+81+100)$$
$$=\frac{385}{55}=7$$
$$\therefore \mathrm{E}(3X-1)=3\mathrm{E}(X)-1=3\times 7-1=20$$

06　답 ④

확률질량함수가 $\mathrm{P}(X=x)={}_{30}\mathrm{C}_x\left(\dfrac{1}{3}\right)^x\left(\dfrac{2}{3}\right)^{30-x}(x=0,\ 1,\ \cdots,\ 30)$ 이므로 확률변수 X는 이항분포 $\mathrm{B}\left(30,\ \dfrac{1}{3}\right)$을 따른다.

$$\mathrm{E}(X)=30\times\frac{1}{3}=10$$
$$\therefore \mathrm{E}(5X-1)=5\mathrm{E}(X)-1=5\times 10-1=50-1=49$$

07　답 ①

$$\mathrm{E}(10X+1)=10\mathrm{E}(X)+1=21$$
$$\therefore \mathrm{E}(X)=np=2\ \cdots\ \bigcirc$$
$$\mathrm{E}(10X^2+1)=10\mathrm{E}(X^2)+1=60$$
$$\therefore \mathrm{E}(X^2)=\frac{59}{10}$$

분산을 구하면

$$\mathrm{V}(X)=\mathrm{E}(X^2)-\{\mathrm{E}(X)\}^2=\frac{59}{10}-2^2=\frac{59}{10}-\frac{40}{10}=\frac{19}{10}$$

확률분포 X는 이항분포 $\mathrm{B}(n,\ p)$를 따르므로

$$\mathrm{V}(X)=npq=2q\ (\because\ \bigcirc)=\frac{19}{10}에서$$
$$q=\frac{19}{20},\ p=1-q=1-\frac{19}{20}=\frac{1}{20}$$

이것을 $\bigcirc$에 대입하면

$$\mathrm{E}(X)=n\times\frac{1}{20}=2 \quad \therefore n=40$$

08　답 ②

이항분포 $\mathrm{B}\left(100,\ \dfrac{1}{10}\right)$에서 α는 확률의 총합을 나타내고, β는 평균을 나타낸다.

$$\begin{cases}\alpha=(확률의\ 총합)=1\\ \beta=\mathrm{E}(X)=100\times\dfrac{1}{10}=10\end{cases}$$
$$\therefore \alpha+\beta=1+10=11$$

09 답 ③

$$V(X)=10p(1-p)$$
$$=-10p^2+10p$$
$$=-10\left(p-\frac{1}{2}\right)^2+\frac{5}{2}$$

따라서 $p=\dfrac{1}{2}$일 때, $V(X)$는 최댓값 $\dfrac{5}{2}$를 갖는다.

10 답 ④

각 모둠마다 5명 중 남학생이 3명 있으므로, 각 모둠에서 임의로 2명씩 선택할 때 남학생들만 선택될 확률은 $\dfrac{_3C_2}{_5C_2}=\dfrac{3}{10}$이다.

이때, 남학생들만 선택된 모둠의 수를 확률변수 X라고 하면 X는 이항분포 $B\left(10,\ \dfrac{3}{10}\right)$을 따른다.

$$\therefore E(X)=np=10\times\frac{3}{10}=3$$

11 답 ②

> 확률변수 $X,\,Y$는 반복 시행한 독립시행의 횟수니까 이항분포를 따르겠지?
>
> 한 개의 주사위를 180번 던질 때 1의 눈이 나오는 횟수를 확률변수 X라 하고, 한 개의 동전을 n번 던질 때 앞면이 나오는 횟수를 확률변수 Y라 하자. Y의 분산이 X의 분산보다 크게 되도록 하는 n의 최솟값은?
>
> ① 100 ② 101 ③ 102
> ④ 103 ⑤ 104

1st 이항분포를 따르는 확률변수 X의 분산을 구해.

주사위를 한 번 던질 때 1의 눈이 나오는 확률은 $\dfrac{1}{6}$이므로

확률변수 X는 이항분포 $B\left(180,\ \dfrac{1}{6}\right)$을 따른다.

$$\therefore V(X)=180\times\frac{1}{6}\times\frac{5}{6}=25$$

[이항분포의 평균, 분산]
$E(X)=np,\ V(X)=npq$ (단, $q=1-p$)

2nd 확률변수 Y 또한 이항분포를 따르므로 같은 방법으로 Y의 분산도 구하자.

한 개의 동전을 던질 때 앞면이 나올 확률은 $\dfrac{1}{2}$이므로 확률변수 Y는 이항분포 $B\left(n,\ \dfrac{1}{2}\right)$을 따른다.

$$V(Y)=n\times\frac{1}{2}\times\frac{1}{2}=\frac{n}{4}$$

3rd 부등식 $V(Y)>V(X)$에 대입하여 자연수 n의 최솟값을 구하자.

$V(Y)>V(X)$이므로

$$\frac{n}{4}>25$$

$$\therefore n>100$$

따라서 자연수 n의 최솟값은 101이다.

12 답 ③

확률밀도함수의 그래프와 x축 사이의 넓이가 1이므로

$$\frac{1}{2}\times\left(1+\frac{1}{2}\right)\times a=\frac{3}{4}a=1$$

$$\therefore a=\frac{4}{3}$$

13 답 ②

이차방정식 $6x^2-5x+1=0$에서

$$(2x-1)(3x-1)=0$$

$$\therefore x=\frac{1}{2}\ \text{또는}\ x=\frac{1}{3}$$

이때, $P(X\leq1)\leq P(X\leq2)$이므로

$$P(X\leq1)=\frac{1}{3},\ P(X\leq2)=\frac{1}{2}$$

$$\therefore P(1<X\leq2)=P(X\leq2)-P(X\leq1)$$
$$=\frac{1}{2}-\frac{1}{3}=\frac{1}{6}$$

14 답 8

확률변수 X에 대하여 $Z=\dfrac{X-50}{10}$으로 놓으면 Z는 표준정규분포 $N(0,\,1)$을 따른다.

$$P(X\leq40)=P\left(\frac{X-50}{10}\leq\frac{40-50}{10}\right)$$
$$=P(Z\leq-1)$$
$$=P(Z\geq1)$$
$$=0.5-P(0\leq Z\leq1)$$

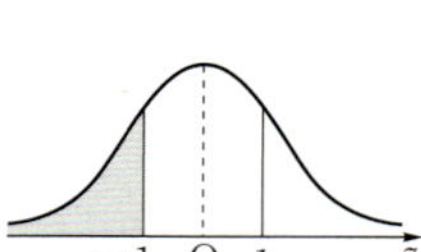

한편, $P(-1\leq Z\leq1)=0.68$에서

$2P(0\leq Z\leq1)=0.68$이므로

$$P(0\leq Z\leq1)=0.34$$

$$\therefore a=P(X\leq40)=0.5-0.34=0.16$$

$$\therefore 50a=50\times0.16=8$$

15 답 ⑤

정규분포의 확률밀도함수는 평균에 대하여 대칭이다.

조건 (가)에서 평균은 $m=\dfrac{27+33}{2}=30$

조건 (나)를 이용하여 분산과 표준편차를 구하면

$$V(X)=E(X^2)-\{E(X)\}^2=925-30^2=25=5^2$$

$$\therefore \sigma=5$$

$$\therefore P(X\leq37)=P(X\leq30+7)$$
$$=P(X\leq30+1.4\times5)$$
$$=P(X\leq m+1.4\sigma)$$
$$=0.5+0.4192$$
$$=0.9192$$

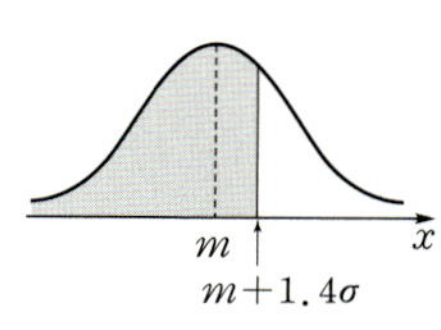

16 답 ⑤

상자에서 꺼낸 녹색 볼펜의 개수를 확률변수 X라고 하면
X는 이항분포 $\mathrm{B}\left(150,\ \dfrac{2}{5}\right)$를 따른다.

$\mathrm{E}(X)=150\times\dfrac{2}{5}=60$, $\mathrm{V}(X)=150\times\dfrac{2}{5}\times\dfrac{3}{5}=36$

n이 충분히 크므로 X는 정규분포 $\mathrm{N}(60,\ 6^2)$을 따른다.

$Z=\dfrac{X-60}{6}$으로 표준화하면

$$\begin{aligned}
\mathrm{P}(X\geq 51)&=\mathrm{P}\left(\dfrac{X-60}{6}\geq\dfrac{51-60}{6}\right)\\
&=\mathrm{P}(Z\geq -1.5)\\
&=0.5+\mathrm{P}(0\leq Z\leq 1.5)\\
&=0.5+0.4332\\
&=0.9332
\end{aligned}$$

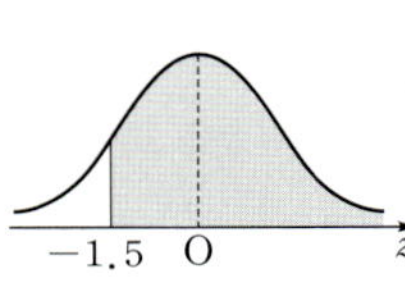

17 답 ③

주사위를 400번 던질 때, 짝수가 나오는 횟수를 확률변수 X라
하면 X는 이항분포 $\mathrm{B}\left(400,\ \dfrac{1}{2}\right)$을 따른다.

$\mathrm{E}(X)=400\times\dfrac{1}{2}=200$, $\mathrm{V}(X)=400\times\dfrac{1}{2}\times\dfrac{1}{2}=100$

n이 충분히 크므로 X는 정규분포 $\mathrm{N}(200,\ 10^2)$을 따른다.

$Z=\dfrac{X-200}{10}$으로 표준화하면

$$\begin{aligned}
\mathrm{P}(X\geq k)&=\left(\dfrac{X-200}{10}\geq\dfrac{k-200}{10}\right)\\
&=\mathrm{P}\left(Z\geq\dfrac{k-200}{10}\right)\\
&=0.0359
\end{aligned}$$

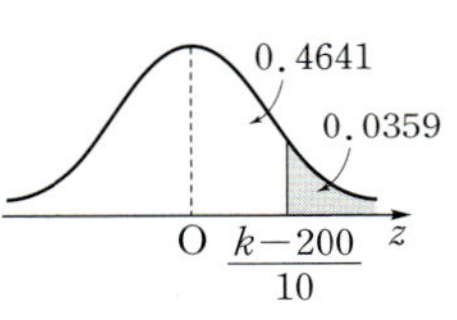

즉, $\mathrm{P}\left(0\leq Z\leq\dfrac{k-200}{10}\right)=0.5-0.0359=0.4641$이고,

주어진 표준정규분포표에서 $\mathrm{P}(0\leq Z\leq 1.8)=0.4641$이므로

$\dfrac{k-200}{10}=1.8$, $k-200=18$ $\quad\therefore k=218$

18 답 ④

확률변수 X는 정규분포 $\mathrm{N}(0,\ a)$를 따르고, 확률변수 Y는 정규
분포 $\mathrm{N}(0,\ b)$를 따른다.

ㄱ. 확률변수 X의 정규분포곡선은 평
균인 0에 대하여 대칭이므로
$\mathrm{P}(1\leq X\leq 2)>\mathrm{P}(2\leq X\leq 3)$

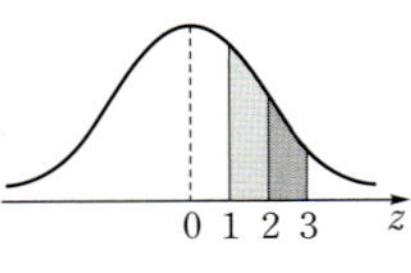

(거짓)

ㄴ. $Z=\dfrac{X-0}{a}$으로 놓으면 Z는 표준정규분포를 따르고
$\mathrm{P}(-a\leq X\leq 0)=\mathrm{P}(-1\leq Z\leq 0)$이다.

$Z=\dfrac{Y-0}{b}$으로 놓으면, Z는 표준정규분포를 따르고
$\mathrm{P}(0\leq Y\leq b)=\mathrm{P}(0\leq Z\leq 1)$이다.

이때, $\mathrm{P}(-1\leq Z\leq 0)=\mathrm{P}(0\leq Z\leq 1)$이므로
$\mathrm{P}(-a\leq X\leq 0)=\mathrm{P}(0\leq Y\leq b)$ (참)

ㄷ. $\mathrm{P}(-1\leq X\leq 1)=\mathrm{P}\left(-\dfrac{1}{a}\leq Z\leq\dfrac{1}{a}\right)$이고,

$\mathrm{P}(-2\leq Y\leq 2)=\mathrm{P}\left(-\dfrac{2}{b}\leq Z\leq\dfrac{2}{b}\right)$이므로 두 확률이 같으면

$\dfrac{1}{a}=\dfrac{2}{b}$, 즉 $b=2a$이고 a는 양수이므로 $a<b$이다. (참)

따라서 옳은 것은 ㄴ, ㄷ이다.

19 답 ⑤

>
>
> 어느 공장에서 생산하는 화장품 1개의 내용량은 평균이
> 201.5 g이고 표준편차가 1.8 g인 정규분포를 따른다고 한다.
> 이 공장에서 생산한 화장품 중
> 임의추출한 9개의 화장품 내용
> 량의 표본평균이 200 g 이상일
> 확률을 오른쪽 표준정규분포표
> 를 이용하여 구한 것은?
>
> | z | $\mathrm{P}(0\leq Z\leq z)$ |
> | --- | --- |
> | 1.0 | 0.3413 |
> | 1.5 | 0.4332 |
> | 2.0 | 0.4772 |
> | 2.5 | 0.4938 |
>
> ① 0.7745 ② 0.8413 ③ 0.9332
> ④ 0.9772 ⑤ 0.9938

1st 표본평균 $\overline{X}$의 평균과 표준편차를 구하자.

공장에서 생산하는 화장품 1개의 내용량을 확률변수 X라 하면
확률변수 X는 정규분포 $\mathrm{N}(201.5,\ 1.8^2)$을 따른다.

임의추출한 화장품 9개 내용량의 표본평균을 확률변수 $\overline{X}$라 하
면 $\overline{X}$의 평균과 분산은

$\mathrm{E}(\overline{X})=201.5$, $\mathrm{V}(\overline{X})=\dfrac{1.8^2}{9}=0.6^2$

따라서 표본평균 $\overline{X}$는 정규분포 $\mathrm{N}(201.5,\ 0.6^2)$을 따른다.

2nd 표준정규분포표를 이용하여 표본평균 $\overline{X}$가 200 g 이상일 확률을 구해
보자.

표본평균 $\overline{X}$에 대해 $Z=\dfrac{\overline{X}-201.5}{0.6}$로 표준화하면

$$\begin{aligned}
&\mathrm{P}(\overline{X}\geq 200)\\
&=\mathrm{P}\left(\dfrac{\overline{X}-201.5}{0.6}\geq\dfrac{200-201.5}{0.6}\right)\\
&=\mathrm{P}(Z\geq -2.5)\\
&=\mathrm{P}(-2.5\leq Z\leq 0)+\mathrm{P}(Z\geq 0)\\
&=\mathrm{P}(0\leq Z\leq 2.5)+\mathrm{P}(Z\geq 0)\\
&=0.4938+0.5\\
&=0.9938
\end{aligned}$$

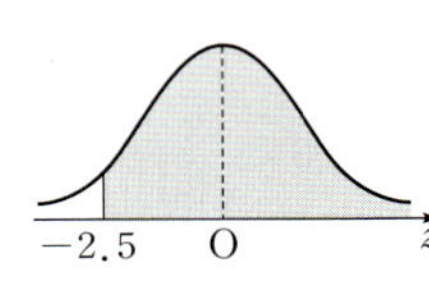

20 답 ③

모집단에서 추출한 표본의 크기가 1600으로 충분히 크므로 모표
준편차 대신 표본표준편차 30을 사용할 수 있다. 따라서 수학영
역의 평균점수 m을 95 %의 신뢰도로 추정한 신뢰구간의 길이는

$2\times 1.96\times\dfrac{30}{\sqrt{1600}}=2\times 1.96\times\dfrac{30}{40}=2.94$

21 답 ②

정규분포 $N(8, 8^2)$을 따르는 모집단에서 크기가 16인 표본을 임의추출하면 표본평균 $\overline{X}$는 평균이 8이고 분산이 $\dfrac{8^2}{16}=4$인 정규분포 $N(8, 2^2)$을 따른다.

$Z=\dfrac{\overline{X}-8}{2}$로 표준화하면

$$P(\overline{X}\leq 11)=P\left(\dfrac{\overline{X}-8}{2}\leq\dfrac{11-8}{2}\right)$$
$$=P(Z\leq 1.5)$$

이고,

$$P(\overline{Y}\leq 22)=1-P(\overline{X}\leq 11)$$
$$=1-P(Z\leq 1.5)$$
$$=P(Z\leq -1.5)\ \cdots\ \bigcirc$$

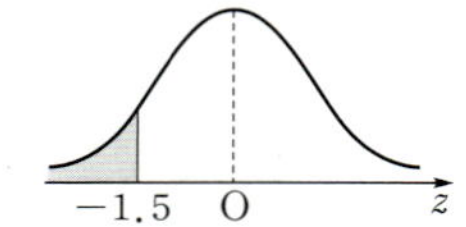

한편, 정규분포 $N(30, \sigma^2)$을 따르는 모집단에서 크기가 9인 표본을 임의추출하면 표본평균 $\overline{X}$는 평균이 30이고 분산이 $\dfrac{\sigma^2}{9}$인 정규분포 $N\left(30, \left(\dfrac{\sigma}{3}\right)^2\right)$을 따른다.

$Z=\dfrac{\overline{Y}-30}{\frac{\sigma}{3}}$으로 표준화하면

$$P(\overline{Y}\leq 22)=P\left(\dfrac{\overline{Y}-30}{\frac{\sigma}{3}}\leq\dfrac{22-30}{\frac{\sigma}{3}}\right)$$
$$=P\left(Z\leq -\dfrac{24}{\sigma}\right)$$
$$=P(Z\leq -1.5)\ (\because\ \bigcirc)$$

$\dfrac{24}{\sigma}=1.5$이므로

$\sigma=\dfrac{24}{1.5}=16$

22 답 ②

표본평균이 60, 표본표준편차가 3, 표본의 크기가 36이므로 모평균 m의 신뢰도 99%인 신뢰구간은

$$60-2.6\times\dfrac{3}{\sqrt{36}}\leq m\leq 60+2.6\times\dfrac{3}{\sqrt{36}}$$
$$60-1.3\leq m\leq 60+1.3$$
$$58.7\leq m\leq 61.3$$

따라서 이 구간에 속하는 값은 59.0이다.

23 답 ③

정규분포 $N(m, 3^2)$을 따르는 모집단에서 크기가 n인 표본을 추출하면 표본평균 $\overline{X}$는 정규분포 $N\left(m, \left(\dfrac{3}{\sqrt{n}}\right)^2\right)$을 따른다.

$Z=\dfrac{\overline{X}-m}{\frac{3}{\sqrt{n}}}$으로 표준화하면

$$P(m-0.5\leq\overline{X}\leq m+0.5)$$
$$=P\left(\dfrac{(m-0.5)-m}{\frac{3}{\sqrt{n}}}\leq\dfrac{\overline{X}-m}{\frac{3}{\sqrt{n}}}\leq\dfrac{(m+0.5)-m}{\frac{3}{\sqrt{n}}}\right)$$
$$=P\left(-\dfrac{\sqrt{n}}{6}\leq Z\leq\dfrac{\sqrt{n}}{6}\right)$$
$$=2P\left(0\leq Z\leq\dfrac{\sqrt{n}}{6}\right)$$
$$=0.8664$$

즉, $P\left(0\leq Z\leq\dfrac{\sqrt{n}}{6}\right)=0.4332$

표준정규분포표에서 $P(0\leq Z\leq 1.5)=0.4332$이므로

$$\dfrac{\sqrt{n}}{6}=1.5$$
$$\sqrt{n}=9\qquad\therefore\ n=81$$

24 답 ③

ㄱ. $E(\overline{X_A})=m_1$, $E(\overline{X_B})=m_2$이므로 $m_1=m_2$이면,

    $E(\overline{X_A})=E(\overline{X_B})$이다. (참)

ㄴ. 표본평균 $\overline{X_B}$의 표준편차는

    $\dfrac{\frac{\sigma}{2}}{\sqrt{n_2}}=\dfrac{\sigma}{2\sqrt{n_2}}\neq\dfrac{\sigma}{2}$ (거짓)

ㄷ. $n_1=4n_2$일 때, m_1에 대한 신뢰도 95%의 신뢰구간의 길이는

    $b-a=2\times k\times\dfrac{\sigma}{\sqrt{n_1}}$

           $=2\times\dfrac{k\sigma}{\sqrt{4n_2}}=\dfrac{k\sigma}{\sqrt{n_2}}$

    m_2에 대한 신뢰도 95%의 신뢰구간의 길이는

    $d-c=2\times k\times\dfrac{\sigma}{2\sqrt{n_2}}$

           $=\dfrac{k\sigma}{\sqrt{n_2}}$

    $\therefore\ b-a=d-c$ (참)

따라서 옳은 것은 ㄱ, ㄷ이다.

25 답 ②

표본평균이 30, 모표준편차가 5, 표본의 크기가 25이므로 모평균 m의 신뢰도 99 %의 신뢰구간은

$$30-2.5\times\dfrac{5}{\sqrt{25}}\leq m\leq 30+2.5\times\dfrac{5}{\sqrt{25}}$$
$$\therefore\ 27.5\leq m\leq 32.5$$

26 답 ⑤

모표준편차가 18이고, 신뢰도가 99%인 신뢰구간의 길이가 6 이하이어야 하므로

$$2\times 2.5\times\dfrac{18}{\sqrt{n}}\leq 6$$
$$15\leq\sqrt{n}$$
$$\therefore\ n\geq 15^2=225$$

n은 자연수이므로 n의 최솟값은 225이다.

27 [답] 2

A기계에서 나온 상품의 부피를 확률변수 X_A라 하면 X_A는 정규분포 $N(m,\ \alpha^2)$을 따르므로 $Z=\dfrac{X_A-m}{\alpha}$으로 표준화하면 확률변수 Z는 표준정규분포를 따른다.

B기계에서 나온 상품의 부피를 확률변수 X_B라 하면 X_B는 정규분포 $N(m+18,\ \beta^2)$을 따르므로

$Z=\dfrac{X_B-(m+18)}{\beta}$로 표준화하면 확률변수 Z는 표준정규분포를 따른다. $\quad\cdots$ Ⅰ

$P(X_A\leq m+6)=P(X_B\geq m+6)$

표준화하여 식을 다시 정리하면

$$P\!\left(\frac{X_A-m}{\alpha}\leq\frac{(m+6)-m}{\alpha}\right)$$
$$=P\!\left(\frac{X_B-(m+18)}{\beta}\geq\frac{(m+6)-(m+18)}{\beta}\right)$$

즉, $P\!\left(Z\leq\dfrac{6}{\alpha}\right)=P\!\left(Z\geq-\dfrac{12}{\beta}\right)$ $\quad\cdots$ Ⅱ

$\dfrac{6}{\alpha}=\dfrac{12}{\beta}$

$\therefore\ \dfrac{\beta}{\alpha}=\dfrac{12}{6}=2$ $\quad\cdots$ Ⅲ

[채점기준표]

Ⅰ	두 상품이 따르는 정규분포로부터 각각을 표준화하는 식을 찾는다.	30%
Ⅱ	$P(X_A\leq m+6)=P(X_B\geq m+6)$을 표준화하여 α와 β의 관계식을 찾는다.	40%
Ⅲ	$\dfrac{\beta}{\alpha}$의 값을 구한다.	30%

28 [답] 0.84

모집단이 정규분포 $N(4,\ 4^2)$을 따르고 표본의 크기가 4이므로 표본평균 $\overline{X}$는 정규분포 $N\!\left(4,\ \dfrac{4^2}{4}\right)$, 즉 $N(4,\ 2^2)$을 따른다. $\quad\cdots$ Ⅰ

이때, $Z=\dfrac{\overline{X}-4}{2}$로 놓으면 Z는 표준정규분포 $N(0,\ 1)$을 따르므로 $\quad\cdots$ Ⅱ

$$P(\overline{X}\geq 2)=P\!\left(\frac{\overline{X}-4}{2}\geq\frac{2-4}{2}\right)$$
$$=P(Z\geq-1)$$
$$=0.5+P(0\leq Z\leq1)$$
$$=0.5+0.34=0.84 \quad\cdots\text{Ⅲ}$$

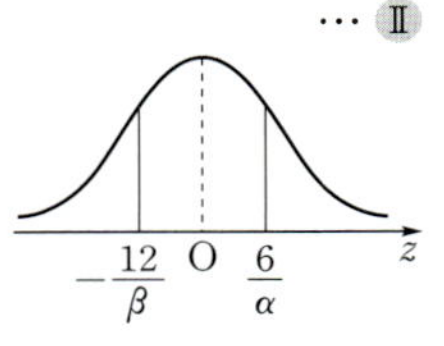

[채점기준표]

Ⅰ	표본평균 $\overline{X}$의 분포를 구한다.	30%
Ⅱ	$Z=\dfrac{\overline{X}-4}{2}$라 놓고 표준화한다.	30%
Ⅲ	$P(\overline{X}\geq2)$일 확률을 구한다.	40%

국어 1등급에는 1등급 풀이 원칙이 있다!!

국어 영역
한 문제도
안 틀리는 법

---

1 3등급이 1등급이 잘 안 되는 이유는?

공부를 해도 3등급에서 1등급으로 잘 도약하지 못하는 이유는 개인적인 감상으로 문제를 풀거나, 처음 보는 현대시라는 것만으로 겁을 먹고 내용 파악에 허둥대거나, 독서 지문은 무조건 〈보기〉나 선택지와 일일이 단순 대응시켜 확인함으로써 시간 부족을 초래하기 때문입니다.

- 지문 자체의 난이도가 높아도 수능 출제 원리대로 글을 읽는다면 빠르고 정확하게 지문을 분석할 수 있고 1등급이 될 수 있습니다.
- 한번 익히면 그 어떤 수능 문제에도 적용하고 응용하여 반드시 국어 1등급이 될 수 있는 방법을 알려드립니다.

2 이과생이 국어 성적 향상이 어려운 이유는?

- 이과생이 국어를 어려워하는 이유는 수능 국어에 문학적 감수성과 언어적 감각이 필요하다고 생각하기 때문입니다.
- 수능 국어는 객관적이고 논리적인 사고력을 요하는 시험으로, 이는 수학과 과학에서 요구하는 논리적 사고력과 같습니다.
- 이과생이 가진 논리력과 사고력을 수능 국어에 적용시킬 수 있는 tip을 알려드립니다.

3 수능 국어 100점을 위한 최고의 독학용 교재!

- 6월, 9월, 수능까지 3연속 국어 만점 저자의 수능에 최적화된 개념과 사고 방식을 알려줍니다.
- 방향을 잘못 잡아 헤매고 있는 수험생들에게 확실한 1등급 공부 방향을 잡아줍니다.

이제 정답을 ②로 고르는 데에 큰 문제가 없을 것이다. 문제에 있는 '틀'을 제공했기 때문이다. 즉, 〈보기〉를 참고하면 비록 '사ㄹ 번도 등장하지 않는 (가)의 시도 사랑을 주제로 읽어 낼 수 있게 되

(가)에서 화자가 모시려는 대상, 안으려는 대상은 '태양'이다. 따라서 〈보기〉를 을 사랑하는 대상이라고 추론할 수 있다. 그렇다면, 화자가 '태양'을 모시려는 ㅇ '몸'과 '맘'을 팔아버린 벗들은 화자와 다른 태도를 가졌다고 볼 수 있다. 그러므로 사랑하는 대상인 '태양'에 대해 화자와 유사한 태도를 보인다고 말하고 있는 ②는 할 수 있다.

이처럼 문학 작품의 의미를 특정 방향으로 해석하고, 이에 대해 ㅅ 위해서는 반드시 기준이 필요하다. 그렇게 해야 객관성을 확보할 수 기준은 위의 문제처럼 〈보기〉가 될 수도 있고, 제시문에 묶여 있는

☆ **이과생을 위한 Tip**

여기서 선택지를 사실형, 분할형 등으로 유형을 나누어 설명한 것은 설명의 편의를 위해서 계적으로 적용해야 한다는 의미가 아니다. 따라서 선택지를 여기서 구분한 유형에 맞춰 판단 하지 말자. 이는 수단에 갇혀 본질을 잊는 행위이다. 선택지의 구성 원리를 공부하는 이유는 으로 한 문제 풀이를 하기 위해서이다. 다시 말해, 단순히 눈으로 같은 내용을 찾아 헤매는 문 위해 선택지의 구성 원리를 공부하는 것이다. 이를 잊어서는 안 된다.

[01~05]

〈 (가) 형식 문단 만들기 〉

가 (1)아랫도리 다박솔 깔린 산(山) 넘어 큰 산(山) 그 넘엇 산(山) 안 보 름을 타다.

(2)우뚝 솟은 산(山), 묵중히 엎드린 산(山), 골골이 장송(長松) 들어섰 위 엉서리에 얽혔고, 샅샅이 떡갈나무 억새풀 우거진 데 너구리, 여우, 소리, 도마뱀, 능구리 등(等), 실로 무수한 짐승을 지니인.

✷ 수학 기초를 더 쉽고 빠르게

수학을 싫어하는
학생들을 위한 책

수력충전 스타트

따라 풀면 **술술 풀리는 문제** 구성
기초 연산 능력을 탄탄하게 다져준다!

❶ 필수 개념을 이미지로 쉽게 이해
❷ 따라쓰고 따라풀어 개념 적용 방법 쉽게 습득
❸ 학교 시험 기본 유형 연습

＊**수력충전 스타트** 시리즈
 중등 수학1 (상·하), 중등 수학2 (상·하), 중등 수학3 (상·하)

✷ 수학 개념 충전 연산 훈련서

기초를 탄탄히 하고 싶은
학생들을 위한 책

수력충전

수학의 기본을 잡아주는
개념 충전과 정확한 **연산 훈련**!

❶ 핵심 개념을 한 눈에 알기 쉽게 정리
❷ 반복 연산 학습으로 기본기를 탄탄히!
❸ 수학의 자신감을 회복!

• 중등 수학1 (상·하)　　• 고등 수학 (상·하)　　• 중등 수학 개념 총정리
• 중등 수학2 (상·하)　　• 수학I, 수학II　　　　• 초등 수학 개념 총정리
• 중등 수학3 (상·하)　　　확률과 통계, 미적분

학교 시험+수능 1등급을 위한 고품격 유형서!

[일등급 수학 고등 시리즈]
수학(상), 수학(하)
수학Ⅰ, 수학Ⅱ, 확률과 통계
미적분, 기하

수학적 사고력을 단계적으로 상승시켜주는 상위권 필수 훈련서!!

1 학교 시험, 모의고사 필수 개념 총정리

학교 시험에 자주 출제되고, 수능 기본에 꼭 필요한 개념을
이해가 쉽도록 야무지게 총정리 했습니다. 개념 순서대로
기본 ⇒ 핵심 ⇒ 실전 ⇒ 도전 유형 순으로 공부를 하면
개념뿐만 아니라 유형까지 자연스럽게 완성됩니다.

2 일등급 핵심 유형과 실전 유형을 1:1로 배치

학교 시험+수능 일등급 핵심 유형을 유사 문제나 좀 더
확장된 문제에서 개념을 어떻게 적용하는지 익힐 수 있도록
핵심 유형과 실전 유형을 1:1로 배치하였습니다.
그래서 핵심 유형을 완전히 마스터할 수 있습니다.

3 사고력을 키우는 최고의 명품 고난도 문제

개념과 유형을 종합적으로 판단해야 하는 고난도 문제를
풀어가면 수학적 사고력 향상에 큰 도움이 될 것입니다.
또한, 고난도 기출 문제를 엄선 구성하여 개념과 유형을
실전에 어떻게 적용하고 활용하는지 알 수 있습니다.

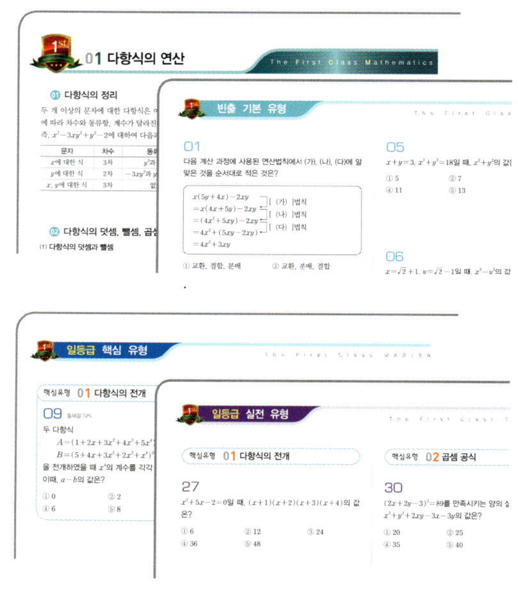

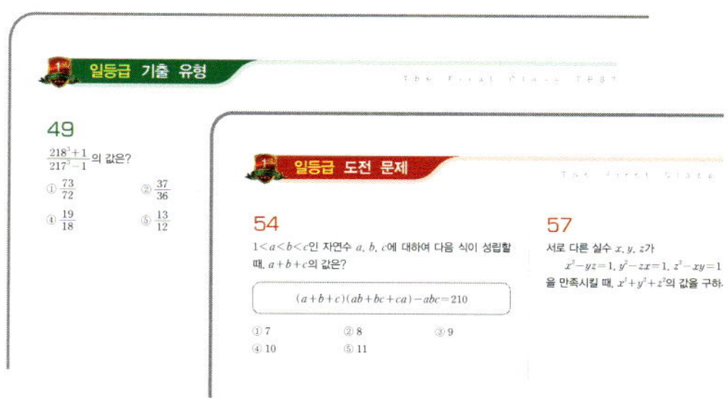

개념 + 연산 + 쉬운 기출 유형으로
심플하게 고등 수학을 마스터한다!!

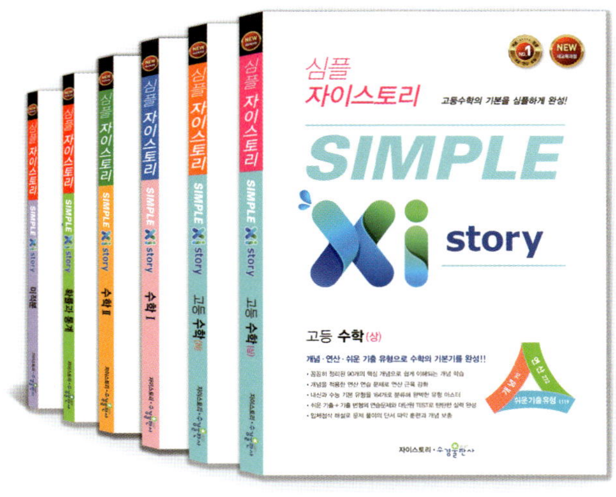

심플 자이스토리

고등 수학(상), 고등 수학(하)
수학Ⅰ, 수학Ⅱ
확률과 통계, 미적분

① 쉽게 이해되는 꼼꼼한 개념 정리

수학은 수많은 개념의 총체적인 모임입니다. 그래서 수학을 쉽게 하려면 개념 사이의 관계와 흐름을 제대로 잡고 있어야 합니다. 심플 자이스토리는 개념을 심플하게 구성해 개념 사이의 흐름을 알 수 있도록 하였습니다. 또, 이런 개념 사이의 관계와 흐름을 잘 잡을 수 있도록 독특한 어드바이스들이 있습니다.

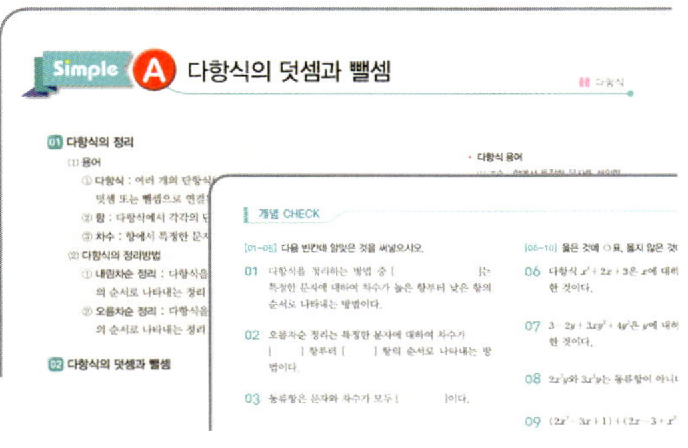

② 개념을 적용시키는 연산 훈련 강화

수학의 기본기는 연산입니다. 연산이 쉽다고 소홀히 하면 쉬운 문제를 틀리는 경우가 있습니다. 심플 자이스토리는 개념을 배운 후 바로 적용하도록 연산 문제를 배치하여 연산근육을 강화시키도록 하였습니다. 연산 실력이 탄탄하면 어떤 문제도 실수로 틀리지 않습니다.

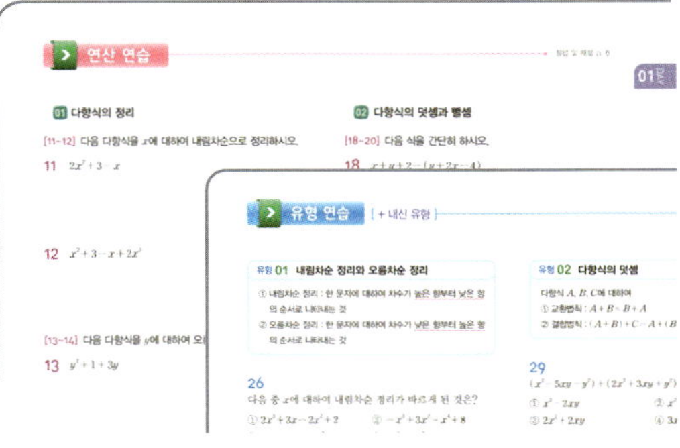

③ 내신+수능에 꼭 필요한 쉬운 기출 유형 총정리

수학은 학교 시험이나 수능에 자주 출제되는 패턴이 있습니다. 그 패턴을 익숙해지도록 공부하면 점수를 얻기 쉬워집니다. 이런 패턴을 유형이라고 합니다. 학교 시험과 수능에서 나오는 쉬운 기출 유형을 분석하여 쉽게 풀어갈 수 있도록 문제를 구성하였습니다.

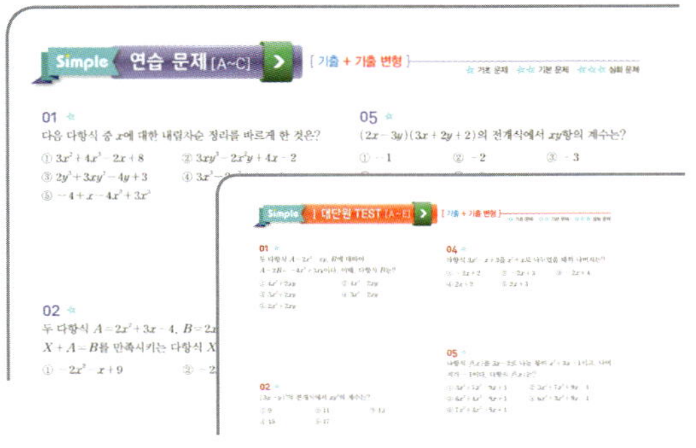

개념이 한눈에 보이는 수학기본서

바른 개념 수학

[수학(상)(하), 수학 I, 수학 II]
[확률과 통계, 미적분]

No. 1 생각의 순서를 만들어주는 책

문제 해결이 어려운 이유는 문제 해결에 실마리가 되는 생각의 순서가 잡혀 있지 않았기 때문입니다. 이 교재는 문제 해결에 필요한 생각의 순서를 쉽게 단계적으로 잡아줍니다.

No. 2 개념의 적용 원리를 깨우치는 책

수학을 잘 하기 위해서는 개념을 잘 활용할 수 있어야 합니다. 이 교재는 어떤 문제든 적절하게 개념을 이용할 수 있도록 해주는 비법이 들어있습니다.

No. 3 문제를 분석하는 힘을 키우는 책

문제를 해결하기 위해서는 문제를 분석하는 작업이 필요합니다. 이 교재는 문제 하나를 제대로 분석하면서 2~3가지의 개념을 동시에 확장해서 적용하였습니다.

No. 4 나선형 학습으로 개념이 쉽게 익숙해지는 책

문제를 풀면서 실력이 성장하고 있다는 것을 스스로 느낄 수 있도록 나선형 반복 학습 체계를 구성하였습니다.